青木隆幸著作集 1

飯田城 その日その日

青木 隆幸
Takayuki Aoki

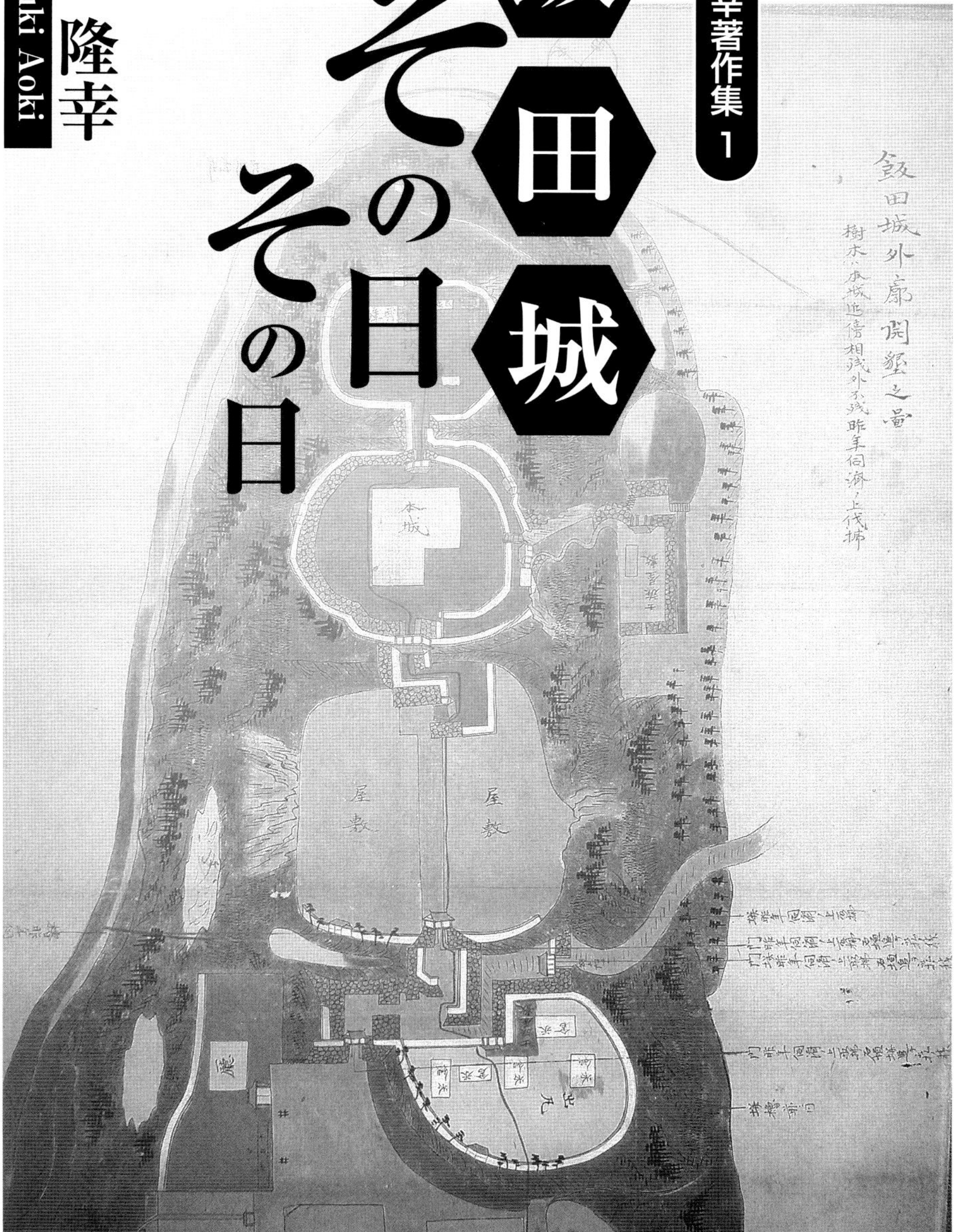

龍鳳書房

第一編は、藩士たちの仕事ぶりを通してみた城や城下町の様子である。年号や人名、難しい歴史用語はできるだけ用いなかった。「歴史＝暗記」というイメージを拭いたかったからである。教科書を閉じる、そこから語りだそうと思った。

第二編は、幕末、平田篤胤没後門人数日本一（四〇〇人余）を誇った当地の国学運動を取り上げている。この分野では郷土史家市村咸人が偉大な足跡（『伊那尊王思想史』・『松尾多勢子』など）を残しているが、いずれも大正〜昭和初期の作品である。当時は全国の国学研究を牽引する内容だったが、一世紀を経た今、当地の国学研究は「全国的にみて後進地帯」（宮地正人）という状態にある。市村の作品が、〈聖典（バイブル）〉のように崇められたことが大きいと思う。もちろん、意図的に批判を禁じたわけでない。「伊那谷の国学のすべては、ここに書きつくされている。いまさら付け加えるものはない」感が、研究の停滞を招いた。

学問は、〈神〉や権威を創り出す営みではない。むしろ、ともすればそうしたものに寄りかかろうとする心を、絶えず問い直すことで前進する営みだと思う。一世紀のあいだ動かなかった空気を、わずかでも揺り動かすことはできないか、それが第二編にこめた願いである。

〈孤立無援〉は大げさだが、まったくの独学である。また、当地に残る膨大な数の国学関係史料を想い浮かべるとき、残された時間の余りにも少ないこと、何から手をつけてよいか、茫然とする日々である。ただ、詩人アルチュール・ランボーの「俺達の舟は、動かぬ霧の中を、纜を解いて」という言葉が好きである。本書が、多くの新しい「俺達」を産み出す〈ゆりかご〉になればうれしい。

まえがき

信州飯田藩主堀家は、寛文十二（一六七二）年、下野国烏山（栃木県那須烏山市）から入府、明治まで当地を治めた。初代親昌から親広まで十二代である。

二万石の小外様大名だったが、穏やかな風土と、「東海道から信州への玄関口」（親昌）という地の利を活かした商業活動に支えられ、華やかな文化を築いた。廃藩置県で城は破棄、一九四七年には旧市街地の七割を焼失する「飯田大火」に見舞われ、往時の面影は失われたが、風越山から天竜川に向かって広がる台地、通称「丘の上」を歩けば、劇作家岸田國士（くにお）の言葉が胸によみがえる。

飯田　美しき町
山ちかく　水にのぞみ
空あかるく風にほやかなる町
飯田　静かなる町
人みな　言葉やわらかに
物音　ちまたにたゝず
粛然として古城の如く丘にたつ町（「飯田の町に寄す」）

本書は二部で構成されている。

目次

四、殿、江戸へ・160

第一編　飯田城　その日その日

はじめに

飯田藩の武士たちの日常生活を見つめる

令和四（二〇二二）年は、飯田藩にとっては、藩主堀家が飯田に入府（はじめて領地に入ること）してから三五〇年目の記念の年でした。また、城下町の基礎を築いた京極高知の没後四〇〇年にもあたりました。市民の中に、飯田藩と飯田城下町を改めて見つめ直す機運が高まりました。

また、当地はリニア中央新幹線（東京―名古屋）のルート上に位置します。「リニア時代を展望するヒントを過去に探りたい」という思いが、飯田藩のメモリアルな年と重なって、地域の歴史を学び直すきっかけとなりました。

しかし、飯田藩と飯田城下町は、学び直しという点では、なかなか難しい場所です。明治初め、多額の借金を抱えていた飯田藩は、その返済のために長年大切に伝えてきた宝物の多くを手放さざるをえなくなりました。また、廃藩置県が徹底して実施された結果、城は見る影もなく解体され、藩の歴史や城下町の様子を記した史資料が、散逸してしまったからです。

昭和二十二（一九四七）年四月に起きた「飯田大火」（飯田中心市街地の七割を焼失）も、小京都飯田の古い町の面影を大きく変えました。

『下伊那史』（下伊那教育会）や、『飯田・上飯田の歴史』（飯田市歴史研究所）など、飯田藩に関する優れた研究はありますが、誰もが気軽に読めるというものではありません。また、学術的な書物は、政治・経済中心の伝統的なスタイルですから、「殿様は何を、どんな風に食べていたのか」とか、「家臣たちの仕事ぶりは」といったテーマは取り上げてくれません。

武士は「サラリーマン」

少し、見方をかえてみませんか。

「武士は、武芸を鍛え戦さに備えていた」とお思いの方もいるでしょう。しかし実際は、彼らのほとんどは、幕府や藩から支給される給料で家族を養っていました。私たちと同じサラリーマンです。剣の腕より、学問命です。

労働者ですから、勤務の内容、心得、勤務時間、手当てなどは定められていますが、法の抜け穴はあちらこちらにあります。今と変わりません。パワハラ、サービス残業など。気になりますね。

飯田藩の若い藩士（柳田東次郎）の勤務の様子を調べたことがあります。やたらに本丸御殿警護の夜勤が多い。背後に、「断れない人間関係のしがらみ」が浮かびあがってきました。「あるある」感いっぱい。

藩士たちも、私たちと変わらぬ気持ちを抱きながら、「その日その日」を生きていたのです。

藩主は「雇われ社長（店長）」

藩主（殿）とて、同じです。藩の命運を託されている「一国一城の主（あるじ）」ですから、国元ではわがまま放題、贅沢三昧も許されるでしょうが、「大名の鉢植え」といわれたように、将軍の意向次第で改易・転封・減封される存在でした。リストラですね。

飯田城復元イラスト（飯田市美術博物館蔵）

幕府からは、藩の台所事情などお構いなしに、献金や動員の命令が矢のように降ってきます。「ゆすりたかり」ですが、拒めば左遷か「お家取潰し」。殿も領民も存続できなくなります。「一国一城の主」というより「雇われ社長（店長）」に近いのでは。

権力の亡者のような族（やから）がうごめく江戸城の恐ろしさを知るのも殿一人。「一寸先は闇」、〈永田町〉そのものです。この空間に身を置く者だけが味わう孤立感、無力感。そこには、領民の前では決して見せない殿たちの「その日その日」があります。

江戸時代の歴史を、今の私たちの生活に重ねて考えること、それはけっして無理なことではありません。

一度、歴史の教科書を閉じてみませんか

飯田城址を歩きながら、私はいつ頃からか、「殿や藩士たちの、等身大の一人ひとりの息づかいや想いを感じ取りたい」、そんな気持ちになりました。歴史の教科書を一日閉じてみようと決意しました。その途端に、「あれも知りたい、これも知りたい」というテーマが溢れてきました。本当に知りたかったことを、何も学んでいなかったことに気づきました。

例えば、飯田藩には大きな御殿が二つありました。現長姫神社付近にあった本丸御殿と、現長野県

飯田合同庁舎敷地内にあった桜丸御殿（桜丸御殿正門が、いわゆる「赤門」）。殿や藩士たちの「その日その日」の舞台になったこの二つの建物の来歴や用途も、実ははっきり分かっていないのです。

本編は、私の中に一気に溢れてきたいろいろな疑問に、言葉を与えようとしたものです。論文のような堅苦しさや、説明口調に陥らないために、「殿と対話しながら語る」という手法を用いてみました。

藩政の中心であり続けた飯田城

「殿様」や「武士」や「御殿」などを取り上げるというと、以前は、歴史を研究する方から随分と批判されたものです。「民衆の歴史を明らかにせねばいかん」と叱責されたものです。私は、それはまったく違うと思います。

飯田藩は、はじめ一〇万石、後は二万石（幕末は一万五〇〇〇石）の小藩でしたが、飯田城は、そのはじまりから終わりまで、藩政の中心にありつづけました。日本という国の中で起こる、あるいは日本という国が抱える問題・課題が、結局は〈永田町〉という場所にはっきり現れるように、また議論されるように（あるいはされなければならないように）、飯田藩のことは、やはり藩主の動向や飯田城を抜きには語れないと考えます。

元治元（一八六四）年十一月二十五日の水戸浪士通行事件では、北原稲雄や松尾多勢子ら当地の国学者の活躍が強調されますが、実際には、深夜に及ぶ飯田城内の議論を無視しては、その一部始終を語ることはできません。当時、藩主堀親義（ちかのり）は飯田にいませんでしたが、自身の意向を家臣にしっかり伝えています。また、家臣は藩主や他藩の動きを踏まえながら、城内で懸命に対策を練っています（本

書第二編「四、水戸浪士通行と飯田藩」）。

領内のさまざまな場所で事件は起きます。しかし、それは結局、飯田城という〈政治の中心〉に持ち込まれ、議論され、解決されるわけです。

その意味で、飯田城に関する史料（わずかではありますが）を読みこみ、歩き、想像力を膨らませることで、当地の人々が体験した歴史を追体験できると思うのです。

藩邸から飯田藩を覗いてみる

ただ、飯田城それだけを見つめていても飯田藩の本当の歴史は描き出せないと思います。藩が江戸で所持していた大名屋敷（藩邸）も、「飯田城の一部」として重要なのです。そもそも、飯田藩の歳入の七割近くが藩邸で支出されています。藩邸の役割を見つめなければ、「飯田藩のその日その日」は描き出せないと思います。

さきほど述べた水戸浪士通行事件。幕府の処罰は飯田藩のみに随分厳しいものでした。その理由を飯田の地だけで見つけようとするのは不可能です。江戸城（つまり今の永田町）の政局の中で、十一代藩主堀親義がどんなポジションにいて、何を期待されていたのか、あるいはどのようなライバル・政敵に囲まれていたのかがわからなければ、解けません。「十一月二十五日飯田城下で起こった出来事は、まっすぐに、藩邸と江戸城につながっている」、そんな大きな、そしてスリリングな視点が大切だと思います。なにより、絶対楽しい。

領民にとって、殿は唯一人の「おクニのお殿様」ですが、殿自身は巨大な幕府機構の歯車の一つ、激動する政局に翻弄されるたくさんの大名たちの中の一人なのです。

この編では、飯田城で起こったことを思いつくまま取り上げてみます。「その日その日」という言葉なら、どんな内容でも緩やかに取り込めると思います。また江戸を生きる殿と藩邸も取り上げてみたいと思います。

一、殿、食べる

殿の食事風景を覗く

「殿様って、毎日どんなものを食べていたのだろう」

誰もが気になるところですが、意外と分からないものです。

婚礼や葬儀の特別な食事は、献立の記録が残ることが多く、研究もありますが、殿の毎日の食事を取り上げたものはあまり見当たりません。一日二食だったのか三食だったのかも、書物によってまちまちです。まして飯田藩の場合は、もともと史料が少ないこともあり、研究は皆無です。

コロナ禍が長引き、外食も旅行もままならない時期が続きました。家呑み文化が見直される一方、テレビでは国内外のグルメを取り上げた番組が盛況でした。何を、誰と、どのように食べるか。〈食〉への関心は高まってきたと思います。

ということで、まず殿の食事風景を覗いてみようと思います。ただ、日常生活で殿が何を食べていたかはよく分かりません。食事がどのように用意されたのか、から探っていきましょう。

藩士たちの仕事内容

これから用いる史料について、説明します。

『勤向書上帳』と言います。「つとめむきかきあげちょう」と読みます。

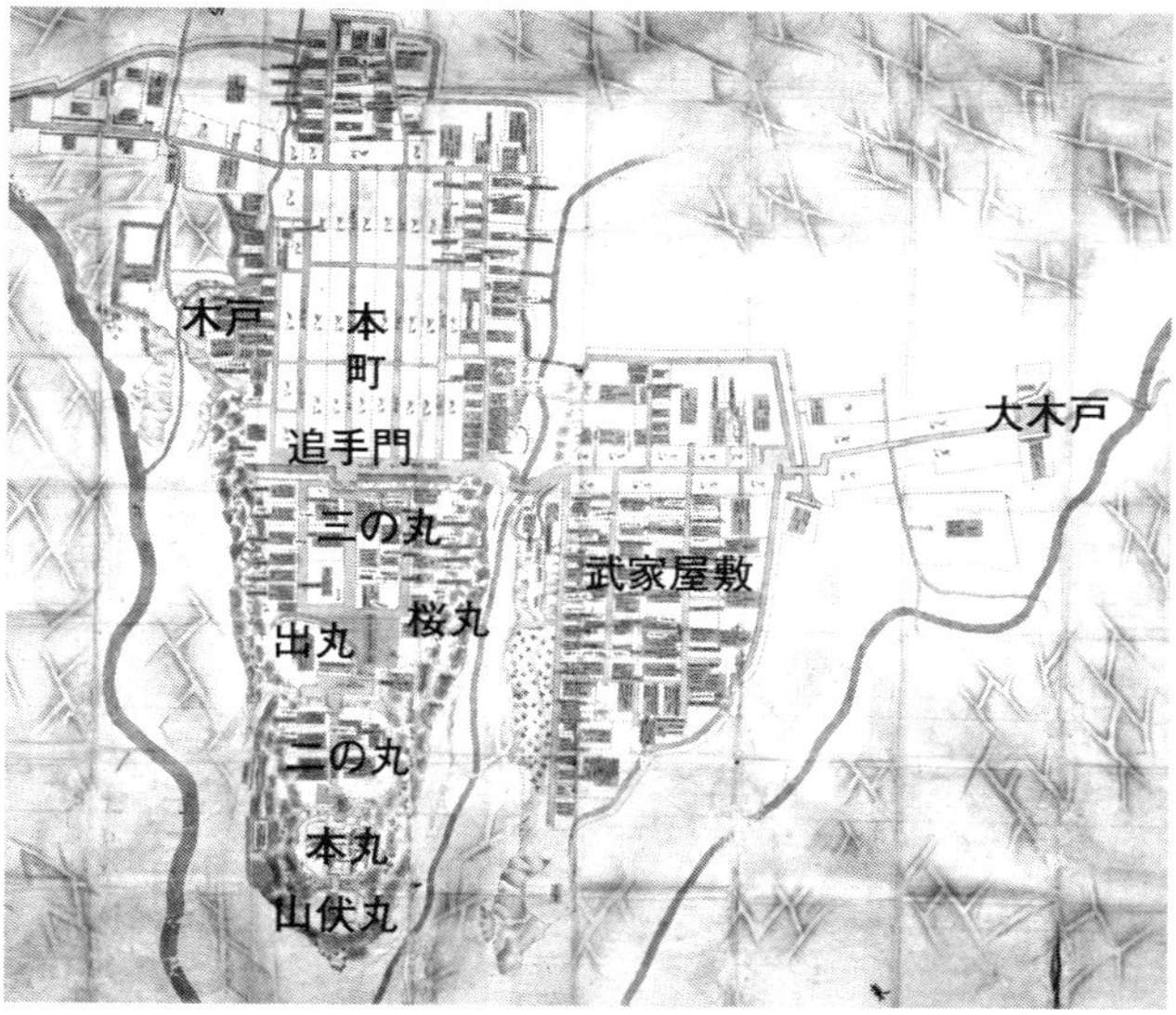

堀時代の飯田城下町　「信濃国飯田城絵図」（下伊那教育会蔵）に加筆。

江戸時代後期の寛政八（一七九六）年頃の飯田藩の職制と仕事内容を、役職ごとに細かく書き上げたものです。何時に出勤し、城内のどこに詰め、どんな仕事をして、何時頃帰宅するのかなど、藩士たちの働く様子がよくわかります。藩財政の窮乏化が進む中、行政機構の見直しや、業務の精選・スリム化を目的に、藩主が作成を命じたものと考えられています。

藩主の命を受けた各役所は、役所内で書類（「書上」）を作成し、家老あるいは御用人と呼ばれる藩の重臣に提出しました。『勤向書上帳』は、これらの書上を綴じあわせたものを指します。当時の飯田藩の役所の数はよくわかりませんが、書上帳には四八の役所名があげられており、その内、三六の役所の書上が収録されています。

「古文書じゃ読めないよ」と言う方も多いでしょうが、活字になっています。『飯田・下伊那史料叢書　近世史料編2『勤向書上帳』』（飯田市歴史研究所）です。解説も索引も地図も充実していて、大変便利です。同書解説によれば、『勤向書上帳』は「十八世紀後半における飯田藩政に関する基本史料」だそうです。

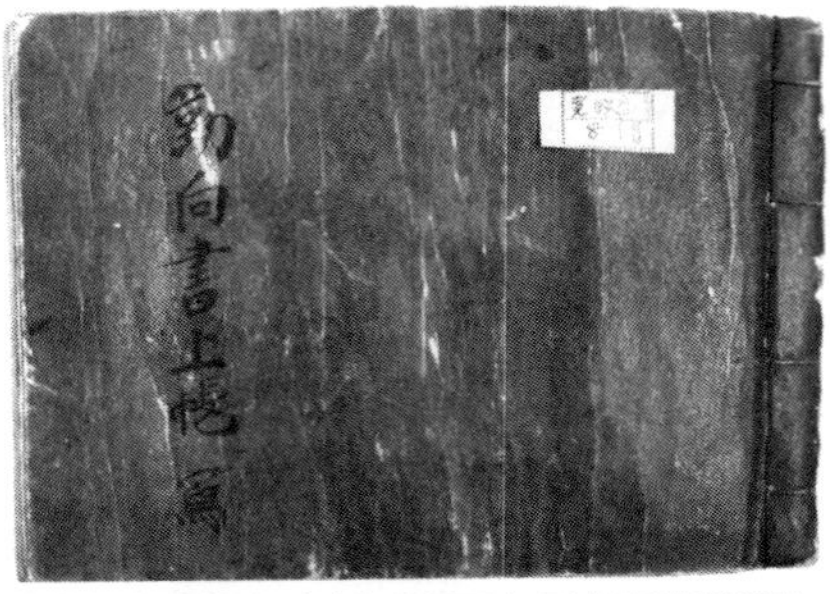

『勤向書上帳』表紙（飯田市歴史研究所蔵）

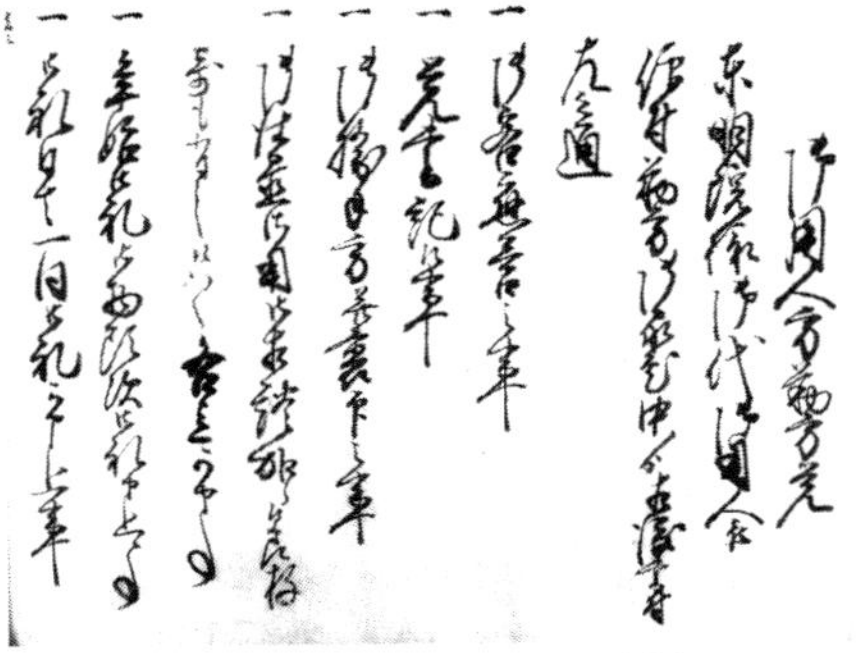

『勤向書上帳』（飯田市歴史研究所蔵）
18世紀末ころの飯田藩の各役職の職務内容を書き上げたもの。役人たちの職掌や勤務規定が詳しく記されている。藩主の生活、藩運営の様子がわかる興味深い史料。

『勤向書上帳』は、藩政改革の歴史や、藩主と家臣団の関係、町村支配のあり方など、さまざまなテーマで活用できますが、今回は難しいテーマには立ち入らず、飯田藩の役人たちが、日々どんな仕事をしていたかを知る手がかりとして使いたいと思います。もちろん、書上帳通りに勤務していたかどうかはわかりません。それは今も同じです。しかし、一応の目安にはなります。

殿の食事に携わる役職

まず、殿様の食事に直接携わったと思われる役所をあげてみましょう。飯田市歴史研究所が作成した「飯田藩の職制（中後期）」（飯田・下伊那史料叢書 近世史料編2『勤向書上帳』二四七頁）が参考になります。

「御茶方」や「御氷餅方」など、食品に関係する役職がいくつかありますが、殿の毎日の食事に直接携わった役職ということでは、「御膳番」「御賄方」「御料理人」が重要だと考えました。この三つ

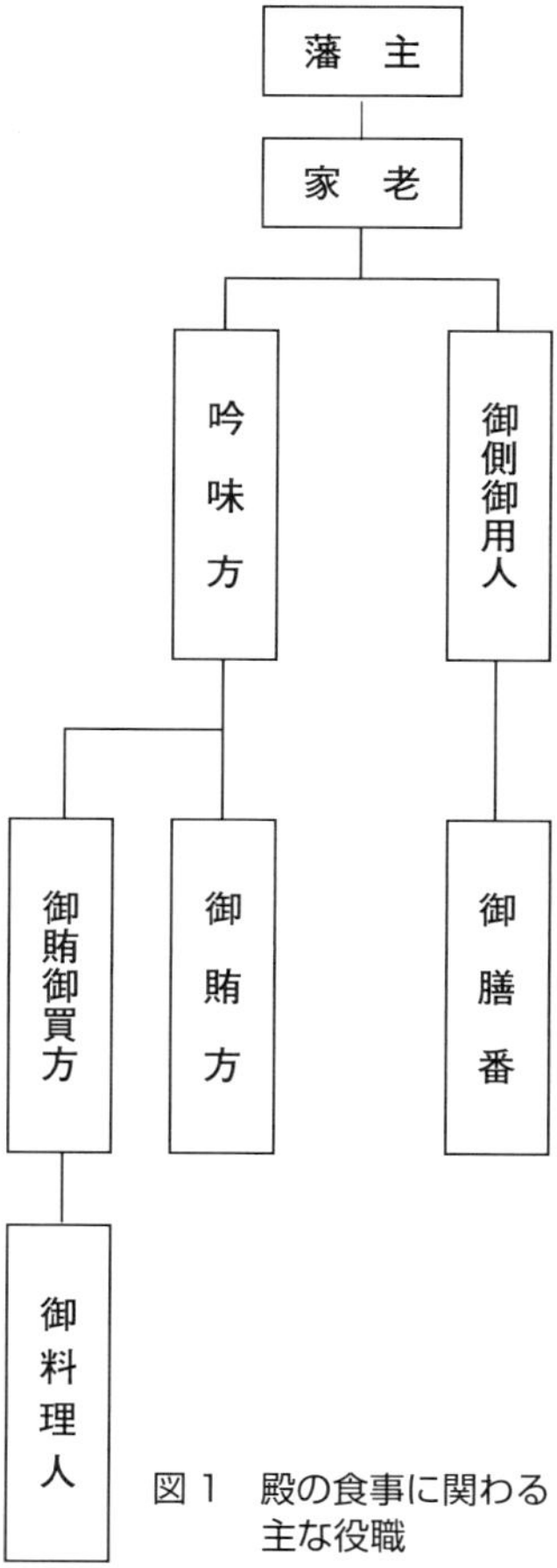

図１　殿の食事に関わる主な役職

を取り上げます。
まず、それぞれの仕事内容をざっくり見ておきましょう。
図１を見てください。「飯田藩の職制（中後期）」から、この三つの役職の所属がわかる図を作成しました。

御側御用人とは、「藩主の身近にいて、内意など承る人。家老に次ぐ地位」（『飯田・上飯田の歴史』上）です。ここに「御膳番」が置かれていました。

一方、吟味方は「いろいろな人の取調べのほか、藩の物の管理や工事の実検、藩政の様子をみたりする」役職です（『同書』）。ここに「御賄方」と、「御賄方御買方」が置かれ、後者の配下に「御料理人」があります。

「御賄方」は「御勝手元品の購入や代金の支払いなどをする」役職だそうです（『同書』）。「御料理人」は、文字通り、料理担当の職員です。

そして、これらの役職に就く人たちは、すべて、藩主や家老の指示に従って仕事をします。

それぞれの役職の人数は、よく分かりません。年番とか月番という制度もありました。一つの役職を複数の人物が担当し、一年、あるいは一月ごとに担当者が替わるシステムです。一人が複数の役職を兼務する場合もあったようです。

本論に入ります。

殿の毎日の献立は誰が作るのか。もちろん、殿が食べたいものを作るのが基本ですから、「献立は殿自身が作る」といってもよいわけですが、殿が毎日「これが食べたい、あれが食べたい」と指示を出すわけではありません。「お任せ」「よきに計らえ」が基本です。

となれば、誰かが、あるいはどこかの役職が献立の原案を作らなければなりません。それはどこか。

結論を言えば、「御料理人」がメニューを作成します。

『勤向書上帳』の「御料理人勤方覚」には、

一　朝出勤したら、その日の夕食と翌日の朝食の献立を作り、提出する

とあります。

また、「献立に変更がでた場合や、予定外の事態が生じた時は、御料理人が献立を新しく立てること」とも記されています。

では、御料理人が作成した献立は、その通り調理されるのでしょうか。

先ほどの「御料理人勤方覚」を注意深く読まれた方は、そうではないことがわかります。献立は「提出」することになっているからです。「提出」という以上、それをチェックする役人がいたと考えられます。

では、御料理人は、献立を誰に提出し、誰がチェックしたのでしょうか。

「御賄方」の職員です。「御料理人勤方覚」に、

一　御賄方は、出勤すると台所に出向き、献立を記入して御膳番に差し出す

とあります。献立は、御賄方の職員が献立表にして、「御膳番」に提出したということです。御膳番は御側御用人配下の役職。御賄方の上司です。

つまり、御料理人献立立案→御賄方献立表作成→御膳番チェックという流れです。御賄方の職員は、献立の立案を御料理人に丸投げはしないでしょう。朝、台所で御賄方の職員と御料理人が相談のうえで慎重に献立を決定し、表に仕立て御膳番に差し出したと考えるのが自然です。

では、御料理人や御賄方の職員は、朝何時ごろに出勤するのでしょうか。

「御料理人勤方覚」では、「毎朝明六ツ時過」出勤と決められています。ただちに台所に出向きます。江戸時代の時刻は、日の出と日没を基準とする不定時法でした。一般に「明六ツ時」は日の出の三〇分ほど前と言われています。

飯田地方の日の出は、夏至のころは午前四時半くらいですから、四時出勤ということになります。冬至のころなら日の出は午前六時半くらい。彼らは六時少し過ぎに、出勤ということになります。

『勤向書上帳』に収録されている各役所の勤務規定を調べてみると、ほとんどの役所の出勤時間が彼らより遅いことがわかります。御側御用人や「御物頭（おものがしら）」は、藩の重臣ということもあるでしょうが、

「朝四ツ時（午前十時）」です。台所関係の方々、お疲れ様です。

御膳番に回った献立表はどうなるのか。

御膳番で検討され、オーケーがでれば料理人に戻されました。「御賄方から御膳番にうかがいの上、了承されたら御料理人へ申し達する」と、「御料理人勤方覚」に記されています。「申し達する」主体は御賄方です。

料理人が原案を作成し、御賄方が献立表を作り、御膳番に相談の上、ようやく殿の日々の食事の準備が整うわけです。

毎日の献立作りは、大変な作業です。テレビの料理番組やレシピ本ばかりでなく、最近ではインターネットの料理サイトも大人気です。こうした情報に「どっぷり依存」という方も多いのではないでしょうか。およそ料理に携わる者ならば、「マンネリ」「代わり映えしない」との批判は極力避けたいところ。それは昔も同じです。

江戸時代半ば、飯田藩の殿の日々の献立は、御料理人と御賄方によって立てられていました。「武士＝武芸の稽古に打ち込む人」というイメージがありますが、献立作りに日々知恵を絞る彼らもまた、飯田藩を支える重要な役割を担っていたのです。ただ、ここで一つ疑問が残ります。出勤した御料理人が作成する献立は二食分だけです。なぜでしょう。

食事の時間も気分も、殿次第

殿の毎日の献立がどうやって決められるか、見てきました。いくつか疑問がうかびあがりました。

例えば、出勤した御料理人が作成する献立は、当日の夕食と翌日の朝食という点です。昼食はどうするのでしょう。この点は、後に考えてみましょう。

もう一つの疑問。朝六ツ時に出勤した御料理人は、夕食と朝食の献立を相談すると、ただちに調理に取りかかるのか、ということです。

「当たり前じゃないか」と言われそうです。当日朝の献立は前日に決まっているので、食材は用意できています。忙しい朝ですから、すぐに調理に取りかかるにきまっていると考えるのが自然です。ところが、どうやらそうではなさそうなのです。

「御料理人勤方覚」に、

一　「御膳」と仰せつけられたら、直ちに煮立て、味を調えろ

とあるからです。「「御膳」と仰せつけられたら」がポイントです。

食材の下処理は済ませておきますが、仕上げは「ご飯にせよ」との命令がなければ始められないということです。「殿は何時に起きるのだろう」とか「今日は食欲があるだろうか」など考えながら、いつ来るかわからない指示を待ちつつ、微妙な時間が流れます。

「食欲なし、廃棄」の日もあり得ないわけではないのです。

食事の時間も気分も、殿次第。御料理人、大変ですね。

御料理人だけでなく、彼らを監督する御賄方の職員も大変です。

「ご飯にせよ」の命令が出ると、まず、料理人が用意した食材を「御心見」、つまり試食するのが彼らの仕事だからです。試食といえば聞こえがよいですが、つまり毒味です。御賄方の勤方覚には、

「御膳」が申し付けられ次第、品々を試食し、大丈夫なら御料理人が焚き始める

と記されています。そして、御賄方の職員は、調理の間、監視の意味も含めて、調理場近くの「御膳建（おぜんだて）」という部屋に詰めているのです。これまた、大変です。

さあ、料理が出来がりました。直ちに殿の御前へ。温かいものは温かく、冷たいものは冷たく。料理の基本です。

と、思いきや、ここでもそう簡単に、ことは進みません。

一　（御料理人が）「料理が出来た」と御賄方に連絡すると、御賄方の職員が御膳建（立）に運ぶ

とあります（「御料理人勤方覚」）。

調理された食材は、まず、御賄方の職員の手で御膳建に運ばれます。まだ、配膳されていないところがポイントです。なぜ配膳しないままに御膳建に運ぶのか、分かりますか。「御品々を御膳番へ御心見に差し出す」（「同右」）ためです。

今度は御膳番が一つひとつの料理を試食、つまり毒味するのです。御賄方と御膳番のダブルチェッ

ク。なかなか物々しい光景です。さすがに殿の食卓です。

お毒味が済むと、ようやく配膳です。これでは、温かいはずの料理も、冷たいはずの料理も台無しです。殿の前に膳が並ぶのは、日も相当高くなったころかも知れません。

御料理人は一日気を抜けない

「御料理人勤方覚」でさらに驚くのは、夕食は九ツ時（正午ごろ）を目標に作ることになっていたことです。

一　御夕御膳料理は、九ツ時にはできあがるよう、心がけて勤務しなさい

とあります。献立を作り、朝食を作り、さらに夕食も仕込む。御料理人の午前中は、なんとも慌ただしいのです。では彼らの午後は？

早朝からの勤務ですから、これで帰宅となりそうですが、そう簡単ではありません。

一旦帰宅しますが、七ツ時（午後四時）ころ、再び出勤します。夕飯の最終調理ですが、その他にも用事があるからです。

「仰付けられ次第、御夜食差し上げる」。夕食以外に、「夜食」という献立があったのです。

殿が「今日は夜食の気分」と思えば、台所は再び戦闘状態突入です。何時に何を食べるか、あるいは、そもそも食べるか食べないか、すべて殿が決定しました。その上、不定期で飛び込む夜食の依頼。

飯田藩の台所は、日々、なかなかに修羅場だったのかもしれません。

御膳番は殿の食事全てに責任を持つ

食事の準備に戻りましょう。

御膳番が「御心見」、つまり毒味するところまでお話ししました。調理された食材は、こうしてようやく盛りつけられることになります。

御料理人や御賄方がどんなに工夫をこらした料理も、御膳番という〈関門〉をクリアしなければ殿の口には入らないわけです。

御賄方の「勤方覚」にはこんな言葉があります。原文で紹介しましょう。

（御賄方は）惣而被　召上物、諸事御膳番差図受、自分之差略不仕候事

「殿が召し上がる料理や食事に関することは、すべて御膳番の指示に従え。御賄方は一切自分勝手な取り計らいをするな」という意味です。厳しい上下関係です。

とはいえ、御膳番は、殿の食事全般に責任を持つ役職ですから、そのぐらいのプライドはあって当たり前でしょう。すべての食材を毒味する重い任務も担っていました。

また、御料理人・御賄方で作成した献立表の提出を命じる立場にもありました。御賄方の職員が献立をボードに書き、御膳番に提出していました。

きっと、御膳番はこのボードを城内に掲示したはずですが、どこに掲示したかはわかりません。殿にご覧に入れるためだったのかもしれません。献立が書かれたボードをじっと眺める殿の顔を想像するのも、面白いです。

御膳番の試食は、料理が殿の口に入る前の最終毒味です。この場には、殿の面前に出ることが許されない御賄方・御料理人が同席します（「御膳番勤方書上」）。御膳番は、「どんな食材を使った何という名の料理なのか」、「調理にあたってはどんな工夫をしたのか」など、料理に関する情報を、この場で入念に聞き取ったはずです。なぜだと思いますか。

御膳番こそは、食事をする殿のかたわらで、その質問に答えなければならない役職だったからです。

（殿）「御膳番よ、こりゃなんじゃ？」

（御膳番）「はい、『野底山産の旬のキノコと松川産落ちアユの寒天寄せ、市田柿ソース添え』でございまする」

などと説明しなければならないのです。

お膳をしげしげと眺める殿の顔を想像する、これもまた楽しいものです。

しかし、殿さまも人間ですから、食べ物の好き嫌いは当然あったはずです。万が一、殿の苦手な食材でも入っていた日には、怒りの矛先は御膳番に向かってきます。御膳番、彼らもまた大変なのです。

また、季節や体調によって、突然「食べたい！」と思うような食品も出てくるでしょうし、「大好きだけど、今日は食べたくない」というものも出てきます。御膳番の最大の役割は、殿の食べ物の嗜好や、日々の体調の変化を観察し、「殿が今、食べたい食材は何か」、「殿が今、必要とする食材は何か」、「殿が今、食してはいけない食材は何か」を察知し、臨機応変、そつなく機敏に日々の食卓に反映させることでした。

そう捉えると、御膳番が、殿の近くに伺候する御側御用人直属の部下だという職制も納得できます。彼らは、食事を摂る殿を身近に観察できるからです。御膳番の「飯田城その日その日」は、殿の食事を、ひたすら眺め続けることなのです。

こんな侍がいることを、皆さん想像したことがありますか。殿の「食の安全」を、体を張って守る男たち。彼らに刀や弓矢は似合いません。殿が食事を通して発する僅かな兆候（表情・会話など）も見逃さない研ぎ澄まされた観察眼だけが武器。殿の食卓こそが彼らの〈戦場〉なのです。

徳川二六〇年、気の遠くなるような泰平の世で、藩の安泰の礎は、武力ではなく、殿の健康でした。もう少し、御膳番について考えてみましょう。

御膳番は、細やかな気配りができないと務まらない

私はたびたび、「献立は御料理人・御賄方が考える」と言ってきましたが、御膳番からリクエストが出される場合がありました。

一　総じて、召し上がりもの・御焚もの（煮物？）、あるいは「（殿の）御好物類」は、御膳番から御品書を出すので、御賄方はそれを台所に掲示し、厳守するように

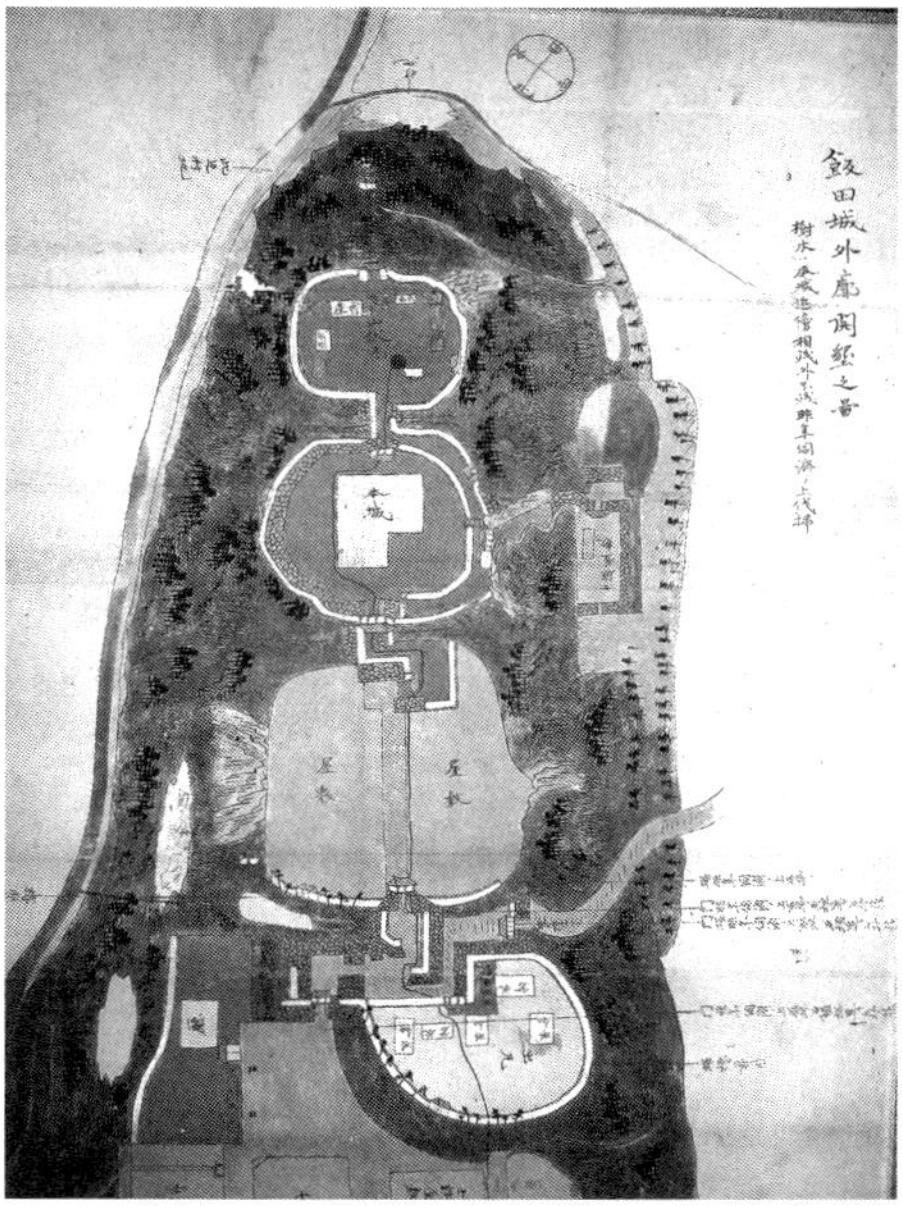

「飯田城外廓開墾之図」（部分）（飯田市美術博物館蔵）
　明治５（1872）年、飯田城廃城に際して制作された絵図。門や塀・櫓に朱筆の書き込みがある。施設の取り払いや樹木の伐採の経過を示す。一気に廃城が進んだことが分かる。

と御賄方の「勤方覚」に記されています。

　御膳番は、毎日毎日、殿さまの食事の様子を見ているわけですから、自ずと食材や調理法に対する殿の好き嫌いはわかってきます。殿がつぶやくちょっとしたコメントも、ヒントになります。

「駄目だ、硬くて噛めぬぞこりゃ……」とか、「なんじゃ、味薄ー」
などなど。
「そなた、そろそろ○○が食べたい季節じゃのー」

　こんなツイートがあれば、大ヒントです。

「俺が殿の嗜好を一番熟知している」という自負が、御賄方に対する「自分勝手な差配は一切するな」の〈上から目線的指図〉に繋がります。

　殿の外出については後に述べますが、御膳番は、本隊よりも先に宿泊地に出向き、殿の好みそうな珍しい食材を探し、御賄方に伝えます。

　外出先で小休憩する場所では、その土地の人たちからさまざまな献上品や名物が献上されます。これらを一つひとつ吟味し、「御試」（毒味）して殿に供するのも御膳番の大切な仕事でした。御膳番の〈舌〉は、殿の〈舌〉に、限りなく近づいていったのでしょう。

客人の食事を段取りするのも、御膳番の仕事でした。

一（御膳番は）来客の食事の献立作成を御賄方に命じ、できあがったら、御側御用人・吟味方と相談の上、殿の了解を得ること（「御膳番勤方書上」）

とあります。

御膳番は、客人の嗜好はもちろん、殿と客人の間柄、季節や会談の内容などを熟知した上で、献立を決めていきます。

出された料理一つをきっかけに紛争が勃発する、そんな物騒な気風もまだまだ残っていた時代。御膳番は、料理ともてなしの細部にまで完璧に気配りできないと務まらない仕事だったのです。飯田藩きっての「ＴＰＯ（時と所と場合を察知すること）の達人」ということになります。まあ、こう言えばかっこいいですが、気疲れとストレスに押しつぶされそうな毎日。本当にお疲れ様です。

殿のわがままにも絶対対応

『勤向書上帳』は、十八世紀末に作成された飯田藩の史料です。藩主は十代堀親寚（ちかしげ）ですが、彼はまだ数え年十一歳くらい。藩主になって間もないので、この史料からうかがうことができる「殿」のイメージは、隠居の立場にありつつ親害の後見人を務めていた七代親長（一七三九年～一八〇八年）と考えるのが適当でしょう。

親長は二人の子を相次いで失うという不幸に見舞われたという点では苦労人ですが、若くして隠居した後は、「第二の大名小路」と呼ばれた江戸の愛宕下（東京都港区新橋）に「中屋敷」を取得し、文芸三昧の生活を送ります。食事に関しても、けっこうむちゃぶりがあったように見えます。『勤向書上帳』から探っていきましょう。

史料には、献立にない注文が、突然殿から下りてくる様子が記されています。

一　予期せず「お好みの物」を食べたいと殿から命じられたら、御膳番は御賄方に連絡すること。もし、御賄方が不在ならば、御料理人に直接命令すること（「御膳番勤方書上」）

とあります。

御賄方の職員は早朝から出勤しているわけですし、食材の調達や支払いなどの業務で勤務場所を外すこともあるわけですから、不在なら、その旨を殿に報告し、「しばし我慢」と諭してほしいものです。だが、そうは行かなかったわけです。

これに対応して、規定では、

一　予期せず「お好みの物」を食べたいと殿から命じられ、御賄方が不在ならば、御料理人が試食して差し出してもよい（「御料理人勤方覚」）

とあります。命令には、間髪おかず答えなければならないのです。

一　急に御茶漬など申しつけられ、御賄方が不在なら、御料理人が出向き、膳を作って差し上げてもよい（「同右」）

ともあります。家臣の側にも都合というものはありますが、殿はお構いなしなのです。だからこそ、殿なのでしょうが。

御料理人は、正午ごろに夕食の準備を終えると、一旦帰宅し午後四時ごろ再出勤します。夕食の設えとともに、殿からの「夜食」依頼に対応するためでした。

一　命令があり次第、「御夜食」を差し出すこと（「同右」）

とあります。命令は、殿から御側御用人に伝えられ、台所に降りてきます。「命令あり次第」というところがポイントです。命令のない日も当然あるわけですし、相当遅い時刻になって、突然「腹減った！」もありうるわけです。

ちなみに、御側御用人は朝四ツ時（午前十時）ころ出勤しますが、夜五ツ時（午後八時）まで殿の近くに詰めるよう定められていました。現在で言えば、総理大臣（知事）秘書。出世のためには通らねばならぬ重要ポストとは言え、役人渡世も大変です。

とは言え、殿ばかりを責められません。私たちの身の回りにも、突然「腹減った！」とか、「これ食べたい、あれはいや」とわがままを言う輩は多々います。

あなたのお隣にもいませんか。案外、私たちは江戸時代を笑えないのです。

藩財政逼迫（ひっぱく）のために苦労する役人たち

殿が、毎日どのような料理を食べていたのかわかる史料はありません。したがって、贅沢な食生活だったのか、簡素だったのか、という点は、具体的には検証できません。

「御料理人勤方覚」には、祝い日の献立のことが書かれています。

一　御祝儀日御料理向の儀は、年始三ヶ日は二汁五菜にすること

です。「二汁五菜」のイメージがよくわかりません。料理研究家土井善晴さんが、「一汁一菜」生活を提唱していますね。それからすればかなり贅沢なのでしょうが、祝い日の献立としては、案外質素なのかもしれません。皆さんはどう思われますか。

ちなみに、飯田藩の日録的性格を持つ『耳目抄』（熊谷家文書　飯田市美術博物館蔵）には、弘化五（一八四八）年正月、桜丸御殿で振る舞われた料理の献立が記録されています（十二）。

御吸物　鰡（ぼら）切目
御取肴　竹わ　氷こんにゃく　ひしき　小ゑひ　牛方
大平物　山鳥　千人参　千牛方

近隣の大名や旗本の使者が来た時には、「一汁三菜、時により五菜」（「吟味方」）と定めています。松本で歴史を学ぶ研究会を開いていた時、献立史料から料理を復元された方がいました。みなさんもチャレンジしてみてはいかがでしょうか。

ただ、飯田藩二万石は、早い時期から財政難でした。そもそも『勤向書上帳』が作成されたのは、行政機構や勤務体制の効率化によって、経費削減を図ろうとするためでした。殿も、好きなものを、好きな時に、好きなだけ食べるという状況ではなかったはずです。

御料理人に関する次の規定が面白いと思いました。

一（殿が）召し上がる品の購入に際しては、御料理人だけでなく、御賄方の職員が立ち会い、「善悪そのほか諸色値段」などを吟味すること。これは飯田も江戸藩邸も同じ

という一文です。

食材のなかには、年貢や献上品として城に納入されるものもたくさんあるでしょうが、鰡などの海

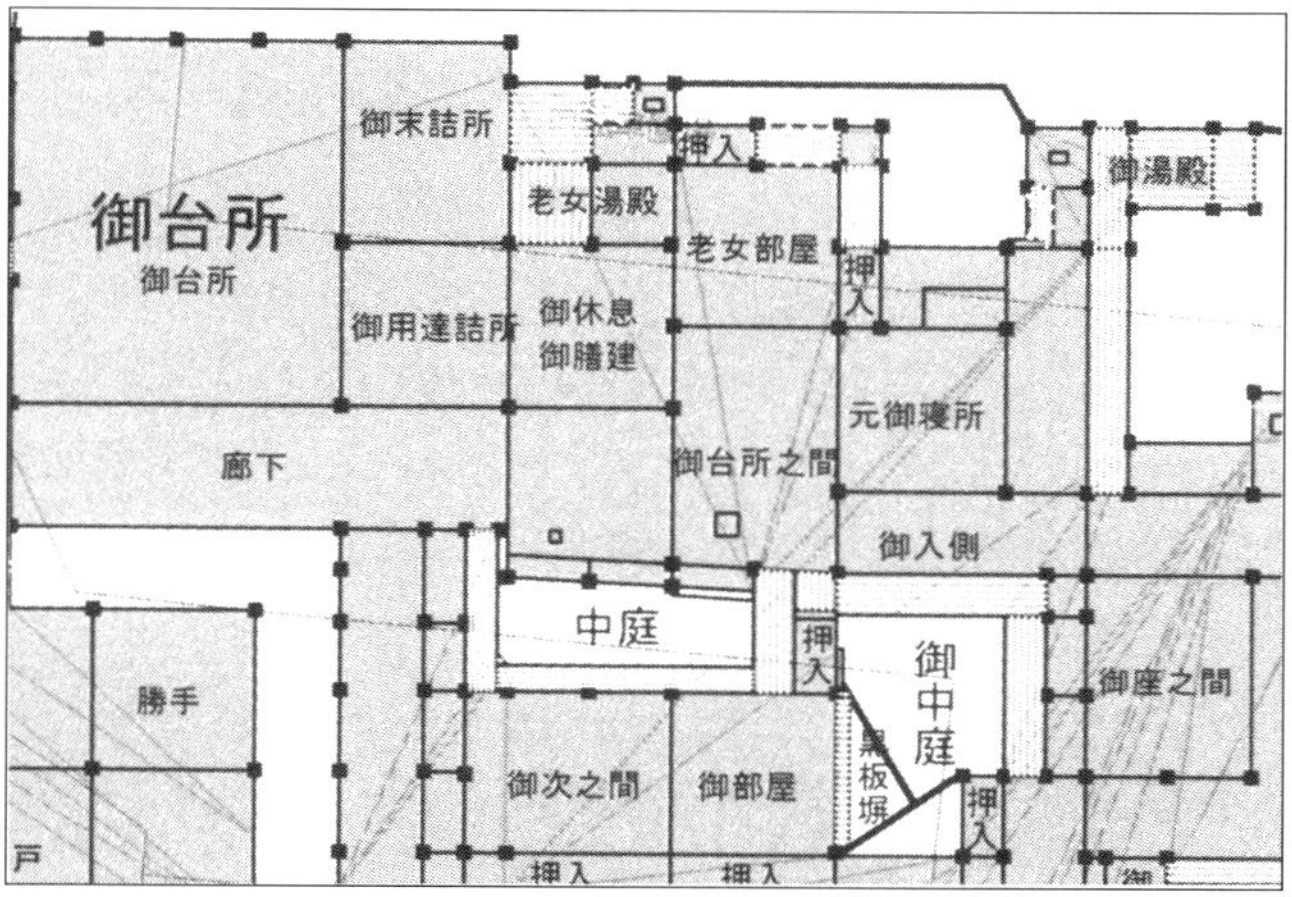

桜丸御殿台所横にあった「御用達詰所」
「桜丸御殿図」（明治４（1871）年　飯田市立追手町小学校蔵）を参考に、飯田市美術博物館が制作〈中山京子氏作成〉した図版（部分）。台所脇は御用達商人の控えの間か。さらにこの部屋の東側に「御休息」「御膳立」が配置されている。ここで献立案が決定し、毒味が行われたのだろう。

魚は飯田町の問屋（商人）から購入したと思います。「善悪そのほか諸色値段の吟味」とは、わかりやすく言えば商人に対する値引き交渉のことでしょう。

桜丸御殿内には、御台所の隣に「御用達詰所」という部屋がありました。城に配達に出向く御用商人の控えの間でしょう。部屋の様子が目に浮かびます。

例えば、魚卸（おろし）青木屋の場合。

（御賄方）「青木屋、このたびは鰡だけでなく小えびまで買うのじゃ。めでたい正月の御膳じゃ、もう少し勉強できぬものかのう……」

（青木屋）「ひじきはサービスいたしますゆえ、これでなんとか……」

（御賄方）「そなた今なんと申した？　よう聞こえんかったが、たしか『竹輪はサービス』と聞こえたぞ。それは名案じゃ」

（青木屋）「……」

誠実な商売がモットーの青木屋さん。さすがに心中穏やかではありませんが、藩士たちもまた必死なのです。

『勤向書上帳』によれば、勝手向きで使うお金は、御賄方が藩の金庫番である「御金方」から借り、月ごとに精算し、商人に支払っていたようです。項目としては、米・炭・薪・油・味噌・醤油などがあげられています。賄方の下役が支払い、毎日上司に報告し了承を受けることになっていました。

さらに、「小払帳」を作成し吟味方に提出、点検をうけます。

藩運営は、私たちが思うよりはるかに合理的だったのです。

御賄方では、毎日の料理を「献立帳」に詳細に記録し、保存することが義務づけられていました。また職員各自は、それを「手控（メモ帳）」にし、いつでも参照できるようにしていました。

この献立帳が現存していれば、とんでもなく貴重な史料になります。どこかに残っていませんか。

殿の食事は、一日二食か三食か

大事な問題を保留したままでした。殿の食事の回数です。日本人は元々、一日二食でしたが、農作業など激しい仕事をする人たちが昼時に栄養補給をするようになりました。

「おやつ」の語源は「八ツ時の軽食」。午後二〜三時ころです。二食がメインで、そこに軽食が挟まる生活が長く続きました。日本人の食事が一日二食から三食に変わったのは、元禄ごろと言われています。

『勤向書上帳』は、元禄から半世紀以上後の書物ですから、飯田でも三食が定着していたと思いますが、断言はできません。殿の食卓に「昼食」や「おやつ」は出てきません。朝食と夕食・夜食だけです。正式な昼食はまだ存在せず、基本二食で、小腹が空けば「不時好物仰付」（『同書』）だったのでしょう。

城中だけの生活なら、限られた活動しかしませんから、三食は必要ないと思います。御料理人は、昼までに夕食の準備を終えて帰宅、四時ころ再出勤して夕食の調理でした。

ただ、「殿が昼食を摂る」場合を想定した規定があります。

一　殿がお出かけの際、弁当を依頼されたら、朝夕食と同様に対応する（「御料理人勤方覚」）

「馬で遠出する」といったイベントの際は、弁当を持参する場合があったということでしょう。御膳番から御賄方を通して、御料理人に指示が出、献立を立てたわけです。

実は、外出の途上にある寺や庄屋宅が昼食を用意することもありました（これは次節「殿、出かける」）。

殿の食事は「日常は一日二食、外出時は三食」と考えておきましょう。

お昼には一旦自宅に帰る

殿と違い、家臣は毎日しっかり働きます。昼食がほしいですし、昼休みもほしいです。

勤務規定を読んでいて、気づいたことがあります。

一　帳付役は朝六ツ半時出勤、九ツ時食事に帰り、即刻再出勤（「御作事方」）

九ツは正午。この時刻に一旦帰宅するという規定がいくつもあることです。

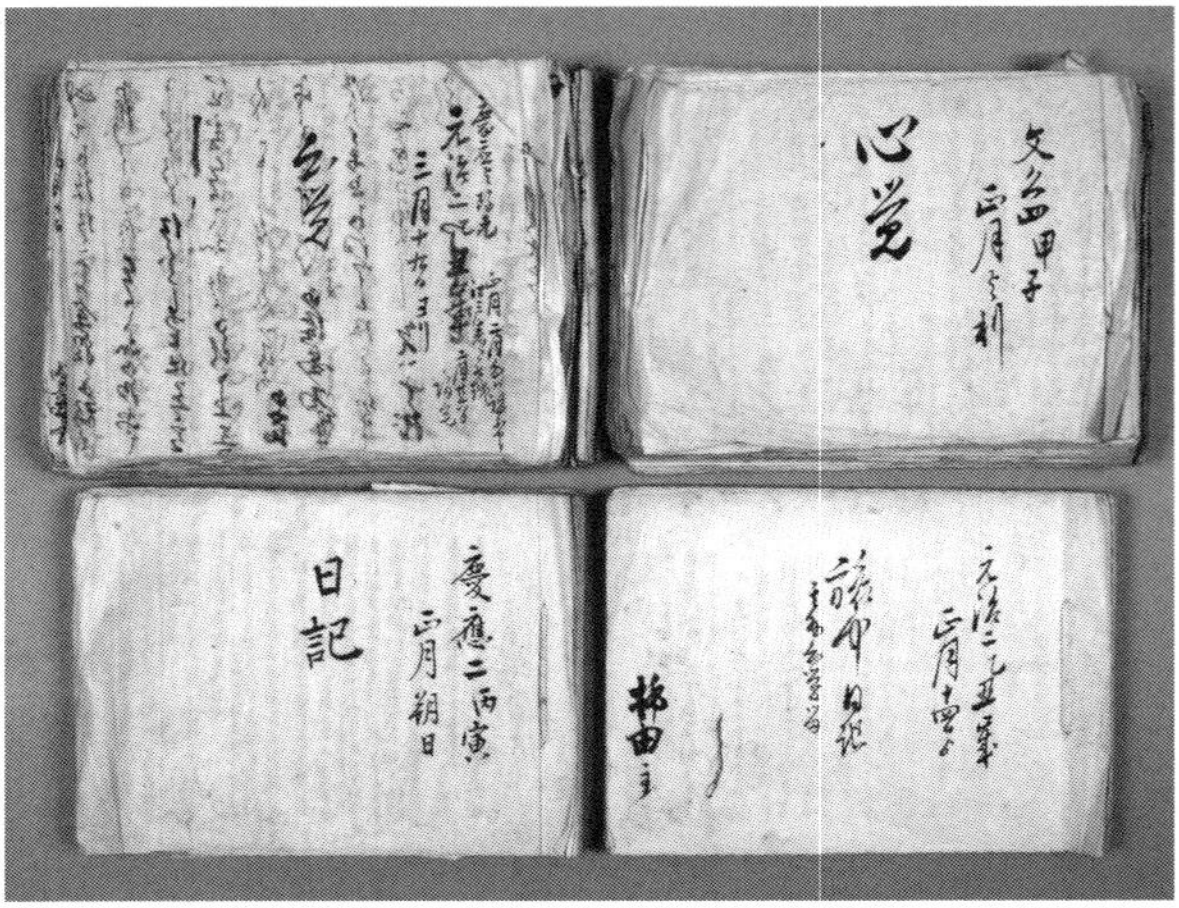

『心覚』（飯田市美術博物館蔵）

藩士の日記（『心覚』飯田市美術博物館蔵）にも、しばしば、

（柳田）東次郎は、朝五時前（午前八時ころ）より本丸当番に出かけ、九ツ時帰宅、午後再出勤

とあります。

飯田城で働く侍たちは、仕事内容にもよりますが、正午には一度帰宅するのが習わしだったということです。昼過ぎの城内は、しーんとしていたのでしょう。

スペインに旅行した折、昼時の学校がひっそりしていて驚きました。子どもは一度昼に帰宅し、お昼寝して夕方また登校するのだとか。シエスタです。大人はランチにワイン付とか。

飯田藩の武士の昼食に酒があったかどうかは不明ですが、「腹減ったー。今日もつまんねー仕事だぜ」などとつぶやきながら家路を急ぐ男たちの姿が、昼時の城下のあちらこちらで見られたのでしょう。微笑ましい。

「「昼食べたらただちに帰城しろ（「即刻再出勤」）」だってさ。冗談じゃありませんよ！」という声も、ぽそっと聞こえてきそうです。ガンバ！

二、殿、出かける

将軍の外出は「江戸城」が移動すること

「殿、食べる」に続き、「殿、出かける」です。

このテーマだと、『水戸黄門』や『暴れん坊将軍』を思い出す方が多いでしょう。ただ、これらの小説やドラマは、もちろん史実ではありません。

例えば、『水戸黄門』は水戸藩第二代藩主徳川光圀がモデルですが、光圀は若いころに何度か鎌倉まで出かけただけです。江戸と水戸の往来や、領内視察の途上で目にする景色が、彼が人生で出会った風景のほとんどすべてでした。

『暴れん坊将軍』は八代将軍徳川吉宗をモデルにしていますが、彼が江戸の街なかを気ままに歩いていたという記録はありません。実在の吉宗は、江戸城奥深くの将軍執務室に籠もりっきりだったといいます。うずたかく積み上げた経済書を次々に読破しつつ、斬新な幕政改革案作りに打ち込んでいました。日々、大坂堂島の米相場を確認しながら財政再建策を練ったところから、吉宗を「米将軍」とも呼びます。

街なかをきままに呑み歩くような時間はなかったのです。

そもそも、徳川将軍の外出先は、上野の寛永寺、芝の増上寺、江戸城内の紅葉山程度に限られていました。また、外泊もほんどんしなかったようです。

飯田のお練りまつりで披露される大名行列（飯田市美術博物館撮影）
　参勤交代では、毛槍や馬印を立て、藩の目印とし、出立や宿場到着の際には中間たちがその家に伝わる独特の所作を行った。これが「奴振り」として民俗芸能化し、各地で披露されるようになった。

なぜ外出や外泊が少ないのでしょうか。

将軍が江戸城から外出する場合、城内にある幕府政庁の機能もそっくり将軍に付随して移動しなければならなかったからです。権力には一瞬の空白も許されません。いつなんどき起こるかもしれぬ緊急事態（謀反・災害など）に迅速に対処するため、将軍が直ちに命令を下せる体制を、外出先でも維持しておく必要がありました。

もともと、「幕府」は「将軍の本営」の意味です。戦場で将軍と軍隊が移動するとき、随時に幕を用いて陣を取り巻き、府（役所・政庁）としたことに由来します。戦国時代のドラマでなんとなくイメージがわきます。

将軍が外出するということは、言い換えれば、幕府の象徴であり将軍官邸・公邸でもある「江戸城」が移動するということです。それは、米国大統領が搭乗する飛行機（エアフォースワン）が、大統領官邸・公邸であるホワイトハウスの政務機能を備えているのと同じです。

というわけで、家臣としては、殿さまにそうしょっちゅう出歩かれては困るわけです。ですから、将軍自ら出陣した幕末の長州征伐は、とんでもない異常事態だったということになります。

殿の行動範囲と、人生で出会う風景は、私たちが想像するよりはるかに狭く、また代わり映えのしないものだったのです。

「殿が動く、城が動く」

好きな時に好きな場所に出かけ、好きなことをしたい。食同様、人にとっては大切な願いです。交通手段の発達は、「より短時間で、より遠くまで出かけていきたい」という欲求に基づいています。ということで、この節は「殿、食べる」の次に「殿、出かける」を取り上げることにしたわけです。光圀や吉宗が特別の人だったわけではありません。一般の大名たちも、参勤交代で国元と江戸を往復するのと領国視察を除けば、ほとんど出かけませんでした（大坂や京都を守る仕事に赴くこともありましたが）。飯田藩主堀侯もそうでした。

ただ、ということは逆に、「殿、出かける」は、藩のさまざまな役職が関わり、複雑な取り決めを設けなければ実施出来ない大行事だったということです。「飯田の殿さまが動く」ということは、「飯田城が動く」ということなのです。さて、どんな工夫をしていたのでしょう。

領内視察

殿の外出は、大別すれば参勤交代と領内視察です。この二つを一度にお話するとごちゃごちゃするので、最初に領内視察について述べてみましょう。「殿、食べる」同様、十八世紀末に飯田藩で作られた『勤向書上帳』を使用します。

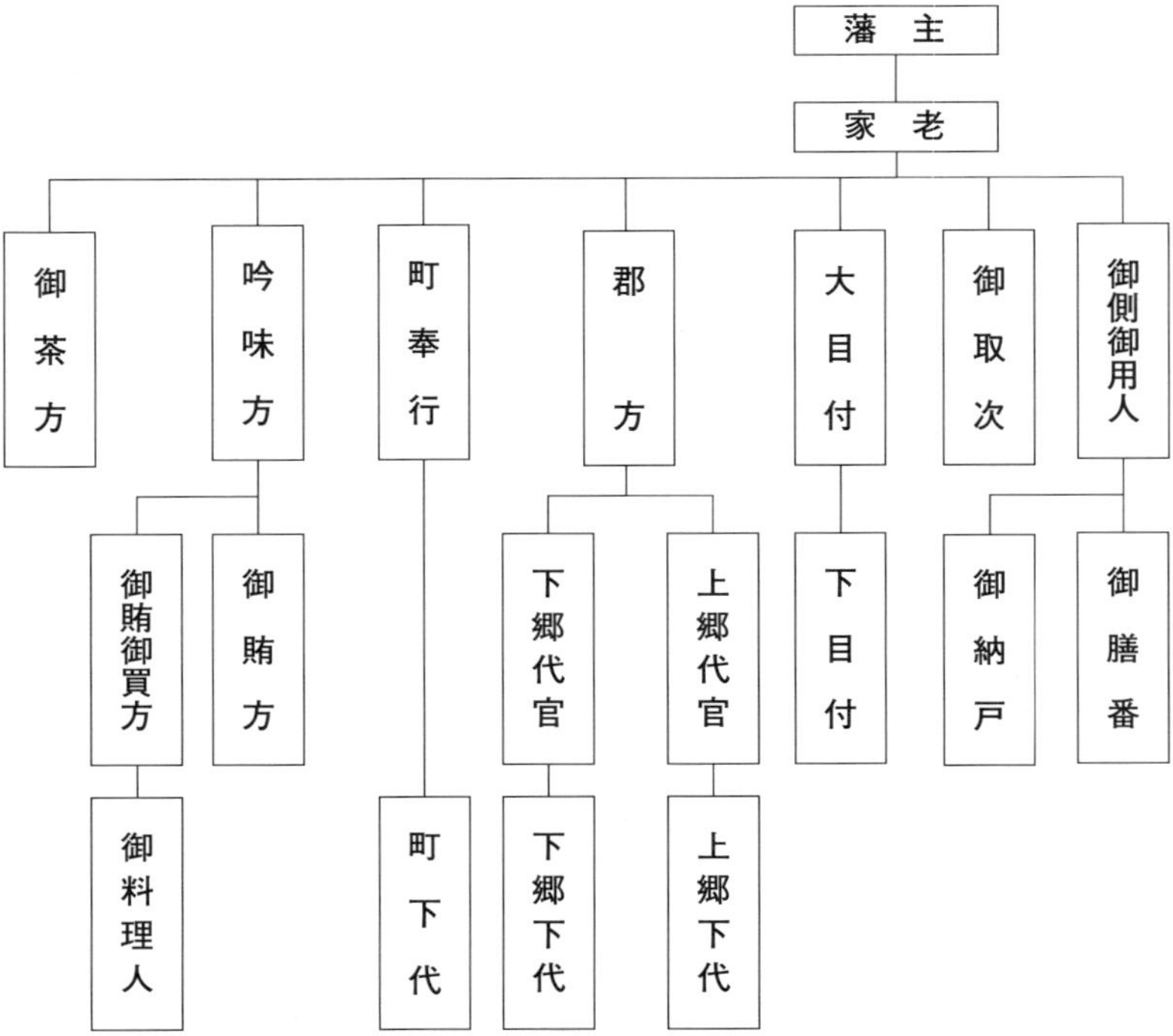

図２　殿、外出時の領内役職関係図

殿が飯田領内に出かける時、主に関わる役職を図２に示しました。

『飯田・上飯田の歴史』上（飯田市歴史研究所）で仕事内容を確認しましょう。

「御側御用人」は、「殿、食べる」でも紹介したように、「藩主の身近にいて、内意など承る人。家老に次ぐ地位」です。食事関係では、配下にある「御膳番」が殿の食事全般を取り仕切る重要な役割を果たしていました。

「御取次」は、「おとりつぎ」。「藩主・町役人・村役人からの申し出を、家老などに取り次ぐ役割」だそうです。ただ、「殿、出かける」の場合は、後に述べるようにもっと重要な役割を果たします。

「大目付」は「藩士の様子をよく監察し、問題のある行動などを追求する役割」です。「下目付」は、その実働部隊。「目付」

飯田城東端の本丸（現長姫神社）方面から俯瞰した飯田城と城下町の CG 復元図（飯田市美術博物館作成に筆者加筆）

18 世紀ころ。殿の公的な外出は、桜丸御殿南側の桜丸正門（「赤御門」）から。門前の広庭に行列（「御供揃」）が仕立てられ、家臣たちが送迎した。

の名の通り、監視・警備が主な任務。殿の外出でも、警備に携わります。

「郡方」は「郡奉行」ともいい、「飯田藩領の上郷（かみごう）・下郷（しもごう）を統括する奉行」です。実働部隊が「上郷代官」と「下郷代官」です。

ちなみに飯田藩は、領内を「上郷」（松川以北一三村）と「下郷」（松川以南一五村）に分けて統治していました。殿外出の際には、二郷それぞれが役割を負わされます。

「町奉行―町下代」は飯田町の運営を担当する役職です。

ここで、飯田町について一言述べておきましょう。少し複雑です。

本町通（一丁目～三丁目）と知久町通（一丁目～三丁目）で六町。番匠町通（番匠町・池田町・田町）と松尾町通（一丁目～三丁目）と大横町で七町。合計一三町が「町屋」です。

一方、伝馬町通（一丁目・二丁目）と桜町通（一丁目～三丁目）の計五町は、「町屋」ではなく「宿」とされました。成立した時期と役割が違うため、一三町と一緒にするのは難しいということでしょう。この複雑な性格を有する城下町を、町奉行が管轄しました。

飯田町の管理維持は、後に述べます。

「御茶方」は、文字通り殿や藩のお茶事を仕切ります。「野点」を引き合いに出すまでもなく、殿の外出にティーセレモニーは欠かせません。

「御納戸（おなんど）」は、「城の納戸にある金銀・衣服・調度品を管理する」役職です。私たちも外出や旅行の際には、それなりの支度をします。衣装選びから着替え等の用意、茶道具の出し入れなど、「御納戸」は殿外出の際は、相当に多忙です。

ちなみに、「御茶方」と「御納戸」は業務内容に重なる部分が多いからでしょう、兼務することが多かったようです。

さて、殿がそわそわしてきました。

「家老や、どこぞか面白いところに出かけたいものじゃのー」の一言。

城内に緊張が走ります。数人の男が、詰所から飛びだしてきました。声をかけてみましょう。名前を知らなくても大丈夫です。

「御側御用人さま！」。

必ず振り向いてくれます。

殿の領内巡見を最後まで仕切る御側御用人

江戸時代、藩主の多くは江戸で生まれたようです。あるいは、生まれは国元でも、江戸で育つ場合がほとんどでした。その結果、ある程度歳をとってから初めて国元に来るという藩主も多かったのです。これを「入府」といいます。

堀侯の場合、入府年齢は二十代前後が多いです。「飯田藩主」といいながら、長いこと飯田の風景を見たことのない殿がいたわけです。

入府の場合は、殿に領地の様子をみてもらわなければなりませんから、ただちに領内巡見が行われます。ただ、今ここで巡見を論じはじめると収拾がつかなくなりそうなので、まずは飯田にいる殿が、突然「あそこに行ってみたい！」と言い出したらどうするか、検証してみましょう。

殿は、お出かけモードに入ったら、家老にその意向を伝えます。

一「外出したいからお供を揃えるように」と殿が仰せになったら、家老は「何日何時、どこにお出かけなされたいのか」をお聞きし、関係役人を詰所に呼ぶ（「飯田御執次勤方覚」）

とあります。この場合、呼び出されるのは御側御用人です。御側御用人は、命令を受けると、まず日時を確認し、次に御供する家臣（「御供揃」）の人選を「御取（執）次」に命じます。さらに、訪問先に「殿立寄り」を周知し、日程調整に入ります。

一（御側御用人は）出発時刻を聞き、御供揃の準備を御取次に命じる。寺社参詣の場合は、寺社方に命じて該当する寺社に連絡する（「御側御用人勤向書上」）

とあります。

「殿、外出ご所望！」の一報を受け、御側御用人が城中を走り回る光景が目に浮かびます。

該当する寺社は、当日、殿出発前に城に出向き、案内役を務めます。

御側御用人の役割は、これだけではありません。実に多忙です。彼らは、殿外出の差配だけでなく、基本的には、外出すべてに随行することになっていたからです。帰城の際には留守番担当の御側御用人も顔を揃え、全員で殿を出迎えます（「同右」）。

かくして、長い一日もようやく終わり。

「御側御用人様、本当にお疲れ様でした」

と言いたいところですが、とんでもありません。帰城した殿に御機嫌伺いをし、また、殿が体調を崩さないか見守るため、夜勤を務めることにもなっていたからです。

もともと、御側御用人は、他の役職と兼務する者が多かったようで、

一　平日朝四時（午前十時）出勤し、役所の仕事が終わったら暮六つ（夕六時）に殿の近く（御前）に出仕し、夜五つ時（八時）まで詰めてから帰宅せよ（「同右」）

とあります。

これが寛政（十八世紀末ごろ）の規定。寛政以前の規定では、「床を敷くのを見届けて退出」だったよ

うですから、多少勤務条件は改善されたようですが、激務であることに変わりはありません。

「御側御用人勤向書上」には「乗馬」の様子も記されています。

一　殿が馬に乗りたいといったら、さっそく御前に出ること。馬場までお供し、乗馬が済むまでそこに詰める

乗馬を楽しむ殿は上機嫌でしょうが、ご機嫌を損ねぬよう、絶妙なタイミングで、とってつけたようなおべんちゃらを言い、「つまんねーなあ」などという気持ちは間違っても殿に気取られないようにする。


「武士といえば武芸、武士と言えば武士道」、確かにその通り、ごもっとも。

ただ、武士たちに期待される資質は、それだけではなかったのです。と言うより、二五〇年続く泰平の世です。武士が家を維持し、家族を養い、安定した生活を築くために必要な修練は、刀ではなく、人間関係の機微をよくわきまえ、時と場所にふさわしい立ち居振る舞いができる処世術を身につけることでした。


「殿、鍼灸」の際も、終了まで待機。終われば、ご機嫌伺いをして退席です。

出火・雷・地震、その他異変ある時は、直ちに殿の側に詰めます。御側御用人こそは、殿がもっとも信頼する人物だったのです。

現長姫神社付近にあった本丸御殿は、主に儀式の場として用いられ、桜丸御殿が藩主の政務の場兼生活の場だった。水の手番所へは、本丸南側の水汲み門を出て急坂を下ったのだろう（飯田市美術博物館作成に筆者加筆）。

御取次は殿の行列随行の編成を考える

殿は一人では外出できません。この行列を仕立てるのが御取次の役割です。必ず随行（「御供揃」）が必要です。

御取次の職員は、十八世紀半ばからは桜丸御殿の正門（「赤御門」）に近い広間に常駐していたようです（「飯田御執次勤方覚」）。

一報を受けた御取次は、日時、行き先、外出目的を御側御用人から事細かに聞き取ります。それにより御供揃の陣容が大きく変わるからです。

御取次の手元には、あらかじめ何種類かの御供揃編成案が用意されていました。連絡を受けると、依頼事項や要件を見極め、「今回の外出はこの編成がよろしかろう」というカードをセレクトしたのです（「同右」）。

例えば、城外への外出や、正月元日・四日・十一日に行う儀式で本丸へ出かける場合は、御駕籠脇六人、御徒士（かち）七人が随行しました。他に、駕籠担ぎや御側御用人なども同行します。現長野県飯田合同庁舎敷地内にあった桜丸御殿から、長姫神社付近の本丸御殿までのわずかな距離を殿が移動するだけでも、これだけの人数が用意されるわけです。

その他、本丸御殿に殿が出向く行事としては一月七日・三月三日などの五節句があり、そのため用の編成も用意されていました。

野外外出（「野辺御出」）の際は、御徒士七人、御道具持一人、御草履取、御立傘、御厩（馬の管理人）などのスタッフに、御側御用人が付き添います。

殿外出は「御供揃」だけの問題ではありません。

「御側御用人勤向書上」には、「殿の出立・帰城の際は、郡方・寺社方などの職員は、玄関奥の広間に集まり送迎する」とあります。

もちろん彼らだけでなく、城内にいる家臣全員が広間に顔を揃えたのでしょう。江戸後期の十一代堀親寚時代には、桜丸御殿の玄関外の砂利まで出て送迎することが義務づけられました（『耳目抄』）。

城内に轟く「殿、お発ち～」、「殿、お戻り～」の声。

仕事を放り投げて玄関に駆けつける家臣たち。城内騒然。

武芸よりも、気働き。ひたすら気働き。どこまでも気働き。果てしなく気働きなのです。

次々と難題がわき起こる殿の外出

お城の南側下方にある「水の手番所」に出かけるにも従者三人、道具持、草履取などが付き従います。駕籠は必須です（「飯田御執次勤方覚」）。

驚くのは「御城内へ御出の節」、つまり城内（おそらく桜丸御殿内やその近辺）の移動です。従者二人、草履取が配置されます。如何なる場面、如何なる瞬間でも「殿一人旅」はあり得ないのです。これが「殿に生まれる」ということなのです。

テレビドラマ『暴れん坊将軍』がそのころ作られていたなら、殿さまはみんなこのドラマの大ファンになっていたはず。『水戸黄門漫遊記』は幕末成立の物語。もう少し早ければ、これまた藩主たちの隠れたベストセラーになっていたはずです。

閑話休題。

ご帰城が七ツ時（午後四時）を過ぎたら、提灯を持った者が迎えに出向くことにもなっていました。

一　すべて、お出かけの際に七ツを打ったら「お迎え御提灯」を持っていく

とあります（「同右」）。

なんとも贅沢、至れり尽くせりですが、殿も人の子です。「こそっと静かーに、誰にも知られず、夜風に吹かれて帰りてえなー」、そんな夜もあったでしょう。

「「ほっておいてもらう自由」というのも、ある意味大変贅沢かもしれませんね、殿」。

桜丸御殿広間に置かれた御取次詰所に戻ります。

御側御用人から「殿、外出ご所望」の一報が入ると、「今回の外出はどの編成にしよう」、そんな論議が始まります。ここまではお話しました。

ただ、行列の編成を決めれば済みというわけにはいきません。外出時間がどのくらいになるかにより、休息地を用意する必要があるからです。昼食の有無も考えなければなりません。「昼食あり」なら、現地調達か、弁当持参か。外出が長時間に及ぶことが明らかになると、御取次の職権域を超える問題が次々にでてきます。

再び、御側御用人たちが動きだします。

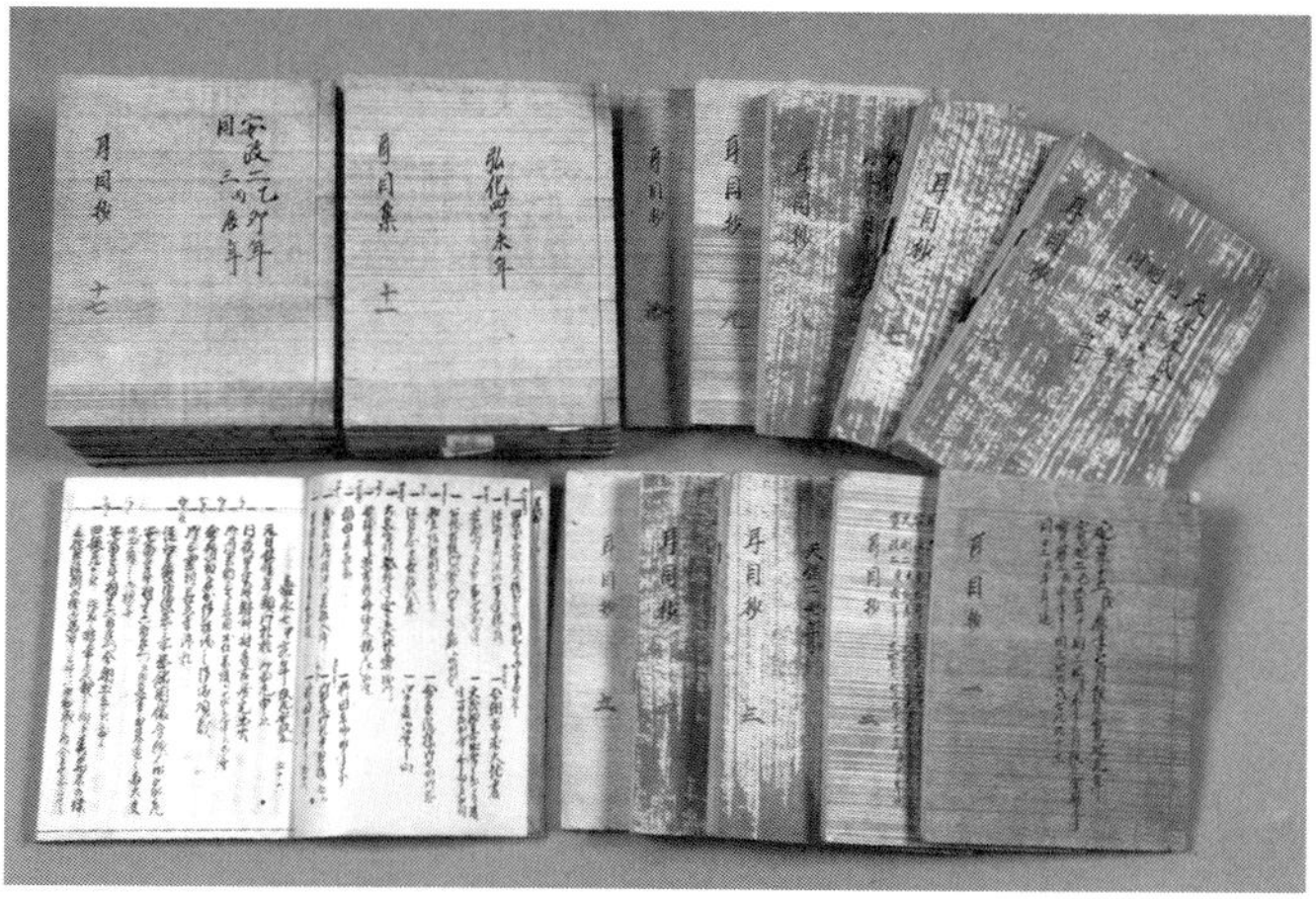

『耳目抄』（飯田市美術博物館蔵）

十一代藩主堀親義（ちかのり）侯は外出好き

休息地や食事のことを考える前に、殿がどのような場所に外出したのか、史料をひもといてみましょう。十一代藩主堀親義の場合です。『耳目抄』という史料を使います。飯田藩士熊谷家に遺されていたもので、飯田藩の日録のような貴重な記録です（飯田市美術博物館所蔵）。

親義という殿については、本丸御殿跡（現長姫神社脇の駐車場）に建立されている「観耕亭碑」でご存知の方も多いと思います。「（親義は）おりをみては城外に出て自然をながめる

観耕亭碑（筆者撮影）

ことを楽しみにしていたが、外出すると農事のじゃまになるので、城内に小さな建物をつくり、そこから人びとが農耕にいそしむ姿と自然を眺めていた。これは賢い者の楽しみで、領主の政治の模範だ」という言葉が記されています。

「賢君親義」顕彰の碑ですが、さて実像はどうでしょうか。

江戸で育った親義が、飯田に入ったのは弘化四（一八四五）年。すでに三十歳を過ぎていました。自分の目で領地を隅々まで見たいという想いが強かったのでしょう。親義は領内各地を精力的に巡検しました。

『耳目抄』を眺めていて私が「えっ」と思ったのは、九月（新暦の十月）に風越山・正永寺山へ出向いていることです。

目的は？

松茸でした。殿のために留山（とめやま）（入山・伐採などを厳格に禁止した山林）にしてありました。

実は、飯田藩はその後、押洞山（おしぼら）も留山に指定しています。親義は松茸や茸狩りが相当に好きだったようです。松茸はまず殿が食べ、家臣や御用達商人らにプレゼントされます。町民には入札で払い下げられました（『耳目抄』）。

飯田藩、ちょっとせこい気もしますが。

親義は、嘉永二（一八四九）年八月にも飯田に戻り、翌年五月末江戸に帰りました。教科書に出てくる参勤交代制度です。殿は一年おきに国元と江戸に住むことになっていたのです。

嘉永二年八月からの約一〇か月の飯田在城期間では、弘化四年のような領内巡検のための外出が減りました。そのかわり、殿の趣味をかなえる外出が目立ちます。

九月九日。押洞へ茸狩り。やはりこれは外せないイベント。

同十五日。天竜河畔の新井から船にのり、家臣の家を訪ね食事。

十二月。厳寒の大平街道へ。

なぜ、よりによってこの時期に大平なのか。

飯田藩の特産品で、幕府や大名たちへの献上品・贈答品として珍重された「氷餅」の製造風景を見学するためです。街道の中途の市瀬番所そばに製造場がありました。寒の入りからの二か月で集中的に製造していました。殿としては、江戸表で氷餅を配る折りに、一言気の利いたコメントでも加えたかったのでしょう。下世話な話をすれば、出世にも直結します。そのための視察です。

殿の気持ちもわからないこともありません。が、ホッカイロなどない時代です。殿は駕籠の中に火鉢でも入れておれば多少は暖もとれますが、随行する家臣たちはたまりません。

氷餅のことは、のちにくわしく述べます（本書一一二頁～）。

ちなみに、大平街道は現在、十二月初から四月初まで車輌通行止めです。

翌年二月には鹿狩り。御供揃の面々には「野服着用」を指示しています。

三月九日は朝八時出馬。今宮八幡宮を参詣後、押洞で「軍事操練」を見学、大横町を回って夕方五時ころ帰城。

さらに、三月は大変忙しい。

十三日には柏原で「町打」を見学。

十四日は上飯田村の殿崎で「ホンヘニ玉打ち」を見学。その後、正永寺原で茶園を見、「山神森」に小屋を（御用達商人に）かけさせ、花火を楽しんでいます。

二十日は、やはり八時に御供揃をつれて外出。今宮八幡宮と普門院を参拝後、御供揃を城に帰し、南条村前の天竜川で「御簀引漁（みすひき）」を見学しています。家老や御役人には同行を命じています。

それにしても、「観耕亭碑」のあの「賢君親義」はどこにいったのでしょうね。

野に山に川に、殿は忙しい。

そして、確実に殿は楽しい。

しかし、その度に城内を駆け回る御側御用人の苦労はいかばかりか。今風に言えば、彼らは「補佐官」。名前は立派ですが、私には到底務まりません。

殿の領内巡見は朝から夕方までハードな行程

『耳目抄』をこれまでしばしば活用してきましたが、その十二冊目にあたる弘化五（一八四八）年の巻は、興味深い記事がいくつも載せられています。

とくに、前年入府した親義の領内巡見の様子が大変具体的に記されています。この史料を手がかりに、殿の巡見に同行してみましょう。巡見を最初にお話しておくと、これから後の話がわかりやすくなるからです。

『飯田城主堀氏系図』によれば、親義は飯田で生まれたようです。江戸生まれ江戸育ちという藩主が多い中では、珍しい存在です。ちなみに、飯田藩堀家十二代のなかで、飯田生まれは四人だけ。ただ、親義は二歳で江戸に出ましたから、「飯田生まれ」とはいえ、飯田の風景や生活は記憶になかったと思います。「弘化四年が、飯田との初対面」といっても過言ではありません。見るものすべて珍しく感じられたはずです。

飯田藩二万石は、松川を境に村々を二分割し、郡奉行が統治していました。松川以北が「上郷」、以南が「下郷」です。それぞれに代官所を置きました。弘化五年三月初めにお練りまつりを見学した親義は、同月十八日上郷、二十一日下郷の巡見に出かけました。それぞれ一日の行程です。

まず、上郷巡見に同行してみましょう。

出発は午前九時。老中羽生真逸郎、郡奉行神合駿平が随行しました。殿の外出に必ず付き従う御側御用人（「御先番御側」）は三名、駕籠脇を固める家臣が八名、医師一名、徒士七名、郡代官一名、手代二名。行列は殿を含めて総勢二五名です。

ただ、これは『耳目抄』に記されているだけの数です。実際には、駕籠担ぎや草履持ち、殿の着替えや生活用品を入れる挟箱を持つ者などがいますから、大行列です。

桜丸御殿を出た一行は、追手門を抜けて右折、伝馬町を経て大雄寺横町から野底橋を渡りました。ここから「上郷」です。下黒田村の切通しから乗鞍を通り、村々を視察しつつ馬道通りから本街道に

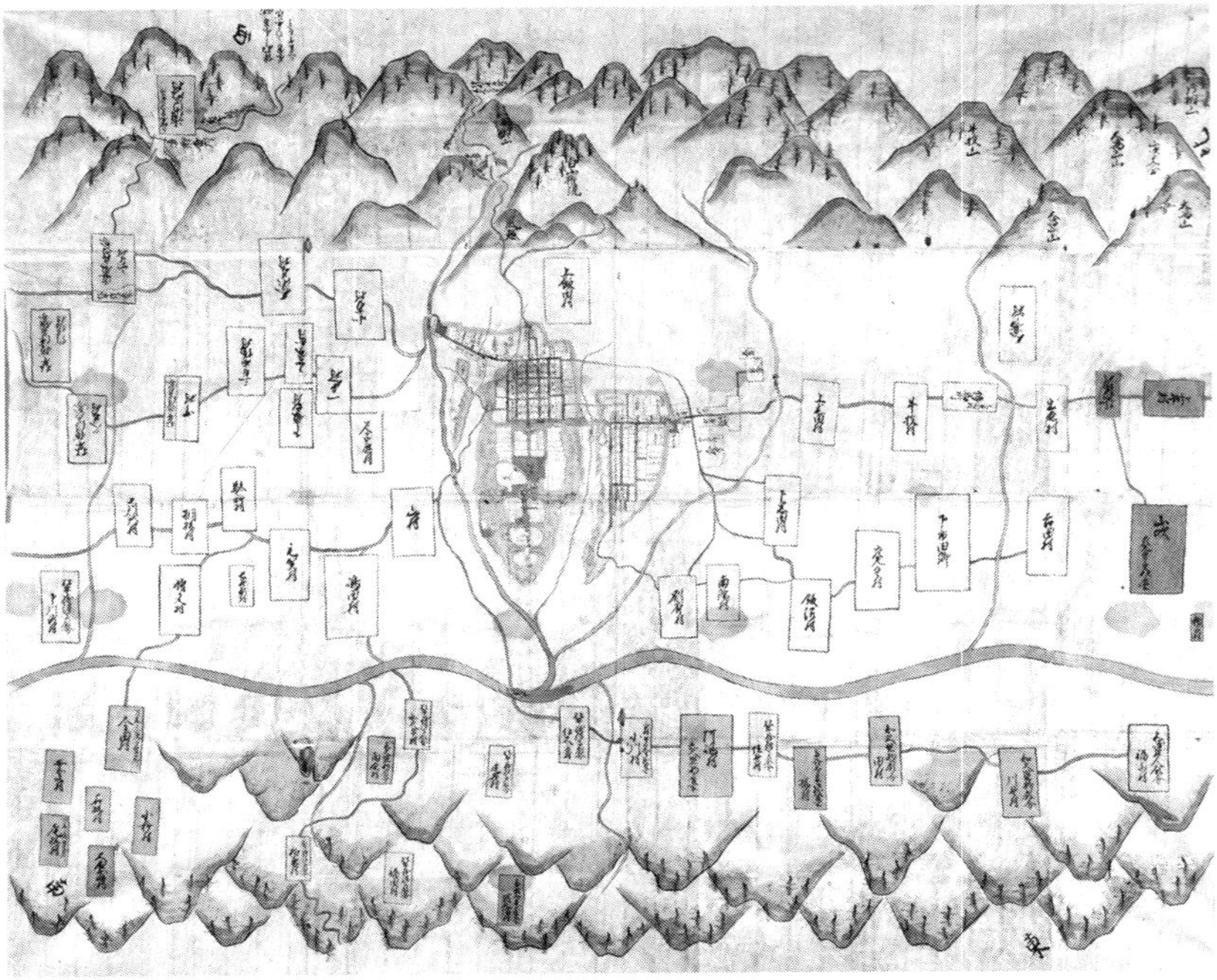

「飯田領絵図」（飯田市美術博物館蔵）元禄年間（18 世紀初）
　飯田城を中心として所領が色分けされている。白い四角で囲んだ村が飯田藩領。上郷13 村、下郷 15 村。

出、座光寺原を抜け耕雲寺で昼食。

　午後は大門通りから如来寺（元善光寺）に進み、小休止。下道通りから鶏足院に出て小休止。加賀沢通り経由で馬場町に向かい、夕方六時帰城しました。

　地名はあえて『耳目抄』のまま。興味のある方は、地図に落としてみてください。

　続いて三月二十一日の下郷巡見に同行。

　上郷より村数が多いためか、出発時間が早い。朝七時出立です。家老安富主計、郡奉行小木曽三十郎。その他随行人員は上郷巡見と同じ。つまり、二五人＋αです。

　下郷は松川以南なので、追手門を抜けて左折。愛宕坂を下り、松川をわたって下茶屋町に出、八幡神宮寺（鳩ケ嶺八幡宮）で小休止。そこから本街道を時又に向かい、庄屋喜六宅で小休止、桐林村・上川路村を視察し、開善寺でようやく昼食です。

午後は、西上。中村に向かい、経塚原に小屋を掛けて小休止。このルートは結構きつい上り道です。殿岡村・一色村から名古熊村に出ます。中央自動車道飯田ICの少し東側、アップルロードに沿う道を通ったことになります。風越山を仰ぎつつ、のどかな田園を進む一行の中に、一五〇年ほどのち、ここが飯田の主要な玄関口になると想像した人はいたでしょうか。

運松寺に到着した一行は、寺の森に御駕籠台を設えて小休止。寺に寄らないのは、時間が押していたからでしょうか。

名古熊街道を経て夕方五時帰着。旧暦三月下旬は今の四月下旬。日が長くなりつつあるとは言え、早朝から日没までのハードな行程です。行灯は持参したかもしれませんが、帰城時間がもっと早いと想定されていたとすれば、城内から行灯（あんどん）を持った家臣が急いで出迎えに赴いたかもしれません。

「いやはや、疲れたねー」。

みんな気持ちは同じ。でも、こんな表情は、殿の前ではもちろんＮＧ。

同行した私は縄のれんに直行ですが、「御側御用人様もいかが？」、これも絶対ＮＧ。そう、彼らには夜勤が待っているからです。

御用金賦課に町方衆、祭りボイコット宣言をする

殿巡見の様子を、親義の弘化五年の史料でお話しました。

いつの世も「エライ人たち」の視察は、城内・村々総動員の大イベントだったのです。親義来飯は前年九月。半年かけて周到に巡見の準備を進めてきたのでしょう。

ただ、弘化五年三月の「殿、お出かけ」は、この巡見だけではありませんでした。月初めにお練りまつりがありました。殿は追手門（銀座通りと追手町の交差点付近）まで出かけ、見物。しかも三日連続でした。

実は、この時のお練りまつりは、すったもんだの末の開催でした。江戸上屋敷の焼失などを口実にした度重なる御用金（献金）の賦課に対し、飯田町の町人が祭りボイコット宣言を出し、藩と対立する姿勢を見せたからです。町人たちが演じる「練り物」が出ない祭礼になるかと危ぶまれましたが、寺院が仲介に入り、数度にわたる藩と町役人たちとの交渉の結果、急遽フルヴァージョンでの開催が決定しました。

このため「殿、お出まし」の判断も、直前にずれ込んだはずですが、随行する家臣たちは、何事もなかったかのように全員裃（かみしも）着用、郡方・御目付方も総動員で警護にあたっています。みなさん、大変有能です。

それにしても、殿の住む桜丸御殿から追手門までは、私の足で二分足らず。どんな行列だったのでしょう。わたし的には、祭りよりもこちらの方が気になります。

殿一人のご機嫌のために大勢が汗を流す

閑話休題。本論に戻りましょう。

「殿、お出かけ」の情報は、御側御用人から郡方（郡奉行）や町奉行の職員にも伝えられます。「随行職員が必要か不要か」の判断のほか、道の整備、接待の準備などをしなければならないからです。例えば殿巡見の場合は、御取（執）次が編成した「御供揃」メンバーの他に、家老や郡方職員が随行することになっていました。外出の目的によっては、郡方や町奉行からも、適宜御供の人馬を差し出さなければならないのです。

したがって、殿外出の日時と場所の確認はもちろんですが、郡方や町奉行にとって一番気がかりなのは「殿、お出かけ」の目的なのです。「そもそも殿は何をご覧になりたいのか。何をおのぞみなのか。」これは、殿の最側近である御側御用人でなければつかめない情報ですから、郡方・町奉行から御側御用人への問い合わせはそこに集中します。

御側御用人の返答の一言ひと言を反芻しながら、時に忖度を加えつつ、殿の胸中を〈読む〉わけです。読み誤れば……。

さあ、郡方・町奉行、始動です。

早速、代官・下代が集められ、準備が始まります。

必要な物品は？

人足はどのくらい必要か？

馬は、食事は？

なにより重要なのは、道の点検・整備です。

一　殿様御通行前に、領内の道々を点検し、損壊場所は修繕しておくこと
と「上郷下代勤方覚」にあります。

不思議なのは、堤防の補修（川除普請）費を藩に請求する手順は記されていますが、「殿、お出かけ」の道路修繕費の請求手続きは、記述がありません。

「たいそう名誉なことじゃ。費用請求など恐れ多いぞ！」なのでしょう、きっと。

これが、こと参勤交代ともなれば想像を絶しますが、それはまたいずれ。

郡方や町奉行の段階で殿外出対応の細案ができると、御側御用人の了解を取りつけます。許可が下りれば、庄屋・町役人を会所に呼び出します。

会所に向かう面々の顔が浮かびます。

「ちょっと困ったな」感いっぱいです。

町役人を指揮する町下代には、次のような任務が与えられました。

一　普門院・長久寺その他上郷・下郷へ殿がお出かけの場合は、道の掃除を町人に命じ、「御先払」と「町廻り」の足軽を二人差出すこと。自分たちは、朝六ッ（午前六時）から暮六ッ（午後六時）まで各町の境に立つ（「御町下代勤向覚」）

どこかで見たことのあるようなＶＩＰ通行の風景です。

飯田城下町一八町、厳戒態勢に突入。

『耳目抄』を読んでいると、しばしばこんな言葉に出会います。

「殿、ご機嫌よく御出立」、「殿、ご機嫌よく御帰城」。

一人が「ご機嫌よく」あるために、たくさんの汗が流れるわけです。

世の中、往々にして、そんなものですが。


外出先の昼食は弁当持参か、現地調達の際には毒味が必要

殿の外出が半日で終わり、昼食なしで帰城するならよいのですが、大概は終日です。十一代藩主親義も、一旦出かければ夕方まで戻らないことが多かった殿です。となると、休憩所や昼食会場を用意しなければなりません。

弘化五年三月の下郷巡見では、昼食は開善寺、休憩は四か所でした。外出時間が長くなると、いくつもの部署に影響が及ぶわけです。部署の間で調整を繰り返しつつ、綿密な行動細案を組み上げていく面倒な作業が必要になるわけです。

考えてみれば、家老のやることは「殿、お出かけ」の命令を出すだけです。結局は、御側御用人や御取（執）次たちが、調整のために城内を走り回らなければ、殿外出は実現しません。

しかし、今も昔もお役人はみんな、自分の部署がすべて。簡単には了解・協力は得られません。

「あちら立てれば、こちら立たず」

「走り回る」ということは、「ひたすら頭を下げる」ということです。

昼食を現地調達する場合を、「御側御用人勤向書上」で見てみましょう。

一　遠出の時、途中の寺院や百姓の家に腰掛けられ、弁当を提供されたら、（御側御用人は）金百疋を与えよ。二百疋でもよい。その時手持ち金がなければ、帰ってきてから家老に相談し、寺院方・郡方に渡すこと

とあります。

一疋＝二五文。一文を現在のお金で二五円とすれば、一〇〇疋は七万円弱です。

外出先で提供された弁当を、そのまま殿が食べることはありません。毒味が必要なので、御膳番が同行します（「御膳番勤方書上」）。

御膳番は、寺院や百姓が弁当を作る最初のところから監視しなければなりませんから、殿一行より先に現地に赴きます。

これまで殿の服薬のことをお話してきませんでした。調剤は台所で行い、毒味をして保管しておきます。服薬の際に、御膳番が再度毒味をします。殿遠出の際も、御膳番が薬を持参したようです（「同右」）。

休憩場では、その土地の名物が献上されることがあります。これも御膳番がその場で試食し、問題なければ殿の口に入ります。

では、弁当持参の場合は。

御膳番から御賄方に、「弁当必要」の指示が届きます。御賄方の規定に、

一　外出の際の弁当は、御膳番から差図あり次第、献立を聞きに伺うこと

とあります。

きっと季節や目的地にふさわしい献立が立てられるのでしょう。もちろん「御心見」（毒味）は欠かせません。

出来上がったら御膳所へ差出し、御膳番が「御心見」をする

とあります。

嘉永二（一八四九）年十二月、親義は氷餅作りを見学しました。目指すは「御氷餅小屋」。大平街道市瀬番所付近です。旧暦十二月は、新暦一月。大寒の頃です。

朝八時出発。市瀬番所で昼食。村方視察の例にならえば、四〇人をゆうに越える行列です。

市瀬番所付近（「飯田領絵図」部分　飯田市美術博物館蔵）
　市瀬番所は飯田から松川沿いに大平街道を８㎞ほど登ったところの関所。堀家が管理した。番人など５～６名が常駐した。付近に氷餅製造場が置かれ、伊勢参詣の旅日記には氷餅を「名物」として売る店もあったと記されている。

少人数の番所でそれだけの昼食を用意できたとは思われません。弁当は持参したのでしょう。料理人たちが早朝から弁当作りに精を出したということです。

厳寒期ですから、普通に持参すれば恐ろしく冷たい弁当になってしまいます。そのまま殿に召し上がっていただくのは、さすがに憚られる。といって、ランチジャーや電子レンジのない時代。蒸し器にでもいれるのでしょうか。どうやって温め直したか、気になります。

ちなみに参勤交代の場合は、料理人が同行します（「御料理人勤方覚」）。

飲み物は、お茶を持参しますが、これは御賄方の担当ではありません。「御茶方」職員が行います。毎日の殿の食事も、お茶は御茶方が差配し、煎茶をその都度淹れて殿に供します。

外出の際は、御茶方職員が茶葉を持って随行し、殿のご所望次第お茶を淹れます。もちろんこれも御膳番が試飲します。

御茶方の規定で少し不思議なのは、殿が本丸御殿に出向くときです。

一　御茶方はお茶と弁当を持参し、一足先に本丸に出向く（「御茶方勤方」）

とあります。

本丸にも調理場はあったのですが、「弁当・飲み物は桜丸御殿から持参する」というのです。

これは、本丸御殿の役割の変遷を考える上で、案外重要な規定かもしれません。

お練りまつりで披露される大名行列（櫻井弘人氏撮影）
　1866（慶応 2）年の火災で奴屋台が焼失した本町 3 丁目が、仙台藩などから格式の高い道具を購入し、専門家から所作を習い、1872（明治 5）年から始めた。近世の大名行列の様子をよく伝えている。

薩摩藩の大名行列には一七億円もかかった！

「殿、出かける」の最大のイベントは、一年おきに江戸と国元を往来する参勤交代でした。

　この時の、家臣や従者を引き連れた華やかな行列が「大名行列」と一般に呼ばれるものです。本来、この言葉は、参勤交代だけでなく大名の公的外出の際の隊列全般を指すのですが、沿道の人々に家格や権勢を誇示する参勤交代は、藩と殿にとっては、絶対に疎かにできない一大セレモニー。まさに「ザ・大名行列」だったのです。

　江戸時代が終わって一六〇年近く経ちました。大名行列は昔のことになったはずですが、飯田では違います。大宮諏訪神社式年例祭にあわせて行われる「お練りまつり」の出し物として親しまれています。

　お練りまつりで演じられる行列は、明治時代に作り出されたものですが、大名行列らしいしつらえや華やかさを再現しています。

参勤交代の制は、三代将軍家光時代に定められてから幕末まで、二〇〇年以上続けられました。

薩摩藩の場合は、全行程一七〇〇キロメートル。一九〇〇人が、四〇〜六〇日かけて移動したそうです。経費一万七〇〇〇両。

「一両は現在のお金でいくらか」と聞かれますが、これは大変難しい質問です。比較するもの（米価、食べ物の値段、職人の日当など）によって差がでますし、時代が降るにつれ金貨の改悪が進み、貨幣価値が下がります。

そこで一応、一両＝一〇万円ほどと考えておきましょう。薩摩藩の経費一万七〇〇〇両は現在のお金で一七億円。とんでもない額です。

薩摩藩は江戸からもっとも遠方の大名の一つですから、参勤交代の典型的な事例とは言えませんが、一年おきに江戸と国元を往来する大名たちの、このような大規模・大出費の「お出かけ」が、毎年全国で繰り広げられていたわけです。その数、実に二五〇家余り。

「なんとも不思議な時代だ」と感じませんか。

参勤交代を語るわずかな史料

さっそく飯田藩の参勤交代の話に入りましょう。

長年続いた行事ですから、詳しい記録が残されているはずと思いきや、実はほとんどわからないのです。

『高森町誌』は、「飯田藩の参府に関する記録が当地には存在しないので、その模様を記すことはできない」と述べています。

『下伊那史』第八巻は嘉永元（一八四八）年と安政五（一八五八）年の「御参府覚書」を使い、行程や費用を記していますが、準備や隊列など詳細は述べられていません。『飯田・上飯田の歴史』上も言及していません。

永井辰雄が『伊那』誌上に四回にわたり連載した論文（「飯田藩の参勤交代」）は参考になりますが、利用した史料（「甲府通御道中覚」）の出典がはっきりせず、検討することができません。

大名行列は、獅子舞と並んでお練りまつりの重要な演目です。市民には歴史を身近に感じることのできるイベントですから、実態がわからないというのは残念です。

とは言え、本当に史料がないのかといえば、それは違います。『勤向書上帳』には、参勤交代（「御道中」と記されています）に際して、家臣たちがどの部署でどう勤務するか定められているからです。

それともう一つ。『耳目抄』です。『勤向書上帳』から半世紀後の史料ですが、十一代堀親義（ちかのり）時代の参勤交代の様子がわかります。

わずかな数の史料ですが、諦めるのはまだ早い。

十八世紀ドイツの文学者ゲーテは、ローマが大好きでした。念願のイタリア旅行が実現すると、ローマ時代の石畳の道に佇み、じっと目を閉じました。二〇〇〇年前の、ヨーロッパ各地から凱旋してくる兵士たちの声を聞こうと耳を澄ましたのです。

「いざ語れ、石たちよ！」

このエピソードが私は大好きです。

ゲーテのようにはいきませんが、「いざ語れ、史料たちよ！」

大名の力を削ぐ参勤交代

参勤交代について簡単に説明します。

「大名たちが、一年おきに江戸と国元を往来する制度」、と言ってもわかりにくいです。

十一代飯田藩主堀親義の場合で説明しましょう。嘉永二（一八四九）年八月飯田に帰った親義は、翌三年三月江戸に向かいます。そして四年八月再び飯田に帰り、翌年五月、また江戸に戻りました。

親義の場合、厳密に言えば、飯田滞在期間が一年に満ちませんが、参勤交代の大体のイメージはお分りいただけると思います。参勤交代に要した飯田藩の費用はよく分かりませんが､薩摩藩の場合は、その都度十数億円ほどの出費になるわけです。参勤交代は、大名たちの幕府への忠誠心を絶えず更新するという目的もありますが、重い経済的負担を強いることで、大名の強大化を防ぐところに主眼が置かれていたのです。

参勤交代で大混雑の東海道

飯田藩では、藩主が国元に滞在している期間を「御在城」、江戸滞在中を「御留守」と呼び区別していました（『勤向書上帳』）。

参勤交代のポイントは、大名自身が日程を決められないことです。

「帰国したい」、「参府（江戸行き）したい」という大名からの申請をうけ、幕府道中奉行が日程を決定します。大まかな目安は決まっていて、江戸で毎年刊行されていた大名の紳士録的な書籍（『武鑑』については本書一一三頁）にも記されていますが、とはいえ、申請から許可まで、数か月かかりました。大大名の場合、二〇〇〇人を超える従者を率いての旅でしたから、街道や宿場の混雑を考慮して、慎重に日程が決められます。

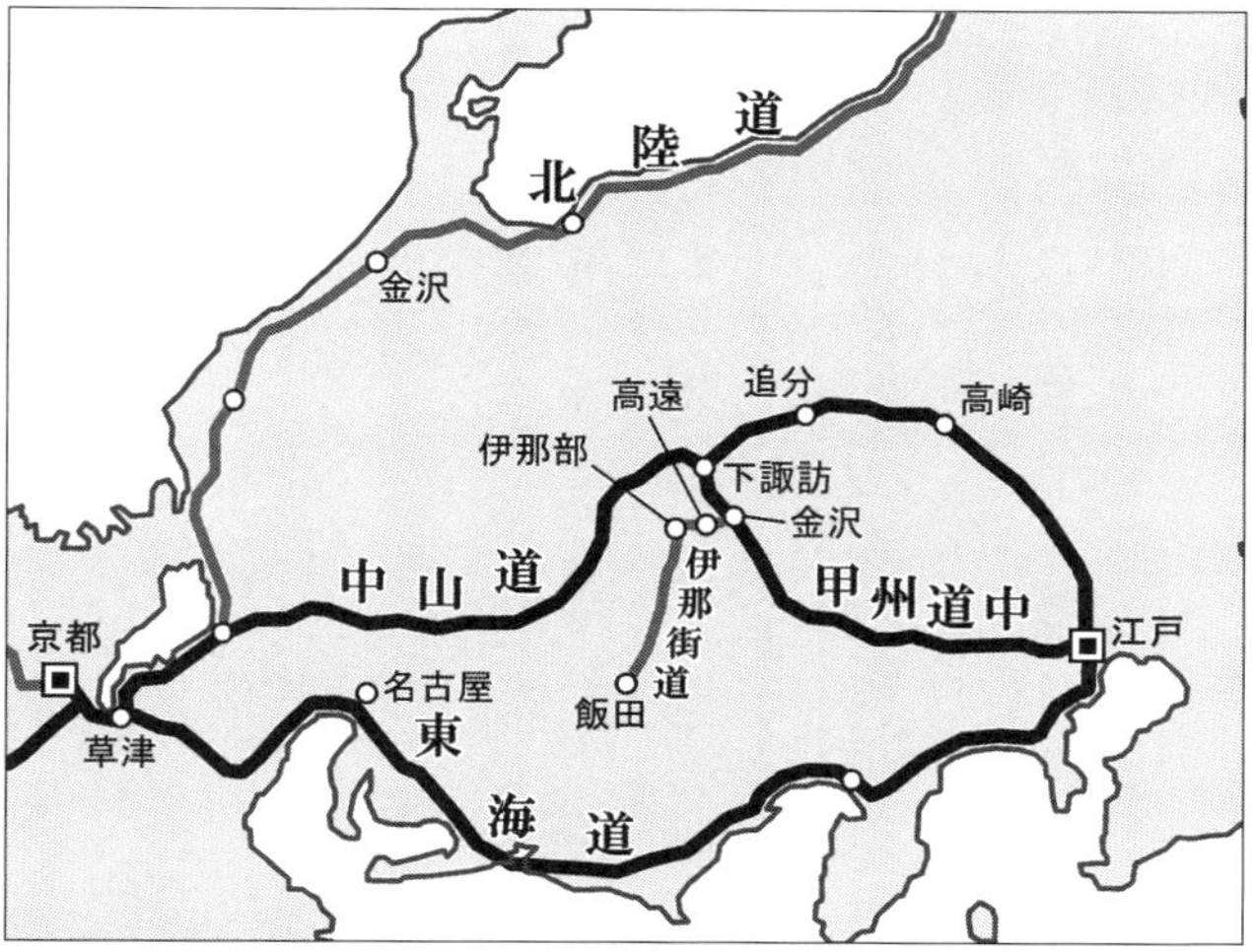

図３　飯田藩の参勤交代コース（筆者作成）
　伊那街道を北上し、高遠を経由し金沢峠を越え、甲州道中を東に向かった。６泊７日の行程。内藤新宿で旅装束や陣容を改め、江戸の街に入った。

「そなた、今年は風越山の松茸が農作だというではないか。食べたいのー」

と殿が言いだしても、そう簡単に実現できるものではなかったのです。

例えば、親義の嘉永二年の帰国の場合。申請日時は分かりませんが（多分、前年の冬）、許可が下りたのは六月二十三日でした。江戸出立は八月十六日。許可から出立までの二か月、急ピッチで準備を進めることになりました。

それでも飯田藩は恵まれています。

飯田藩の参勤交代は、伊那街道を北上し、高遠から金沢峠を越え、甲州道中に出て江戸をめざしますが、伊那街道を利用する大名は飯田藩のみです。また、甲州道中を利用する藩は高島藩・高遠藩・飯田藩の三家しかありませんでした。

東海道は一五〇ほどの藩が利用しますから、それに比べ甲州道中は遙かに空いていたのです。

余談ですが、一五〇もの藩が利用する東海道の混雑は大変なものでした。さらに事を複雑にしているのは、複数の大名行列が同じ日に同じ宿場に泊まることはできるだけ避けるという暗黙のルールがあったことです。従者は長旅でストレスを溜めている野郎ばかりですから、ささいなトラブルでも大事件に発展しかねません。「宿場のいざこざからお家取り潰しへ」、これは絶対に避けたかったのです。

というわけで、東海道などは、日程調整が大変でした。その上、当時は大河に橋をかけませんから、大雨になれば川止めです。到着日時、出立日時が頻繁に変更されたというのが、大名行列の真相です。

金はないのに気位だけは高いお武家相手に、日程や宿割り、接遇内容を調整するのが宿役人の重要な仕事。命がいくつあっても足りないのですが、そうした修羅場を数々踏むことで、肝が据わり、他宿の役人たちとの人脈も生まれ、見識も広がるのです。行列通過にともなう混雑や負担、宿役人の働きぶりは島崎藤村の『夜明け前』によく描かれています。

小説の舞台となった中山道は、三〇藩ほどが利用しました。

大名行列本隊は六〇人でも総勢は二〇〇人になる

往来の日時が決まると、ようやく宿泊の予約や、随行する家臣の選考に入れます。幕府の許可が下りないうちに勝手に動けば、大変な処罰を受けます。

まず、統括責任者を決めなければなりません。

飯田藩では、家老の中から選んでいましたが、『勤向書上帳』が作成された十八世紀末ごろには、殿の私的な家臣という意味合いが強い御側御用人たちが勤めるよう変更されていきます。

一　御家老がお供しない場合は、御側御用人が道中の差配を行い、時には金支払いもする（「御側御用人勤向書上」）

とあります。

さらに、「御道中奉行」が選出されます。選出のルールはわかりません。奉行が決まると、次に、供をする面々の選考です。二万石程度の小大名で本隊が六〇人弱でした。この人選です。

続いて宿割り。

本隊は六〇人ほどですが、持参する道具を持つ小者や足軽、日雇いなどを含めると、総勢は一五〇人から二〇〇人になります（永井辰雄）。彼らの宿泊施設を差配する作業です。「こいつとこいつはビミョーな関係だから、同宿は避けたいなー」などというツイートも聞こえます。大変な作業です。

人数が決まれば旅費の算出に入ります。殿の宿泊は本陣ですが、一泊一両から三両。一両の価値が時代によって違いますから、はっきりした金額は不明ですが、一両から三両は大雑把に言えば一〇万円から三〇万円の間くらいです。家臣の宿泊は、一泊五〇〇〇円から一万五〇〇〇円くらいだったようです。

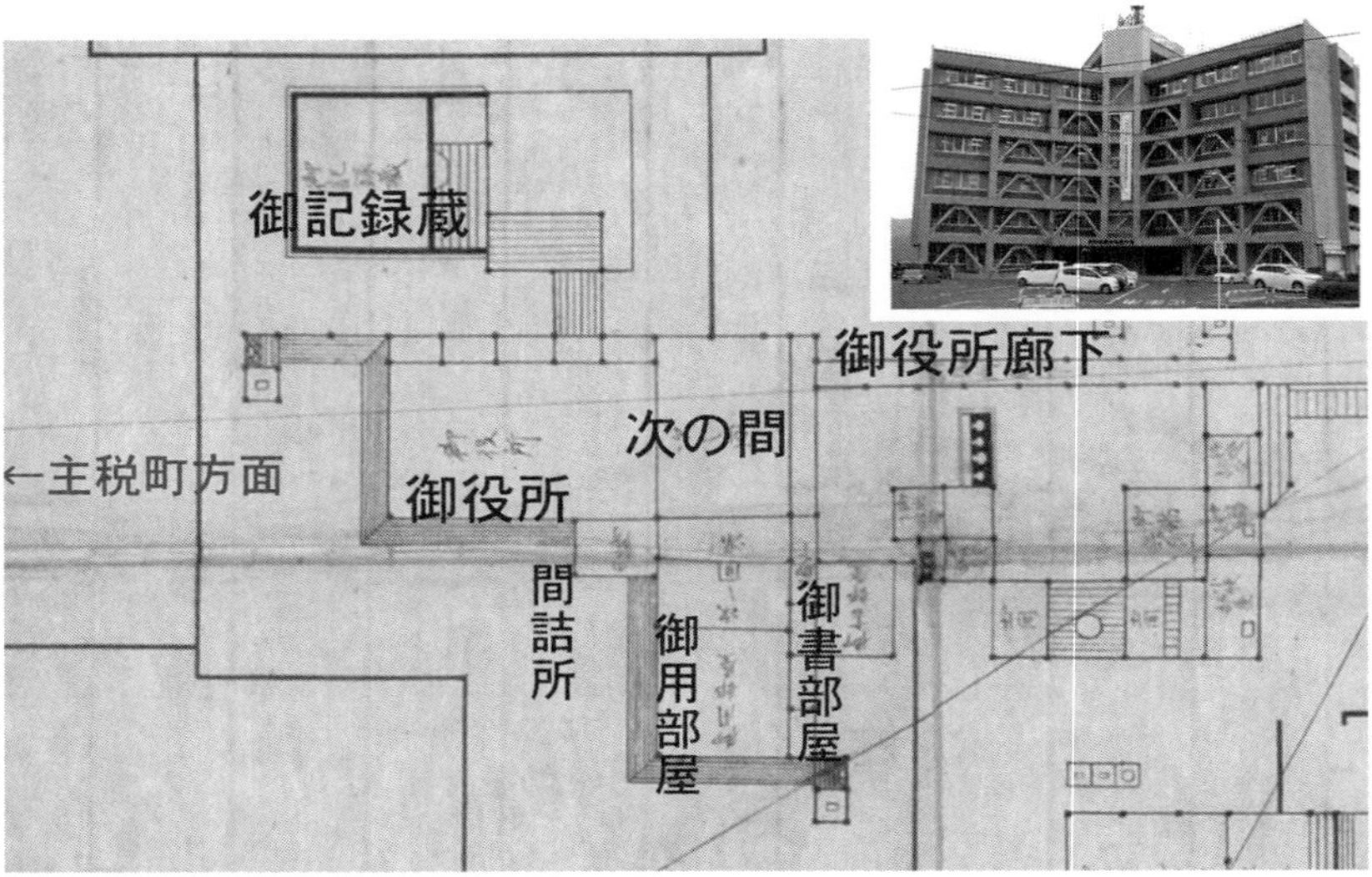

「桜丸御殿平面図（部分）」（飯田市立追手町小学校蔵）と県合同庁舎（著者撮影）
「御役所」は、現在の県合同庁舎本館棟西玄関あたり。隣接して「御記録蔵」や「御用部屋」などがあった。別の「桜丸御殿図」には、「御家老中詰所」や「密談部屋」も記されている。殿が政務を行う表御殿部分とは「御役所廊下」で繋がっていた。

飯田藩の参勤交代は六泊七日。総額は？　これは、のちほど。

旅費が決まれば、この金をどこから捻出するかの検討に入ります。こんなことを毎年繰り返すわけです。江戸時代という時代は、ほんとうに不思議な社会です。

殿の帰国に伴う普請や道路整備

まず、『勤向書上帳』に載せられている参勤交代関係の規定をいくつか紹介しましょう。最初は、殿が江戸から飯田に戻る場面です。

ここでも驚きます。

殿帰城にともない、藩の役所機能が移動することになっていたからです。

一　殿が到着する前に桜丸御殿に役所を引っ越し、御側御用人は桜丸御殿の「近習」という部屋に詰め、待ち受けること（「御側御用人勤向書上」）

とあります。

実は、殿の江戸滞在中（「御留守時」）、藩の役所機能のほとんどは、現在の飯田商工会館付近にあった「会所」に置かれていたようです。「御留守居時、職員は決められた日時に会所に出勤すること」（「御側御用人勤向書上」）になっていました。

殿帰城とともに、役所機能が、会所から桜丸御殿に移転するのです。飯田市長と市役所、そこで働く職員の関係に当てはめてみれば、面白いです。

ということで、飯田到着の日程が決まると、大規模な引っ越しの段取りを、御側御用人中心に組みます。ご苦労なことです。

ただ、「おかげで机まわりが片付く」という、ずぼらな家臣もいるでしょう。それは今も変わりません。明治初めの桜丸御殿の絵図には、合同庁舎西玄関付近に「御役所」と呼ばれる部屋が記されています。「御用部屋」「家老詰所」などがその近くに配置されています。

吟味方では、到着前に大切な仕事がありました。

一　御本丸御殿・桜丸御殿の修理箇所を調べ、整えておくこと。到着前日には清掃を行い、家老はじめすべての役人で点検すること（「吟味方」）

大規模な修理なら、全役人に立会いを依頼し、修繕の了解を得たら「御作事方（おさくじ）」に指図します。御作事方は文字通り、建設や土木工事を担当する部署です。職人を雇い、殿到着に間に合うよう、工事を発注します（「御作事方勤向書上」）。

町でも、大切な作業があります。

一　殿がお通りになる道すじに「帯砂・盛砂」をする（「御町下代勤向書上」）

要するに、道路の修復・整備です。

これは「町下代」の任務で、下代が町役人に命じ、町人が工事にあたりました。殿が江戸に向け出立するときも同様です。

参勤交代は年中行事なので、こうした事業はある程度予定を立てて取組んだと思いますが、どんな些細なことでも「失礼あっては切腹」の時代。担当職員は、身の細る思いだったでしょう。

参勤交代の変身ポイント

『勤向書上帳』には、殿お出迎えの規定もあります。

一　（郡方職員は）上市田町まで一人出向き、上市田町から座光寺原までの間で出迎える者たちを殿に紹介すること（「郡方勤向書上」）

とあります。これは出迎えの時だけでなく、見送りの時も同様です。

ちなみに御帰城の場合、前夜は飯島宿泊が一般的でした（『耳目抄』）。

殿になって一年毎に飯田に住むようになれば、顔なじみも増えてくるでしょうが、入府では、ほぼ全員が初対面。その都度駕籠から顔を出すのも大変でしょう。殿の「ご威光」を領民に示すためにも、ここからは騎馬だったと思います。

殿到着当日、御側御用人は桜丸御殿に詰めていますが、

一　一行が原町を出たとの知らせを受けたら本丸御殿に移り、お待ちすること（「御側御用人勤向書上」）

とあります。

原町は現在の高森町。携帯電話などない時代です。行列の動きや城下の様子を伝える早馬がひっきりなしに街道を行き交う、そんな光景が目に浮かびます。

いよいよ城内が慌ただしくなります。「御目付方」の職員も忙しい。

一　野底橋際までお迎えに出、本丸御殿まで御供すること。この間でお迎えに出ている者を殿に紹介すること（「御目付方勤」）

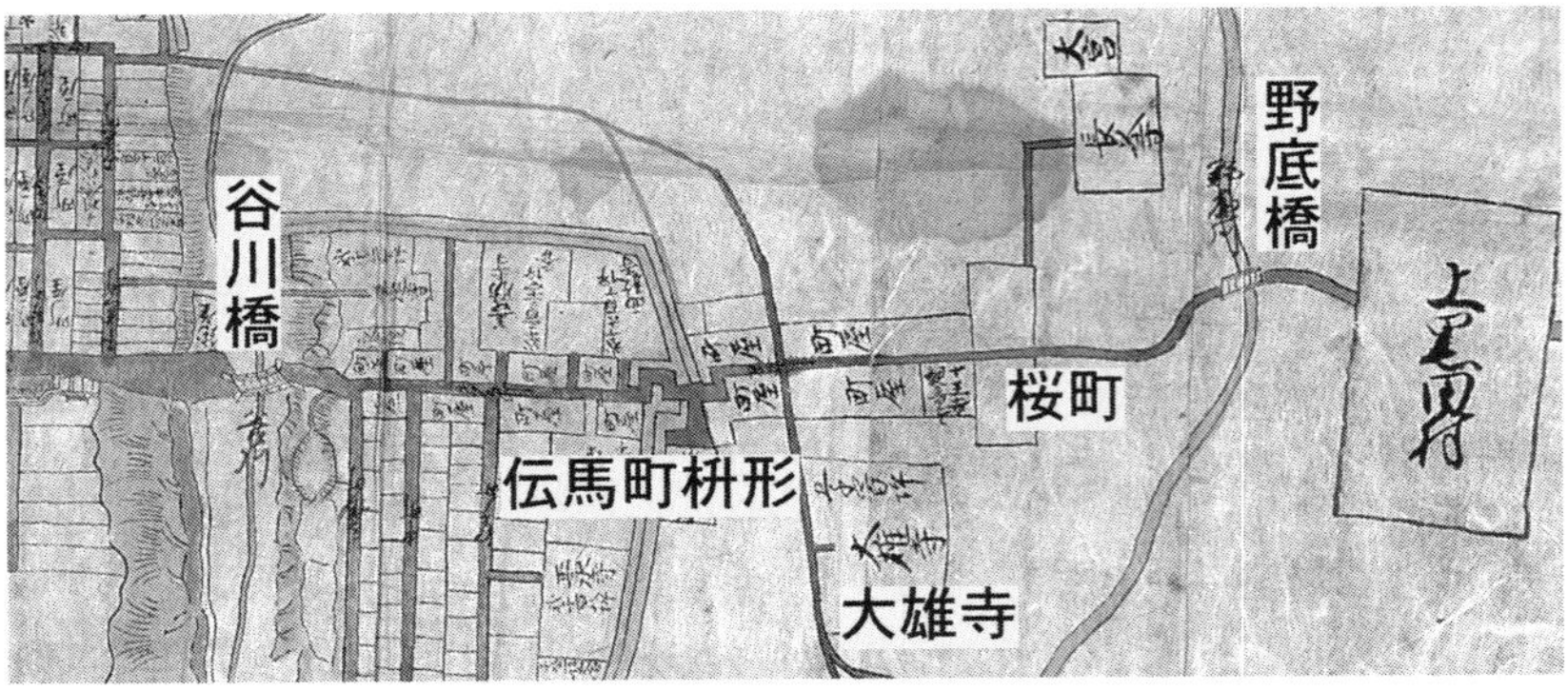

野底橋から谷川橋へ（「飯田領絵図」部分に加筆　飯田市美術博物館蔵）
行列は上黒田村から野底橋を越え、桜町の大木戸を抜けて城下に入る。大木戸は大きな冠木門で、毎夜木戸番が戸締まりをした。桜町建設以前の城下北口が伝馬町枡形。土塁上に多数の大杉が植えられていた。深い谷川に架かる橋に向かい急な坂を下る。

野底橋は上郷から桜町に入る橋。飯田の北の玄関です。ここからは御目付方が行列をリードするのでしょう。晴れ舞台です。

ところで江戸に入る際は、内藤新宿で隊列を整え、衣装を改め、いわゆる「大名行列」風な設えで藩邸に向かいます。ここが参勤交代の変身ポイント、「お色直し」の場所です（本書一六三頁）。飯田帰城の場合はどこなのか、よくわかりませんが、城下町と村の境界に位置する野底橋は重要な場所だったと思います。参勤交代の行列を見学するなら、野底橋がお薦めです。次回のお練りまつりの行列は、ここから始めてみてはどうでしょう。

閑話休題。

桜町から伝馬町の枡形を経て城下に入ります。谷川に向かって急な下り坂。城はもうすぐですが、ここからが長い。裃（かみしも）着用の町役人・寺社総出の挨拶を受けながら、ゆっくりと、じつにゆっくりと進む行列。風越山が夕焼けに染まるころ、ようやく追手門通過です。

十八世紀末の『勤向書上帳』作成当時は、殿は飯田に到着すると一旦本丸御殿に入り、その後、日常の住まいとなる桜丸御殿に移っていました。御側御用人も殿のあとについて本丸御殿から桜丸御殿へ移動します。ここで酒宴。

ちなみに、嘉永二（一八四九）年からは、帰城の際に本丸御殿に向かわず、桜丸御殿に直接入るよう改められました（『耳目抄』）。

殿を出迎えに、江戸まで、逆に飯田まで

御側御用人は、殿ご到着翌日も多忙です。

朝六ツ時（午前六時）出勤、ご機嫌伺い。江戸表に飛脚を送り、無事の到着を知らせます。本妻には殿が手紙を書くようです。側室には御側御用人が「奉札」を送ります。

ちなみに、七代藩主親長の場合は、側室三人（高橋奥様・神田橋奥様・窪田原奥様）に奉札を送ると記されています（「御側御用人勤向書上」）。

御側御用人だけが忙しいわけではありません。

家老や吟味方などの役人で、その月に当番にあたっている者は、到着当日は夜勤です。翌日朝は、全員がご機嫌伺いに出ます。

江戸出立の時も同じ。前日夜勤、当日見送りです。

「吟味方」の規定を見ていて驚いたのは、参府前に「御陸尺（ろくしゃく）・御手廻り」が殿を迎えに江戸から飯田に来るという記述です。

「陸尺」は駕籠かき、「御手廻り」は身辺を護衛する者です。

わざわざ江戸から迎えにくるわけです。

ちなみに、かれらは飯田藩お抱えの者ではありません。江戸周辺で奉公人として雇ったアルバイトです（後述）。

吟味方は彼らを桜丸御殿の南、赤門外の広場で接見します。御側御用人の他、行列に同行する道中奉行や御徒士目付も出席します（「吟味方」）。

ただ、この程度で驚いてはいられないことが『耳目抄』でわかりました。

飯田に戻る殿を迎えに、家臣たちが飯田から江戸に出向くのです。

同様に、江戸に向かう殿を迎えに家臣たちが江戸から来ます。

弘化四（一八四七）年八月、親義入府の折りには、吟味方で道中奉行に任命された吉田三郎右衛門ら家臣一一人、足軽ら八十余人が出迎えに江戸に赴いています（『耳目抄』）。

「お出迎えに、ちょっとそこまで」の「そこまで」が江戸です。

参勤交代時の旅条目を徹底させる

参勤交代に伊那街道・甲州道中を使う飯田藩の場合、交代寄合旗本座光寺氏などの参勤はあるものの、他の大名行列と鉢合わせすることはまずなかったはずです。一方、東海道のように多くの大名が往来する街道では、トラブルが起きやすかったと言われています。旅行前に、通行や宿泊のマナーを藩士たちに徹底することが大切でした。

飯田藩でも、出立前には条目（決まり事）を読み聞かせ、周知しています。

これは御目付方職員の任務でした。

条目の内容はわかりませんが、他藩の例では、博打など賭け事をしない、押し買いをしない、宿で音曲を楽しまない、遊女を部屋に入れないなどです。大声で話しながら歩かない、道が悪くても近道と称して田畑の中を横切らない、街道は中央を歩く、など笑ってしまうような内容が真面目に書かれています（安藤優一郎『江戸の旅行の裏事情』）。

会津藩は七〇を越える規則を定めていたとか。

参勤交代時のバックアップ体制

『耳目抄』と『勤向書上帳』を手がかりに、「殿、江戸出立」の様子を復元してみます。

殿を乗せる駕籠（正式には「乗物」といいます）を中心に仕立てられた行列は、桜丸御殿を出、追手門を抜けると、右手、北方向に向かいます。伝馬町の枡形を過ぎ、大木戸へ。道は町人たちがしつらえた帯砂（敷砂）・盛砂で清潔に保たれ、町役人の指導のもと、町人総出で一行を見送ります。

よく見ると、行列の中に神輿のような乗り物を担ぐ連中がいることに気づきます。輦台（れんだい）です。人の乗る台に二本の棒をつけ、数人の人足が担ぐものですが、誰も乗っていない輦台が二基運ばれていきます。運ぶのは「郡方」の職員が村から徴発した農民たちです。

なんのためでしょう？　ヒントは太田切川です。

駒ヶ根市と上伊那郡宮田村の間を流れるこの川は、江戸時代には「人取り川」と呼ばれた急流、暴れ川でした。この川を渡るための輦台と人足なのです。

一　大田切まで川越人足を差し出すよう、御郡方から指示があれば、上郷・下郷相談の上、手代が村々に割り付けること。蓮台二基は御作事方で製作してもらう。人足の宿泊代や食費は藩から支給する（「郡方勤向書上」）

参勤交代は、殿と家臣たちだけの問題ではなかったわけです。

明治期の太田切川を横切る道路（駒ヶ根市立博物館蔵）
水量が豊富で急勾配のため流速が早い。江戸時代の民俗学者菅江真澄は「（水が）矢より早うながるる音の、なりどよみてけるをからくして指しわたる（ようやく渡った）」と記している。「人取り川」という急流が、人々の往来を拒み、川の北側・南側で文化が大きく異なる（向山雅重）。

飯田藩は太田切川越えを相当気にしていたようで、

一　殿が江戸に戻られる時、大水が出ているようなら、様子によっては役人たちが太田切川まで見送ること（「同右」）

とあります。

「殿一人が使うだけなのになぜ輦台二基？」と疑問をいだく方もいるでしょう。予備です。駕籠なども同様に予備が用意されていました。大名行列は、もとはといえば武将が戦場に赴く軍旅ですから、行軍が中断されるような事態の発生は絶対に避けなければならないのです。つねにバックアップ体制をとります。

藩主毒殺の可能性も想定して、米はもちろん味噌・漬物など食材の多くを持参する藩も珍しくありませんでした。調理道具も食器も自前、藩お抱えの料理人が随行します。なかには、藩主専用の風呂桶・ポータブルトイレを持参した藩もあったとか（安藤優一郎）。

「参勤交代に馬がついていく」というと、「そりゃそうだ」と思われるでしょうが、実は大変なことです。飼育する職員も同行しなければなりません。飼育道具や、食糧も、ある程度持参しなければなりません。馬小屋がそのまま移動しているようなものです。予備の馬も連れて行かなければなりません。

参勤交代は大人数の旅ですから、人間の宿泊場所の確保ですら大変です。馬同行は、楽なことではないのです。ただ、馬は絶対に必要です。なぜでしょう？　駕籠だと、賊に襲われた時に殿が即座に逃げられないからです。

それに、狭い駕籠ばかりの移動では苦痛です。気分転換に乗馬を希望する殿は多かったのです。もし同伴する馬の飼料が旅先で十分に調達できないとすれば、これも持参するしかありません。

飯田藩の旅程はほぼ六泊七日。食糧などすべてを持参する南極観測船や宇宙船のことをふと思いだしました。

参勤交代には料理人も同行する

馬の食糧も重要ですが、人が命を繋ぐには、たとえ家の中であろうと旅先であろうと食べ物が欠かせません。馬は粉糠や藁を与えていればいいですが、人間は「調理」という文化をもっています。飯田藩の参勤交代では、どのような工夫をしていたのでしょう。

食事のことですから、「御膳番」の登場です。『勤向書上帳』には実におもしろいことが書かれています。

一　御膳番は宿泊する宿へ、行列より先に到着し、料理の準備をして待ち受けること。地元の「珍しき品」「御好」があれば、御賄方に連絡し、殿に差し上げること（「御膳番勤方書上」）

とあります。

「行列に随行する御膳番職員は、常に先回りして宿泊地に赴き、珍しい食材や殿の好物を探し調理させせよ」という意味です。

御膳番は、殿が到着したら料理を試食し、御膳を仕立てます。

もし、殿のお気に召さない食材が含まれていたら、と考えると怖いですが、そこは殿の舌に限りなく近い御膳番。心配無用でしょう。『水戸黄門』の八兵衛のような職員では、御膳番は到底務まりません。

休憩場では、献上物も差し出されます。土地の名物で、殿のお気に入りの食べ物もあります。

この場合は、

一　御供している御膳番は、その場で試食して、大丈夫なら殿に差し出すこと（「同右」）

になっていました。

参勤交代には料理人も同行します。御膳番の役割・動きに対応して、料理人にもきまりがありました。

一　道中で珍しい食べ物があれば、御賄方に相談して調達し、料理して殿に差し上げること（「御料理人勤方覚」）

飯田藩の参勤交代は、全行程六泊七日。殿様は、毎日窮屈な駕籠の中で過ごすわけです。食事だけが楽しみでしょう。

「殿にとって、道中でのもっとも良き部下」とは？

武芸の達人などいりません。おいしい物を察知して食卓に並べられる者たちです。そのためか、参勤交代の道中での料理人の仕事内容は、詳しく定められています。

一　御供する料理人は、行列より先に出発し、休憩地に出向き、殿が到着し次第料理を出せるようにすること。それが済めば、宿泊地に先行し、同様に食事を用意すること

一　料理人が二人同行する場合は、一人が「昼御休」の場所にまわり、もう一人は宿泊する宿に向

かう。二人で代わる代わるこの任務を務めよ（「同右」）

とあります。

料理人の行動にここまでのこだわり。旅と食事は、いつの世でも切っても切れない関係です。味噌・醤油・塩から米、漬物まで、慣れ親しんだ食材は持参します。藩お抱えの料理人が行く先々で調理するので、道具も運びます。大げさな言い方ではなく、殿の日常生活の場が、そのまま移動しているということでしょう。城そのものが、そのまま移動しているのです。

それが参勤交代（「御道中」）なのです。

参勤交代は旅籠には迷惑

参勤交代は、本陣や旅籠にとってはプラスだったのか、マイナスだったのか。幕末、参勤交代制度が廃止され宿場が寂れていくさまは、島崎藤村の『夜明け前』にも描写されていますが、大人数の宿泊が高い経済効果を宿場にもたらしたとは言えません。上記のように、食糧や調理人を自前で調達すると、宿では食事のサービスなどで得られる収入がなくなるからです。

また、「料理人や家臣たちがすべてやってくれるから旅籠はなにもしなくて部屋貸し料を得られる」と思われがちですが、風呂や煮炊きにつかう薪は使い放題で、相当の持ち出しになります。道具の破損、盗難も多かったようです（安藤優一郎）。

そもそも、「参勤交代は軍役での移動で、宿泊賃を払う筋合いのものではない」と考えられていました。大名からは宿泊料ではなく、「祝儀」という名目で多少の宿泊費が払われました。飯田藩の史料では、宿泊した本陣に一両。ときにプラス二〇〇疋。せいぜい二〇万円ほどが支払われたにすぎません（『下伊那史』第八巻）。

殿、帰国！

十一代飯田藩主堀親義時代の参勤交代を、『耳目抄』を使いながら紹介しましょう。

まず、江戸から飯田に戻る道中を取り上げます。嘉永二（一八四九）年・同四年です。飯田藩は財政難に苦しんでおり、さまざまな見直しが図られています。

嘉永二年六月十三日（新暦では八月一日）。親義が提出していた帰国願いが、将軍によって許されました。

二十三日。飯田城内でも「殿、帰国決定」発表。

二十四日。従来は殿を本丸御殿でお出迎えしていましたが、「今回より、桜丸御殿に直接お入りいただく」ことになりました。

七月十七日。押洞山を留山に指定。茸狩りが好きな藩主の意向を、家臣が忖度したのでしょう。

八月十六日（新暦十月二日）。江戸出発。帰国決定から二か月の準備期間でした。この間に道中奉行たち十数人が「出迎え」のため江戸に派遣されています。

財政難のため隊列の見直しが図られました。「戦道具・御建弓・合羽籠」を削減、徒士も一名減の八人になりました。結果、御供する家臣は（正確な人数は分かりませんが）、御用人・道中奉行・御側衆・

駕籠（「乗物」）に従う女性たち（飯田お練りまつり）
　将軍の娘が大名家などに輿入れする（或いはその逆）際には、多数の女性が同行するが、参勤交代を題材にした絵図では女性は描かれていない（櫻井弘人氏撮影）。

御供方・御医師ら三〇名弱に縮小されたようです。

　ただ、大量の荷物を運搬しますから、藩として雇用する足軽、仲間、小者、通し日雇い人足、宿継ぎ人足が多数必要です。また、家臣が家禄に応じて個人的に引き連れる若党などもいますから、総勢は一五〇人から二〇〇人ほどにもなります。この旅を毎年実施。参勤交代が続く限り、藩財政建て直しは容易ではありません。

大名行列には女性の姿が見えない

八月二十日、女中六名が一足先に飯田に到着。飯田での殿の生活をサポートします。

　そういえば、この章では殿に仕える女性の話が全然出てきません。史料がないということが一番の理由ですが、参勤交代を描いた絵図（例えば『加賀大名行列図屏風』）を見ていて気づいたのは、行列の中に女性の姿がないことです。

　お練りまつりでは殿の乗る駕籠（正しくは「乗物」と呼びます）をとり囲むように女中が配置され、行列に花を添えていますが、絵図を見る限り乗物の周囲は男ばかりです。この点、女性たちが、本隊とは別に、しかも本隊より先行して行動している『耳目抄』の記述が参考になります。行列は一日四〇キロメートルほどの速さで進んだと考えられています。女性の脚では負担が大きかったので別のスケジュールで動いたのだと思います。

赤門近くの井戸跡
　参府の際は、早朝桜丸御殿から出発した。帰城の際は、夕刻本丸御殿到着の習わしだったが、嘉永年間に桜丸御殿着に変更された。赤門前のこの井戸脇に旅姿の一行が並び、見送り・出迎えの人々が揃った。この井戸が旅のスタートであり、ゴールである（筆者撮影）。

それにしても、行列は飯田藩で二〇〇〇人規模、大大名では一〇〇〇〇人から数千人です。これが全員男というのは、（当節、性差の問題はコメントを差し控えたいところですが）、なんとも大変なことです。道中、飲酒や音曲禁止など、厳しい規律が必要になるのもわかります。

閑話休題。

八月二十二日（新暦十月八日）。殿、飯田到着。事前の申し合わせのように、直接桜丸御殿へ。赤御門前の井戸付近（現飯田市立中央図書館入り口付近　ここに現在も井戸が保存されています）で家老らが総出で出迎えました。

江戸時代の、日本各地の毎日の天気を調べることができるデータベースがあります。これによると、江戸出立の八月十六日は晴れ、二十一日に雨に降られ、飯田到着の二十二日は晴れでした。まずまず天候に恵まれた旅だったといえるでしょう。太田切川で川止めに遭うこともありませんでした。

参勤交代のドタキャンはキャンセル料が必要

嘉永四年の帰国は大変でした。

七月二十二日（新暦八月十八日）江戸出発の予定でしたが、殿が暑気あたりを起こしたらしく、二十六日に延期。さらに八月九日、十一日と延期され、結局江戸を出たのが十三日、到着は十九日（新暦九月十四日）でした。予定より一か月遅れの来飯になりました。

女中六人は、ひと足早く八月十四日到着。

甲州街道を利用する参勤交代はわずか三家なので、ドタキャンも許されたでしょうが、それにしてもかなりの人数の移動です。食事の準備、宿割りのやり直し、日雇い人足の確保など、道中奉行や御側御用人らは気が気じゃなかったでしょう。

東海道利用の参勤交代では、こうした場合キャンセル料が必要だったようです。飯田藩がキャンセル料を払ったかどうかはわかりませんが、殿の体調を案じつつ、天候も見極めながらの旅。「なにかあれば切腹」の時代。担当は、よく言えば臨機応変、本音でいえば綱渡りに近い対応を迫られたのでした。

駕籠の中の殿様は体力と忍耐力が必要

飯田から江戸に出向く道中を見てみましょう。

嘉永三（一八五〇）年三月です。

二十三日（新暦五月四日）。明朝出立のため、家臣たちが殿に挨拶に伺います。

二十四日。「暁八ツ時（午前二時ころ）」出発。快晴。二八人ほどいる付き添い家臣の内、二〇人近くが「立帰」。殿を江戸に送り届けたら、飯田に戻る家臣です。

出発午前二時は、凄いです。一日で伊那部（現伊那市伊那部）まで到着したかったからです。

初日は与太切川、中田切川、太田切川の急流を越えなければなりません。小休憩八回。その度に茶代や酒代（二〇〇疋ほど）を支払います。殿は駕籠の中で寝ていてもよいのですが、家臣も人足も景色を楽しんでいるわけにはいきません。

一般的には一日の旅程は、明け七ツ（午前四時）出発、暮れ六ツ（午後六時）着だったようです。できるだけ距離を稼ぎ、旅費を節約したいからです。飯田藩の場合は、笹子峠越えが難所で、嘉永元年の場合は黒野田宿（現山梨県大月市）着が午後八時。お供に酒・吸い物が振る舞われています（『下伊那史』第八巻）。

というわけで、大名行列は実に迅速に、静かに通行したようです。「下に、下に」と言えるのは紀伊と尾張の行列くらい。せいぜい「よけろ、よけろ」のかけ声でした（根岸茂夫『大名行列を解剖する』）。

「藩主は駕籠の中で寝る」は冗談ではありません。参勤交代は、形骸化しているとはいえ軍旅です。臨戦態勢での移動。旅中に藩主が襲撃されるようなことがあればお家取り潰しです。旅行中、藩主は「絶対に寝ない」ポーズを示すことが求められました。枕元に武器を置き、一晩中明かりを落とさず、不寝番の小姓たちが軍記物を大声で読み続けます（安藤優一郎）。「殿は、ずっと起きてるぞ！」をアピールするわけです。となると、殿が安眠できるのは人目のない駕籠の中だけ。ただ、駕籠にはリクライニングも、まともな座布団もありません。その上、実に狭い。

殿に求められる資質は、まずなによりも体力と忍耐力です。

「奴振る」は違法な所作

嘉永五（一八五二）年は五月二十五日（新暦七月十二日）飯田出発。やはり八ツ時。やはり快晴。途中、金沢駅で殿が体調を崩したため、一日滞在。行程がズレました。三分の二の家臣が「立帰」でした。ただ、せっかく「華のお江戸」に出向くのに、トンボ帰りは切ないです。飯田や江戸で雇った人足や、地位の低い家来は翌日には帰したようですが、主立った家臣はそうはできません。医師や上級家臣の場合は、短期間の江戸滞在を認めました。ただし、三日以上逗留する場合は麻布の下屋敷（現古川橋端　**本書一八八頁**）に出向き、堀家菩提寺東江寺（現渋谷区広尾）に参拝するよう命じています。一か月ほど滞在した者もいたようです（『耳目抄』）。

槍や草履を持った「奴（やっこ）」が、それを振ったり投げたりする所作を「奴振る」といいます。大名行列といえばこのパフォーマンスですが、道中ずっとこんなことをしていたら、いくら早朝に出発しても、大して進まないうちに日が暮れてしまいます。とすると、あの所作は？　ざっくり言えば、城下を出るまでと、江戸に入る時くらいしかやらなかったのです。そのために、アルバイトを雇ったといわれています。

明和八（一七七一）年十二月、幕府は大変面白い御触を出しています。

飯田のお練りまつりで披露される「奴振り」（飯田市美術博物館撮影）
　近年、全国各地でイベントとして大名行列が演じられるようになった。なかでも「奴振り」が人気を博しているが，元来はたびたび禁止命令が出されたもの。大名たちの間で行列を華美に仕立てる風習が生まれ、雇われた「奴」たちの所作もエスカレートしていった。

　一、近頃、行列の途中で槍や長柄傘の交替を行う際、投げて渡す者がいる。危険でもあるから禁止する

今日楽しんでいる「奴振る」は、そもそもは禁止だったのです。よく考えれば、武威や家格の象徴である槍や道具を投げるなど不謹慎極まりないことです。

ではなぜそのような所作が広がったのか。アルバイトとして雇った者たちが、他家の行列よりも目立とうと、次々に素行をエスカレートしていったからです（根岸茂夫）。


最後に、飯田藩の参勤交代はそもそもいくらかかったのか。

嘉永元年の江戸行きの記録（『下伊那史』第八巻）では一七両ほどとなっていますが、これは旅中で支払った費用のみです。安永十（一七八一）年「江戸飯田御入用中積帳控」では「御道中金二百両」が支出されています。これは飯田表（地元飯田）の年間支出一三〇九両の実に一五パーセントに相当します。

三、殿と歩く飯田城

城は二四時間臨戦態勢

江戸時代の大名は参勤交代が義務づけられていましたから、幕府の重職に就かない限り、国元と江戸を一年おきに往来する生活でした。『勤向書上帳』でも、殿が飯田にいる時を「御在城」、江戸にいる時を「御留守」と呼んで区別しています。

殿が在城の時は､役所機能がすべて殿に近い場所に引っ越します。家臣の勤務場所､勤務時間が「御留守」とはまったく違います。

とは言え、城というものは、元来、殿がいることを前提に作られています。深い堀をめぐらし、物見櫓を整え、複雑に屈曲する門をしつらえる。泰平の世が続こうと、城は二四時間臨戦態勢を整えていなければなりませんでした。

「一、殿、食べる」で見たように殿の食事管理は、想像以上に厳重でした。

また、大名行列はもちろん、殿のわずかの外出ですら、警備は物々しいものでした。軍事的な空白や混乱を作らないためです。すべて、藩の〈生命〉である殿を守るためです。

城や城下町に関する定説を見直す

世の中に城好きという方は多く、山城ツアーなどを企画すればたちまち満員です。

石垣や曲輪の構え、堀の造作などは、歴史を知れば知るほど面白みをましります。

幸い、飯田城の場合は、『飯田城ガイドブック―飯田城とその城下町をさぐろう―』（以下、ガイドブックと略）が出色の文献です。城と城下町の成り立ち、変遷が図版を使いわかりやすく記述されています。特にこのガイドブックは、著名な観光スポットはもちろんですが、狭い路地の奥に残る城下町の痕跡まできめ細かく取り上げているところが魅力です。「足の裏で歴史を感じる」。表現は少し拙いですが、それができるところがとても嬉しいです。

ただ、本書も含め、飯田城や城下町についての定説を見直さなければならない時期にきています。例えば本丸御殿と桜丸御殿の関係です。

「一八五五（安政二）年十月の大地震で（本丸御殿）が大破したため、かわりに桜丸御殿で政務をおこなうようになりました」（ガイドブック　五五頁）と言われています。

桜丸御門（通称「赤門」）横の案内板にも、同様の記述があります。

しかし実際は、安政二年ではありません。安政元年十一月の「安政東海地震」で飯田城は大きな被害を受けました。『耳目抄』をひもとくことで、この地震での被害の様子が詳細にわかってきました。ちなみに安政二年十月、江戸を中心に大地震があったことはよく知られていますが、この地震では、飯田城や城下町に被害は発生していません（「安政東海地震（1854）における飯田城と城下の被害」『伊那谷自然史論集』24）。

おそらく、どちらも安政期に起きたもので、しかも一年違いなので、混乱したのでしょう。結果、安政二年被災説が定説になってしまいました。

「本丸御殿から桜丸御殿への政務の移行」という文言も誤りです。『勤向書上帳』が成立した十八世紀末にはすでに移行は完了しています。定説より半世紀以上早いのです。

桜丸御殿正門である「赤御門」は宝暦四（一七五四）年建築ですが、前年に「居間新建築」の地鎮祭、四年に「御書院・玄関」棟上式、五年五月「家固め」をしたという史料があります。そして、同月、殿（第七代堀親長）が江戸から国元に帰り、桜丸御殿に入りました。

儀礼の場として本丸御殿を残しつつ、政務の拠点として桜丸御殿を整備したのがこの時期だったのではないでしょうか。

「（桜丸が）若殿の御殿や隠退した殿様の隠居所」（ガイドブック　五五頁）とばかりは言えなかったわけです。これまで、殿に視点を当て、食・旅を取り上げてきました。ここからは、殿が住み、家臣が働く城の、その日その日を見つめていきます。

殿の入府には入念な準備が行われた

弘化四（一八四七）年旧暦九月、飯田藩堀家十一代藩主親義が初めて飯田に入りました。「入府」あるいは「入部」といいます。三十四歳でした。

当初の「八月十九日江戸出立」の予定は、殿の体調不良で延期されましたが、四日遅れの二十三日無事出発。九月一日、飯田に到着しました。

全行程七泊八日。飯田藩の通常の参勤交代は六泊七日ですから、行列の仕立ても、沿道でのパフォーマンスも、特別だったのでしょう。

旧暦九月一日は、新暦の十月九日。全国的に快晴でした。「よいお日よりでなによりですな」の声が、町や村、あちらこちらから聞こえてきます。

参勤交代の際の飯田城入城ルート　「信濃国飯田城絵図」（下伊那教育会蔵）に加筆

初めて殿を迎える飯田では、堀家歴代の祈祷寺普門院の壁の落書き消しから始まり、追手門〜本丸までの道路の入念なチェック、沿道の清掃・盛砂などが急ピッチで進められました。八月下旬も晴天の日が続いていたようです（『耳目抄』）。

主立った家臣たちは、到着四日前から桜丸御殿に移り、殿の到着を待ちます。

九月一日。桜町木戸からは町下代が行列の先頭に案内に立ち、江戸町・仲ノ町・荒町・松尾町を経て本町筋へ。町々で町人・家臣の挨拶を受けながら、追手門へ。現在の追手町通りに入り、家臣総出迎えの中を本丸御殿へと進みました（**本書七六頁**）。

「申中刻」（午後四時）到着。

風越山が少しあかね色に染まり始めるころ、親義は本丸御殿玄関に立ったのです。秋らしい爽やかな飯田の風を、殿は胸一杯吸い込んだことでしょう。

本丸御殿でのセレモニーを終えると、ただちに桜丸御殿へ。これから一年間の殿の生活の場所がここです。

本丸御殿同様、座敷・庭まで入念にしつらえられています。夜は桜丸御殿でもセレモニー。

しかし、殿には、ちょっと気になることがありました。

本丸御殿と桜丸御殿の間を、殿が馬で移動したのか駕籠で移動したのかはわかりませんが、騎馬であれば自分の目で、駕籠であれば駕籠の微妙な傾きで、殿はきっと気づいたはずです。

「これは断層だ」

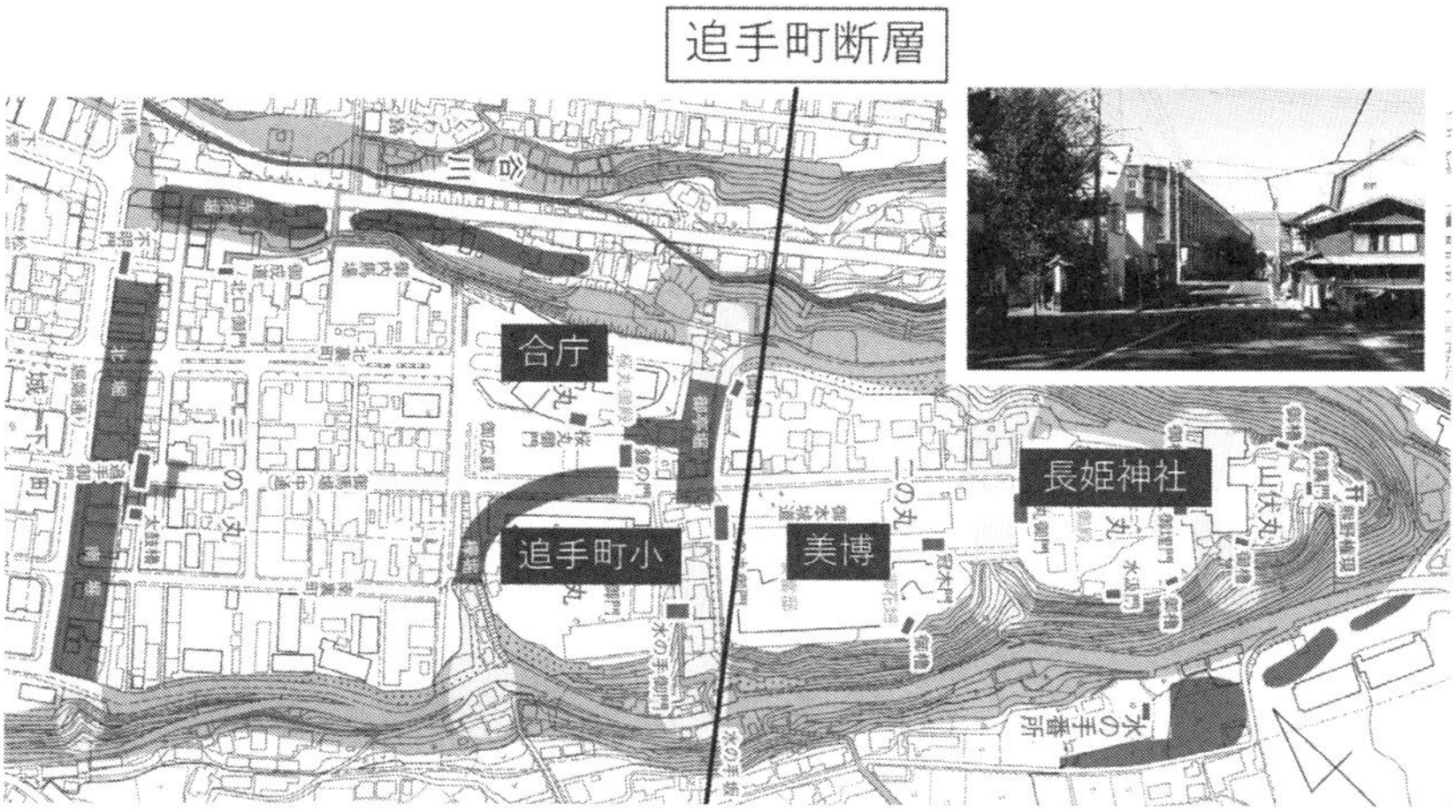

追手町小学校と飯田美博の間の下り坂
　高低差 2m。「追手町断層」の断層崖と考えられる。中世以来長年にわたる城普請で改変されているが、南西から北東に延びる断層の存在がわかる（追手町断層図　飯田市美術博物館作成図に加筆　写真筆者撮影）。

断層を巧みに利用して築城された飯田城

長野県飯田合同庁舎・追手町小学校・飯田市立中央図書館側から飯田市美術博物館・長姫神社方面を眺めると、道が下っていることに気づきます。谷川線に繋がるいわゆる「新道」が、左手に下っていくので、この道の入り口のようにみえますが、実は、合同庁舎や小学校がある地面と美博や神社が立つ地面とは、もともと標高が違うのです。

追手町小学校南東角が標高四九〇メートル、美博北西角が四八八メートルです。距離は三〇メートル。この短い距離で二メートルも標高が下がります。専門用語では、傾斜二・七度。風越山麓の正永町から合同庁舎までは五度から〇度へと傾斜が徐々に緩やかになってきますから、追手町小学校から美博付近の二・七度は、局地的にかなりの急傾斜ということになります。

「断層じゃないか」。

親義が気づいたかどうかはわかりません。

気づいたのは、坂本正夫さんです（「飯田市追手町

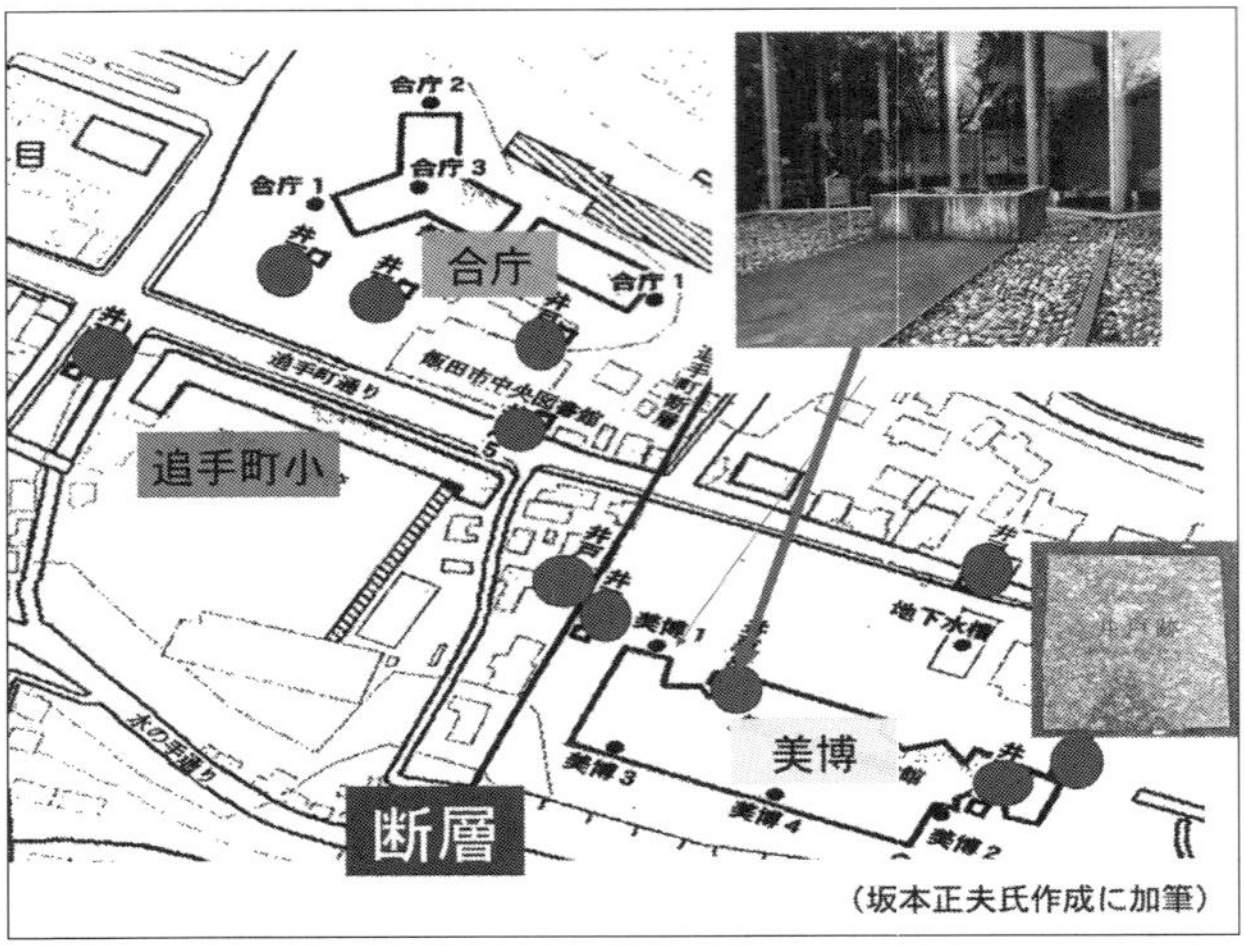

飯田城周辺の井戸
「追手町断層」付近には井戸が多い。飯田城は台地先端で、防衛の観点では好地であるが、生活用水は得にくい。井戸は貴重な水源だったと思われる（坂本正夫氏作成図に加筆　写真筆者撮影）。

に発見した活断層」『伊那谷自然史論集』21)。

坂本さんは、断層地特有の現象として湧水・井戸の多いことをあげています。

合同庁舎や小学校・図書館のある面に五本、美博・長姫神社のある面に六本、計一一本の井戸があり、水の手側、谷川線側では湧水が確認できます。たしかにこの場所には湧水・井戸が多い。

坂本さんは、この場所に「活断層がある」（「追手町断層」）と結論づけました。

桜丸御殿は合同庁舎敷地内にあります。正門が「桜丸御門」（赤御門）です。本丸御殿は美博側です。

嘉永二年以降、江戸から到着した殿が、本丸御殿に寄らず、直接桜丸御殿に入ることになりましたが、その時、家老たちが殿を迎える場所はどこだったでしょう。そう、赤御門そばの井戸の前でした（**本書八七頁**）。これも断層が生み出したものです。

合同庁舎（桜丸御殿）側と長姫神社（本丸御殿）側との二メートルの落差が「断層崖」です。

飯田城の原型は室町時代に遡ると言われています。その後、長年にわたって、武田氏や西国大名、堀侯などの手が加わり、人工的な改変が進んできましたから、傾斜が緩やかになりましたが、以前はもっとはっきりした傾斜面が見られただろうと推測します。

飯田城には、出丸がありました。現在の追手町小学校です。自然地形を利用し、城より二メートル高い場所に防衛拠点を定めたわけです。城内での生活に欠かせない水も、湧水の多いこの場所なら心配いりません。

飯田城の周囲には、いくつもの堀が構えられていました。空堀にせよ、水堀にせよ、断層によって作り出された地形と湧水を巧みに利用したわけです。

「飯田は空気もうまいが、知恵者揃いじゃ」

殿、納得です。

「明日は、もう一度本丸御殿まで出かけてみようぞ」

御側御用人、走り出します。

飯田は喫茶文化が発達した町

殿の日常の住居である桜丸御殿には、屋外の南東角に御茶屋がありました。天竜川越しに南アルプスを望む絶好のビュースポットです。時に一人で、時に客人を伴い、殿たちは静かで満ち足りた時間をここで過ごしたのでしょう。「殿と歩く飯田城」では、欠かせない場所です。

城下町飯田の特徴は、上方や江戸の洗練された文化が運ばれてきたことです。喫茶文化も、茶葉共々、信州の表玄関飯田から入り、松本・長野へと北上していきました。

信濃で一番上手い茶を飲んでいたのは飯田人ということになります。

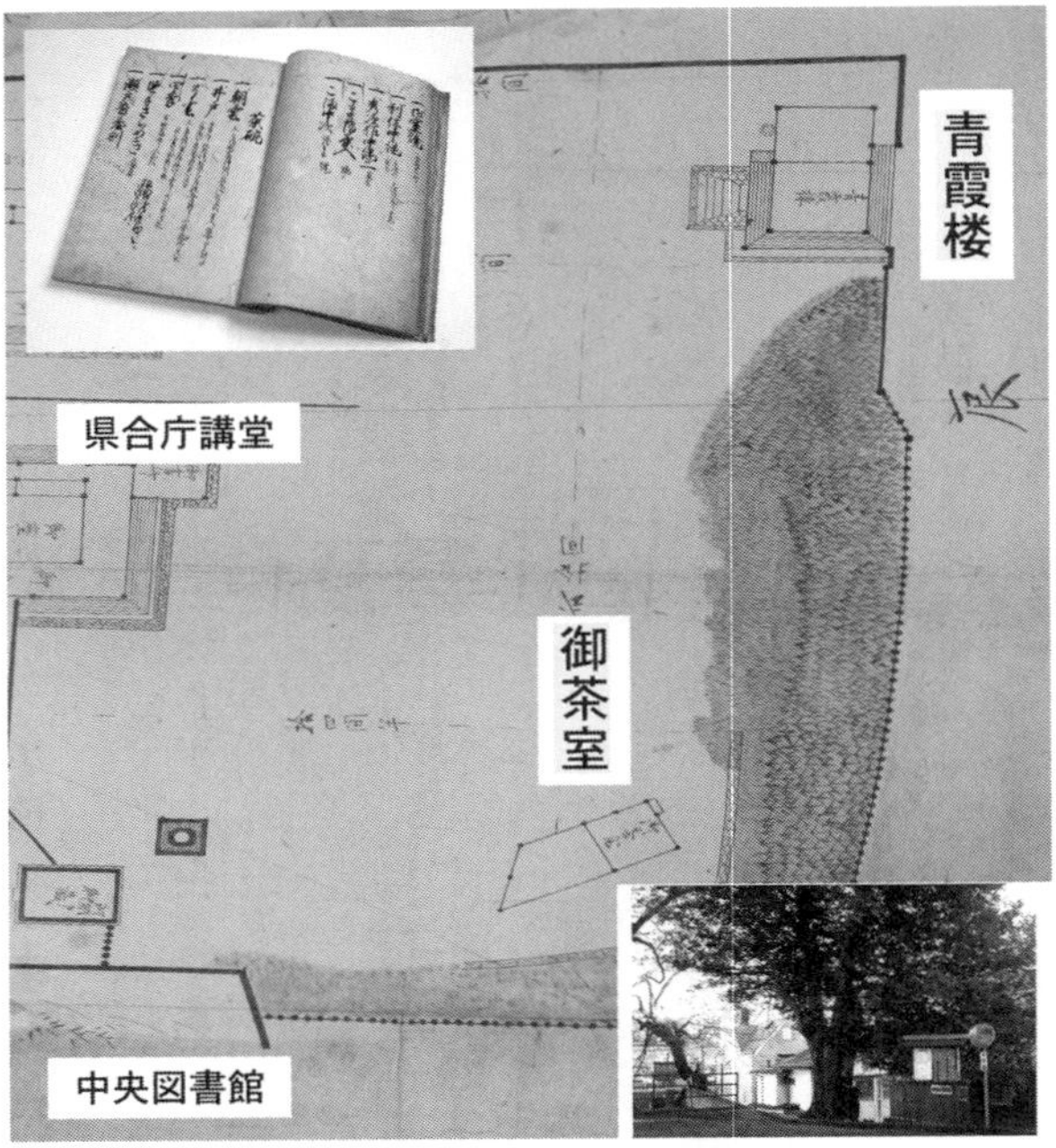

「桜丸御殿平面図」（飯田市立追手町小学校蔵に加筆）に描かれた「御茶室」と「青霞楼」
「御茶室」は現在「夫婦桜」の立つ付近。花見にふさわしい場所だった。天竜川越しの山々や本丸御殿方向も見渡せる。堀家が所蔵した釜・茶入・茶碗などの宝物は元禄年間（17世紀末）の「道具帳」（左上　飯田市美術博物館蔵）に書き上げられている（写真筆者撮影）。

風越山麓の良水（たとえば「猿庫(さるくら)の泉」）も喫茶発達の要因でしょう。武士も町人も茶の湯を楽しむ土地でした。

ちなみに、飯田藩は風越山麓の正永寺原に「茶園」があり、親義が視察しています（『耳目抄』）。『勤向書上帳』が面白いのは、茶道のマナーや道具ではなく、茶葉はどのように用意したかがわかるところです。

たくさんの役人が「茶」のために奔走する姿が微笑ましく、また、「茶を飲む」文化の奥深さに触れる気がします。早速『勤向書上帳』片手に飯田城喫茶ツアーに出かけましょう。

飯田城の茶事は、御側御用人が主に担っていました。

正月に大福茶会を催します。「大福茶役」は御側御用人が務めました。結び昆布や梅干しを入れた茶を服するもので、関西に多い儀式です。毛利・京極・脇坂など、上方の武将が藩主を勤めてきた影響でしょうか。飾り付けや梅干しの用意は「御茶方」の職員が担当しました。

殿の信任が厚い御医師と御茶方

茶は初夏に収穫すると、茶壺に封印し夏を越します。飯田藩の場合、新茶葉は家老のもとに届き、殿の前で厳重に封印し、日記を付けました。封印は「御取(執)次」の仕事でした。封印を解くのは十一月。「口切の茶事」です。封印解き役は家老のようです。

「口切の茶事」をいつ行うかは、御側御用人が殿に意向を伺い、前日家老に連絡します。一番摘みの茶葉（「初尾」）を殿に差し上げ、殿が家老に下賜しました。

ここで御茶方は、濃茶・薄茶を点てます。

『勤向書上帳』に不思議な記述があります。

「御医者」と御茶方は、殿から内緒で、褒美や「納戸払物」（衣類・献上品などの払下げ物）を直接手渡されるという条項です。一般家臣には許されない特権でした。

医師は命を見守る役割なのでうなずけますが、御茶方は？

「茶は薬」という発想もあったでしょう。ただ、私が想像するのは、殿との緊密な信頼関係です。

茶会には、大名や貴人との、ごくプライベートなものが多いわけです。緊迫した極秘会談を和ませるのが一服の茶。その場を仕切るのが茶坊主であり、御茶方です。聞いてはいけない情報にも接します。殿の深い信任がなければ務まりません。

千利休切腹の要因が「知りすぎた男ゆえ」との説もあります。そこに、御医師と御茶方が同等である所以があったのではないでしょうか。

お茶、まことに奥深いのです。

さて、そろそろお茶がほしいですね。御茶方はいませんし、極秘の話もないので、自分で入れます。殿が好んだ菓子は分かりませんが、飯田には、殿や町人たちが、茶を通して育んだ美味しいお菓子がたくさんあります。感謝。

新春を迎えた城の儀式

突然ですが、お茶の話が出たところで飯田城の新春をレポートしてみましょう。

皆さん期待のグルメ情報は、史料がないので十分お伝えできませんが、本丸御殿は現在の長姫神社境内にありました。初詣の折に、往時に想いを馳せていただければ幸いです。

史料としては『耳目抄』、『勤向書上帳』、飯田藩士柳田家の日記『心覚』を使用します。

元日、家臣たちの朝は早い。三時起きです。

正午に本丸に集合し、殿に年始の挨拶をするのですが、その前に家ごとに新年を祝い、さらに友人や家老・上司たちの家を回ることになっているからです。朝六時には年賀の客がきます。それらを済ませて、ようやく登城。

江戸時代の半ばころには、殿は桜丸御殿で暮らしていて、本丸御殿はもっぱら重要な儀式に使われる施設でした。四一二坪、畳五二四畳半。本丸の絵図（寛政七年「飯田城御本丸御殿図」）が残っていますが、

本丸御殿（奥）と山伏丸（手前）。本丸御殿北側部分が奥御殿。殿のプライベート空間で、長姫神社社殿・社務所がある付近。南側が表御殿。政務・儀式を行うパブリック空間。渡り廊下で繋がっていた。表御殿の山伏丸に近い東側の建物に「御居間」など格式の高い部屋があった。主な新年の祝い事はここで行われていた。（飯田市美術博物館作成）

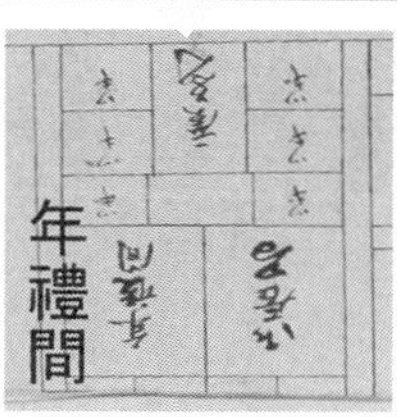

「年禮の間」は、本丸御殿内の「御居間」の隣にあった。「飯田城復元イラスト」に明治 41 年作成「飯田堀家城図（部分）」（個人蔵）を合成

長姫神社南の駐車場が表御殿のあった場所です。殿が家臣たちの挨拶をうけた部屋ははっきりしませんが、明治時代の絵図（「飯田堀家城図」）に一番東向きの部屋が「年礼の間」と記されています。その北隣の部屋が「御居間」。西側に「御次の間」「溜まりの間」などがあります。殿は、家老や上級の藩士から順に挨拶を受けます。接待は御側御用人が勤めます。

二日は「乗初」。殿の新年初の乗馬です。三の丸（現追手町一丁目付近）にあった「御厩」に猿回しがやってきます。猿は馬の守り神と考えられていたからです。『一遍上人絵伝』にも厩の横に猿が繋がれています。藩は会所の門前に敷物を敷き、火鉢や大きな急須（きゅうす）、酒三升、鯣（するめ）二〇枚などを用意します。

猿回しはその後、藩士たちの家も回りました。

三日は「謡初」。

新年に能役者を招いて謡曲のうたい初めをする儀式で、江戸幕府が正式の正月行事とし、正月三日に定めたとのことです。飯田藩もそれにならったわけです。

ただ、専門の役者を招いたようではありません。「演者は前日か当日朝、御側御用人が指名する」と『勤向書上帳』にあるからです。藩士の多くが謡を嗜み、この日を目標に稽古に励んでいたということでしょう。たいそう名誉なことなのです。出来次第では出世の道が開けるかも。槍や刀だけで立身する時代はとっくに終わっているのです。

ちなみに、城内では三が日の間、毎朝「大福茶」が振る舞われます。「御居間」「御次の間」の飾り付けは御茶方が担当。

大福茶は平安時代に起源をもつ邪気払いのお茶。縁起物として正月やハレの日に飲まれます。梅干しや結び昆布、黒豆などが入ります。関西に多い風習で、関東には少ないとか。藩士の家でも飲んでいます。飯田藩や城下町の文化を考える上で、これは興味深いです。

そう言えば、殿が食べた餅は切り餅か丸餅か。

どの藩も、殿は江戸生まれ江戸育ちが多いですし、堀氏は東国下野烏山（現那須烏山市）から飯田に入府しましたから関東風切り餅かもしれません。ただ、飯田町では昭和の初めころ丸餅を食べていたという記録がありますから（向山雅重『山国の生活誌』5）、意外と丸餅かもしれません。今度、殿に会ったら聞いてみます。献立は例によって料理人が立案、御賄方が献立帳に仕立て、御膳番で決定します**（本書二一頁）**。

閑話休題。

『勤向書上帳』御茶方の服務規程には、「大福茶に使う梅干しは御台所から受け取る」とまで細かく記されています。また、三が日は毎食後に濃茶・薄茶が用意されます。お茶一つもなかなか疎かにできません。『勤向書上帳』はお茶の壺詰めや口切りについても詳しく規定しています。

さまざまな仕事始め

四日は元日に次いで忙しい。神社・町役人・庄屋たちが年始の挨拶に登城します。寺社は寺社方職員が仕切り、町役人や庄屋は町奉行や郡方が差配します。町役人や庄屋は会所に集合。連絡があり次第本丸御殿台所に詰め、呼び出しを待ちます。

五日は会所初め。今いう「仕事始め」です。飯田藩の会所は、三の丸、現在の飯田商工会館付近にありました。この場所が藩の心臓部にあたる役割を果たしていたことは、のちにお話します。

七日あたりに長久寺など藩主ゆかりの寺社に出向きます。飯田藩士柳田東助は、毎年正月七日ころに如来寺（元善光寺）に参詣しています。

城や町の修繕を担当する御作事方は十一日に「釿初め（ちょうな）」。職人さんの仕事始め式です。朝六ッ半時（七時頃）。道具を飾りつけ、酒や食物を供え、お祈りをささげ、式後に祝宴を行います。酒やら肴は会所方が用意しました。

同じく十一日は具足開き。紋付きの旗、金笠、陣太鼓、陣貝など、藩のお宝を出して祝う行事です。これらは山伏丸の三つの蔵に納められていました。出丸では弓と鉄砲の射始・打始。

飯田城、いよいよ本格始動です。

初春の料理風景

「食レポなしの記事などつまらぬ」という面々も多いでしょう。文久三（一八六三）年の柳田家の元日の食卓にお邪魔してみます。ちなみに柳田家は堀氏に従って烏山から来飯し、長く江戸藩邸詰めでしたが、安政六（一八五九）年八代東助の隠居を契機に飯田に移住しました。後に柳田国男が養子に入った家です。現在の飯田市仲ノ町春草公園近くにあり、門が現存しています（**本書一三八頁**）。

元日朝は雑煮と屠蘇（とそ）。

昼は、お節料理です。汁（大根・焼どうふ）、焼物（塩いなだ）、なます、漬け物（ゆず・しょうが・

田作りを付ける)。

毎年変わらぬメニューですが、二日には数の子や干瓢(かんぴょう)、貝なども食卓にのぼります。

来客には海老入り雑煮。

蕎麦は?

大晦日昼にお節料理とともに食しています。塩いなだが肴です。これが、「年取り」なのでしょう。

東助の母は東助たちと一緒に飯田に移住せず、しばらく江戸に住み続けました。親戚や知り合いも江戸に多かったと思います。『心覚』には、折々、江戸と飯田の間で送りあった品物が記されています。

十二月江戸宛ての荷物には蕎麦と串柿がどっさり。江戸の年越しにふるさとの香りがあります。

江戸からは、鯛や鮪の味噌漬け、鰹節や鬢付け油、櫛やかんざし、なつめなどが送られてきます。

江戸の味覚や風情が、飯田の新春に花を添えます。

お菓子は城下の菓子処が作る「しなの梅」や「窓の月」。新春においしい菓子が並ぶ、これまた飯田らしい光景です。

家老安富采男宅の桜

弘化五(一八四八)年三月、十一代藩主堀親義は、飯田で初めての春を迎えていました。三十五歳。

お練り祭り(大宮諏訪神社式年祭)を堪能すると、十三日、白山寺に参詣、十四日は城内の山伏丸に赴き飯田藩が所蔵する武具を見学しました。ゆく春を惜しむように、精力的に歩いていました。

唐突に山伏丸と言われてもわかりにくいでしょう。現在の「飯田城温泉　天空の城　三宜亭」の場所にあった曲輪です（**本書一七頁**）。

谷川と松川に浸食され、舌状に東にのびる段丘の東端の部分です。古くから山伏の修行地だったことから「山伏丸」と名付けた、と記録にあります。飯田城のもともとの本丸はここだったとも言われ、天守閣があったという研究者もいます。

本丸が現在の長姫神社付近に定まってからは、藩の貴重な武具・宝物を納める「御蔵」が三棟建ちました。親義はそれを見学に来たわけです。

ただ、今回は「御蔵」には触れません。私がなぜ、この時の山伏丸訪問にこだわるのか。山伏丸から桜丸御殿への帰途、家老安富采男の邸宅を訪ねているからです。

『耳目抄』では、

（三月）十四日　一　殿様山伏丸江被為　入御武器御覧御帰安富主計方江御立寄の一行。


安富邸は二の丸にありました。飯田市美術博物館の敷地の西側半分にあたります。家臣宅を訪問することも殿の大切な仕事ですから、気にするほどの記事でもないように思えますが、山伏丸と桜丸御殿はさほど離れていません。また、どうしても途中休憩したければ、本丸御殿があります。

なぜ、親義は安富邸を選んだのか。安富邸にこだわったのか。

旧暦三月十四日が、新暦四月十七日というところに、謎解きの手がかりが隠されているように思え

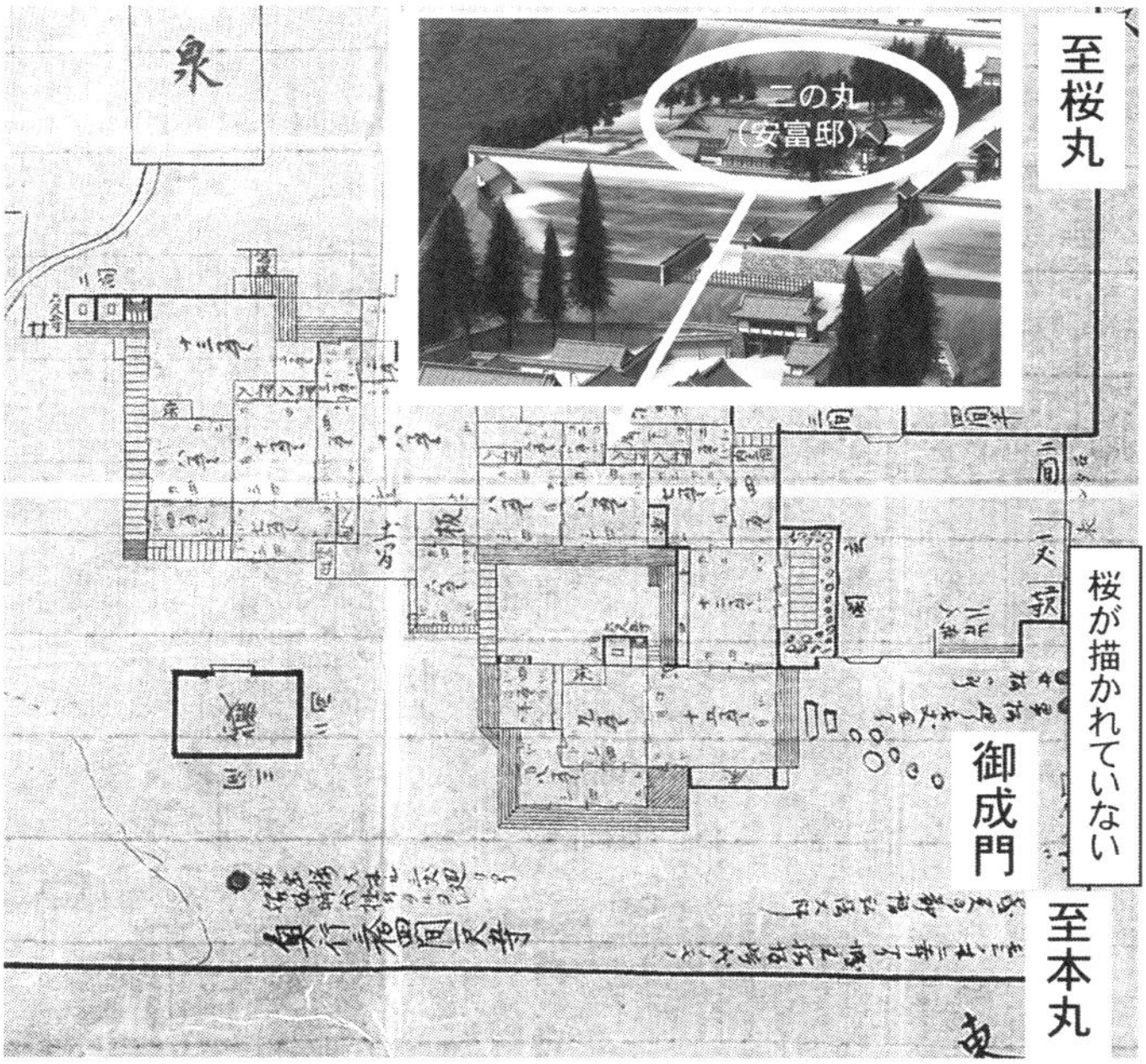

明治３（1870）年「安富邸宅図」（飯田市美術博物館蔵）に加筆
　飯田城二の丸にあった家老安富家の邸宅見取り図。安富家は、堀氏入部以来明治維新までここに住み続けた。本丸側に殿専用の門（御成門）がある。ここから入る建物は、中庭で住宅と隔てられている。独立の厠や風呂が備えられており、殿来宅用の公的スペースであったことがわかる。

ます。

　安富桜（やすとみざくら）です。

「長姫のエドヒガン」の名で長野県の天然記念物に指定されています。飯田市美術博物館の敷地内にあります。見事な一本桜です。

　温暖化が進む今日では、飯田で四月十七日に桜が咲いているというのは、少し遅い気がしなくもありませんが、私はこれだと思います。花見です。

　社会人になってすぐ、こんな句を教わりました。誰の作かまったくわかりませんが、

春は素志　違（たが）わず仰ぐ梢上（しょうじょう）の
花曙（はなあけぼの）に純白なりき

安富桜と飯田市立美術博物館（著者撮影）

素志は「一つの夢」・「一つの決意」という意味です。

満開の桜に出会うとき、誰もが体験する想いを歌っています。弘化五年三月、親義は飯田藩主としての第一歩を踏み出したばかりでした。安富桜を目の当たりにしたとき、彼の心に湧いた「素志」は何だったのだろう。「親義、安富邸訪問」の史料を見つけたとき、すぐにそんなことを想像しました。

当日の天候をインターネットで検索すると、快晴。真っ青な空をバックに咲く桜を見ることができたのでは、と想像しました。

と、ここまで書いてきて、「なんか、眉つばっぽいね、この話。よくできた嘘じゃないか」という声が聞こえてきそうです。「四月十七日の花見は遅すぎる気がする」。ごもっともです。ただ、その点は、「江戸時代はミニ小氷期で、今より寒冷だった」との見解もあり、また今日の温暖化を考慮すれば、まったくありえない想定とはいえません。

それよりも問題は、安富桜そのものです。

この桜、なかなかに謎の多い桜なのです。江戸時代の絵図だけでなく、明治初めの安富邸を描いた平面図にも、この桜は書き込まれていません。明治末、飯田城の様子を回顧して描いた絵図（「飯田堀家城図」）にも、桜が描かれていないのです。

本当にあの場所に古くから植えられていたのか。

そこまで言わなくても、今ほど注目される桜でなかったことは確かです。

飯田藩の終焉を見届けた藩主堀親義

飯田藩には、桜丸御殿というきれいな名前の建物がありました。「桜丸」の名称は、堀氏の前に飯田藩主だった脇坂氏（安元）が曲輪内に桜をたくさん植えたからと言われています。満開の桜を描いた絵図（「飯田長姫城図」）もありますし、東端にある夫婦桜の古木も、「桜丸」の名の謂われをよく物語ります。「殿にとっては、常の住居であった桜丸御殿の桜で十分。あえて安富桜まで足を伸ばして花見する必要はなかろう」といわれれば、これまたごもっとも。

もっと言えば、江戸育ちの親義です。東都の数ある桜の名所は、すでに何度も訪ねていたはずです。そんな彼には、飯田の桜は、さほど珍しくも尊くもないものだったというのが本当かもしれません。

今でこそ観光名所となった安富桜ですが、その感覚を一七〇年も昔に投影するのは、さすがに「フィクションだ！」との批判を免れません。

ただ、そうした批判をすべてわかりつつも、私は、親義と、安富桜に象徴される飯田の美しい桜にこだわりたい気がします。

廃藩置県時、すなわち飯田藩が消滅する時の藩主は堀親広ですが、本当の意味で飯田藩の終焉を見届けた藩主が親義であったことは間違いありません。「徳川幕府と運命を共にした藩主」（鈴川博『消された飯田藩と江戸幕府』）とも言われます。激動する幕末の政界の中で、浮き沈みを繰り返し、政治の光と影の部分を見尽くした人物でした。

明治元年、飯田に戻った親義は、ひと時は桜丸御殿で暮らしましたが、八年間ほどを松尾村久井（現飯田市松尾）に過ごし、明治十三（一八八〇）年亡くなりました。六十七歳。

飯田入府から三〇年の歳月が流れています。

晩年、彼があの日訪ねた安富邸の地を再び訪れたかはわかりませんが、安富桜を愛でる一日がなかったとは言えません。

さまざまな　こと思い出す　桜かな（芭蕉）

そんな句がよく似合う殿様です。

飯田藩の幕府献上品

「そなた、氷餅は知っておるか」

桜丸御殿の茶屋で、香り高い新茶をいただいていると、殿が突然聞きました。

「諏訪の名物ですね」

「皆そう思うておるが、勉強不足じゃ。そなた、江戸に出てみよ。氷餅に飯田藩の浮沈がかかっていること、皆よう知っておるぞ」

「………」

飯田藩の特産品といえば、水引や、その原料となる紙がよく知られていますが、飯田ブランドの氷餅など、聞いたことがありません。書物をひもといても、飯田藩の特産品にはあげられていません(『下伊那史』第八巻など)。

「そなた、明日は暇か。ならば、会所に行かぬか。面白いものを見せよう」

殿は、東の山並みから風越山へと目を移すと、こんなことを言いました。今日から五月。風に梅雨の匂いが混じっていました。

『勤向書上帳』を調べてみました。驚きました。

十八世紀末の寛政年間の飯田藩に、「御氷餅方」という役所があったからです。今に置き換えれば、飯田市役所内に「氷餅課」があるということ。これは相当びっくりです。

しかも「飯田藩の浮沈がかかっている」との謎めいた一言。

いったいどうなっているのでしょう。答えは『武鑑』にありました。

『武鑑』とは、武家の当主の名前、官位、家紋、役職、藩邸、幕府への献上品などを記したものです。ほぼ毎年のように江戸市中で刊行されていたようです。飯田藩に「御氷餅方」が置かれている寛政年間の『武鑑』を調べてびっくり。飯田藩の「時献上(ときけんじょう)」として「氷餅」が記されていたからです。

時献上は、「参勤時のいわゆる『参府献上』とは異なり、大名などが家ごとに毎年きまった季節の

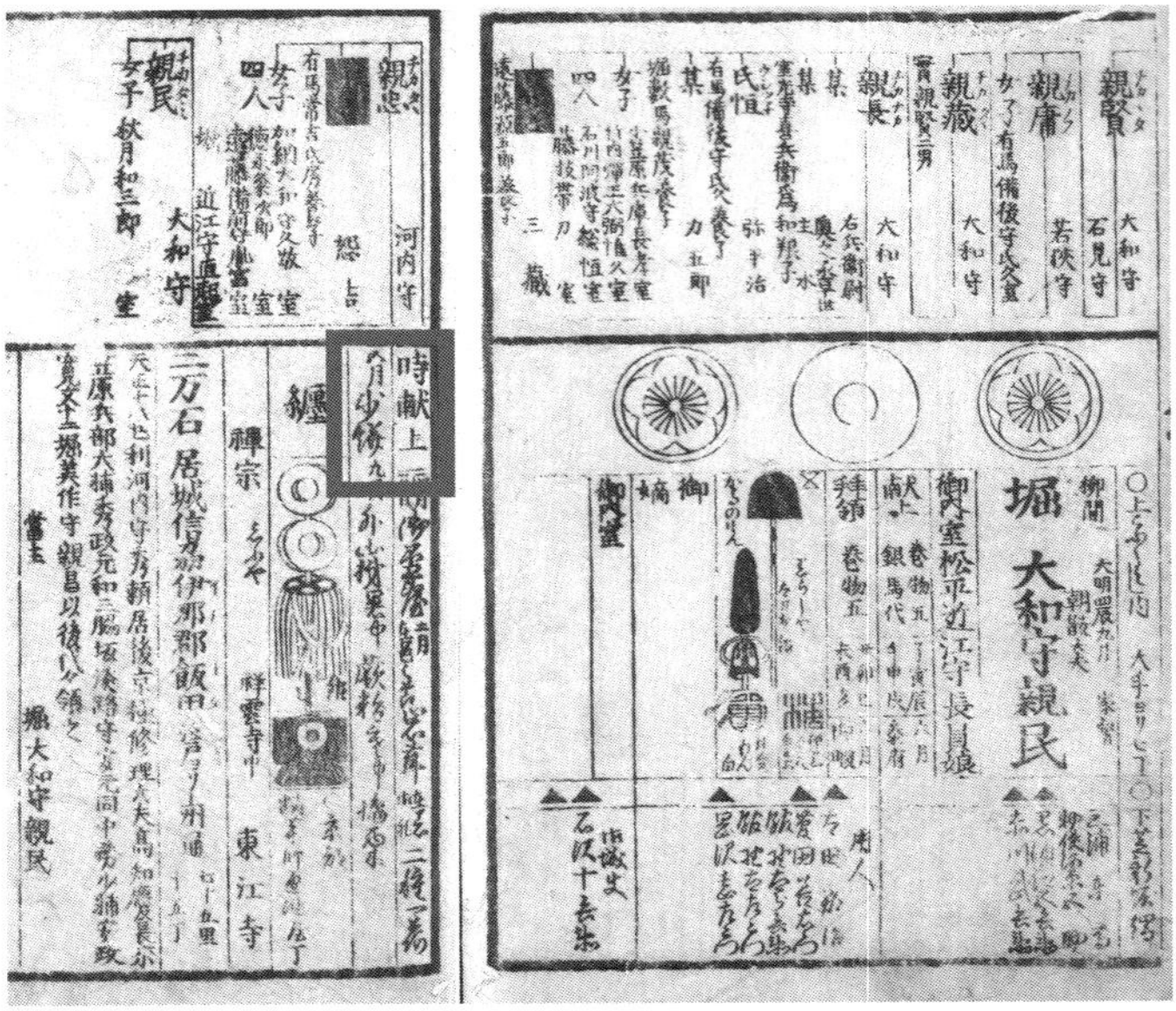

『寛政武鑑』[4], 刊, ［寛政7？］. 国立国会図書館デジタルコレクション https//dl/ndl/go.jp/pid/2546980(参照 2024-08-29）を著者が加工して作成。

『武鑑』は、名前・官職・家紋・役職・行列道具などを記す。江戸の町人たちが、多くの武家を識別したり取引する必要から生まれた。当時の飯田藩主は９代堀大和守親民。「時献上」の欄に「五月氷餅」とある。

将軍家に対する献上をいう。食品が主」（『国史大事典』）です。季節を問わない献上品とは違い、「その土地の折々の特産物」という意味合いが強いわけです。氷餅は飯田藩の五月の時献上です。

飯田藩の場合、氷餅以外の時献上としては、二月が岩茸、暑中が蕨粉、九月が外山柿、寒中が搗栗でした。ただ、藩内に専門の役所まで設置してあるのは氷餅のみ。飯田藩にとっては、幕府献上品として重要な役割を果たした特産品だったということになります。

ちなみに、時献上として氷餅を献上する大名は、寛政年間で一〇藩。会津、白河、小諸、高島などです。高島藩は今の諏訪。寒さを生かした産品です。

保存食として重宝された氷餅

殿が、なぜ「明日出かけぬか」と言ったかは後ほど。

まず、氷餅の作り方を確認しましょう。

氷餅は、別名「凍み餅」・「干し餅」とも言います。鎌倉時代に生まれ、東北から信州にかけての寒冷地で製造されてきた食品です。製法を諏訪地域の事例で紹介します（『信州の郷土食』）。

精白した餅米を水洗いし、一昼夜水に浸したのち石臼にかけ、水と粉とを「ともびき粉」（どろどろしたもの）にします。

これを二重釜に入れ、五～六時間煮ます。二重釜にするのは、外釜と内釜の間に湯を入れ、焦げつきや吹きこぼれを防ぐためです。

煮上がったのり状の餅米の粉を、容器に入れて冷やし、野天の凍り場に並べます。寒ければ寒いほど良く、マイナス一五度になればのりが完全に凍ります。

完全に凍ったら、角柱状に切断し、一本ずつ紙に包み、藁で縛り、竿にかけて干します。一か月ほどで完成。

氷餅は、保存がきくので、備荒食として重宝されました。また、和菓子原料、病人食などとしても利用されます。農家では、小正月頃に搗いた餅で氷餅を作り、田植えの時期に食したようです。飯田藩士の日記（柳田家文書『曲廬日記』飯田市美術博物館所蔵）には、湯で戻して食したとあります。もともと味付けはされていなかったのでしょう。

『勤向書上帳』収録の「御茶方」の役割の中にも、「来客には薄茶をすすめるが、冷水あるいは氷餅湯を好むようなら、台所に申し付けよ」とあります。

現在は、表面にシロップなどを塗ったものも出回っています。一個一五〇円ほど。インターネット上では、「素朴」・「懐かしい」・「健康食品」といった言葉が踊っています。私も購入してみました。熱湯でもどし、電子レンジで加熱してからかきまぜると、つきたての餅に近い食感になります。ただ、「飯田藩の浮沈」とは、ちょっと無縁な感じです。

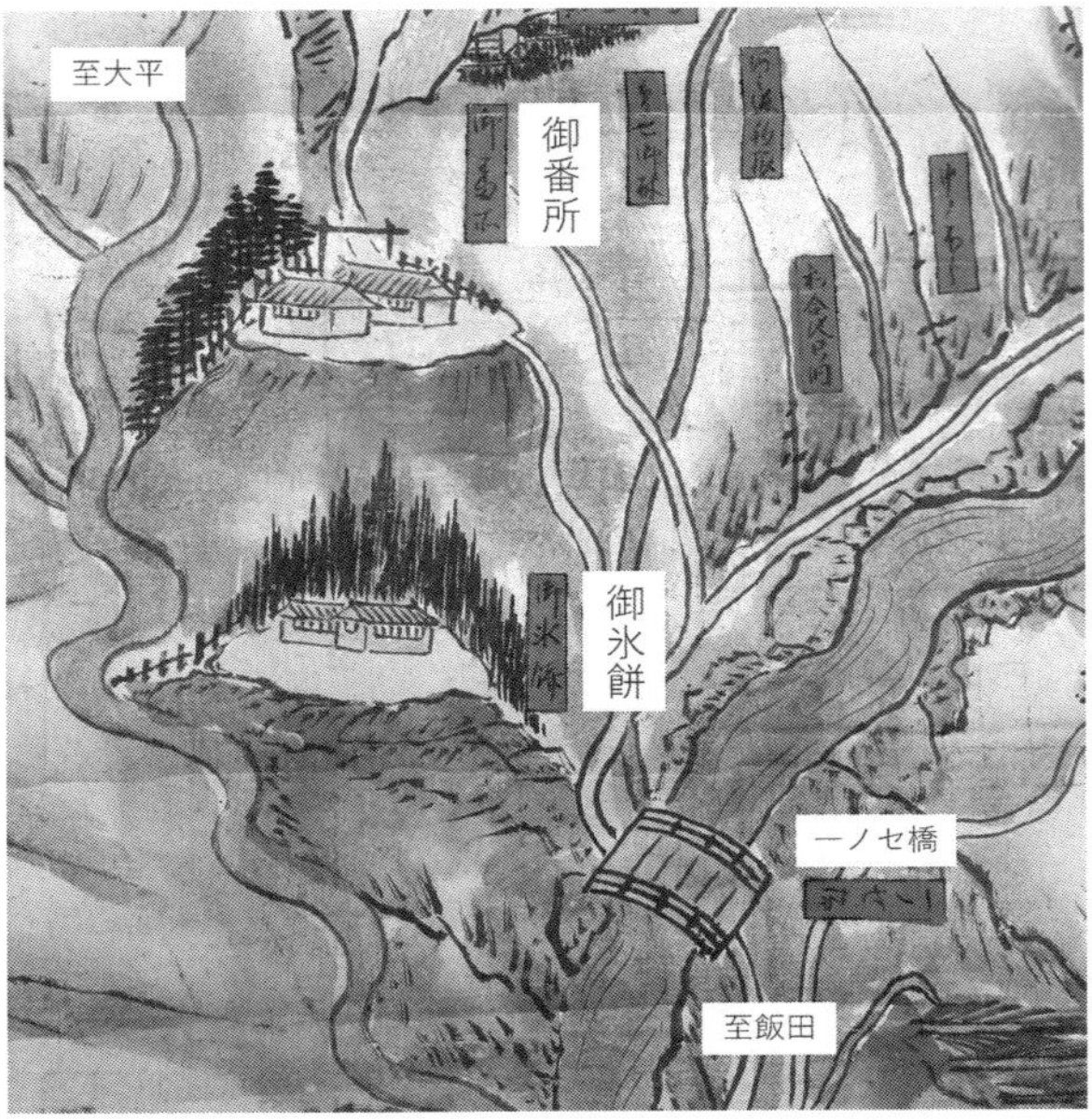

「松川入山林絵図」（飯田市立中央図書館蔵）に描かれた氷餅小屋
「御氷餅」と記されている。大平街道の「一ノセ橋」を渡った小高い丘に２棟の小屋が建てられていた様子がわかる。極寒の時期に 10 人を超える職員が住み込み、製造にあたった。街道上手に市瀬番所（「御番所」）が描かれている。

極寒の中、五〇日に及ぶ苦難の氷餅製造

飯田藩の氷餅作りを、『勤向書上帳』に収録されている「御氷餅方勤向書上」を中心に見ていきましょう。

製造は、大平峠（一三五八メートル）に向かう途中の「市瀬番所」近くで行われました。ここに、「氷餅小屋」が建てられました。

作業は「寒の入り」の二〇日ほど前から始まります。「寒の入り」は、一年でもっとも寒くなる時期に入ること。新暦では一月初旬です。

御氷餅方職員は、材料となる餅米を村々から受け取ると、水車小屋で精米します。御氷餅方の職員三人と御小人三人で昼夜五日間籠もって精米します。「小人」は「小者」のこと。武家奉公人の一つで、平時は雑役に、戦時は主人を守る仕事に従事する者です。氷餅は将軍家への献上品ですから、その出来映えには藩の浮沈がかかります。信頼できる者たちが選ばれたことでしょう。

作業には「御倹約目付」が立ち会い、無駄なく作業が行われているかチェックしました。氷餅作りは出費のかさむ作業で、勝手向きが苦しい飯田藩としては、他藩に負けない良品は作りたいが、かといって湯水の如く資金を投下するわけにもいかない難しい事情があったからです。使用する薪束数も決まっていました。

寒の入り十二日ほど前、舂き上がった餅米を担いで市瀬に上ります。御氷餅方の職員と御小人二人、大工二人です。

製造に必要な藁・縄・むしろ・鉄道具・桶などは御作事方から受け取ります。薪は「御買方」から受け取ります。これらをすべて市瀬にあげるのは大変な作業です。

製造開始一週間ほど前になると、御小人七人増員。ここから五〇日近くに及ぶ作業がスタートします。十数人の共同生活。食糧は持参しました。一人一日二合五勺の賄い米が支給されます。

氷餅方の職員や御小人は一人ずつ交代しますが、大工は五〇日間ぶっ通しで小屋に詰めることになっていました。「御目付方」からは獣類の出没に備えて威し鉄砲一丁を支給してもらいます。命がけです。

御倹約目付は、製造開始日とできあがり日の二度、宿泊で現地に赴きます。作業を見届け、吟味方に報告します（殿の氷餅小屋視察は**本書六三頁**）。

家老以下役職総出の梱包作業

完成した氷餅は、三月、山から降ろします。御氷餅方などの役所で出来映えをチェックし、会所に運び込むのが五月一日。殿が「在城」の場合は、ただちに吟味方が桜丸御殿に一〇本持参し、御側御用人が殿に差し上げます。殿の「よろしい」がでれば、翌日、将軍に献上する氷餅の包装に取りかかります。

もう、気がつかれましたね。

「そなた、明日、会所に行かぬか。面白いものを見せよう」の殿の誘いです。あれは五月一日のことでした。

つまり、殿は、献上氷餅の梱包・発送作業を私に見学させようとしたわけです。けれど、そんなに面白い作業なのでしょうか。

壮観だったと思います。

会所に家老以下、藩の役人全員が集まり、献上氷餅の梱包を行ったからです。

一　五月二日、御氷餅包みの時は、御家老・御役人・諸役人残らず会所に出よ（「吟味方」）

とあります。

足軽なども動員したでしょうが、基本は家老や役人が、自分たち自身で、慎重に梱包作業をしたと思います。寛政年間（十八世紀末）より少し前までは裃着用での作業でした（『耳目抄』）。

将軍献上品です。品質チェックや梱包は、万全な上にも万全を期さなければなりません。五月二日は、「飯田藩のもっとも長い一日」のひとつなのです。

「献上御氷餅」五〇〇〇本（「会所方御役所勤方覚」）。

「武芸に生きるはずの武士」も、この日はひたすら氷餅包み。ちゃんと包めるのかな？　大丈夫かな？

普段は城中にいる殿が、今日は会所の中をうろうろ。

頑張れ、家老たち！

膨大な数の氷餅を出荷

五月二日、飯田藩の長い一日が終わりました。見学する私も疲れました。

と、思いきや、「そなた、明日も参れ」。

「………」

この日は、将軍に献上する氷餅の梱包だけだったのです。では、明日は？

飯田藩浮沈の鍵は、将軍だけが握っているわけではありません。飯田の名物を、家臣たちも贈答品に使いたいはずです。江戸藩邸詰め家臣の日記にも、「氷餅」を送りあっている様子が記されています（『曲廬日記』）。

五月三日・四日は家臣たちに配布する氷餅を梱包する日なのです。と同時に、二日に梱包を終えた

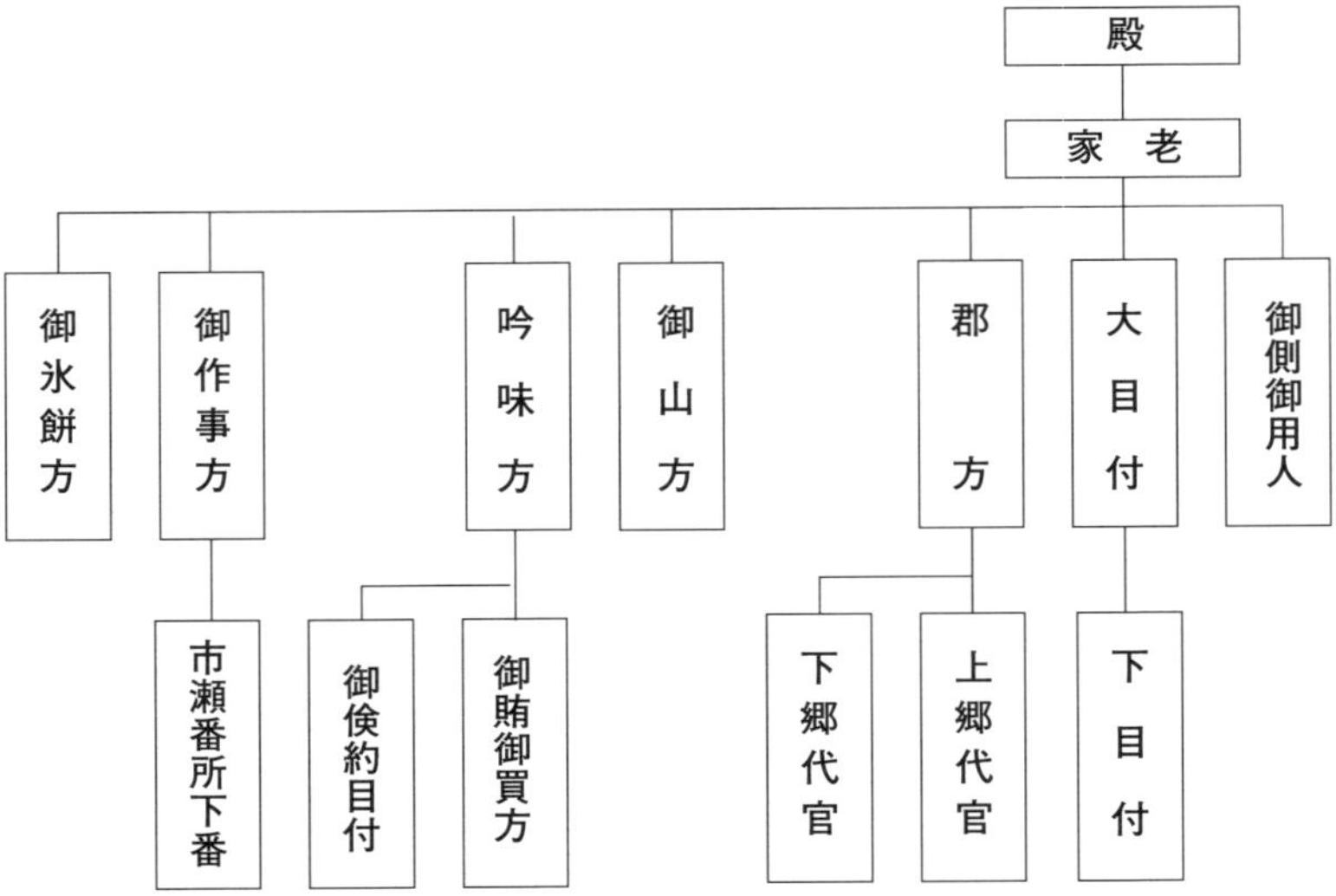

図４　氷餅製造に関わる飯田藩の主な役職（著者作成）

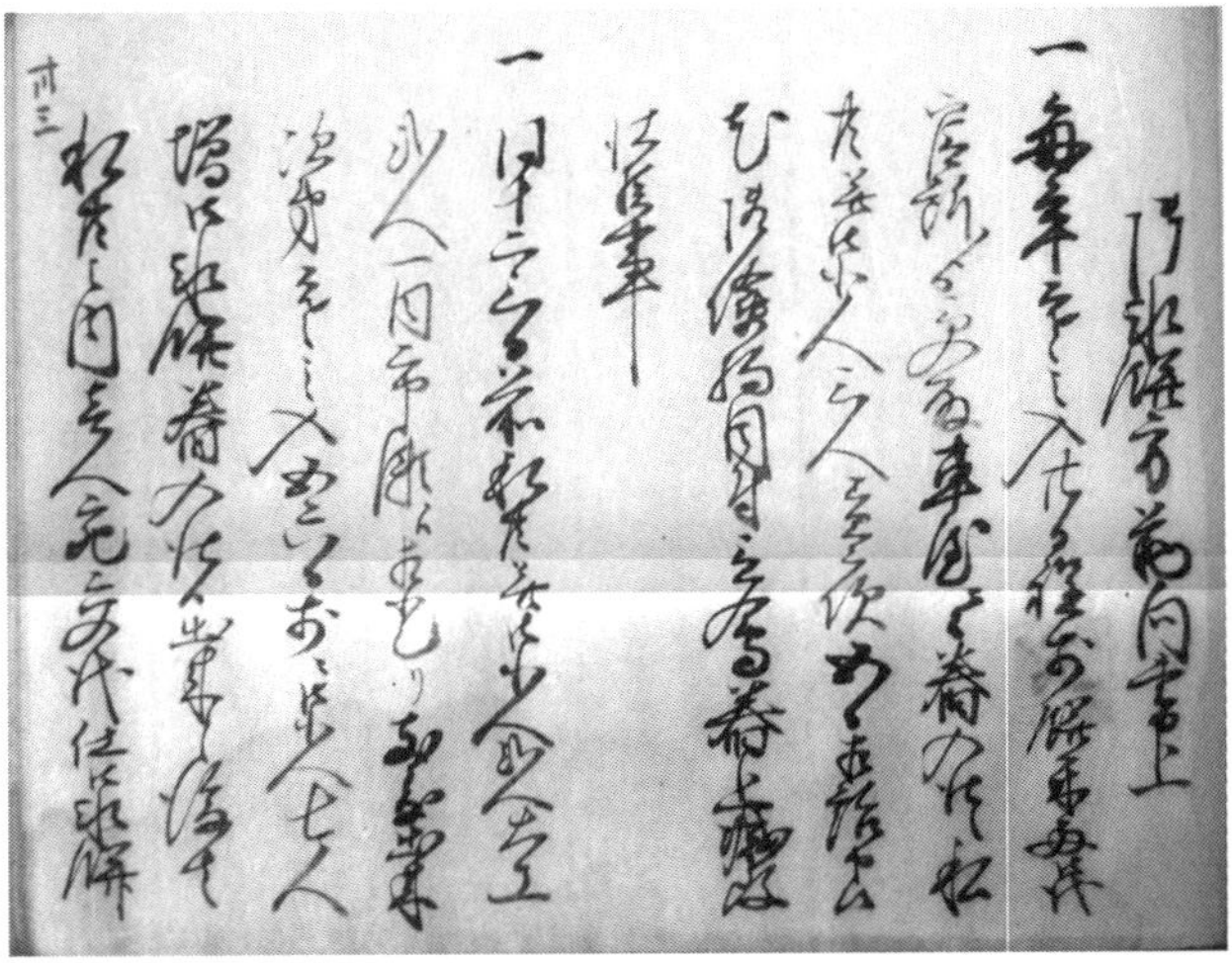

『勤向書上帳』（飯田市歴史研究所蔵）

　多くの役人が製造・梱包・発送に関与していた。『勤向書上帳』に収録されている「御氷餅方勤向書上」。服務内容が細かく定められている。

献上氷餅の配送準備（荷造り）も行います。会所、大混乱。だれも取材には応じてくれません。

献上氷餅を納める箱や目覆、担ぐ棒や背板、担ぎ手の息杖、立て札などは御作事方が製作し、四月中に納品。五月三日・四日は、荷造りのため足軽二人が付きます。作業が終わると、

一　御目付は吟味の上、荷物に封印をすること（「吟味方」）

厳重です。「御献上品　御氷餅　飯田堀家」の立て札をたてて、出発です。

梅雨の時期、雨が心配です。太田切川は無事越えられるかな？

五月中には江戸の藩邸に到着、再検査を経てただちに江戸城へ献上。大奥の女性たちの、夏の風物詩の一つだったかもしれません。

三日・四日の配布用氷餅梱包のために、足軽一〇人が動員されます。

どのくらいの数の氷餅を梱包するか。

江戸配布用二四〇〇本。家中は家老一〇〇本ずつ、役人五〇本ずつ。

二日に梱包した献上氷餅五〇〇本と合わせれば、四〇〇〇本を越えるのでは。

この、とんでもない数の氷餅の製造・梱包・配布すべてを御氷餅方が差配します。氷餅を将軍に献上する大名は全国で一〇家。まずければ大目玉を食らいます。極寒の市瀬小屋で二か月。威し鉄砲持参。結果悪ければ……。

超過勤務手当や危険手当が仮に出たとしても、ぜひ勤めたいという仕事ではないのでは？

氷餅が、飯田城下で販売されていたどうかはわかりません。『飯田・上飯田の歴史』上は「門外不出として一般には流通しなかった」としますが、『下伊那史』第八巻は、文化二（一八一九）年大平街道の市瀬番所付近に「御献上氷餅の名物屋」があり、名物として販売していたと記しています。もし事実なら、街道を往来する旅人を当て込んでの商売でしょう。この道は木曽福島の関所などを通らずに旅をしたい女性たちが利用する「女人道」として知られていました（**本書第二編「一、女たちの大平街道」**）。善光寺や伊勢に参詣する女性たちで賑わう街道です。「女旅に甘味は欠かせない」などと言えば、ジェンダーの観点からは大ひんしゅく、ブログ大炎上。それに、当時の氷餅が「甘味」だったかどうかもわかりません。

ただ、案外いい商売だった気もします。

外山柿も時献上品

ところで、飯田藩の「時献上」には、全国で一つしかない産品がありました。なんだと思われますか。柿です。

「外山柿」と呼ばれています。この名称の柿の献上は飯田藩のみ。江戸時代の当地の柿と言えば「立石柿」を思いだしますが、両者がどう違うかはよくわかりません。

ただ、柿の生産は氷餅以上に天候に左右されます。『勤向書上帳』から「外山柿」に関連する箇所を抜き出してみましょう。

一　献上する外山柿は、八月中に出来・不出来を検分する（「吟味方」）

吟味方職員全員のほか、大目付方職員も同席、「柿善悪」の様子を家老と江戸へ連絡します。柿もまた「飯田藩の浮沈」がかかる大切な献上品だったのです。

柿は村々で栽培したのでしょうが、家中（藩士）の屋敷でも栽培していました。

一　家中が藩に差し上げる柿は、名前・個数をメモし、家老に提出せよ（「御目付方」）

とあります。

「献上外山柿二五〇。配布用四七〇〇」（「会所方御役所勤方覚」）と書かれていますが、単位がわかりません。個数なのでしょうか。あるいはもっと別の数え方があったかもしれません。

ただ、「御目付方」の書上には、「近年、柿不出来で江戸に送っていない」とのコメントも付されています。

では、柿不作の場合はどうするのか。

一　胡桃を献上する（「吟味方」）

とあります。胡桃は江戸で購入したようです。購入代金は藩が負担せず、農民に払わせています。柿

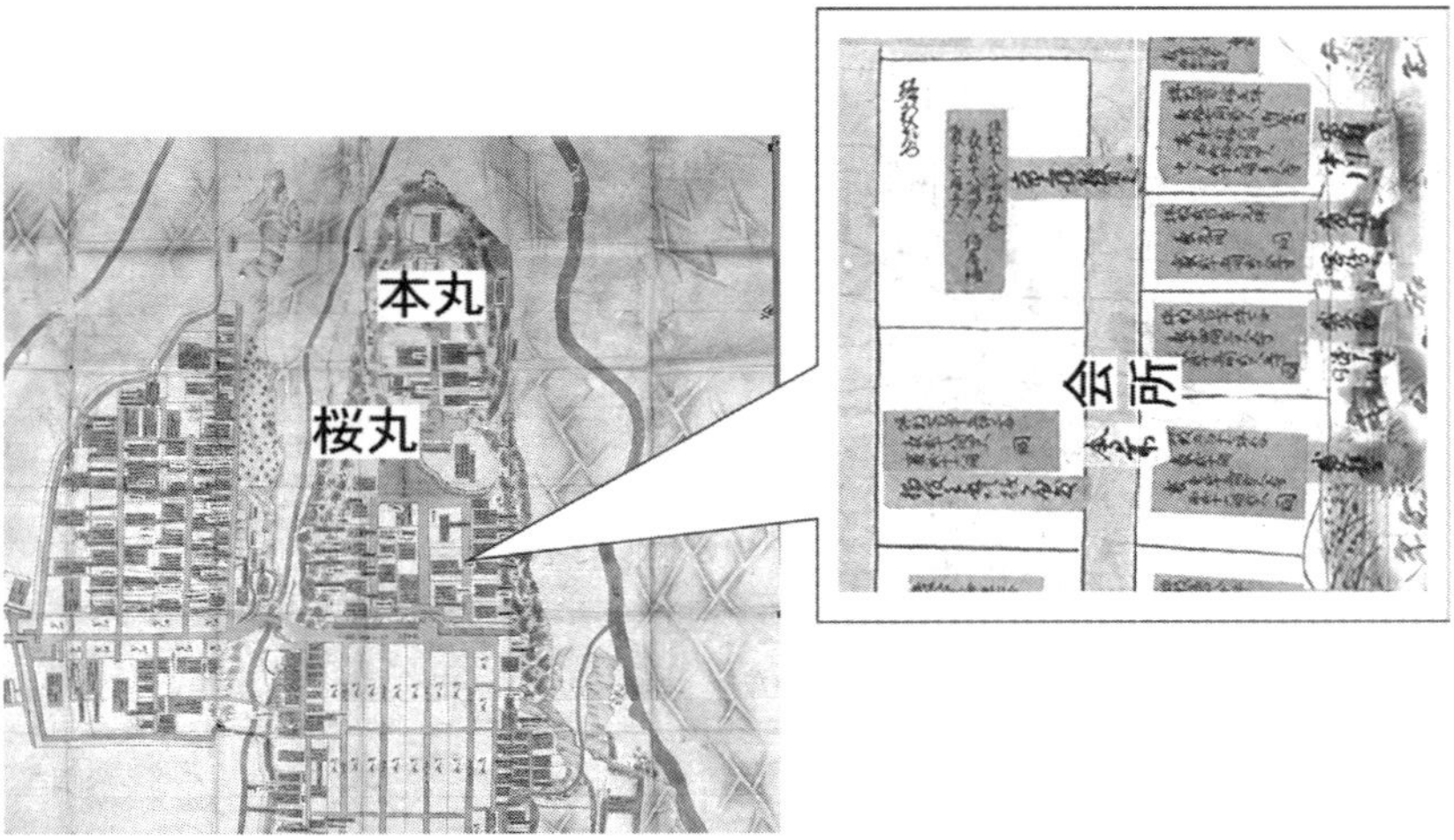

「信濃国飯田城絵図」（下伊那教育会蔵）に描かれた「会所」
現在の飯田商工会館付近。規模や建物の形状は不明だが、現在の公民館や物産加工施設が入る建物。多目的な用途に利用できた。

の出来不出来は農家の責任ではないのですが、そういう社会なのです。「柿がだめなら胡桃」という選択肢もよくわかりません。

飯田藩の心臓部は会所

五月二・三・四日と、会所での氷餅包みを見学した私に、殿がこんなことを言いました。

「そなた、「飯田城その日その日」なる投げ文を地元の瓦版に載せておるそうではないか。家老や側用人たちはあれこれ言ってわしには見せてくれぬのじゃが、町ではなかなかの評判と聞く。瓦版の講読者も増えたとか……。

わしは月末には江戸に向かい、こちらに戻るのは来年八月になろう。それまで連載が続いていることを祈っておるぞ」

ありがたいお言葉ですが、連載のネタが尽きかけている私は藁をも掴む気持ちです。

「殿、飯田藩の真相に激しく迫るような面白いネタはありませぬか」

「左様か。ならば一つヒントを授けよう。会所じゃ、会所に出かけてみよ」

「……」

「飯田城というと、みな、本丸御殿や桜丸御殿、城構えばかり語りたがる。やれ石垣だ、やれ堀だ、やれ枡形だ。そなた、それは大きな間違いじゃよ。泰平の世もかれこれ二〇〇年、静かなものじゃ御殿は。たいしたことも起こりはせぬ。藩を動かす本当の拠点は会所じゃ。氷餅包みを見てもわかったであろう。この活気、この喧噪。情報も物も人もここに集まり、そして散らばっていくのじゃ」

いつになく熱く語る殿。

「そなた、飯田藩を一つの生き物にたとえてみよ。その隅々に血と養分を送り込んでいるポンプ、いわば心臓が会所じゃよ。わしが特別に許すから、明日から毎日でも会所に顔を出すがよい。飯田藩の〝その日その日〟がここにこそある」

「この殿にしては、めずらしくまともなことを言うじゃないか」と感心。早速、殿の計らいで「御会所方」の職員から「会所出入りお構いなし」の通行手形を受け取り、帰宅しました。

「会所」という言葉は、今でも普通に使います。寄り合い場所という意味です。村や町には欠かせない施設です。飯田藩にも「町会所」、「郡会所」などがありました。

しかし、飯田藩において「ザ・会所」と言えば、氷餅包みを行っていたあの会所です。三の丸内の、現在の飯田商工会館（元飯田バスセンター）付近にありました。

規模や設備はよくわかりません。

ただ、弘化四（一八四七）年九月に会所を初めて訪れた藩主親義は、座敷で家臣たちと会見しています。ＶＩＰ訪問に対応する応接室が備わっていたのです。

『耳目抄』をひもとくと、家老や目付が藩士や領民を会所に集め、重要な申し渡しを行っています。公民館のような、集会所的なスペース・機能もしっかり確保出来ていたということでしょう。

また、その一方、氷餅の梱包など、さまざまな物産品の製造・加工もここで行っています。六月の奈良漬、十月の新そば引抜き、外山柿加工。今日言うところの物産加工センター的な施設だったともいえます。

さらに重要なのは、殿が江戸に住んでいる間（「御留守時」）、役所機能の多くが桜丸御殿から会所に移ることです。御留守時、役人たちは毎月決められた日に会所に出勤することになっていました。桜丸御殿にある役所機能と同等のものが会所に備えられていたということでしょう。いわば飯田市役所が二つあるようなもの。その一つが三の丸の会所だったわけです。

ということで、「ザ会所・オブ・飯田藩」は相当に多目的な用途に使用できる施設だったと想像されます。

「会所が飯田藩の心臓ですか……」

半信半疑で殿の言葉を聞いていた私ですが、そういわれれば、なんとなく納得できそうな気持ちになりはじめました。

殿のおかげで、会所に自由に出入りできる通行手形も手に入れました。『勤向書上帳』片手に、殿言うところの「飯田藩の心臓部」を、しばらく探ってみます。

会所方は年間行事の必要品調達に奔走する

殿からもらった「自由出入手形」を見せて、いざ会所へ。

驚きました。とにかく賑やか。会所の運営を担当する職員を御会所方と呼ぶのですが、一日中走り回っています。ウロウロしていると、はじき飛ばされそうな忙しさです。

会所に毎日足を運ぶうちに、分かってきたことがあります。儀式や行事があるとき、必要品を調達し、提供するのが会所方の重要な仕事だということです。成人式、運動会、納涼大会、文化祭、敬老会などを想い浮かべれば、ピンときます。一年間には結構な数の行事があります。御会所方は、その度に出動する部署なのです。

わがまま放題言い放題の客に振り回されながら、笑顔絶やさず汗をかいて走り回る。ひたすら裏方に徹する。御会所方、わかりやすく言えばそんな男たちの職場です。

会所の一年を、『勤向書上帳』に収録されている「会所方御役所勤方覚」を参考にしながらたどって行きましょう。

会所勤めは新年二日めからフルスロットル

新年。

会所が始動するのは、公式には一月五日の「会所初め」式です。藩士や町在の役人が正装で集まり、殿に拝謁します。今言う「仕事始め式」です。監査が終わった前年の会計帳簿も提出されます。新鮮な気持ちで一年のスタートを切る大切な日。酒肴も振る舞われました。

ただ、飯田藩士柳田家の日記（『心覚』）を見ると、一般の藩士の本格的な仕事始めは一月十日あたりだったようです。五日に「会所初め」を済ませても、まだしばらくは正月気分でした。柳田家の場合、如来寺（元善光寺）に参詣したり、七草粥をゆっくり食べて、さあ始動という感じです。

ところが御会所方職員はそうはいきません。仕事はすでに、二日から始まっているからです。

二日、「乗初」。

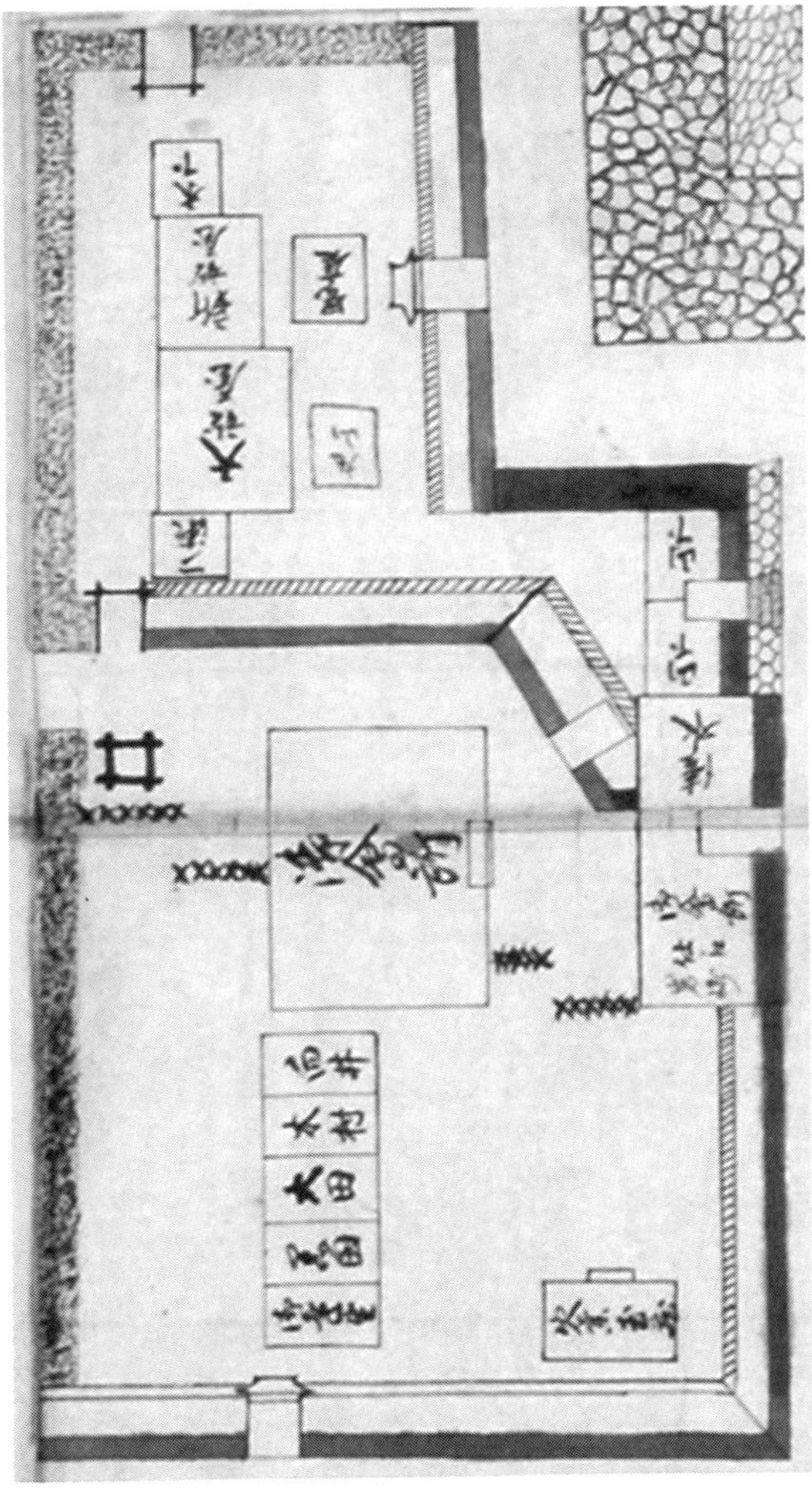

「飯田堀家城図」（個人蔵）に描かれた「会所」
画面上方が堀端通り（銀座通り）。藩士のもとに出入りしていた大工の記憶をもとに、明治41（1908）年にえがいたもの。廃藩置県で取り壊される前の城内の姿を知ることのできる貴重な絵図である。

「書初」のように、殿がその年初めて馬に乗る儀式でしょう。

会所は、三宝長熨斗（さんぽうながのし）・鬼面火鉢・煎茶大瓶（茶碗付）・煙草盆を用意します。御作事方に依頼して会所の門の下に敷物を敷き、これらの品物を並べます。「乗初」が済めば、戻ってくる品々をきれい拭いて収納しなければなりません。

極寒。しかも早朝からの勤務。多くの藩士たちが屠蘇気分の二日、会所はすでにフルスロットル状態です。

同じ二日には、飯田城に猿回しが来ます。ただの演芸ではありません。馬を飼育している「御厩（みまや）」での新年の重要な神事です。会所は、この式で使用する物品を調達します。酒三升・鰑二〇枚・下白米三升・塩一升など。

ところで、なぜ猿と馬なのでしょう。

古くから猿は、馬の病気を治し、世話をする「馬の守護神」と考えられていたからです。鎌倉時代の生活を描く「一遍上人絵伝」にも、厩の前に猿が繋がれています。正月二日の「猿回し」と「乗初」は、馬の健康と乗馬の無事を祈る新春の大切な神事だったのです。

ちなみに、御厩で猿回しを演じた芸人は、そのあと、藩士宅を門付けして歩きます。柳田家もご祝儀を用意して猿回しの訪問を待っています（『心覚』）。

ようやく五日。「会所初」です。

酒・鰑（するめ）は「御買方」から受け取り、盃・銚子・盆などは旧年冬に「御家具方」から借用しておきます。会所方職員に、雑煮やおせちを味わいながらの寝正月はありません。

それでも、会場準備さえ済めばお役御免じゃないの？

そうはいきません。酒宴に入ると、足軽・御小人に交じって給仕を勤めます。料理を運ぶや、お酌に回るや、酔っ払いの介護をするや……。

一年はまだまだ始まったばかり。

「One for All」。

御会所方、そんな男たちの熱い職場です。

会所の仕事で飯田城の歳時記がわかる

御会所方の仕事を調べていくと、そのまま飯田城の歳時記が作れそうです。

一月十一日は「御作事手斧初（ちょうな）」。

「作事（さくじ）」は、主に土木・建築に関わることがらを指しますが、広くはものづくり活動全般を意味します。飯田藩には御作事方という名の役職がありました。さまざまな分野の技能者を抱えながら、その他に町在の職人やアルバイトも雇い、城内外の普請・修繕、生活物資の製作を担当しました。市役所で言えば、土木課・建設課・環境保全課といった部署を統合するような存在でしょう。御作事方職員のハードな勤務の様子は、のちほど。

十一日は、御作事方職員や棟梁たちが、新年の挨拶のために本丸御殿に出向きます。「職人の仕事初め」です。会所方は、酒・鯣・茶を揃え、本丸御殿の職員に渡します。

新年には三河万歳の芸人が飯田に来ます。「万歳鶴太夫」といいました。藩からは町の下役人と「御

会所所在図　「飯田城復元イラスト」（飯田市美術博物館）と飯田商工会館（筆者撮影）
　会所所在地は現在の飯田商工会館付近。門と塀で囲まれた敷地の中には、会合や作業ができる大きな建物のほか、藩士の住宅や火薬倉庫などもあった、たくさんの藩士・領民が日常的に利用する場所で、本丸・桜丸よりはるかに親しみのある施設だったといえる。

賄衆」が出向き、挨拶をします。彼らが持って行く物品も会所方が用意しました。大平（煮物）・酒・香の物・鉢肴・焼き物・銭などです。

会所方の一月はまだまだ終わらない。「御蔵方」から玄米を受け取り、精米して、台所や休息所、夜回り当番に渡す仕事があります。大豆・塩・味噌などを、あらかじめ決められた人や部署に配布するのも会所方の仕事。これらの物資は一年分を数回にわけて配給する方式でした。第一回目の支給が一月です。

二月も忙しい。

二月最初の午の日が「初午」。堀家ゆかりの普門院の「初午鎮神祭礼」には、赤飯や餅を進ぜます。このために、会所方は薪・餅白米・小豆・黒ゴマ・神酒・中折・白箸・白椪（かやの板）・土器などを用意しました。

当日は早朝から会所で赤飯や餅を作り、重箱に詰め、食器などとともに「寺社方」職員に渡します。朝八時です。飯用餅米二升、小豆五合、白餅用餅米七合ですから、それほどの量ではないのかもしれませんが、朝早くからの準備、お疲れ様です。

普門院では、同じ二月の二十五日に「天神祭礼」もありました。普門院の鎮守天満宮のお祭りです。献立は「初午」と同様ですが、数量は倍です。その上、酒一斗、銭一貫目が加わります。寺社方から依頼を受けて、これらを会所方が用意し、「釣台」に載せて普門院にはこびました。祢宜・神子に手渡します。

銭は「中折に包み、水引をかけ、中結びで渡す」とあります。指示が細かい。

会所方職員は奈良漬のつけ込みまで担当

飯田藩が関与する祭礼は、五月、六月、九月、十一月にもありました。こうした祭礼の度に、会所方職員は「初午」同様の用意をするわけです。正月行事を含めれば、二か月に一度超の割合。とりわけ、六月十五日の「山王祭礼」は普門院天神の祭礼と並ぶ大イベント。準備に追われました。

「今日も行事、明日も行事」。会所方とは、江戸時代版催事請負業者です。江戸時代の武士のイメージがガラッと変わります。彼らに槍や刀は全然似合いません。

まだ、一年の三分の一しか紹介していません。

五月は氷餅包みからスタート。三日間。

六月。土用入りとともに、会所は酒粕の匂いに包まれます。奈良漬作りが始まります。

一　奈良漬つけ込みは六月土用入り四日目に瓜が会所に納入されるよう、嶋田村・笠村の庄屋に申し付けておくこと（「会所方御役所勤方覚」）

「四日目」という指示の細かさ。美味しい奈良漬作りへの、会所方職員のこだわりを感じます。とはいえ、「美味しければコストは度外視」というわけにはいきません。財政難の飯田藩、ここでも「御倹約目付」出動です。

漬け込む「舟」一枚に塩一杯。手伝いの「御小人」は五人。「瓜布巾」に使う白木綿六尺。桶の数は作柄を見て、あらかじめ御作事方に製作を依頼する（「同右」）。

実に細かく規定されています。

氷餅梱包で賑わった会所は、漬物工場に一変。しばらく見学していると、酔ってしまいそうです。

会所は江戸を感じさせる場所

六月の会所にいると、もう一つ季節を感じる品物に出会います。真綿です。

春蚕からとれた真綿が、村々から藩に納められます。会所では、これを上郷・下郷の両代官から受け取り、梱包して江戸藩邸に発送することになっていました。奈良漬作りとならぶ、この時期の会所の大切な作業です。

一　真綿を渋紙で下包みし、さらに琉球細引で上包みして、小口を苧縄で縛ること（「会所方御役所勤方覚」）

氷餅同様、「江戸遣い品」は扱いが丁寧です。そのため足軽二人が動員されます。

メイド・イン・飯田の奈良漬が江戸に送られたかどうかはわかりませんが、十月に新そばを会所で加工し江戸藩邸に送っています。その荷に奈良漬が同封された可能性はあります。そばを啜りつつ、奈良漬を頬張る。藩邸詰めの面々の嬉しそうな顔が浮かびます。江戸の冬に、ふるさとの味があります。

氷餅や奈良漬、真綿のように、藩内各所で生産された品が会所に入り、加工され、送り出されていく光景が面白いです。殿のいう「会所＝ポンプ」のイメージが、なんとなく納得できる気がします。

祭礼や行事が滞りなく実施されるために、会所が欠かせない部署だったこともわかりました。これらの行事は、暮らしを彩り、日々の生活に活力を与える大事なイベント。殿の言う「血・養分」でしょう。それを会所が整えているわけです。

「本丸御殿や桜丸御殿だけで、飯田藩を語ってはならぬ」

殿、なかなかに鋭い！

ただ、これでは殿を褒めただけで悔しい。

一言、私の発見を。

会所から江戸向けに発送されるたくさんの荷物（逆に、江戸からもたくさんの荷物が会所に届きます）を眺めていると、会所の門のすぐ外に江戸が見える気がしてきました。会所は、飯田にいながら江戸の喧噪や〈匂い〉を感じられるスポットです。飯田城下町では、岐阜久々利（くくり）の旗本千村氏が荒町に置いた出先機関（飯田役所）（**本書第二編「三、飯田町のなかの〈異国〉―千村陣屋市岡家資料の魅力」**）とならぶ〈異界への入口〉だったのでは。ドラえもんの「どこでもドア」にちょっと似ているかな。

殿、どうでしょう。

柿渋採取は重労働

「会所からひもとく飯田城歳時記」に戻りましょう。

真綿の発送や奈良漬の仕込みを終えても、ほっとしてはいられません。六月はまだまだ忙しい。昨秋搾った柿渋を使って、渋紙の製造が始まります。

「渋紙ふみ」と呼んでいます。お手伝いが二人出て「ふみ」ます。

長渋紙一四〇枚。大渋紙五〇枚。毎日「御倹約目付」が出張し、できあがりまで見届けます。

七月。十五日は盂蘭盆。会所方は、堀家の菩提寺長久寺の法要のために「蓮飯」をこしらえ納入します。五人の御祖先のために四升の餅米を仕込みます。「仕立て様」は、

　餅米を蓮葉に包み、わらを杉原紙で巻き、十文字にねじる（「会計方御役所勤方覚」）

と指示されています。こうして包んで蒸し上げたのでしょう。

蓮飯の起源は奈良時代に遡るようですが、江戸時代の料理書にも登場します。上野不忍池など蓮の名所で食べられていたようです。盂蘭盆の供え物として使われました。

蒸し上がると、入れ物を見繕って梱包し長久寺へ配達。朝八時。盛り付けは寺で行います。もう慣れたとはいえ、会所方の朝は、本当に早いのです。

旧暦の八月初め（新暦九月初め）が二百十日。この時期に村々から渋柿を納入させます。柿渋を採取するためです。「渋春入柿」と呼んでいます。四二俵。

納入当日、「御倹約目付」立ち会いの上、代金を支払い、柿渋搾りに入ります。

柿渋は渋紙の原料になりますが、木工品や建築用材の下塗りなど、多様な使い道があります。製品は御作事方やいろいろな役所に納入し、残りは会所で渋紙作りに用いました。

大きな臼に柿を入れて二人がかりで踏むらしく、作業当日は「下働き」を一〇人雇います。賃金は「御買方」から。会所方の役人と椀屋も同席、全一二人。

会所方は、酒一升、肴一種、一日三度の食事を提供します。食事には、茶漬、汁、漬物、焼き物、煮物などがつきます。重労働だったということでしょう。

見学を終えて会所を出ると、金木犀の甘い香りが城下町を包んでいました。

江戸住まいの母からの荷物

「晴れた日に　永遠が見える」

古い映画のタイトルですが、この言葉を聞いたときは驚きました。

何かの拍子に、絶対見えないはずのものが、ふっと見える気がする。誰にも、そんな体験はあります。

「会所方御役所勤方覚」を読んでいて、私はふっと、そんな気持ちになりました。会所の門のすぐ外に、江戸の町と、行き交う人の砂ぼこり・喧噪が感じられたのです。

ということで、『勤向書上帳』を使って飯田城の歳時記を編む試みは、今回はお休み。飯田藩士柳田為善（東助）の日記『心覚』（飯田市美術博物館蔵）を覗いてみましょう。幕末の藩士の生活のなかに、会所がたびたび登場します。

柳田家住宅は飯田市仲ノ町の春草公園の近くにありました。後に松岡國男が養子に入り、柳田姓を名乗った家です。堀家に従って下野烏山（栃木県那須烏山）から来飯し、江戸藩邸詰め（定府）でしたが、安政六（一八五九）年八代東助の隠居を機に飯田に移住しました。門が現存しています。

東助が飯田に移ってからも、母八十は江戸に住み続けました（文久三年四月まで）。親戚や知り合いも江戸には多かったので、飯田移住後も江戸との交流が続いています。

文久元（一八六一）年七月三日（新暦八月八日）昼、会所から東助宅に荷物が届きました。渋紙包み三個。江戸の母からの荷物です。中には、孫たちへの暑中見舞い、「有平入巻せんべい」、わかめ、ほおづき、「江戸じまん」、砂糖、油、袱紗、筆、櫛、かんざし、魚の干物など。江戸の親戚からの手紙も、多数入っていました。

江戸から国元への手紙・荷物は、一旦会所に届く仕組みだったのです。この時は自宅に配達してくれましたが、多くの場合、荷物到着の知らせを受けると会所に出向きました。『心覚』によれば、この日は「暑」。盛夏。蝉時雨。江戸の〈香り〉が、暑さをひととき忘れさせてくれます。

十月。江戸からの荷物は、鰹節や鬢付け油、なつめなど。

飯田柳田家の新年の献立をみると、鯛やマグロの味噌漬けが食卓に上っています。これらは江戸からのお歳暮だったのでしょう。

江戸と国元を結ぶ定期便

文久元（一八六一）年八月六日（新暦九月十日）夕刻、柳田家は会所に荷物を運び込みました。母宛の何通かの手紙のほか、花色絹糸、うどん粉、色紙、新わらなど。江戸向けの荷です。うどん粉は六升ほどもあります。江戸からの荷に比べれば素朴な品々ですが、母はじめ江戸住みの親戚衆の

現存する柳田家門（著者撮影）

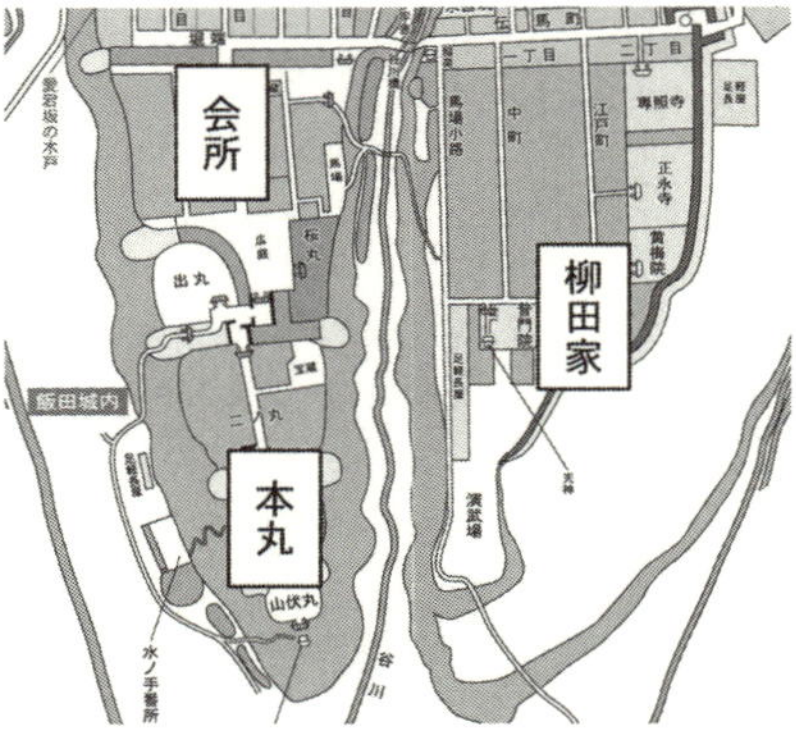

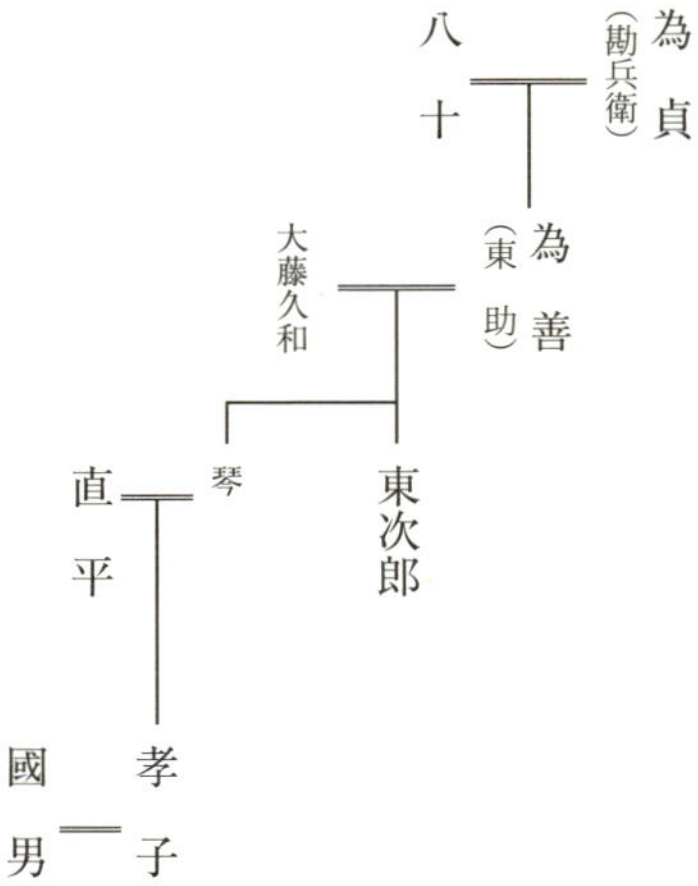

図５　柳田家系図

笑顔が浮かびます。

この日は快晴。初秋の田舎の〈香り〉が、運ばれていきます。

十二月の江戸宛荷物にはそば粉と串柿がどっさり。江戸の年越しに〈ふるさと〉があります。江戸詰め藩士の日記（『曲廬日記』）には、「知人にそば切りを振る舞う」という記事がしばしば登場します。このように、飯田藩には、江戸と国元を結ぶ定期便がありました。飯田側の拠点が会所です。会所は郵便局や宅配便センターの役割を果たしていたわけです。やっぱり会所は〈江戸〉が見える場所なのです。

柳田家にとって、この年の冬は特別でした。皇女和宮が将軍家茂に嫁ぐ「和宮降嫁」が行われ、東助の息子東次郎が、十月〜十一月にかけ一行警固のために中山道筋に出張したからです。人生初めての遠出張。

出立を四日後に控えた十月二十四日（新暦十一月二十六日）朝八時。東次郎は会所に出向いています。この日、遠征に参加する藩士たちに遠征用品が配布されたからです。槍太刀、筋股引、赤銅油、笠、弁当包、法被、亀甲付荷印、印形付切手などを受け取りました。

東次郎に従う「馬子」や「下々」の者たちの笠や法被なども手渡されました。

「東次郎、お前もいよいよ一人前だな」

会所できょろきょろしていると、そんな声をかけられます。

東次郎、十七歳。「どうなるんだろう俺は」。

伊那谷特有の濃い川霧が、丘の上の町をすっぽり包んでいたことでしょう。まるで、この若者の心の中のようです。ガンバ！

冬を控え、新そば、味噌作り

「会所からひもとく飯田城歳時記」に戻りましょう。

九月。茄子漬け。「二百程。茄子百につき塩三升」を「御買方」から仕入れ、「元帳」に記録します。

十月。沢庵大根二〇〇本購入。「但、塩百本ニ付三升、粉糠八升」。これも「御買方」より購入。

江戸時代は自給自足経済のイメージがあります。城で消費するものは、たいがい税物として納めさせていたと思い込んでいましたが、いろいろな品物を購入していたのかもしれません。料理を担当する「御料理人」には、商人が毎日のように顔を出していたのかもしれません。「毎日（購入したものを）支払い帳に記入し、上司が点検するように」と定められています（御賄方の書上）。支払いは月払いです。

「御賄方」や「御殿は静かだぞ」という殿の言葉を思い出しました。のどかな昼下がり、御用聞きの声が殿の耳にも届いたはずです。

「毎度～。魚屋でございます！」

「お、晩飯はうまい魚か」

殿、にっこり。

冬を控え、会所の十月は忙しい。

新そば出来次第、江戸藩邸向けの「挽抜」に取りかかります。

「挽抜」は「玄そばのまま石臼で挽きつぶし、ふるいにかけてそば殻を取り除いたもの」だとか。

「会所方」職員の１年間

月	業　務
1	乗初・猿回し応対 御作事手斧初 三河万歳応対
2	普門院初午献納品設え 天神祭礼献納品設え
5	氷餅包み→江戸発送 奈良漬作り 真綿収納→江戸発送
6	渋紙製造
7	長久寺へ献納品納入
8	渋柿搗き
9	茄子漬け
10	新そば挽抜→江戸発送 味噌づくり　(御膳味噌・中味噌・玉味噌) 外山柿梱包→江戸へ発送
11	炭・薪・灯油・蝋燭等購入→各部署に分配
12	城内煤払い 餅つき 大晦日飾り付け
年間	江戸等の郵便物発着 江戸等の荷物発着 町村への重要事項の伝達

「長姫城之図」（飯田市立追手町小学校蔵）に描かれた会所

会所は多目的な機能を備えた藩の中核施設だった。藩主不在時は役所であり、重要事項を話し合い、村や町の代表に伝える議事堂的役割も果たした。また、物資の収納や加工施設でもあった。右の絵図にはそのための大きな建物と蔵が描かれている。絵図下方が南堀（現在の銀座通り）。

混ぜ物のない、上等なそば粉という意味のようです。挽き手六人、一人一日一斗。五日ほどかかります。ここにも「御倹約目付方」が出向き、「砂粉」「うら粉」の量まで確認します。正直言って、彼らはけっしてウエルカムな存在ではありません。役目柄とはいえ、お互いご苦労なことです。

十月から正月までは味噌作り。品質により「御膳味噌」・「中味噌」・「玉味噌」がありました。大豆に混ぜる麹の割合が違います。大豆煮込みに使う薪の本数まで指定されていました。大豆一斗につき薪一束二分です。

「献上外山柿」二五〇、配布外山柿四七〇〇の梱包もこの時期です。

新年の準備で会所は大忙し

この他、会所方では、一年を通じて物品を

購入し役所などに配布する面倒な業務も担当していました。

例えば灯油。「御買物方」を通じて油屋から仕入れ、番所の灯火用などに配布します。蝋燭も「御買物方」から仕入れます。炭・薪は「御蔵方」から、紙類は「御紙方」から受け取り、必要な役所に配ります。飯田は良質な紙の産地。品質の良い「御用紙類」は江戸に発送します。

物資の配給作業で重要なことは、季節ごとに配給量を変えるところです。

例えば炭・薪の配給量。十月から二月がマックス、三・四・九月が続き、五月から八月は少なくします。灯油も同様です。

購入した物品の決済は、手形による月勘定でした。毎年七月の「大勘定」の場に書類を提出して締めです。残り物などまで帳面に付け、「目付方」の印を受けて、次の当番に引き継ぎます。苦しい藩財政。立て直しの起点も会所なのです。

年末も大忙しです。

十二月十一日は城内の「御煤払」。御作事方が中心になり、「御倹約目付」、「下目付」も朝六時に出勤します。本丸御殿・桜丸御殿・番所・会所など、城内隅々まで清掃。会所から御作事方に酒、鯣、茶を配達。

二十五日頃に餅つき。餅米三斗、小豆一升三合、餅の粉一升三合を用意します。一斗は「色餅」、二斗は「かんへら餅」にします。本丸御殿と長久寺に大きな鏡餅を進ぜ、桜丸御殿の稲荷、御蔵方、御厩、会所釜神へは小ぶりの鏡餅を供えます。

大晦日には本丸御殿の「御上ノ間御床前」の飾り付け。これも会所方の仕事です。

「そなた、会所に出かけてみよ」

殿の一言から始まった一年。会所方の皆さん、ご協力ありがとうございました。「本丸御殿でも桜丸御殿でもない。会所こそが〝飯田藩の心臓〟じゃ」という謎めいた殿の言葉にも納得しました。よいお年を。

といっても「乗初」は二日後。会所方の皆さん、また一年が始まります。

ファイト！

激務の御作事方

ぜひ取り上げたい部署があります。

御作事方です。「作事」は文字通り「もの作り」という意味ですが、近世では一般に、藩や町の施設の建設や修復を指します。御作事方はこうした業務を担当する部署で、今日でいえば、土木課・建設課・環境保全課などを包括する存在でした。

なぜ、ぜひ取り上げてみたいのか。

『勤向書上帳』に登場する部署はどれも多忙です。次々に降りかかってくる厄介な仕事を、トラブルなく遂行しようと奮闘する姿は、ご理解いただけたと思います。「御側御用人」・「御料理方」・「御膳番」などがよい例です。

ただ、御作事方は、そのなかでも「これぞ激務！」という感じがしました。藩士だけでなく、職人、アルバイト、日雇いなど立場の異なる多くの人々を率い、作事の依頼に迅速かつ果敢に立向かう姿が印象的でした。とにかく大所帯です。

「是非取り上げたい」と思った理由は、もう一つあります。『勤向書上帳』は、家老や御側御用人が各部署に命じ、勤務実態や服務規則を報告させた文書です。上申された文書をそのまままとじ合わせた感じで、文体が統一されていません。役所文書ですから、味気ない事務的なものがほとんどですが、中には「ウチのイチ押し仕事はこれさ！」、「ウチの仕事はこんなに大変なんだぞ！」というふうに、アピールポイントを前面に打ち出す部署もあります。御会所方がよい例でした。行政文書でありながら、実に人間くさいのです。

実は、私が御作事方に注目した第二の理由はそこです。「御作事方勤向書上」、おもしろすぎる。原文のままの方が、雰囲気が伝わるでしょう。まず、冒頭の一文を引用してみましょう。

一　日々暁六ッ半時御作事へ罷出、諸職人ならびに出人共夫々（それぞれ）へ役割仕、九ッ時迄相詰罷在、致し方差図仕候、九ッ時食事ニ相引、即刻罷出、七ッ半時迄相詰、諸職人・出人共ニ不残引候後相引申候事、

「日々暁（あかつき）」出勤から始まり、職人や人夫たちに「致し方（作業の手順）指図」し、九ッ時（正午）に一旦帰宅。「（昼食を終えたら）即刻罷出（職場に戻り）」、「（職人が）不残引候後相引（帰宅）」です。気合いの入った、実に歯切れの良い文章です。ほれぼれ。

プライドの陰に仕事への大いなる不満？

『勤向書上帳』には御作事方以外にも、「九ッ時退出→再度出勤」という部署がありますが、「即刻罷出(ただちに再出勤)」とまでの言い回しは御作事方だけです。「即刻」という言い回しに滲む強烈な気合い。職務に強い自負・プライドを抱いている証拠でしょう。でなければ、この仕事に相当に不満を抱いています。間違いありません。

文章を書いた人物はわかっています。滝田宗蔵。御作事方トップです。個性豊かな職人を束ねる「元締め」らしい

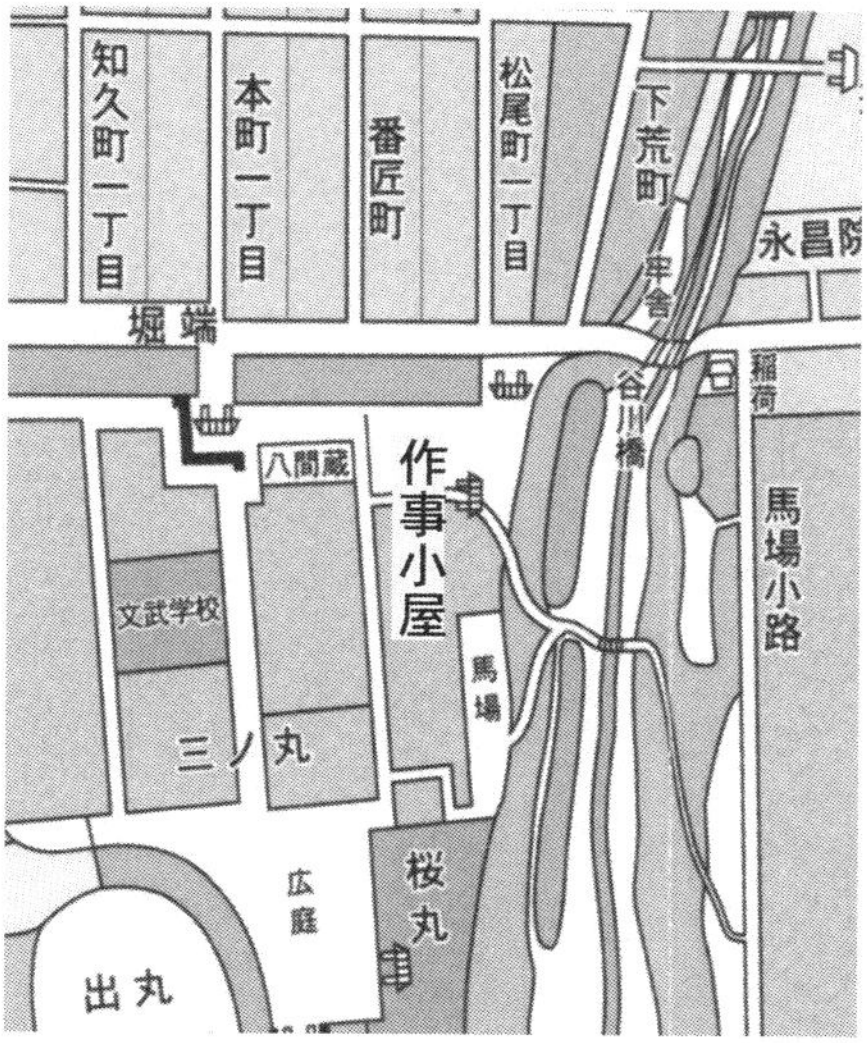

「作事小屋」の所在地（飯田市美術博物館作成）
御作事方は、職員・お抱え職人だけでなく、村や町に住む職人や日雇いまで統括する大所帯な組織だった。城内・城下町全般にわたるメンテナンスを担う役所(「作事小屋」)は、現在の主税町と銀座通りの交差点近くにあった。

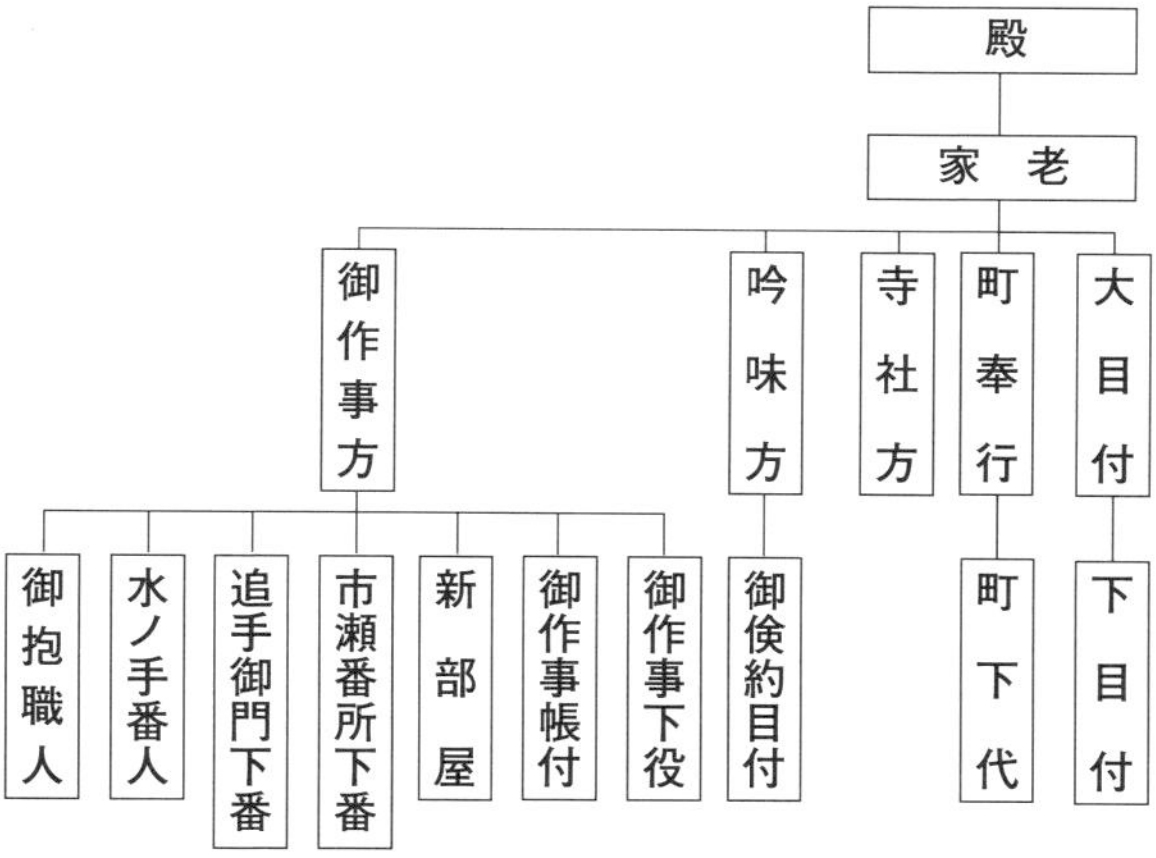

図６　「御作事方」の組織

人柄が、文章からひしひし伝わってきます。『勤向書上帳』には一〇〇名ほどの人物が登場しますが、このキャラはピカイチ。どうしても会ってみたい、取材してみたい人物ナンバーワンが滝田さんです。

飯田藩における御作事方の位置づけを図6にしてみました。家老配下です。長官を「御作事奉行」と呼びます。部下には「御作事下役」・「御作事帳付」・「御抱職人」などがいました。市瀬番所の管理もしました。建築・修復担当ですから、とにかく扱う金額が大きい。利権も集中しやすい。

「越後屋、そなたも悪じゃのうー」

「なにをおっしゃいますやら。御奉行さまこそ、フフフ……」

『水戸黄門』や『江戸を斬る！』に登場しそうな部署ですから、日々、御目付や吟味方の厳しいチェックを受けます。業務の多くが城下町のメンテナンスなので、一番関係の深い部署は「町下代」だったと思われます。

さあ、滝田さんに突撃インタビュー。

武士は基本的には借家住まい

御作事方の仕事を紹介する前に、飯田城の定期的なメンテナンスについて、『勤向書上帳』を参考にお話ししましょう。

二月から三月にかけ、城外の惣構（惣囲）の垣根の修繕をします。飯田城下町の一番外側の惣堀に設えた垣根の結い直しです。柏心寺の裏手、谷川沿い、正永寺、西教寺あたりに、今も惣構の名残があります。是非、探してみてください。城下町を歩く楽しみの一つです。

修繕箇所は、家老・目付・役人全員で視察に出向き、決定します。「要修繕」となると御作事方に連絡がいきます。御作事方は、修復・結い直しを終えたら、「吟味方」に報告、「吟味方」が再度点検を行い、修繕完了を確認しました。城下のメンテナンスが、藩の重要な任務だったことがわかります。

十、十一月は、城内と「屋敷表」（家臣屋敷）の垣根の結い直しです。この作業は規模が大きいので、松川以北の村々から人足を出させます。必要な材料（垣杭など）は、事前に用意しておきます。御作事方専用の倉庫が主税町と銀座通りの交わるあたりにありました。「八間蔵」と呼びます。

御殿の建て替えや修理は「大普請」と呼びました。多額の経費を必要とするので、家老・役人総出で確認するだけでなく、評議の上、着工の可否や規模を決定しました。ゴーサインが出ると、「吟味方」から御作事方に指示が下ります。

図面引きは御作事方で行います。建築士のような技術をもつスタッフがいたわけです。

ところで、武士は持家に住むと思っている方が多いでしょうが、基本的には借家です。江戸時代は「藩の土地は藩主の持ち物」という社会で、住居も藩主から「一時的に預からせていただいているもの」と考えられていました。今の官舎や社宅と似ています。転勤すれば退居、跡継ぎがいないとか、不祥事を起こせば没収です。時代劇では「お武家さま」は随分偉そうに描かれますが、実は借地借家のサラリーマンなのです。

でも、逆に言えば「住宅ローン地獄」という言葉とも無縁です。これはこれで幸せかな？

閑話休題。

というわけで、藩士の屋敷の建て直しや修理は、原則、藩の責任で行います。御殿や惣構同様、「目付」や「吟味方」が調査し、「要修理」と認定されれば、御作事方が出動します。屋根の葺替えや、高塀の若干の修理は、御作事方の判断だけで対応します。

地位の低い藩士の邸宅は、修理してくれません。御作事方が塀板などを定期的に支給し、「自分でやりなさい」で済ませます。世の中とは、大抵そんなもんです。

御作事方は退居・入居の際に屋敷を見分

退居・入居の際の規定が面白いです。

「御倹約目付」・「下目付」と共に屋敷を見分して書類を作成し、次の入居者に渡すのが御作事方の役割です。天井・建具・鴨居・敷居・附属物品の状態を確認し、細かく書類に記載します。退居する側としては、ハラハラする瞬間です。

（御作事方）「青木さんねえ、いくらなんでもここはあなたの責任で修繕ですよ！」

（青木）「引っ越しはただでさえ金がかかるのに、その上これもかよ…」

借家暮らしをした方ならおわかりになります。江戸時代が始まってから、かれこれ四〇〇年経ちます。社会は大きく変貌したように見えますが、私たちの日常は、さほど変わらない「その日その日」の繰り返しなのです。

御作事方は、修繕と引き渡しの段取りを決めると書類に押印し、新入居者に手渡すと同時に、控えを作成し家老・吟味方に届けます。

足軽長屋の屋根の葺き替えも御作事方が担当します。

このほか、普門院・大宮明神など城下の寺院の修復、追手前堀端通石橋三つ、野底橋、谷川橋、市瀬橋など、橋の普請も御作事方の受け持ちでした。市瀬番所、清内路番所、氷餅小屋、原町茶屋の修復も担当します。忙しいです。「激務」という言葉がふさわしい役所です。御作事方奉行滝田宗蔵、やはりただ者ではありません。

是非会ってみなければ。

飯田藩御作事方は毎年一月十一日が仕事始め

御作事方の業務を、「御作事方勤向書上」・「御作事帳附役」の史料（いずれも『勤向書上帳』収録）を使ってみていきましょう。

一年は、正月十一日朝六ッ半時スタートです。

本丸御殿にて、「釿始御祝儀（ちょうな）」。

建築職人の「仕事始め」の儀式です。鎌倉時代に始まり、現在も全国各地で行われています。正装の職人たちが大きな材木に向かい、「切り」「測り」などの所作を行い、木材の魂を鎮めて一年の工事の無事を祈ります。飯田藩は、それを一月十一日に行っていたわけです。麻裃（かみしも）着用。「諸職人・棟梁」残らず御前に参列します。御作事方職員の晴れ舞台。殿から酒肴が振る舞われます。

主だった家臣の出勤が五ッ時から四ッ時（午前九時前後）頃だったのに対して、御作事方職員の朝は早かったようです。

「暁六ッ半出勤」。

「暁六ッ」は「明六ッ時」のこと。午前六時から八時の間の二時間を指します。「半」は一時間の意味なので、「暁六ッ半」は午前七時頃です。

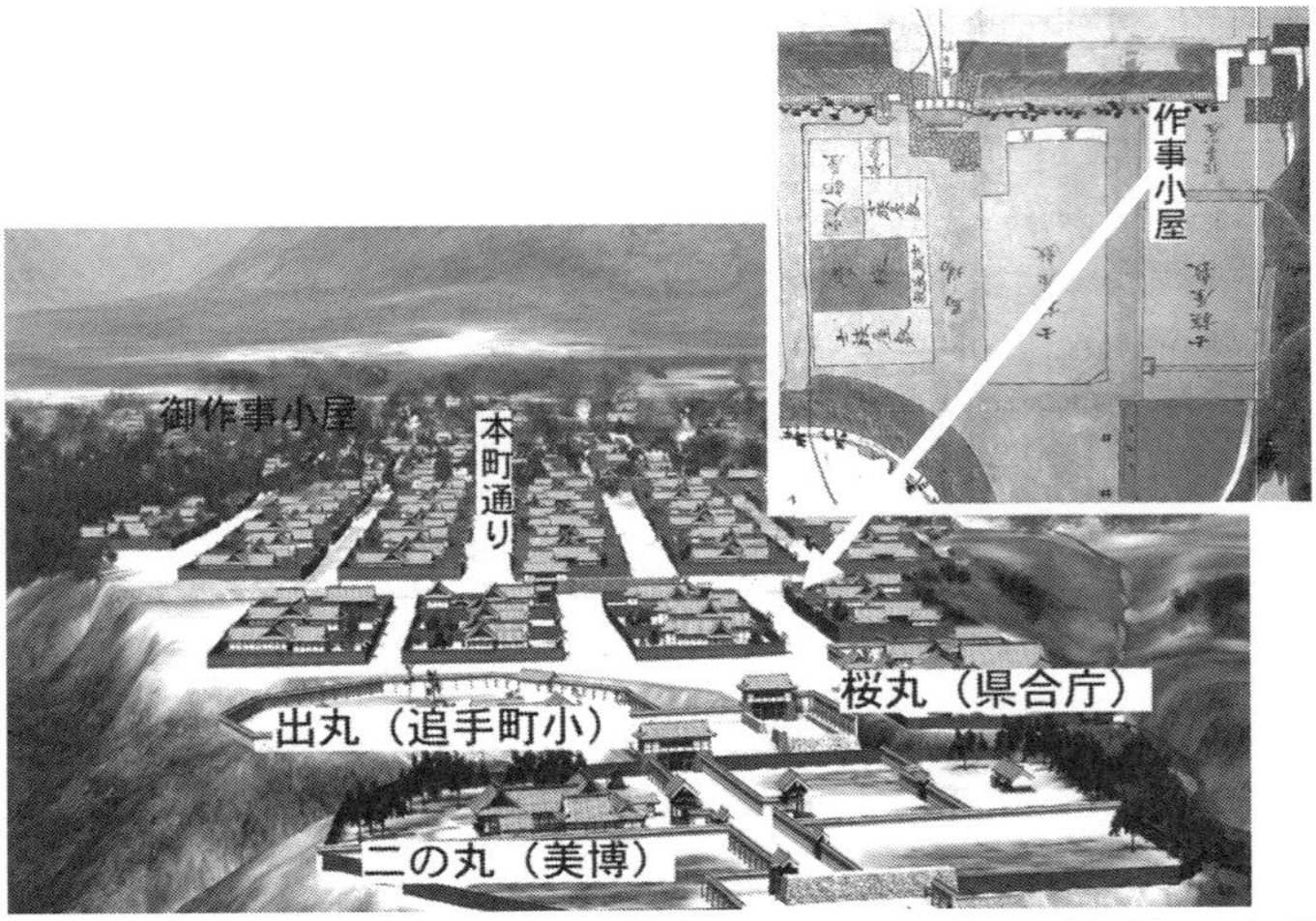

作事小屋　飯田城復元イラストに「飯田城外廓開墾之図」（右上）を合成（ともに飯田市美術博物館蔵）
図上方が銀座通り。作事小屋は不明門の東側(現主税町付近)にあった。

ただ、江戸時代は不定時法で、日の出の三〇分ほど前の時刻を「六ッ時」と定めました。夏の飯田は午前四時半頃に日の出ですから、「暁六ッ半罷出」は「午前五時出勤」ということになります。

この時間に城内をうろうろしている役人は、さすがに少ない。「御料理方」や「御賄方」、「会所方」くらいです。みんな顔見知り。挨拶を交わしつつ事務所に急ぎます。

朝五時から夕六時過ぎが勤務時間

城でなく事務所と書いたのには理由があります。御作事方の勤務場所は桜丸御殿や会所ではなく、「御作事小屋」だったからです。現在の場所でいうと、銀座通りと主税町が交わるあたりの北東です。「不明門」近くにありました。倉庫（「八間蔵」）もあり、その半分を御作事方が利用していました。

職人や日雇いの面々も、暁六ッ時半頃には小屋に集まってきます。

「おはようございます」

「おはようさん」

挨拶の声とともに、町が目覚めていきます。最初に行うのは、集合した職人や日雇いの点呼。出勤すると、ボードにかけてある名札を裏返す方式だったようです。職員はそれを確認し、出勤簿に記入します。ひと月ごとに出勤簿を締め、労賃を支払うためです。

次に「諸職人ならびに出人共それぞれへ役割つかまつる」。つまり一人ひとりにその日の仕事を割り振ります。前日夕方、工事の進捗状況を確認し、次の日の職人の配置表を作成したのでしょう。大所帯の上に、さまざまな立場の労働者を束ねる部署です。無駄なく効率的に仕事を割り振るのは、相当に神経をすり減らす作業。一にも二にも「段取り命」が合い言葉の職場なのです。

かくして作業開始。

御作事方職員は、午前中は事務所に詰め、「致し方差図」、つまりあれこれと指導します。そして、昼食のため一旦帰宅。そして食事が済み次第、直ちに再出勤（「九ッ時〈正午〉食事ニ相引、即刻罷出」）。

仕事が楽しくて楽しくて仕方ないから、食事もそこそこに事務所に駆け戻るのかどうかはわかりませんが、とにかく「即刻」再出勤です。

午後は七ッ半時に職人や日雇いが退出します。彼らを見送り、ようやく帰宅です。近世では、「明六ッ」

同様、日没時間を「暮六ッ」と定めていました。詳しい説明は省きますが、「七ッ半」はそれより一時間ほど前の時刻です。夏至の頃の飯田の日没が十九時少し過ぎですから、夕方六時ころに職人や日雇いを見送り、その後翌日の勤務表を作成し、ようやく帰路に着く生活です。

朝五時から夕六時過ぎまで。冬至頃なら、朝七時半出勤、夕四時過ぎ退所という感じです。職人やアルバイトの給料は日当制だったようなので、寒いとはいえ勤務時間が短くなる冬はラッキーかな？

御作事方は、町や村に住む職人を手伝いとして雇うことができました。月一日、年一二日間です。正月から七月までは七ッ時上がり、八月から十二月は七ッ半時上がりでした。下半期の方が、労働時間が一時間長かったわけです。

村の職人は年間を通じて七ッ時上がり。町の職人に比べ、下半期だけですが、働く時間が一時間短い。これは、作事小屋までの通勤距離が長かったからかもしれません。

自宅修繕はできるだけ自力で

藩士の屋敷は、藩からのレンタルでした。修復は御作事方が担当します。「御作事方勤向書上」の中の「家中屋敷（藩士の屋敷のこと）修繕」の規定が面白いので引用しましょう。

一　朽ち木や屋根にかかる木を伐採したいと思ったら、目付に申し出よ。御作事方と下目付で見分（調査）に行く。役に立つ（有用な）木なら御作事方が伐採し利用する。役に立たない木ならその場で伐って処分するなかなか、シビアです。

一　台風や大雨で屋敷が大破し、自力での修理が不可能な場合は吟味方に申し出よ。見分し、評議を行って、妥当な申告なら御作事方に修復を命じる

これまた、シビア。財政難の飯田藩。「少々の破損は自力で直せ」の方針です。不思議なのは、木が倒れたり邪魔になる場合は御作事方対応ですが、竹に関わる案件は「御山方」が対応することです。

職人たちの差配に苦労する御作事方

御作事方は、記録に残さなければならない事項が多い職場です。職人の日々の出勤状態や仕事の進捗状況はもちろんですが、必要物資の調達経緯、金銭の支払いなど、項目は多岐にわたります。こうした情報を整理・分類・記録・保存するために、「御作事帳附役」（記録作成係）二名がおかれていました。終日作事小屋に詰めます。もちろん彼らも「九時昼飯ニ罷帰、即刻罷出」です。「有能な事務職員がいる会社は繁盛する」の諺通り、御作事方の「その日その日」は、彼らの手腕にかかっていました。

しかし、帳附役は気の毒です。夕方、作事小屋を戸締まりしてからが大変だからです。その日使ったり、持ち出した道具や材料を点検した上で、作業の進捗状況を細かく記した日録を作成しなければなりません。これを「御倹約目付」・「下御目付」に提出し、印をもらうきまりでした。大きな資金や

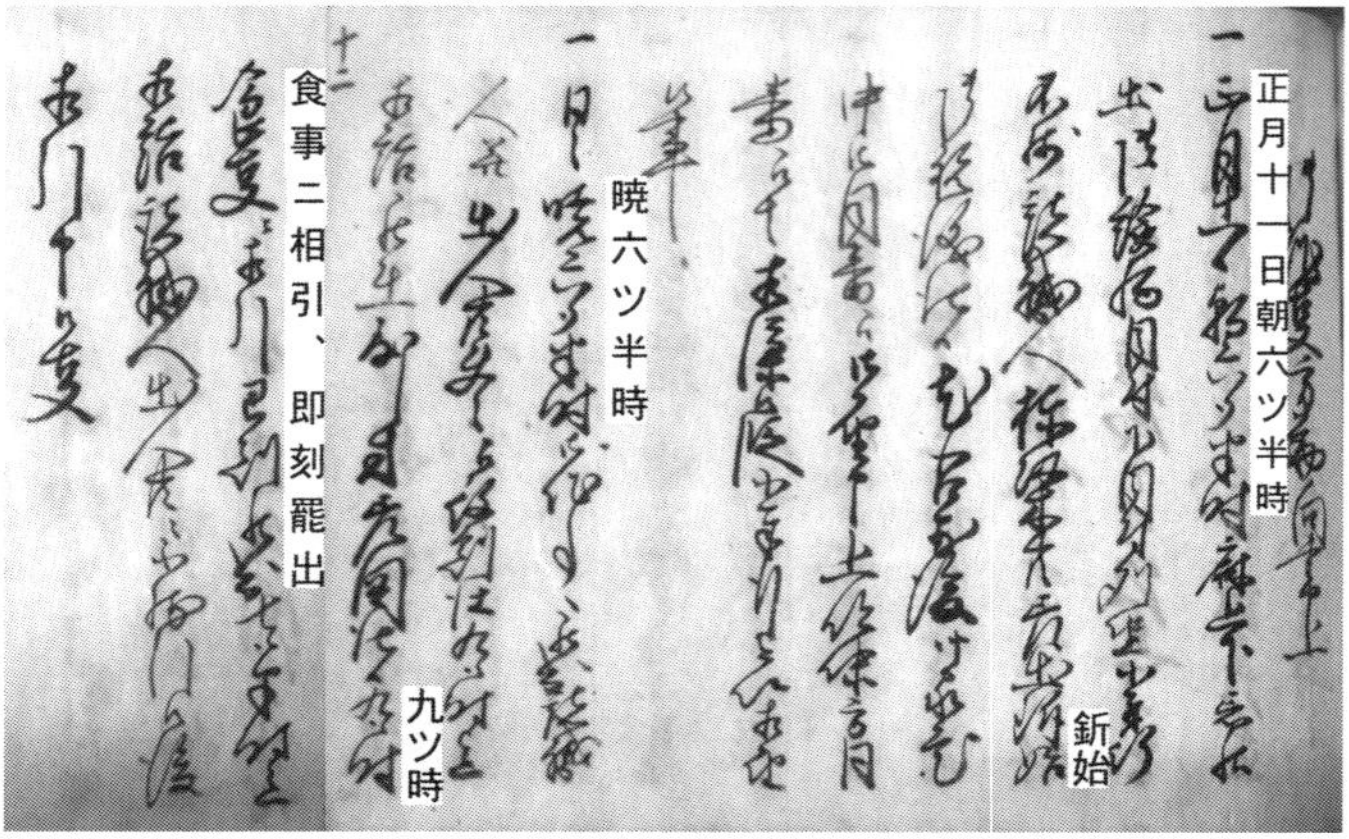

「御作事方勤向書上」（飯田市歴史研究所蔵）に加筆
　儀式や日々の勤務時間・仕事内容が詳しく記されており、城と城下町がどのようにメンテナンスされていたかよくわかる。職員や直属の職人だけでなく、日雇いの募集方法なども書かれており、貴重な史料である。

たくさんの資材が動く部署ゆえの、不正やミスを防ぐ知恵ですが、出勤が早い上、帰宅も遅くなります。彼らの家庭での居場所が気になります。

そもそも、御作事方は、常時雇っている職人（「御抱え職人」）の数の多いことが特徴です。

一　大勢の様々な分野の職人がおり、必要な資材もいろいろだ。棟梁たちがあれこれ申し出てくるので、御作事帳附役は、どんな様子か聞き取り、御作事奉行に伝え指示を仰ぐこと

とあります。

棟梁たちも、個性豊かな職人を束ねなければならないので必死です。時に強引な「申し出」も出てきます。根気よく向かい合い、話を聞き、意を汲む姿勢を示す。ストレスと気づかれの日々。缶コーヒーでもあれば差し入れしたい気持ちです。「BOSS」がいいかな？　いや、この名前は逆に落ち込むかな……。

本屋さんや図書館で手に取ることができる歴史の本の中に、棟梁や職人の名前はまず出てきません。

当然です。でも彼らの生きる姿は、私たちによく似ていませんか。こうした「名もない人々」こそが、歴史を、社会を担ってきたのです。

御作事方で必要とする基本的な物資は、村々から調達します。縄・籾糠は隔年で。屋根板は「御山方」が作り蔵に入れておきます。必要な時に蔵から受け取ります。藁は、九月から十月にかけ、出丸（現追手町小学校）の「御蔵」に収納し、御作事方へも必要な分を渡すことになっていました。ただ、無駄遣いはできません。「下目付勤方書上」には、

一　（下目付は）五日を四人で担当する勤務シフトを組み、御作事方に出向くこと。お抱えの職人やバイトが出勤するのを見届け、印を打つこと。

一　木挽板・屋根板木・猿竹縄・藁・筵・釘品々・鉄類・鍛冶炭・畳表類・縁類・糸・石灰・海苔は、支払いの様子を見届け、印を打つこと。

財政緊縮を第一とする役人（「下目付」）と、金銭度外視で良いものを作りたい棟梁たち。丸く収まる職場であろうはずがありません。日々「棟梁たちがあれこれ申し出てくる」光景が目に浮かびます。滝田宗蔵御作事奉行の「その日その日」。これは十分ドラマになります。

御作事方は普請ばかりでなく、さまざまな物をつくる

御作事方というと、大規模な普請や修繕を専門とする部署のように見られがちです。確かに、御殿

や寺院、橋梁などの普請・修復は御作事方でなければ務まらない業務です。災害などにともなう、緊急の普請や修復業務も同様です。ただ、それだけではなく、氷餅や蓮餅を配送する容器を製作したり、煤払いなどに使う清掃用具を作って手渡したりもしています。

（御作事方は）草履・草ほうき・ぼんぼり・しない竹・雑巾・棕櫚箒などを作成して納めること（「西御部屋勤向書上」）

とあります。

強面な棟梁たちもいますが、多芸で個性豊かな職人が集うオモシロ空間だったのかもしれません。史料を読みながら、ふっと感じたことがあります。

「あのテレビ番組とあの主題歌、教えてあげたいなあ」。

そう、「プロジェクトX」と中島みゆきの「地上の星」。

棟梁、号泣間違いなしです。

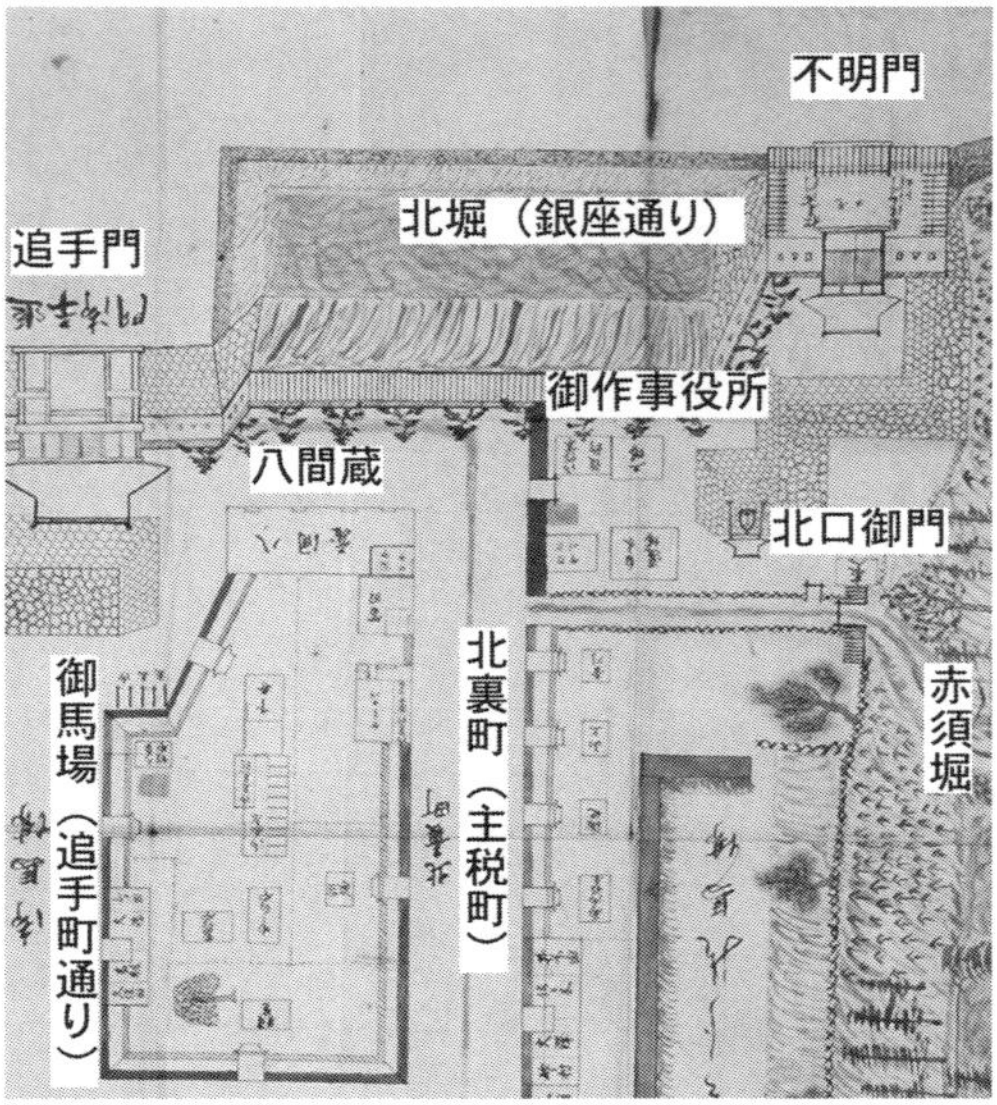

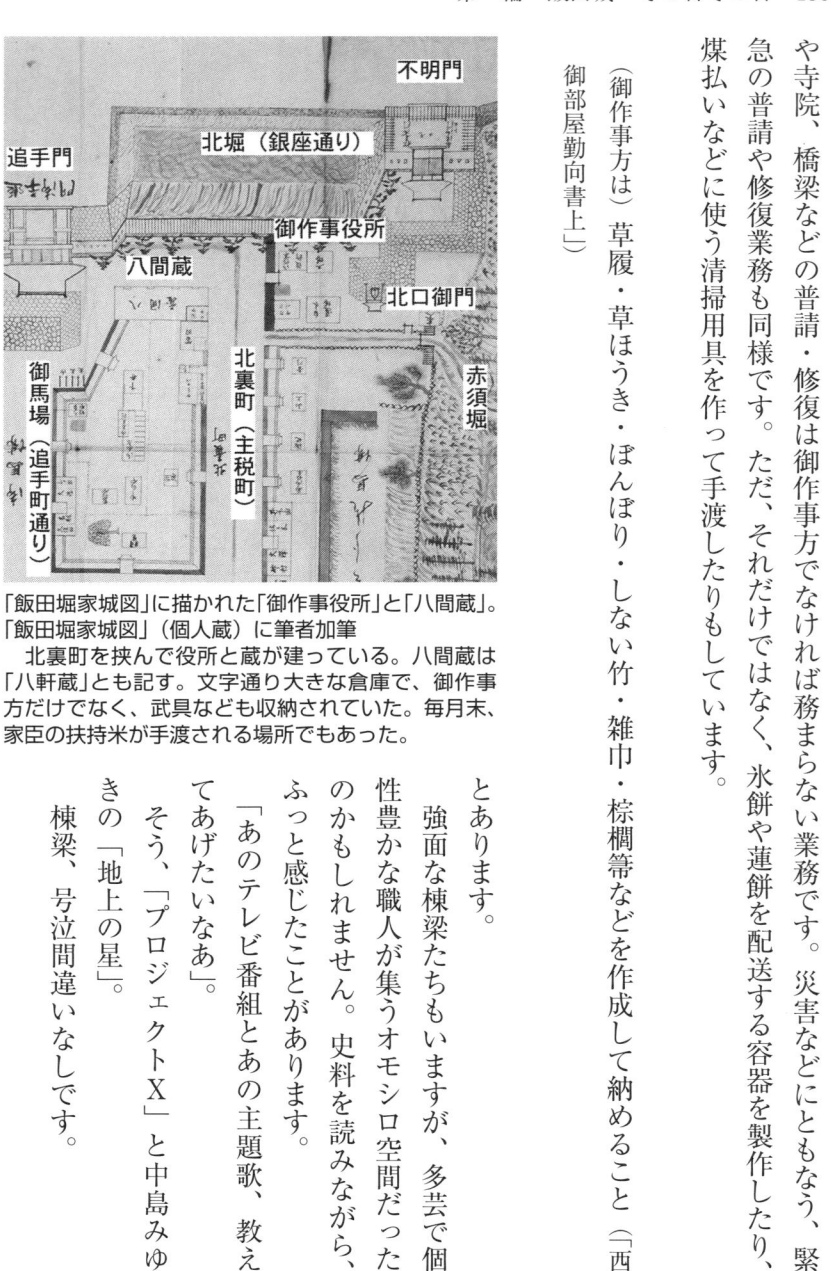

「飯田堀家城図」に描かれた「御作事役所」と「八間蔵」。「飯田堀家城図」（個人蔵）に筆者加筆
北裏町を挟んで役所と蔵が建っている。八間蔵は「八軒蔵」とも記す。文字通り大きな倉庫で、御作事方だけでなく、武具なども収納されていた。毎月末、家臣の扶持米が手渡される場所でもあった。

閑話休題。

「えっ」と驚いた任務があります。

一　家臣がお叱りを受け、閉門になった場合は、下目付が自宅に連れ帰るが、その時に「御作事大工」を召し連れ、門〆させること（「御目付方勤」）

門に板を×印に打ち付ける様子、時代劇で見ます。あれです。この作業にも御作事方出動。今度テレビでこの場面を見たら、思い出してください。

というわけで、御作事方は、慢性的に人手不足だったようです。

村や町に住む職人（藩が雇用している「お抱え職人」とは違う立場の職人。自営職人とでもいいましょう）は、月一回ずつ御作事小屋に出勤することが義務づけられていました。暁六ッ半時から夕七ッ時までです（町職人は七ッ半時まで）。

日当は米一升五合。出勤しない者には出不足金（一回五〇文）が課せられました。一文は現在のお金で二五円ほどです。毎年九月、棟梁たちが出不足金を集金し、御作事方に納入します。今でも地区で行う河川清掃など、似たようなことをやっています。

職人たちを雇うのは町下代

不足する人数は、「日雇い」というかたちで集めました。町人だけでなく農民も応募できます。

「日雇い」の募集や指導は、御作事方が直接差配せず、町奉行支配下の「町下代」が請負います。御作事方から町奉行や郡方の役人に「日雇札」が配られ、それを「町下代」が受け取り「日雇い」労働者を雇用したようです。

一　日雇札は町下代に渡し置き、日雇いが必要になったら、人数を定めて募集する（「郡方勤向書上」）

とあります。

詳しいことはわかりませんが、「町下代」は、早朝、仕事をもとめて御作事小屋や工事現場に集まる者たちに声をかけ、札を配り、働かせたのでしょう。

あるいは、御作事小屋や町会所の前に求人票を掲示したのかもしれません。仕事を求めるものは、そこに行けば日雇札を受け取れる仕組みだったとも考えられます。

町手代のもとに「日雇頭」という人物がいました。「日雇い」の日当も決まっていました。

一　労働者は、毎日「日雇頭」を使って集めること。日当は一人銭六四文・米五合。ただし、五月と九月は銭六十四文・米七合五勺（「御町下代勤方書上」）

主食の米は支給されているので、銭六四文は小遣いということになります。そば一杯一六文という時代です。六四文が今のお金に換算するとどれくらいかは、みなさん想像してください。いずれにせよ、飯田藩では十八世紀の終わり、相当整った日雇い制度が出来ていたということになります。

ひと月毎に帳簿を締め、雇った人数を吟味方に報告し、藩から労賃を手形で受け取り、支給します。「日雇頭」は町方で選出し、その手当は年米二俵。日雇いした人数は町の庄屋たちにも知らせ、帳面に印をもらいます。

大手の業者が直接労働者を雇用せず、下請けの部署や会社が人集めをするという形は、今に通じます。下請けの下に「孫請け」があったかどうかはわかりませんが、江戸という時代は、刀や槍、「武士」のイメージを一旦横に置いてみれば、今とたいして違わない社会なのです。

四、殿、江戸へ

飯田藩の参勤交代は甲州街道を利用

「そなた、江戸に行きとうはないか?」

新緑の美しい風越山麓の山行きを楽しんだ殿が、額の汗を拭いながら、こう言いました。

「行きたい気持ちは山々ですが、先立つものがなく……」

「心配はいらぬ。長きにわたる連載ご苦労じゃった。おかげでわしも飯田藩も随分メジャーになった。このたびは招待じゃ。江戸藩邸の者らも、そなたに会いたがっておる」

江戸は、あの会所取材以来、ずっとあこがれている地。しかも招待で行けるとなれば、断わる理由はありません。

「お許しいただけるなら、是非とも」

「わしはひと月後には江戸に発つ。準備するがよい」

「ありがたいお言葉。江戸で活躍する殿の姿をしっかり伝えましょう」

「いやいや、殿は国元だから殿なのじゃよ。国元ではちやほやされるが、江戸に行けば小さい小さい存在。孤独じゃ。だが、そのあたりも書いてもらいたいと思うておる」

普段は偉ぶっている殿の横顔に、少し翳りが浮かぶのを、私は見逃しませんでした。

というわけで、舞台は突然、参勤交代「殿、江戸入り」当日に飛びます。

飯田藩の参勤交代　「江戸入り」当日の動き
　飯田藩主は、参勤交代に甲州街道を利用した。６泊７日の行程。「江戸入り」当日は、早朝府中を発ち、下高井戸などで小休憩し、「荻久保」で正装に着替え，内藤新宿を目指すことが多かったようである。

　飯田から東京に向かう場合、玄関口は新宿です。江戸時代も同じ。甲州道中を利用して参府する飯田藩の行列も、新宿（当時は「内藤新宿」）から江戸城下に歩を進めました。内藤新宿は、現在の新宿一〜三丁目あたりです。東西約一キロメートル。本陣・脇本陣は一定しませんが、旅籠屋が五〇ほど。家数は七百軒近い繁華街でした。飯田藩は府中（東京都府中市）に前泊、江戸入り当日は高井戸から内藤新宿を経て上屋敷に向かいました。

甲州街道の荻久保

　文政五（一八二二）年の『甲州道御道中覚』は、飯田藩の参府の記録です。永井辰雄氏が『伊那』で紹介しています。殿は十代堀親寚（ちかしげ）。この時は、下高井戸→荻久保小休止（着替え）→内藤新宿着の行程でした。

　『下伊那史』第八巻所収の「御参府覚書」は、嘉永元（一八四八）年の江戸行きの史料です。高井戸→「荻久保茶屋」→内藤新宿のルートで江戸に入りました。

　甲州道中は、高井戸から笹塚、幡ケ谷、初台、内藤新宿と東進します。バスタ新宿に向かう高速バスを思い出してください。窓外にこうした地名が次々に現れてきます。殿もその道を進んだわけです。歴史を追体験する歓びが、ちょっとしたバス旅でも味わえます。嬉しくなります。

小休止する「荻久保」が気になります。JR中央本線沿線の「荻窪」（現杉並区荻窪）のことでしょうか。もしもそうだとすると、この「荻窪」は青梅街道沿いですから、一行は、甲州道中から青梅街道へ進み新宿を目指したことになります。相当な遠回り。甲州道中に「荻久保」があったと考える方が自然です。

ヒントは『新修世田谷区史』上巻にありました。「風に靡かぬ幡ヶ谷に、色も替らぬ笹塚と、荻久保過ぎて代田橋」という戯れ歌が紹介されています（一二一頁）。甲州道中笹塚・代田橋間に「荻久保」という地籍があったのです。『杉並区史』も「甲州街道は幡ヶ谷村・代田村などに隣接する和田村の南端小名荻久保の南境を通る」（四一七頁）と記しています。飯田藩の行列は、府中を出ると甲州道中をそのまま東に向かい、荻久保の「茶屋」で休息し、内藤新宿を目指したと考えてよいでしょう。

私が「荻久保」にこだわるのは、文政五年の場合、ここで小休止し、衣装を着替えているからです。江戸入りの正装に改めています。

殿は国元では唯一無二の主君ですが、江戸では、あまたいる大名たちの中の一人に過ぎません。あくまで将軍の家来です。「装束を改める」とは、「国元の主君の顔」から「江戸向きの顔」へと変わらねばならない時が近づいてきたことを意味します。「殿、江戸入り」の「覚悟」を作る「荻久保茶屋」、なんとしても探し出して訪ねてみたいものです。

私たちが日頃手にする歴史の本は、「戦さ」「統治」「年貢」といった難しいことはいっぱい書いてありますが、こういう素朴な疑問・興味には答えてくれません。「小さな驚きこそ、大きな発見の第一歩」なのです。

内藤新宿は大名行列解団の場所であり、地廻り御供立て行列発進の場所

大名行列は、もともとは戦地に赴く軍旅でした。この考えは、泰平の世でも変わりません。戦装束での移動が大原則です。

逆に言うと、戦装束を解き平時の服装に戻る場面は、軍旅の終了を意味します。具体的に言えば、「お召し替えして裃を着す」（文政五年『甲州道御道中覚』）ことです。私が文政五（一八二二）年の参府で「召し替え」の場とされた「荻久保茶屋」にこだわったのは、そのためです。

ただ、飯田藩の場合、いつも「荻久保茶屋着替え」だったわけではありません。右の『甲州道御道中覚』に、

先年は内藤新宿より四谷塩丁長善寺まで惣御供、長善寺にて御召し替え、御上下を召る

とあります。

長善寺は曹洞宗の寺院で、別名「笹寺」と言います。四谷付近では最古の寺院の一つ。江戸詰め藩士の日記（柳田家文書『曲廬日記』飯田市美術博物館蔵）に、「笹寺へ殿を迎えに出向く」とあります。「殿、江戸入り」にとっては、長善寺が「荻久保茶屋」と並ぶ重要な場所だったということになります。年

長善寺（笹寺）（著者撮影）

によって着替えの場所が変わる理由はわかりませんが、この二地点が殿の江戸生活のスタートにあたって、見逃せないポイントだったことは確かです。

内藤新宿にも大きな役割がありました。

多分、ここは飯田から出向いた行列を解団する場だったと思います。文政五年の場合、

一、当駅（新宿）より立ち帰りの面々、御本陣え罷り出で、御目見えこれあり

一、当駅より立ち帰りの面々、別段御立ちの節は罷り出でず、当日当駅止宿、翌日より七日にて帰り候

とあります。

殿を江戸に送り、その足ですぐ飯田に戻る家臣は、ここで殿に「いとま」を告げ、一泊して飯田に帰ったということです。「ちょっとそこまでお見送り」の「ちょっとそこまで」の任務がようやく終わるわけです。

一方、

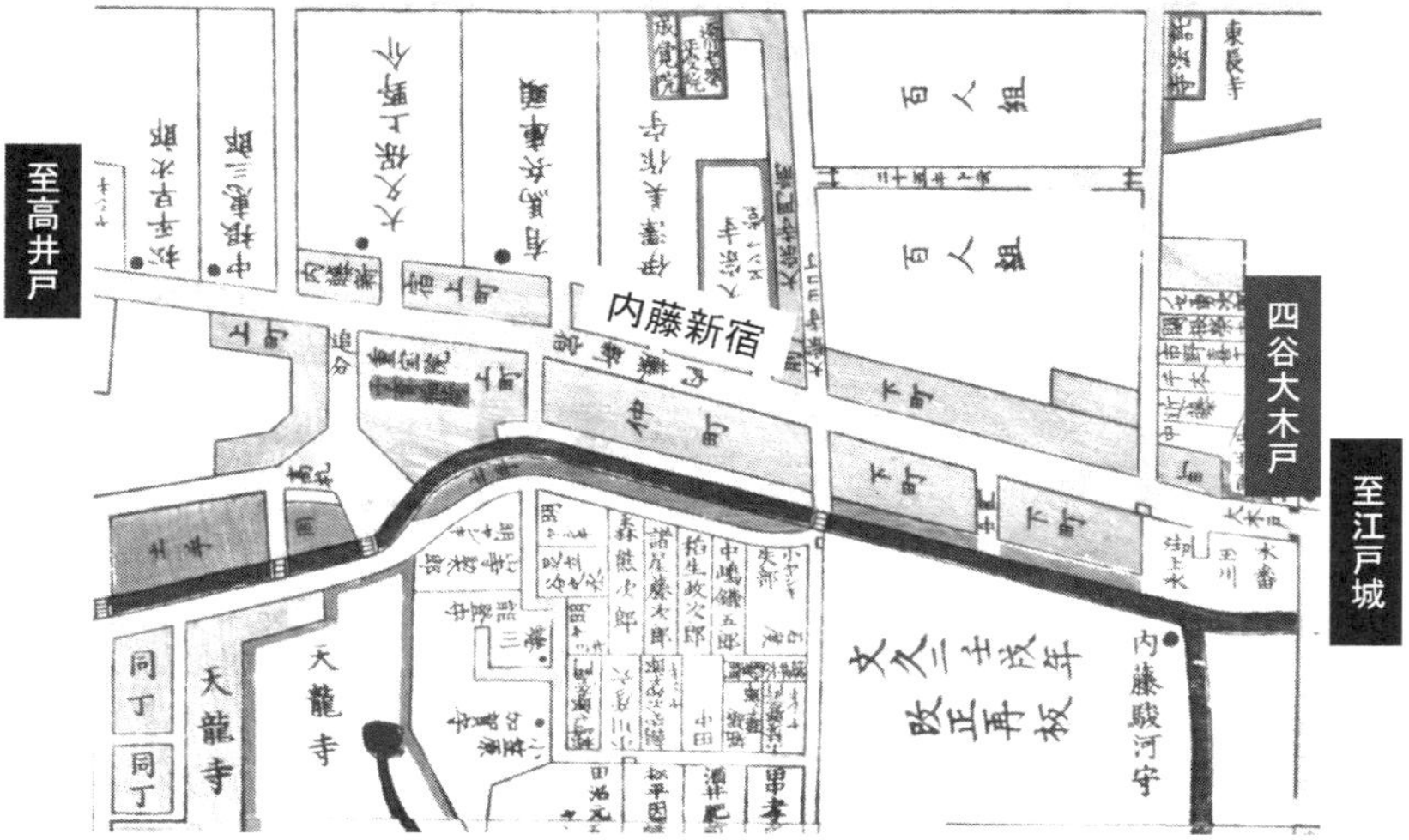

内藤新宿の街並み
　景山致恭，戸松昌訓，井山能知 // 編『〔江戸切絵図〕』内藤新宿千駄ヶ谷絵図，尾張屋清七，嘉永２－文久2(１８４９－１８６２)刊．国立国会図書館デジタルコレクション https://dl.ndl.go.jp/pid/1286669 (参照 2024-08-29) を著者が加工して作成(以下、本書掲載の『〔江戸切絵図〕』書誌情報は上記に準ずる)。

『江戸名所図会』に描かれた四ツ谷大木戸

一、新宿まで御留守居御迎えに罷り出る

とあります。「御留守居」（藩邸詰めの家臣たち）が、「殿、お出迎え」に駆けつけるということです。つまり、内藤新宿という宿場で、行列のメンバーの多くが入れ替わるわけです。「行列の再編成」というほうが適切かもしれません。

さらに、新宿で行列を二つに分けます。

大名行列といえば槍や建弓、長刀などをかざす奴（やっこ）が欠かせないわけですが、「奴部隊」は「御取次」の指示で上屋敷に直行させます。ちなみに、十九世紀初め頃の飯田藩上屋敷は、鍛冶橋（現東京駅付近）にありました。

新宿で新たに仕立てるもうひとつの行列のことを、「地廻り御供立て」といいます。「地廻り御供」は江戸藩邸詰めの役人や、江戸で雇った奉公人のことでしょう。この行列（部隊）は、「奴部隊」とは別行動をとります。「道中奉行」が付き添います。さて、殿はどちらの行列にいるのでしょう？

「地廻り御供立て」の中にいます。

では、この部隊の目的地は？

一、当駅より地廻り御供立てて御発駕、御老中様方へ御廻勤これあり

つまり、老中屋敷です。

帰国途上、殿じきじき老中邸に帰国の挨拶に立ち寄るという意味です。狭い駕籠の中での長旅です、殿もさぞ疲れているでしょう。藩邸に直行したいところですが、上司への細かな気配りが最優先。「国元にいれば殿は殿じゃが、江戸では違う」という、殿のあの言葉を思い出します。

挨拶を済ませ、ようやく藩邸に向かいます。

江戸入り当日に老中邸を必ず訪れるとは限りませんが、一般的にはどの大名も藩邸に入る前に、老中の屋敷を訪ねたようです。

目的は？

土産を届け、「日時」の指示を受けるためだったと思います。

「日時」の指示って何？

江戸城へ登る日時の指示です。江戸に戻った殿は、数日のうちに、「無事江戸に到着したこと」と「参勤交代の御礼」を将軍に述べるために、江戸城に出向かねばならなかったのです。献上品を抱えての登城。『耳目抄』によれば、飯田藩の場合は到着後一〇日ほどしての登城が多かったようです。

江戸城の内と外を区切る境界施設が木戸

「殿、まもなく四谷の大木戸を通過いたします」

老中邸を目指す一行の背を、少し西に傾きかけた陽が照らしています。

裃装束に「お色直し」した殿が、駕籠の中で小さく頷きながら、ぽつんとツイート。

「いよいよ江戸じゃな。負けてなるものか……」

四谷大木戸跡の碑（著者撮影）

もちろん、その姿は誰にも見せません。

四谷大木戸は、甲州道中を利用する人と物を取り締まるために幕府が設けた施設です。新宿区四丁目交差点あたり。四谷区民センター東側に碑が立っています。

大木戸は、外堀まで含めた広い意味での、「江戸城」の内と外を区切る境界の施設です。東海道は高輪、中山道は板橋に木戸がありました。夜になると木戸を閉め、往来を制限します。

飯田でいえば桜町の大木戸、愛宕坂の木戸がこれです。ここが、広い意味での飯田城と城外との境界です。

四谷大木戸の場合、木戸は十八世紀末には撤去されましたが、地名が残りました。その後も、この場所を通過してはじめて、本当の意味で「江戸に入った」と感じた旅人は多かったはず。駕籠の中の殿も、きっとその一人です。

四谷見附付近（著者撮影）
枡形門の一部だった石垣が残る

大木戸を抜けてからのルートははっきりわかりませんが、甲州道中をさらに東へ向かったはずです。四谷見附、ここはJR四谷駅前。麹町を抜け、半蔵門に到着します。

半蔵門からは、その時期に飯田藩の上屋敷があった場所により進路が変わります。

「え、上屋敷っていつも同じところにあったんじゃないの？」

ごもっともな疑問。これはのちほど。

十八世紀終わり頃の飯田藩の上屋敷は、鍛冶橋にありました。東京駅の構内から西側（東京国際フォー

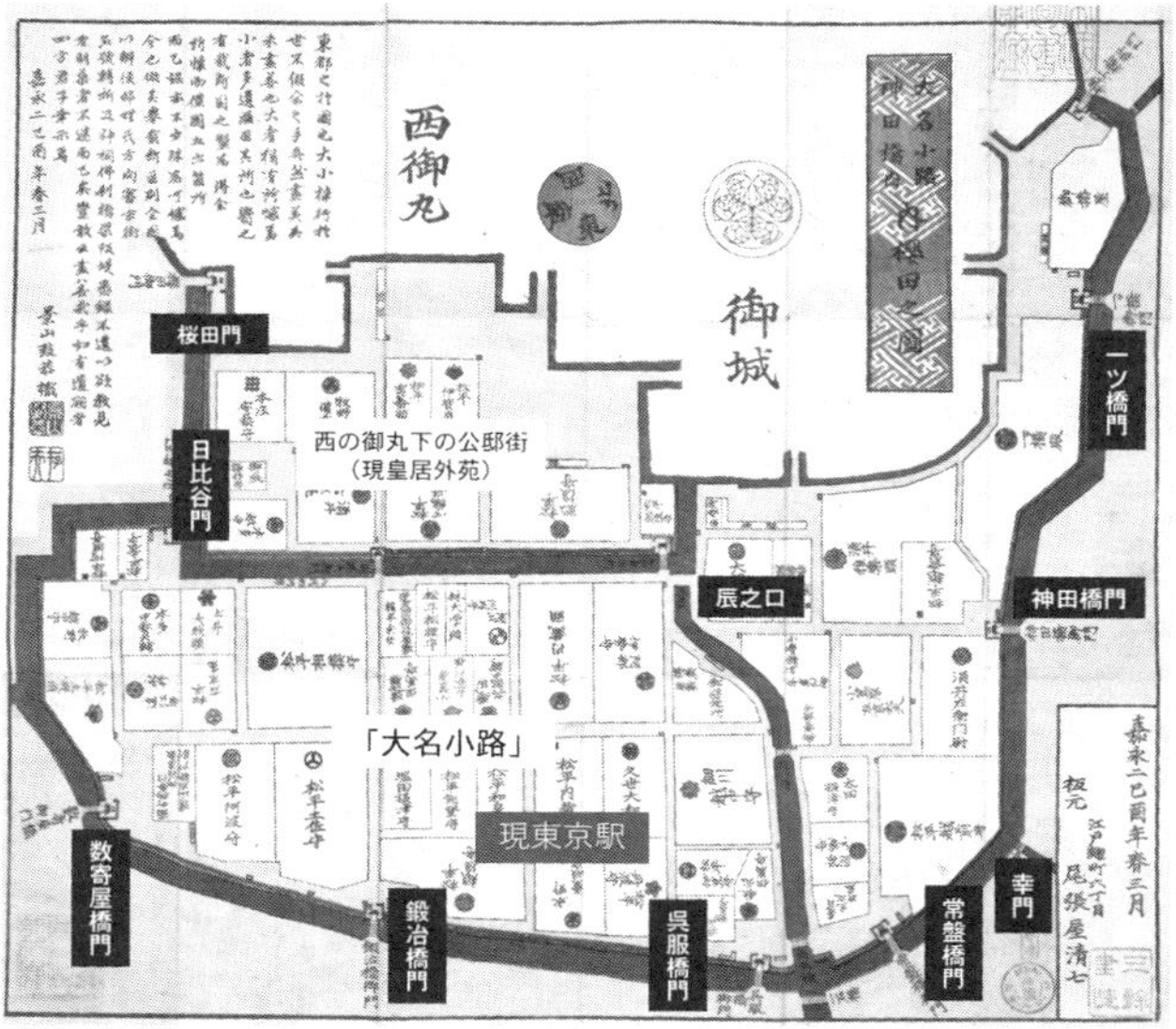

江戸城を取りまく御門。皇居外苑付近は「西の御丸下」と呼ばれ、老中などの公邸があった。ここから東京駅付近にかけ大名屋敷が並び、「大名小路」と呼ばれた（『〔江戸切絵図〕』御江戸大名小路絵図，国立国会図書館デジタルコレクション https://dl.ndl.go.jp/pid/1286656（参照 2024-08-29）を著者が加工して作成）。

右航空写真は国土地理院電子国土web（https://maps.gsi.go.jp/#15/35.686459/139.765384/&base=ort&ls=ort&disp=1&vs=c1g1j0h0k0l0u0t0z0r0s0m0f1）をもとに著者が加工して作成。

ラム付近）です。皇居外苑にまでつながる広大な敷地に、多くの大名が上屋敷を構えていたので、「大名小路」と呼ばれた場所です。

甲州道中は、半蔵門で右折、巨大な江戸城（現皇居）を左手にみながら南下します。現在の内堀通りです。日比谷で左折、北上、大名小路の東側を通過し、大手町を右折、終点日本橋に至ります。飯田藩の藩邸直行部隊は鍛冶橋門で左折し、藩邸に入ったのでしょう。

緊張の老中邸への挨拶回り

新宿（あるいは四谷笹寺）で分かれた殿一行は、老中邸を目指して進みます。文政五年は、阿部備中守正精、大久保加賀守忠真、水野出羽守忠成らが老中でした。この日のうちに挨拶回りを済ますことができたかどうかはわかりませんが、老中邸を目指したことは確かです。

桜田門までは藩邸直行部隊と同じ道を進み、ここで左折した可能性があります。あるいは日比谷御門、数寄屋橋御門で左折かもしれません。あくまで推定ですが、藩邸直行部隊より手前で左折し、城内に入った気がします。

「そんなこと、なぜ分かるの？」

老中や若年寄に就任すると、たいがいの大名が、江戸城西の丸下に幕府が用意した屋敷に入ることになっていたからです。たとえば阿部正精は西の丸下、大久保忠真は辰の口南角、水野忠成は辰ノ口北角に居住していました。

ここは城に近く、通勤に便利な場所です。いわば老中公邸、若年寄公邸。今で言えば首相公邸のようなものです。十代堀親寚も若年寄時代から老中勝手掛時代にかけて住みました。ここに立ち寄るには日比谷門や数寄屋橋門が好都合なのです。

大名行列といえば「下に下に」か「よけろよけろ」のかけ声ですが、この場にいたればとんでもありません。しずしずと、じつに静かに屋敷門前へ。国元では経験することのない緊張感。駕籠を出て挨拶に臨む殿の背に夕陽。そして、冷や汗。

老中邸で到着挨拶を済ませ、ようやく上屋敷へ。

狭く、リクライニング機能のない駕籠での長時間の移動。殿がまたツイート。

「最悪〜!　クタクタじゃよ、ワシは」

もちろんこの姿は誰にも見せません。藩邸職員総出の出迎えに、疲れた顔など見せられないからです。どこまでも、あくまでも「殿、ご機嫌よくご到着」でなければならないのです。早く家族の顔が見たいところですが、さあ、宴会。

殿の長い長い一日は、まだ終わらないのです。

参勤交代に費やされた費用と時間は莫大

藩邸に入った殿は、当日夜、藩邸詰めの主な家臣の挨拶を受けます。酒宴。翌日は、多分二日酔い。

近習（殿の側近）のご機嫌伺いを受けると同時に、登城の準備に入ります。将軍に、江戸到着の挨拶と、参勤のお礼を述べるためです。

文化元（一八〇四）年は六月一日江戸着、十一日登城。文化七（一八一〇）年は六月二十五日江戸着、

七月一日登城でした。弘化五（一八四八）年は六月二日到着、登城は二十五日。少し時間があきました。理由はわかりません。

将軍への献上品を持参しての登城ですが、将軍だけでは済みません。老中・大目付・奥女中などへの献上品も持参します。いつの世にも、この気配りが人間関係の円滑化と藩の安寧、自らの栄達に直結します。国元では絶対に下げない頭を下げ、慣れないお世辞を言うのは楽しいものではありませんが、すべては藩と我が身の安泰のため。

「ここは、ひたすらに耐える殿に星三つ！」

とはいえ、さすがに読者の皆さんは、献上品を抱えて汗を拭き拭き、殿中を走り回る殿の姿は想像できません。「荷物持ちの家臣をずらり従えて城内をまわる殿」。そう思います。いや、そう思いたいところです。

しかし、現実はまったく違いました。それはまたのちほど。

松本藩の事例では、登城し、挨拶を済ませて藩邸に戻ったところで、ようやく妻や子との食事が実現したようです（『松本市史』第二巻歴史編Ⅱ）。将軍が「よう戻ったのう」と言わない限り、「殿、着府」とは認定されないのかもしれません。

「本当は帰ってきているのに、帰ってきていないことになっている」状態かな？

とすれば、「江戸を生きる」ということは、なんともややこしいことです。

ご近所の大名や親戚への「無事、着府」の挨拶も、登城を済ませた後です。「帰ってきてもいないのに挨拶回りかよ」などと難癖つけられたら大変。

数日かけてご近所の挨拶回り。土産には氷餅が大活躍したはず。さらに菩提寺（飯田藩堀家は渋谷の東江寺）に参詣。次に中屋敷・下屋敷へ出向き、職員慰労。

一連の帰国行事が済むまでに、松本藩の場合、二か月ほどかかったようです。

思い出すのは、飯田への帰国許可が出てから、帰国準備に二か月かけていたことです（**本書六九頁**）。

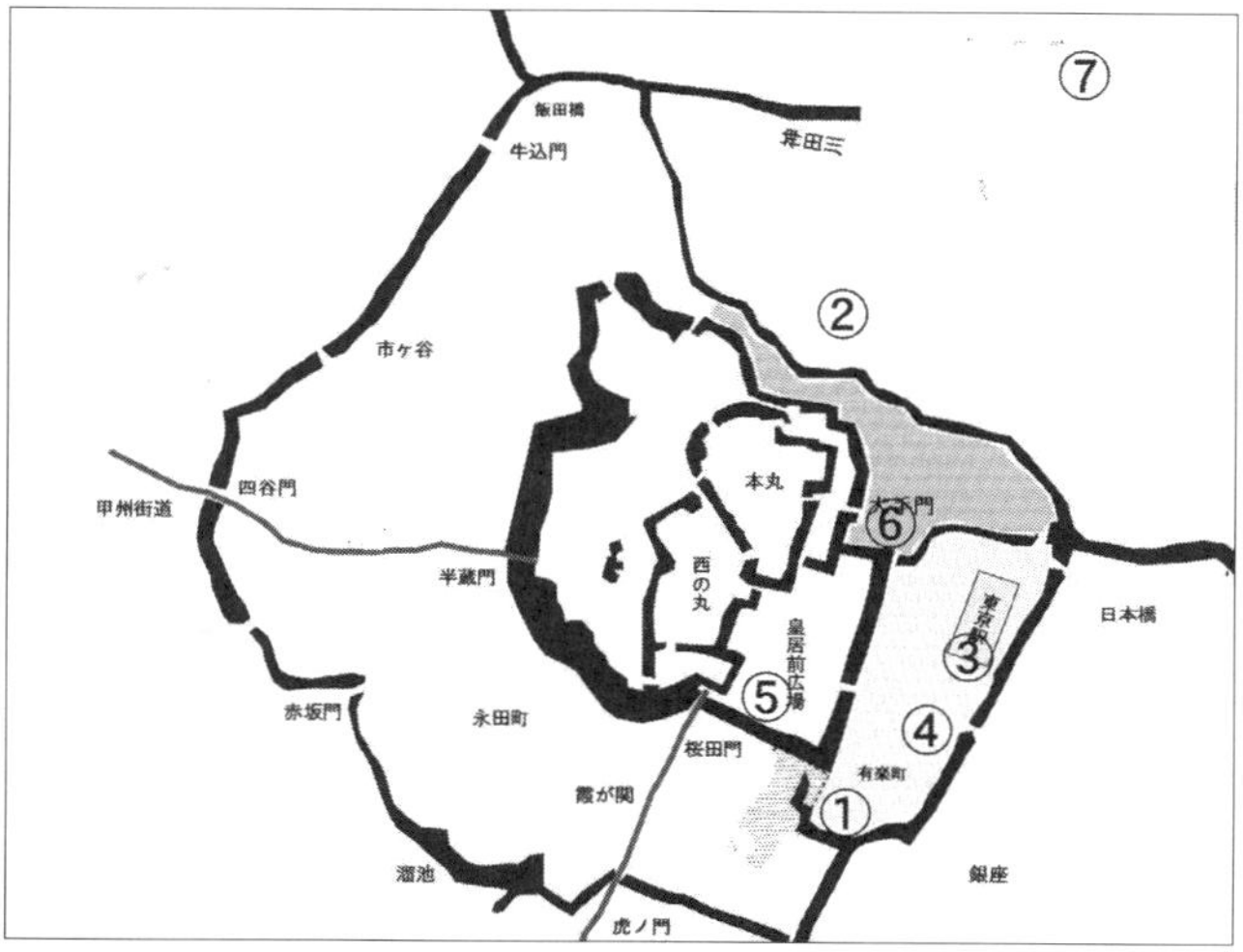

飯田藩上屋敷の変遷

①数寄屋橋（現有楽町）
↓
②雉子橋（一ツ橋門外）
↓
③呉服橋
↓
④鍛冶橋
↓
⑤西ノ丸（馬場先付近）
⑥西ノ丸（辰之口付近）
↓
⑦向柳原（浅草橋）

飯田藩上屋敷の変遷（表）と所在地図
上屋敷は、火災や藩主の昇進などにより移動した。

殿は五月に江戸に着き、翌年七月頃には飯田に向かいます。帰国挨拶に二か月、帰国準備に二か月とすると、一年のうち四か月が、参勤交代という儀式のつつがない遂行のために費やされていたということになります。しかも、毎年二〇〇〇両の旅費。一両一〇万円として二〇〇〇〇万円です（**本書九一頁**）。こんな行事が二〇〇年、当たり前のように続く社会とは。

世に時代劇ファンは多いでしょうが、このような「摩訶不思議な世界」はドラマや小説では絶対に描かれません。「飯田城　その日その日」、なかなか侮れない連載です。

閑話休題。

藩邸の話に入りましょう。

藩邸は大名個人の持ち物ではありません。藩士の家が藩主からの借りものなのと同様です（**本書一四七頁**）。「将軍が大名に貸している」というと身も蓋もないので、「大名に下賜している」（大名側から言えば「拝領屋敷」）と表現しますが、同じことです。持ち主は将軍です。

ですから、大名の意向とは関係なく、幕府の都合で屋敷の入れ替えが行われます。江戸の町は頻繁に火災が起こり、藩邸は類焼の憂き目に遭います。焼け出されれば、幕府が適当に斡旋する空き物件に入らなければなりません。老中や若年寄に就任すると公邸が与えられ、引っ越しです。

逆に、不祥事を起こすとか、失脚すれば没収です。「天保の改革」で大出世した十代堀親寚は、西の丸に上級屋敷を与えられましたが、改革失敗とともに没収でした。

拝領屋敷ですから勝手なリフォームもダメです。改修案を絵図面に認め、大目付に提出し許可を得ます。

殿の交際範囲は全国区

「そなた、飯田では食べられぬような品が届いておる。冷やで一杯飲ら（や）ぬか」

参府の挨拶回りもようやく一段落。夕陽射す縁側で、打ち水をする殿から「ちょっと一杯」の誘いを受けました。

気がつけば七月。新暦なら八月。暑さの盛りです。冷や酒とは風流、快くお受けしました。

「三輪そうめんやら、鰹やらが届いておる。北からは初鮭も届いたとか。上手い酒が飲めそうじゃ」

殿は上機嫌ですが、なぜそんな食材が藩邸では手に入るのか。これは絶好の取材チャンスです。

「みなウチの下屋敷の隣組からじゃよ。植村駿河守は大和（奈良）、山内遠江守は土佐（高知）、松平陸奥守は奥州（岩城）の殿さまじゃ。かれこれ二〇〇年の付き合いじゃ。ウチは先日、氷餅を届けてある。織田淡路守は旗本だが、親戚は大分じゃ。麦焼酎がうまい」

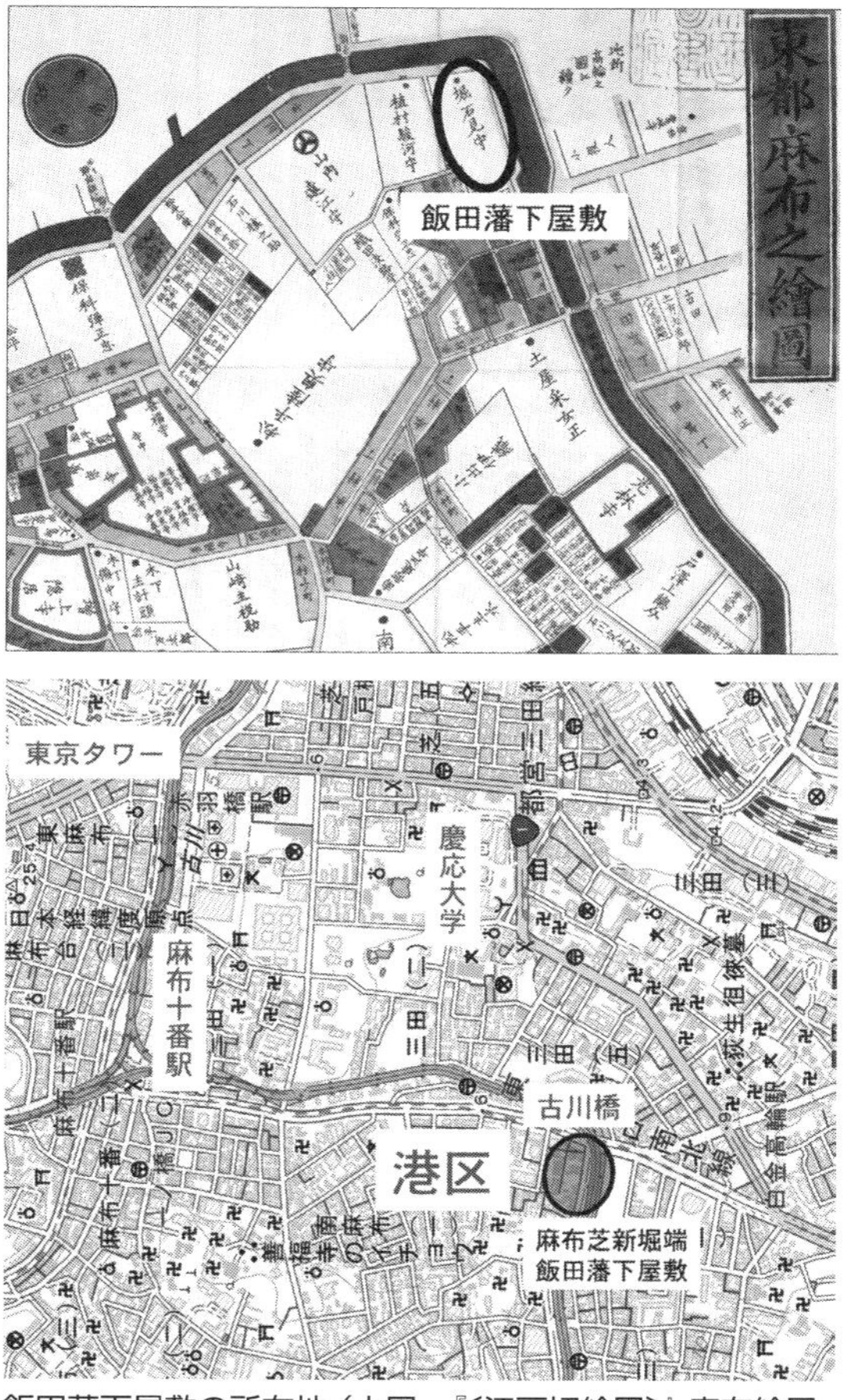

飯田藩下屋敷の所在地（上図　『〔江戸切絵図〕』麻布絵図，国立国会図書館デジタルコレクション https://dl.ndl.go.jp/pid/1286665（参照 2024-08-29）を著者が加工して作成）
現在の港区麻布２丁目古川橋付近にあたる（下図　国土地理院電子国土 web　https://maps.gsi.go.jp/#15/35.654768/139.742682/&base=std&ls=std&disp=1&vs=c1g1j0h0k0l0u0t0z0r0s0m0f1&d=m をもとに著者が加工して作成）。5000 坪。下屋敷には、藩士や藩邸勤めの者たちが住む長屋や、国元から送られてくる物資を貯蔵する蔵などがあった。

東北、四国、奈良、九州。いまはインターネットで各地の名産を簡単に取り寄せることができますが、江戸時代では無理です。なのに、殿はそんな郷土色豊かな品を、お隣さんからいただいているというのです。「すぐお隣が東北、すぐお隣が四国、すぐお隣が奈良、すぐお隣が九州か…」。殿の交際範囲は全国区。驚きます。

しかし、実は「江戸を生きる」とは、そういう〈異郷の人〉との交わり、〈異郷の文物〉の応酬を普通にこなすことなのです。今日言うところの「国際感覚」です。このセンスを身につけ、TPOに応じて振る舞うことが、藩主にとってはもちろん、江戸詰め藩士にとっても必須の教養なのです。飯田のことばかりを追っかけていては、殿も藩も、本当の姿を現してはくれません。

この連載をはじめる前に、飯田藩を取り上げた書物をたくさん読みましたが、「そういえば江戸で生きる殿や藩士の姿を取り上げたものはなかったな」と、気づきました。

「そなたを江戸に招いた意味がようやくわかったようじゃな。江戸藩邸を取り上げぬ飯田藩の歴史など、気の抜けた麦酒のようなものじゃ」

珍しく殿の言葉に納得しつつも、あれ？

江戸時代に麦酒なんて、あったかな？

殿は国元と江戸に二つの堅牢な屋敷が必要

藩邸の話が先走りました。

ここで「藩邸とは何か」、お話しておきましょう。

国元の飯田城を本社・本店とすれば、江戸の藩邸が支社・支店です。「飯田藩江戸出張所」といってよいかもしれません。

会社や役所には、たいがいそのような施設がありますから、大して珍しいことではないように思えますが、そう簡単ではありません。日中、事務仕事をこなせる程度のオフィスとは性格がまったく違うからです。参勤交代は、殿が一年おきに江戸と国元で暮らすということ。藩邸は、まず何はさておき、殿が江戸で快適・安全に生活できる施設でなければならないのです。

殿を守り、藩邸を切り盛りする家臣が何人も駐在しますし、彼らの暮らしを支える奉公人も多数雇わなければなりません。大名・旗本らＶＩＰも訪れます。藩邸は、藩の威信がかかる建物だったのです。市長や社長が一年毎に、しかも一年間住む屋敷が、東京にあると考えてみてください。マンションの一室、プレハブやビルの間借りで済むはずはありません。

教科書や辞典をひもとくと、「参勤交代は、大名が一年ごとに江戸と国元を往来する制度」とさらっと書いてありますが、つまりそれは、殿様は国元と江戸に二つ、堅牢な家を持たなければならないということなのです。私たちは一軒の家を建てることも維持することも大変なのに、です。

そして、建物の維持費だけでなく、交際費や、奉公人を雇う人件費。

「そなた、これが〈江戸の闇〉じゃ。詳しいことは里見浩太郎にでも聴くがよい」

「……」

とは言え、江戸藩邸はあくまで支社・支店ですから、本店である国元の施設ほど贅沢でなくてもよい気がします。しかし、そうはいきません。幕府は、大名の謀反を防ぐため、大名の妻子を江戸に住まわせ、人質としたからです。大事な妻や子どもを住まわせるとすれば、国元以上にしっかりした屋敷が必要になるのです。

一年おきに江戸と飯田を往復する旅費に加え、藩邸を維持する金。将軍や大名との交際費。都市の物価が高いのは、今も昔もかわりません。

どうやっても金持ちにはなれないというのが、殿さま稼業なのです。

世界最大都市江戸の七割が武家地

一口に「藩邸」と言いますが、大概は上屋敷・中屋敷・下屋敷で構成されていました。どれも基本的には将軍から下賜された借家です。大目付管理下にあり、勝手に修理や売買はできません。塀で囲まれ、自由な出入りは出来ない設えでした。一方、大名自身が自費で購入し所有する屋敷を「抱屋敷（かかえやしき）」といいます。

藩邸の広さは？

十八世紀初めの規定では、五万石の大名の上屋敷が五〇〇〇〜六〇〇〇坪です。東京ドームの二分の一から三分の一ほど。下屋敷は江戸の郊外に作られるので、それ以上の面積が一般的です。

ところで、飯田藩堀家のような大名家はいくつあったのか。

二六六家ほどです。これだけ多くの大名が江戸に藩邸を構えていたわけです。江戸には旗本も居住していましたから、江戸の面積の七割が武家地だったといわれています。

ホテルニューオータニは、彦根藩井伊家、六本木ヒルズは長門府中藩毛利家の藩邸跡です。東京ミッ

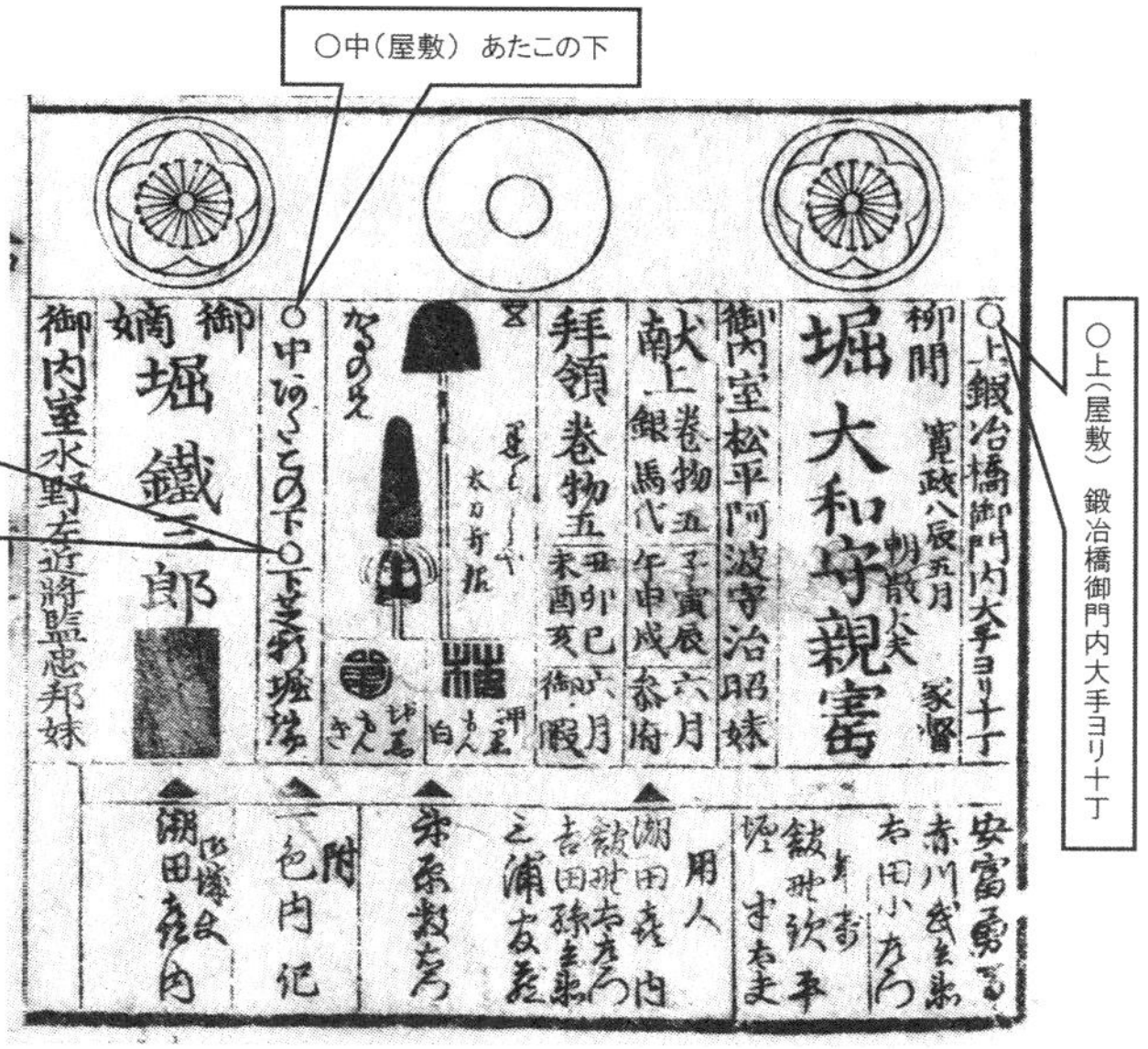

『文政武鑑』（部分）（『文政武鑑 4 巻』[4], 千鐘房須原屋茂兵衛 , 文政 4. 国立国会図書館デジタルコレクション https://dl.ndl.go.jp/pid/2547025 (参照 2024-08-29) を著者が加工して作成）
『武鑑』には上屋敷・中屋敷・下屋敷の所在地が記されている。「藩邸」といえば、通常江戸の屋敷を指すが、大名の中には，京都にも同様の屋敷を構えた者がいた。飯田藩は京都蛸薬師通油屋丁に屋敷を持っていた。

ドタウンは長門萩藩毛利家の藩邸跡、ここは四万坪。東京ドーム三倍弱。迎賓館は紀伊徳川家、新宿御苑は高遠藩内藤家藩邸跡です。

庶民は長屋暮らし。時代劇でおなじみです。その一方に、塀と門で厳重に隔てられた広大な武家屋敷。世界中、どこでもみられた光景とは言え、人口一〇〇万人を超えた世界最大の都市江戸の、これが実相でした。

どの大名がどこに藩邸を構えていたかを調べるには、次の二つの史料が便利です。

一つは、『武鑑』です。藩邸の所在地が記されています。各年代の『武鑑』を並べると、屋敷の変遷を辿ることができます。屋敷は、火災などで移動する場合もありますし、上屋敷の場合は、役職が変わることで屋敷替えが行われることが多いので、『武鑑』は便利です。

もう一つは「江戸大絵図」、あるいは「切り図」です。江戸版住宅地図です。市街の道筋や大名屋敷を記しています。嘉永年間（十九世紀半）の尾張屋清七版が有名です。上屋敷は家紋、中屋敷は■、下屋敷は●で示されています。『武鑑』で地名を調べ「切絵図」で所在地を確認すれば、藩邸の場所や現在地がつかめます。どちらも、その多くがインターネット上で公開されています。

国元には「帰る」のではなく、「江戸から出張する」感覚

飯田藩江戸藩邸の話に入る前に、「ふるさと」という言葉に触れておきましょう。

一人ひとりに生まれ故郷があります。もちろん「ふるさと＝生まれ故郷」とする必要はなく、人生の原点・出発点という意味での「ふるさと」なら誰もが持っているでしょう。「第二のふるさと」という言葉もあります。

血につながるふるさと
心につながるふるさと
言葉につながるふるさと（島崎藤村）

見事。いつ口ずさんでもほれぼれ。

そして啄木の、「ふるさとの山に向ひて言ふことなし　ふるさとの山はありがたきかな」。これまた涙腺にダイレクト。

「殿のふるさとはどこでしょうか」

失礼を顧みず、訊ねてみました。殿は飯田と江戸に邸宅をもつのですから、たわいのない疑問が浮かんだのです。ただ、飯田藩の殿さまですから、当然「飯田に決まっておる！」という答えが返ってくると予想していました。

「それを聞くな。正直なところ、ようわからん。江戸だと思うが、記事にするなら『飯田がふるさと』と書いておけ」

「……」

『飯田城主堀氏系図』によれば、飯田藩主堀家十二代の中で、飯田で生まれ飯田で死去した殿は、二人だけ（親蔵・親義）。出生地がふるさとだとすれば、飯田生まれの殿が四人。江戸生まれが七人です。飯田で死去した殿は四人（親昌・親蔵・親民・親義）。江戸（東京）死去が六人（親常・親庸・親長・親忠・親寚・親広）。

私の質問に対して、殿が「正直わからん。江戸だと思う」といったのには、こういう理由があったからです。松本藩戸田家の場合、九代のうち松本で死去した殿は一人だけ。「飯田藩主だから飯田がふるさと」とは言い切れないのです。正妻も子どもも江戸にいます。

「国元飯田」で見せる殿の顔のほうが、むしろ「よそ行きの顔」なのかもしれません。殿からすれば、「飯田に帰るのではなく、飯田に出張する」、これが偽らざる感覚なのではないでしょうか。

栄達に伴い、上屋敷が移転

上屋敷から見ていきましょう。

上屋敷は、殿が住み、正妻や子どもも暮らす場所です。さらに、多くの藩士が屋敷周辺に居住し、殿を守るとともに、幕府・諸家との交渉事を担当していました。藩の第一公邸です。飯田から上京する領民の面倒もみます。殿は月に三〜四回ほど江戸城に登城することを義務づけられていましたから、上屋敷は江戸城近くに与えられました。

飯田藩上屋敷が置かれた皇居外苑（著者撮影）

飯田藩堀家の上屋敷は、はじめ、数寄屋橋門内にありました。現在のJR有楽町駅付近です。「大名小路」と呼ばれた場所で、有力大名の多くが上屋敷を置いたところです。元禄十一（一六九八）年の「勅額火災」で類焼しましたが、その後もここに住み続け、宝永四（一七〇七）年雉子橋に移転しました。千代田区一ツ橋一丁目付近。共立女子大学のあたりです。幕末には蕃書調所が置かれ，飯田出身の田中芳男が活躍しました。近くには神田神保町があります。

移転の理由は、数寄屋橋門内に南町奉行所を建設するためでした。いわば「立ち退き」です。今度『大岡越前』をご覧になったら、「ここがもとは飯田藩堀家の上屋敷だ」と想い出してください（有楽町駅中央口広場に「南町奉行所跡」の碑が建っています）。

雉子橋には三年ほどしか住まず、呉服橋に移転します。

ここも「大名小路」の一角。幕府の都合による転居でしたので、「良い物件が見つかれば必ず戻す」という約束が、堀家と幕府との間で出来ていたのかもしれません。以後、火災に遭いつつも約一世紀住みました。東京駅西側、千代田区丸の内一丁目付近です（ここは、のちに北町奉行所が置かれます。東京駅日本橋口前に碑が建っています）。

文化三（一八〇六）年呉服橋の上屋敷が再び類焼、鍛冶橋に移転しました。現在の千代田区丸の内二〜三丁目。文政九（一八二六）年には十代親審の寺社奉行昇進とともに屋敷が手狭になり、隣接する大名の土地を一部取得しました。

文政十一（一八二八）年、親審は若年寄に就任しました。念願叶って西の御丸下の役屋敷（「若年寄公邸」のような屋敷）へ転居。現在の皇居外苑の中です。はじめ馬場先門近くでしたが、水野忠邦の「天保の改革」で親審が老中勝手掛に就任すると、西の御丸下辰の口へ。現在、パレスホテル東京が建っているところです。権力の中枢に駆け上がる様子が、藩邸の移動からよくわかる時代です。

殿、幕政失脚で規模縮小の屋敷に移転

ところが、改革は頓挫。改革の中心だった親審は、忠邦とともに失脚します。

弘化二（一八四五）年。ただちに、西の御丸下からの退去命令。一旦下屋敷に家財をはこびこんだ殿に与えられた新しい藩邸は、浅草橋でした。向柳原（むこうやなぎわら）。台東区浅草橋五丁目です。JR総武線・都営浅草線なら浅草橋駅、都営大江戸線なら新御徒町駅が最寄りです。

藩邸の移動は栄達の象徴であると同時に、没落の象徴でもあるわけです。松平下総守中屋敷、松

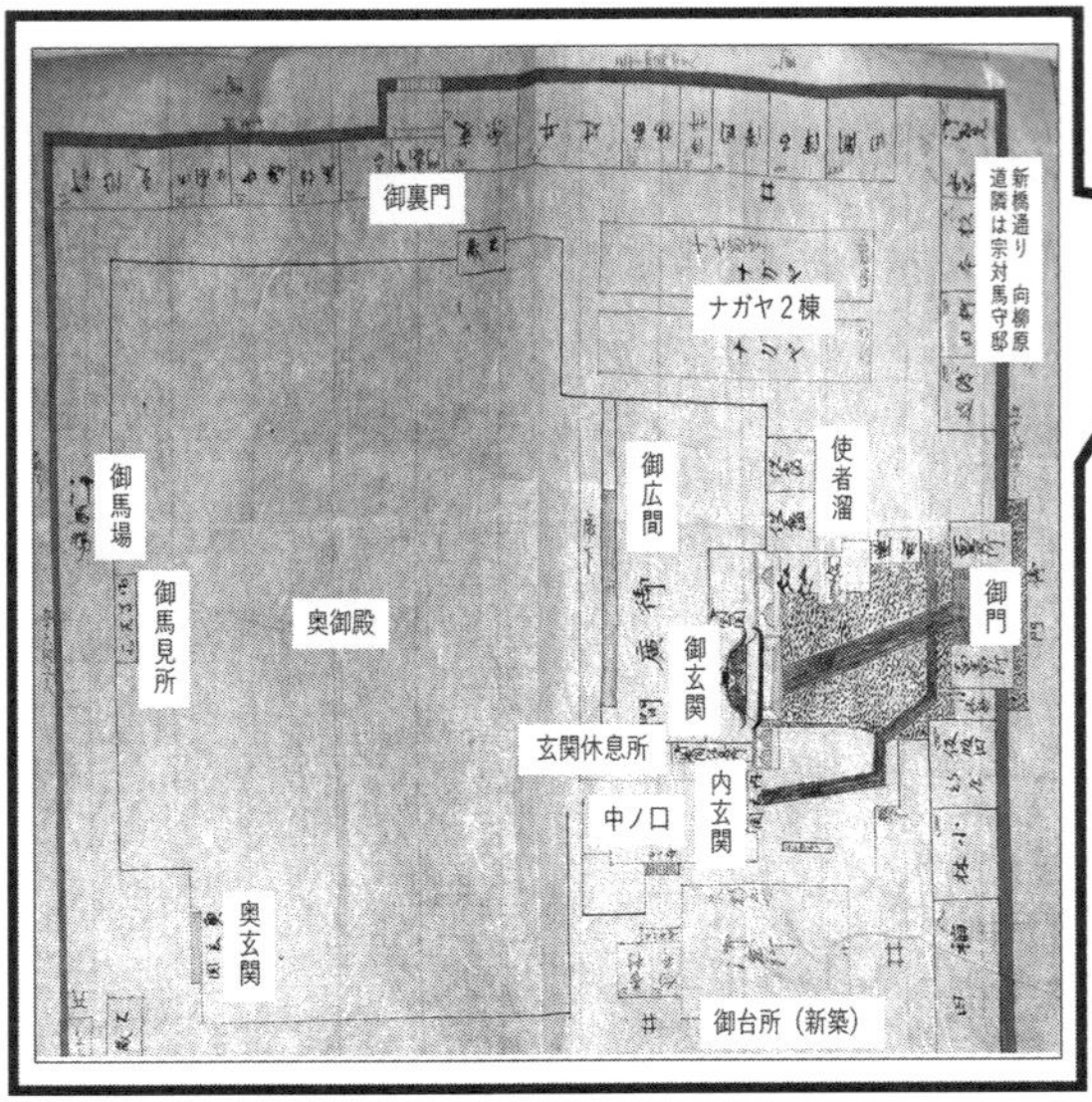

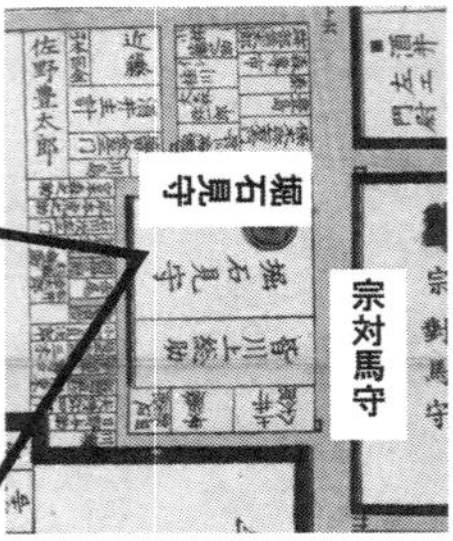

向柳原の飯田藩上屋敷の見取り図（左）（飯田市美術博物館蔵に加筆）　藩邸の様子がわかる貴重な史料。
「東都浅草絵図」に描かれた向柳原の上屋敷（右）（『〔江戸切絵図〕』浅草御蔵前辺図，国立国会図書館デジタルコレクション https://dl.ndl.go.jp/pid/1286209（参照 2024-08-29）を著者が加工して作成）
　明治４年、政府は堀家に麻布の下屋敷 5000 坪を払い下げることにしたが、堀親広は向柳原の上屋敷 3000 坪の拝領を申し出、許可されたという。関東大震災で壊滅的な被害を受けた。

浦壱岐守上屋敷、宗対馬守上屋敷などに囲まれた殿の上屋敷は、小さい。三〇〇〇坪ほど。元酒井若狭守屋敷の内の半分を拝領したのです。

　向柳原の上屋敷の絵図が残されています。いつ作製されたか明記されていませんが、多分弘化二年から三年の間だと思います。貴重です。敷地を囲む赤線は「ドブ」、つまり側溝です。際に塀が建っているのでしょう。塀の中を二分割した南側部分が飯田藩上屋敷。北側部分は「佐竹右京太夫へ御預り」とあります。出羽国久保田藩主佐竹氏です。

　新橋通りを挟んだ西側に宗対馬守の屋敷があり、こちらに面して御門（正門）が設けられていました。

　御門内の西面・南面に江戸詰め有力家臣の長屋が巡らされています。安富・杉本・柳田・石澤・潮田など。長屋ですが、二階建ての戸建て住居だと思われます。間口は四間から八間ほど。世帯用です。

御門から直進すれば御玄関を通り御広間へ。左手に内玄関。これらはごく限られた者のみ利用でき、一般には南側の「御裏門」や東側の「奥玄関」を利用したのでしょう。御広間から廊下を挟んだ東側が奥御殿。殿のプライベート空間なので、間取りが記されていません。北側に建つ「御台所」は新築です。

藩邸内の居住者数はよくわかりません。注目したいのは敷地内南側に二棟ある「ナガヤ」。長さ一七間半（約三二メートル）、奥行三間半（六メートル余）。単身者用のワンルームが連なった二階建ての長屋だったと思います。ただ、単身者用といいつつ、複数の下級家臣や職人・奉公人・人足を雑居部屋のように住み込ませていた可能性もあります。新築です。辰の口の屋敷より屋敷の規模が縮小したため、長屋を邸内に増築したのかも知れません。

ただ、となると、失脚にともない、藩邸の面積が狭くなり、しかも石高も減少したのに、飯田藩は人員整理（リストラ）をちゃんとやっていなかったことになります。

「殿、ここは身を切る改革しかありません」

投機物件になった中屋敷

中屋敷は、上屋敷が被災した場合の予備という意味合いが強いのですが、すべての大名が所持していたわけではなく、実態はよくわかりません。飯田藩中屋敷は文化五（一八〇八）年頃、愛宕下にありました。同年、七代藩主で，隠居していた親長がここで死去しています。現在の港区新橋四丁目付

愛宕山
　隠居した７代親長は、愛宕下に中屋敷を入手し、文芸三昧の生活を送った。乗馬に長けた親長は、愛宕の急坂を馬で登ったという（著者撮影）。

近、かつて「愛宕ノ下大名小路」と呼ばれた地区です。

　飯田藩はもともと中屋敷を所持していませんでした。『耳目抄』・『曲廬日記』によれば、享和二（一八〇二）年ころに、隠居親長が三河西尾藩松平乗寛から購入したようです。親長死後、のちに上総佐貫藩阿部家に譲渡されました。

　「あれ?」と思われる方もいるはず。大名屋敷は将軍から下賜される拝領屋敷です。大名たちが勝手に購入・貸与・譲渡できるはずはありません。

　ですが、それは建前。江戸時代も半ば頃には、幕府も大名屋敷の移動を厳密に監視できる状態ではなくなっていました（宮崎勝美「江戸の土地―大名・幕臣の土地問題」）。複数の武家の間で、大名屋敷地のやりとりが、活発に行われるようになりました。「相対替」と呼びますが、要するに「土地・屋敷転がし」です。飯田藩が愛宕下に中屋敷を入手するに際しては、「六者」による「相対替」が行われたようです。当然、利権がからんだ談合です。江戸城に近い上屋敷と違い、幕府の目の届きにくい中屋敷は、絶好の投機物件だったのです。

　残念なのは、「六者」が誰なのかまったくわからないことです。元来公（おおやけ）には出来ない行為ですから、

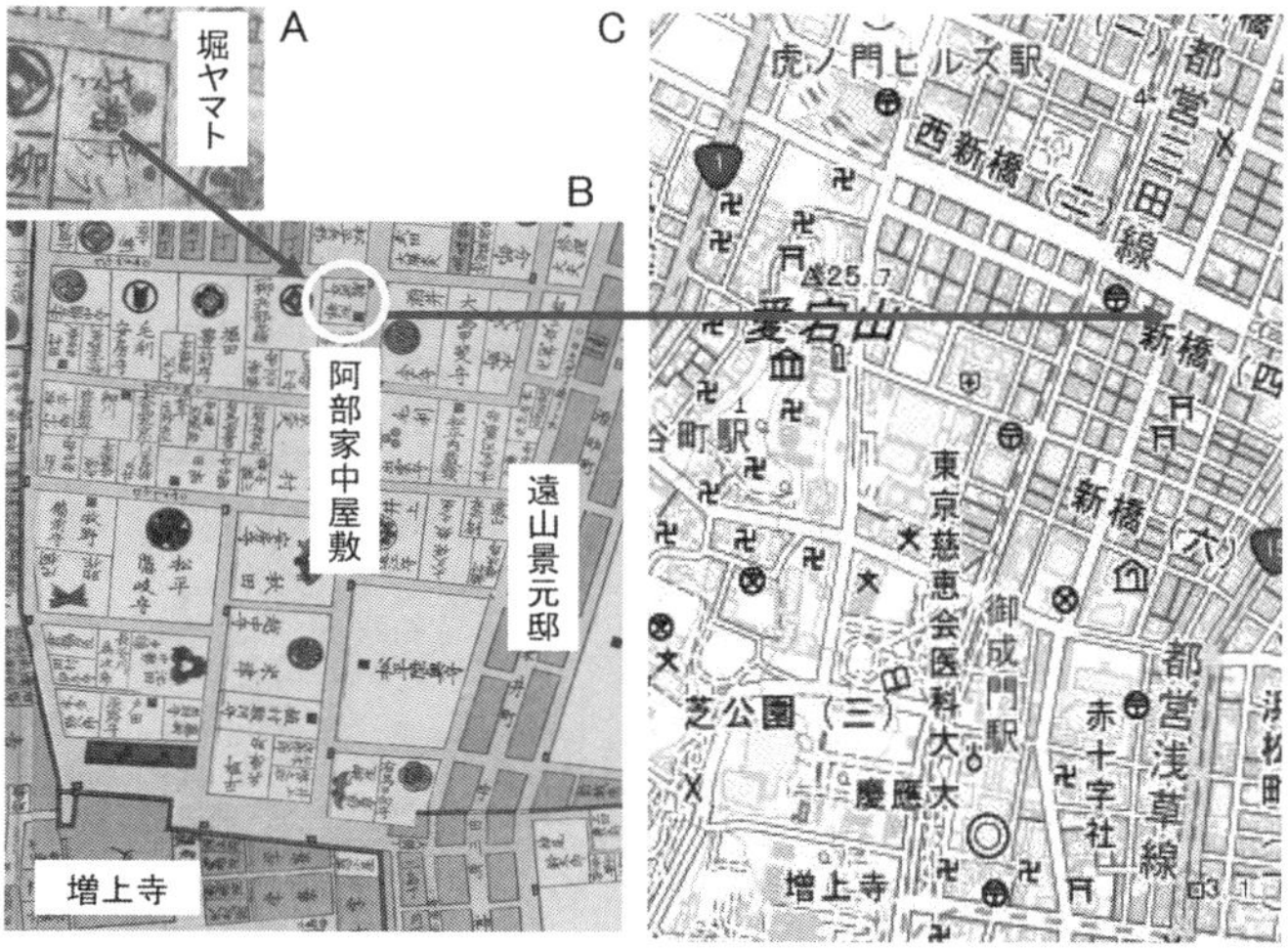

飯田藩愛宕下中屋敷の所在地
　Aは『天保４年　分間江戸大絵図完』（金丸彦五郎影直 図『分間江戸大絵図』, 須原屋茂兵衛, 天保４ [1833]. https://dl.ndl.go.jp/pid/2542727)。「堀ヤマト」の名が見える。Bは『万延２年　芝口南西久保愛宕下之図』（『〔江戸切絵図〕』芝愛宕下絵図, https://dl.ndl.go.jp/pid/1286662)。同地が「山城因幡守」名になっている。いずれも国立国会図書館デジタルコレクション (参照 2024-08-29)。Cは国土地理院電子国土 web（https://maps.gsi.go.jp/#15/35.663869/139.751480/&base=std&ls=std&disp=1&vs=c1g1j0h0k0l0u0t0z0r0s0m0f1&d=m）A，B, C それぞれ著者が加工して作成。

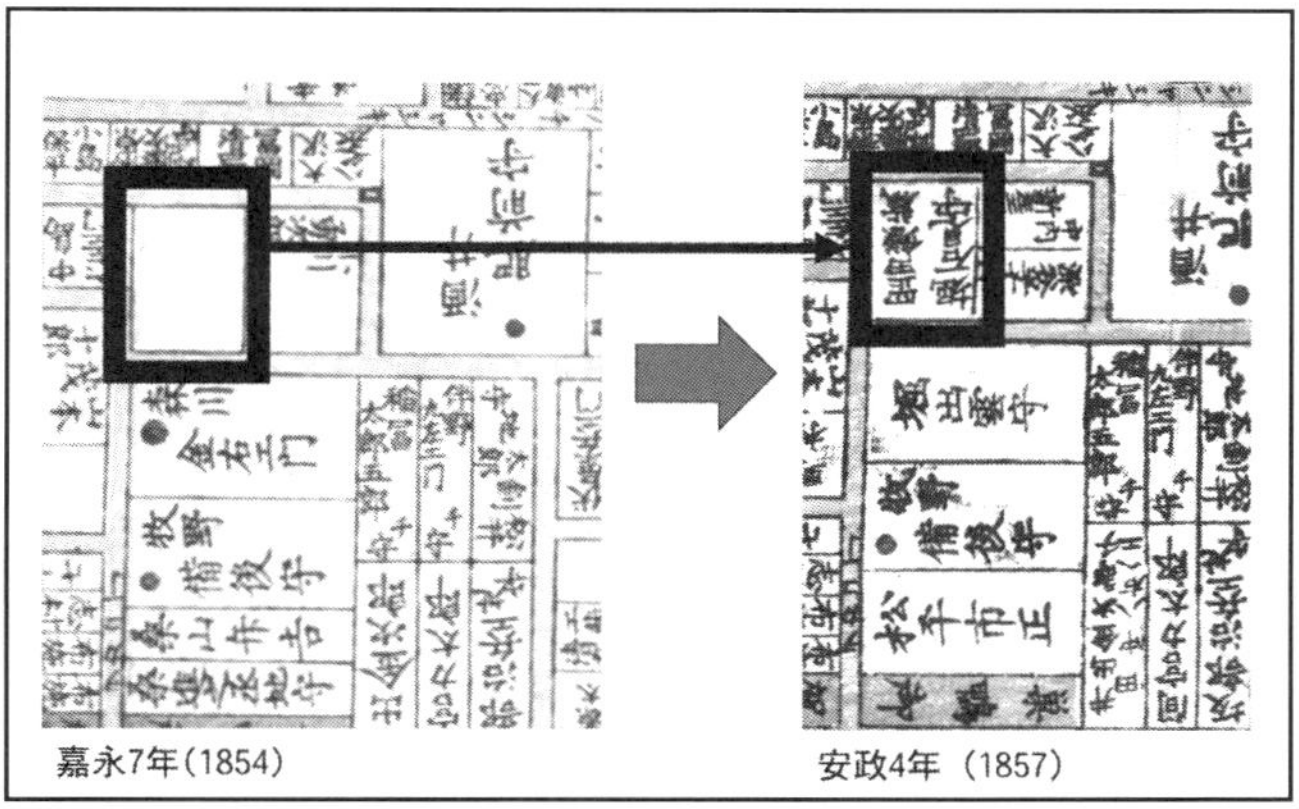

幕末、巣鴨御駕籠町にあった飯田藩中屋敷（〔江戸切絵図〕』駒込絵図，国立国会図書館デジタルコレクション https://dl.ndl.go.jp/pid/1286675 (参照 2024-09-03)）を筆者が加工して作成。

文書が残されないのもうなずけますが、「談合」メンバーが明らかになれば、殿が江戸でどんな大名と付き合っていたのか、どんな人脈を築いていたのかが見えてきます。いや、「江戸」というより、「江戸城」です。今風にいえば「永田町」です。

そういえば、永田町界隈では、「記憶にない」は、もはや日常言葉。ごく最近の公文書もしょっちゅう「なくな」ります。

文久元（一八六一）年には巣鴨御駕籠町（現文京区本駒込二丁目）に移転しています。「『天保の改革』で失脚し、弱小大名になった飯田藩には中屋敷はなくなった」（『下伊那史』第八巻）と言われていますが、誤りです。山手線なら巣鴨駅、白山通りからやや東に入った六義園近く。小石川高校と不忍通りを挟んだ向かい側です。しかし、実に狭い。

麻布にあった飯田藩下屋敷

下屋敷は、上屋敷が被災した折に利用する避難場所であるとともに、国元から運ばれてくる物資の保管などの役割をもつため、規模が大きいことが特徴です。江戸郊外に設置され、自然豊かで、別荘的な施設でした。側室を置く殿もいました。

飯田藩の下屋敷は、麻布にありました。麻布＝高級住宅街というイメージがありますが、江戸時代はど田舎。田園が広がっていました。

堀家が飯田に入府した時にはすでに所持しています。宝暦六（一七五六）年頃類焼し、すぐ再建されています。この時は、臨時徴収金（御用金）一〇〇〇両が領民に課せられました。財政苦しい飯田藩は、一〇年近くかけやっと返済しています（『耳目抄』）。

向柳原の上屋敷三〇〇〇坪に対し、五〇〇〇坪。「麻布芝新堀端」という地所です。所在地は、港区南麻布二丁目、古川橋北詰。麻布通り、明治通り、古川橋病院、円澤寺に囲まれた場所です。北隣

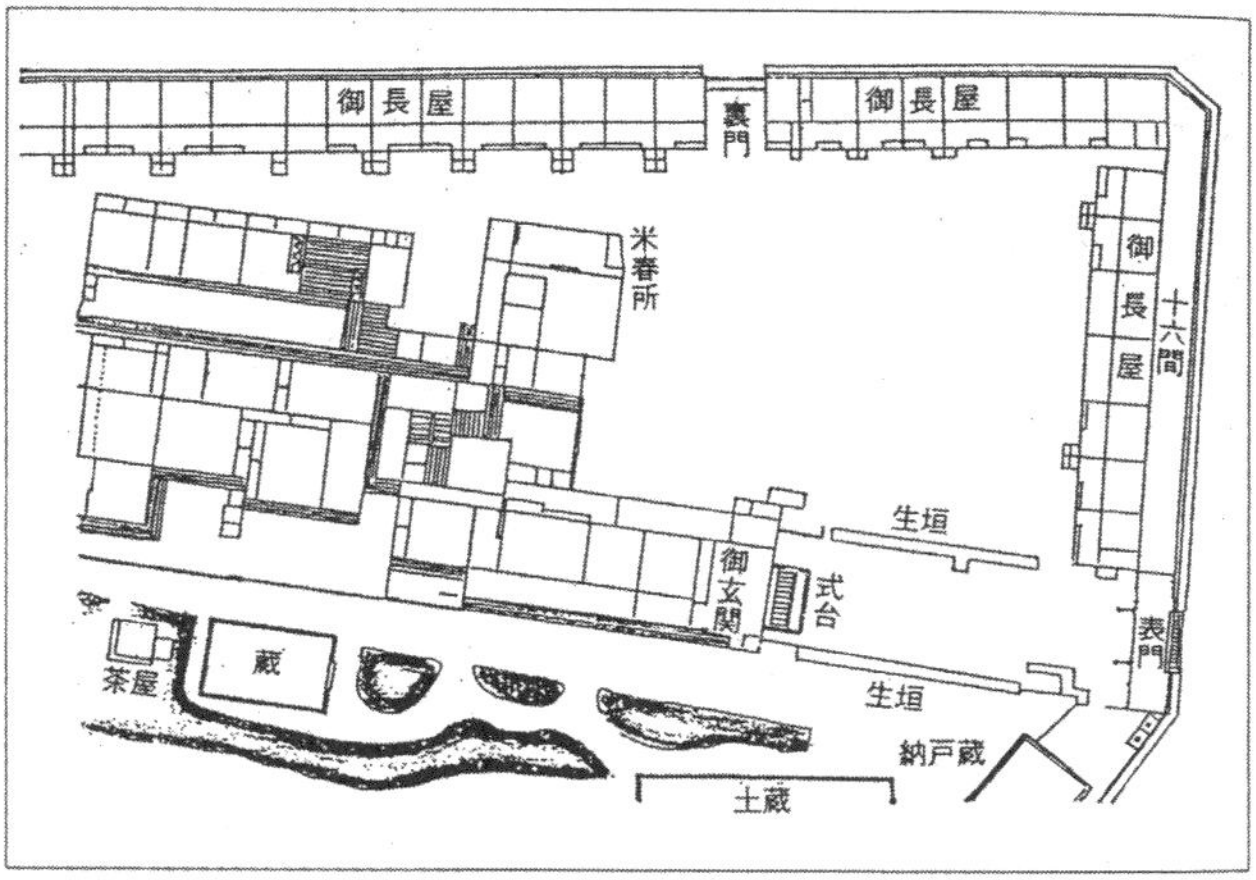

麻布にあった飯田藩下屋敷の見取り図（『江戸幕府役職集成』より）

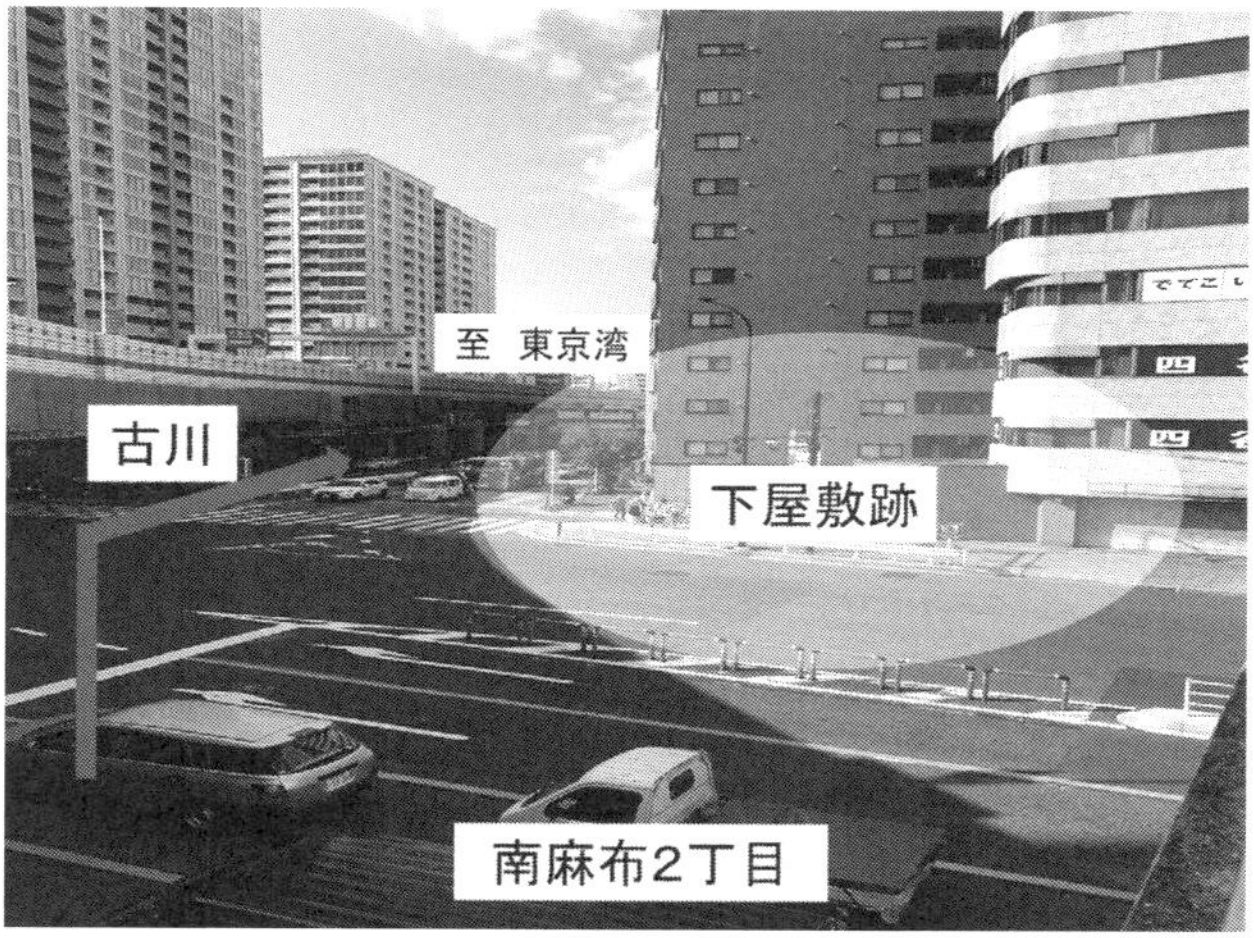

下屋敷は、港区南麻布２丁目。古川橋の北詰にあった。飯田藩堀家はここに近世初期から幕末まで、約200年住み続けた（著者撮影）。

が旗本植村駿河守、その隣が山内遠江守、西向きには松平陸奥守の邸宅があります。植村・山内の二家とは、幕末まで二〇〇年間隣組です。国元だけを見ていては、こういう人脈がわかりません。

飯田藩下屋敷の絵図は、現在二枚知られています。一枚は『江戸幕府役職集成』に収録されているもの。ただし出典不明です。

もう一枚は飯田市美術博物館が古書店で購入したものです。弘化四（一八四七）年のものです。どちらも、蔵がいくつも描かれており、国元などから集まる物資の保管場所だったことがわかります。

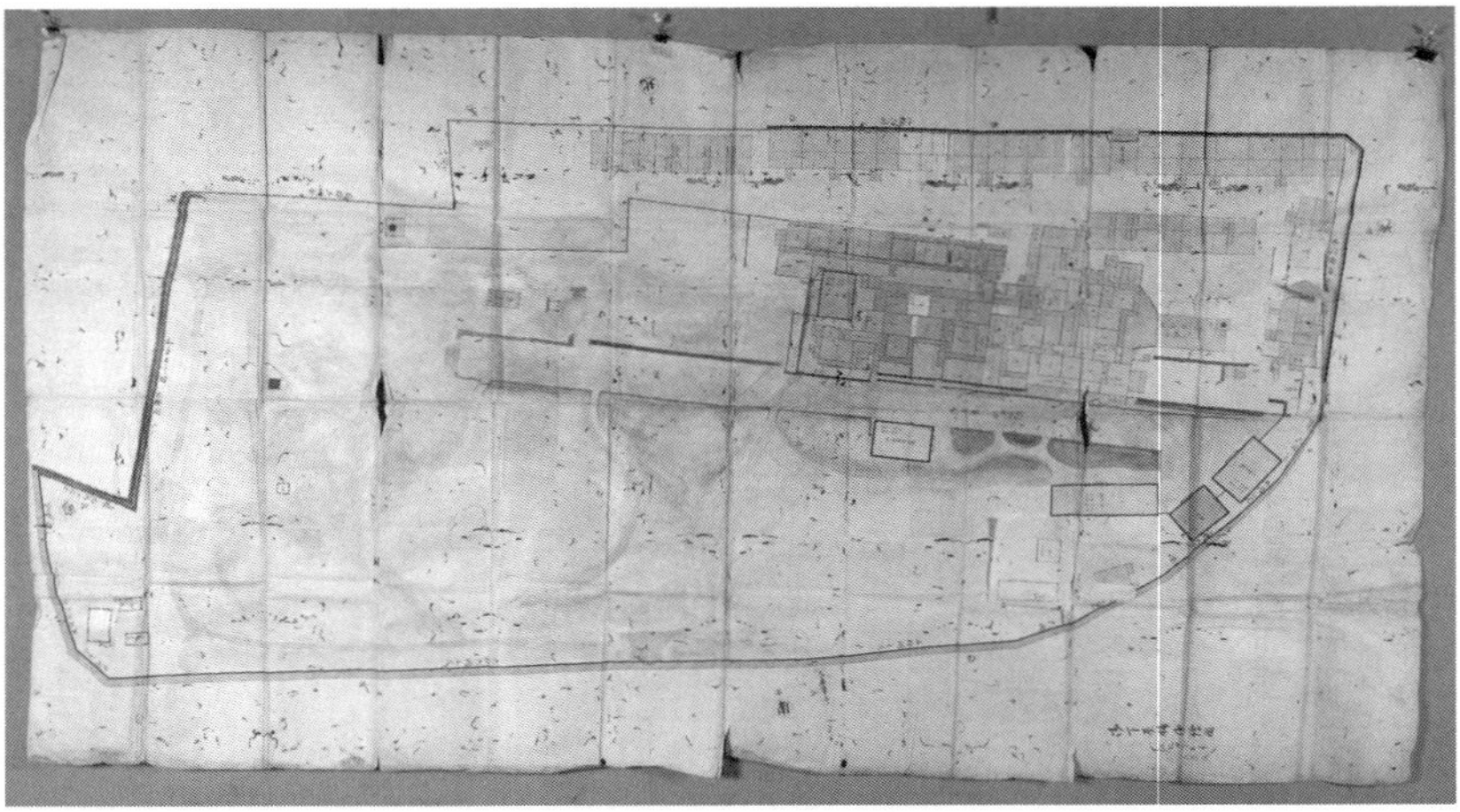

弘化４年に作成された飯田藩下屋敷絵図（飯田市美術博物館蔵）
　失脚した親害が、上屋敷の移転に伴い下屋敷の改築を行ったことを示す絵図。5000坪の下屋敷の様子がわかる貴重な史料。

表門から式台、御玄関と続くスペースが屋敷の表部分。後部に立つ矩形の建物が奥向きの空間でしょう。常時使用する部屋ではなく、上屋敷の補助的存在、別荘的施設です。大名や親戚を招き、庭を眺めて宴会、といった利用が多かったかもしれません。

側室を置く殿も多かったようです。天保十年、山口不二が親害の側室若山を殺害したのも下屋敷だと言われています（村沢武夫）。

「御長屋」が屋敷を取り囲んでいます。総延長五〇間（約九〇メートル）。多分二階建てでしょう。壮観です。有力家臣の住居は上屋敷にありましたから、ここは中小家臣や足軽などの住居だったと思われます。『江戸幕府役職集成』所収の絵図と弘化四年屋敷図の最大の違いは、敷地内に長屋が増築されていることです。天保の改革の失敗で失脚した堀親害が、向柳原に上屋敷を移すにあたり、下屋敷にも急遽長屋を増設した記録があります（『耳目抄』）。この長屋がそれでしょう。

藩独自に購入する屋敷は「抱(かか)え屋敷」

藩邸が幕府からの借家だったのに対して、藩が独自に購入し所持する邸宅を「抱え屋敷」といいます。飯田藩は寛文年間に白金（港区白金）の百姓地六八〇〇坪を購入しましたが、安永二（一七七三）年、二〇〇両ほどで売却しています。文政九（一八二六）年頃、親害のために「高田屋敷」（現新宿区西早稲田三丁目付近）を購入したようですが、嘉永年間、財政難から売却を試みています。「なかなか買い主がつかず困っている」という記録が残されています（『耳目抄』）。

「江戸の中の飯田藩」、知らないことばかりです。

「抱え屋敷」については、のちほどお話します。

江戸城大手門から中へは殿の従者はわずか四人

飯田藩上屋敷から徒歩四分の好適地に長屋を斡旋してもらった私は、毎日藩邸に顔を出すことにしたのですが、しばらくして気づきました。殿はきまって、月の一日、十五日に江戸城に出向く（「御登城」）ということです。将軍に挨拶をするためです。月末（二十八日）に出かけることもあります。藩邸勤めのお役人に取材すると、これを「月次(つきなみ)」というそうです。

この他、年始・年末の挨拶や節句祝いなどのために登城することにもなっていて、平均すれば月三～四回ほど。殿も藩邸詰めの藩士たちも、結構忙しいことに驚きました。

「殿の御登城に同行できますまいか」と御用人を通して殿に申し出ました。

「来るがよかろう。だが、城の入り口までじゃ。それに国元のわしの姿しか知らぬそなたには、信じられぬような光景にも出くわす。くれぐれも驚くでないぞ」

殿から謎めいたメールが届きました。

登城の朝は早い。家臣は二時起きです。七時には藩邸を出ます。随行する家臣のほか、駕籠かき・挟箱持ち・草履取りなどを含めれば五〇人ほどの行列が、江戸城を目指したようです。

殿は駕籠に乗る場合もあれば、騎馬の場合もあります。大手門下馬所到着。騎馬ならここで下りて駕籠に乗り換え。

駕籠の人となった殿を見送る家臣たち。

「あれ？　みなさんは一緒に行かないのですか？」

下馬所でお供の人数を大幅に減らすきまりだったからです。一万石以上の大名で「侍（家臣）四～五人、草履取一人、挟箱持一人、駕籠かき四人」です（ちなみに飯田藩は二万石）。残りは大手門前で殿の帰りを待ちます。

「ずいぶん寂しくなっちゃったな」

特別の通行手形を発行してもらっている私は、なんとか第一関門は突破。

大手門を抜けると「下乗橋」。駕籠停止。殿下りる。草履取り、すかさず履物用意。

「え、歩くの？」

そうです。ここからは徒歩です。駕籠かきは待機。随行してきた家臣二人が殿に向かい、深々と頭を下げます。

「殿、くれぐれもお気をつけていってらっしゃいませ」

「え、あなたたちはついていかないの？」
四人だった家臣をここでさらに二人に絞るのです。二人はここで待機。私もここまで。城に向かう殿に従うことができるのは家臣二人、草履取り一人、挟箱持ち一人だけ。五〇人が、四人です。

国元ではいつも大勢の従者に囲まれ、どこにいるのか見つけ出すことすら難しい殿が、目の前を歩いていきます。目前に広がる巨大な江戸城の中に吸い込まれていきます。

「吸い込まれるというより、消えていく感じだった」

率直な感想です。

江戸城の中では、殿は一人ぼっち

ここからは殿の護衛を勤めた「侍二人」に後日取材しました。

下乗橋から大手三之門、中之門、中雀門、玄関へ。

「しかし、玄関から先は俺たちにもわからぬ」

「……」

殿は玄関で刀を家臣に渡します。家臣はここで待機

登城の経路と供の人数（元禄12年）

経路	1万石～10万石
玄関	
↑	侍　2人
中雀門	
↑	草履取　1人
中之門	
↑	挟箱持　1人
大手三之門	
↑	
下乗場	
↑	侍　4～5人
大手門	草履取　1人
↑	挟箱持　1人
大手下馬所	駕籠かき　4人

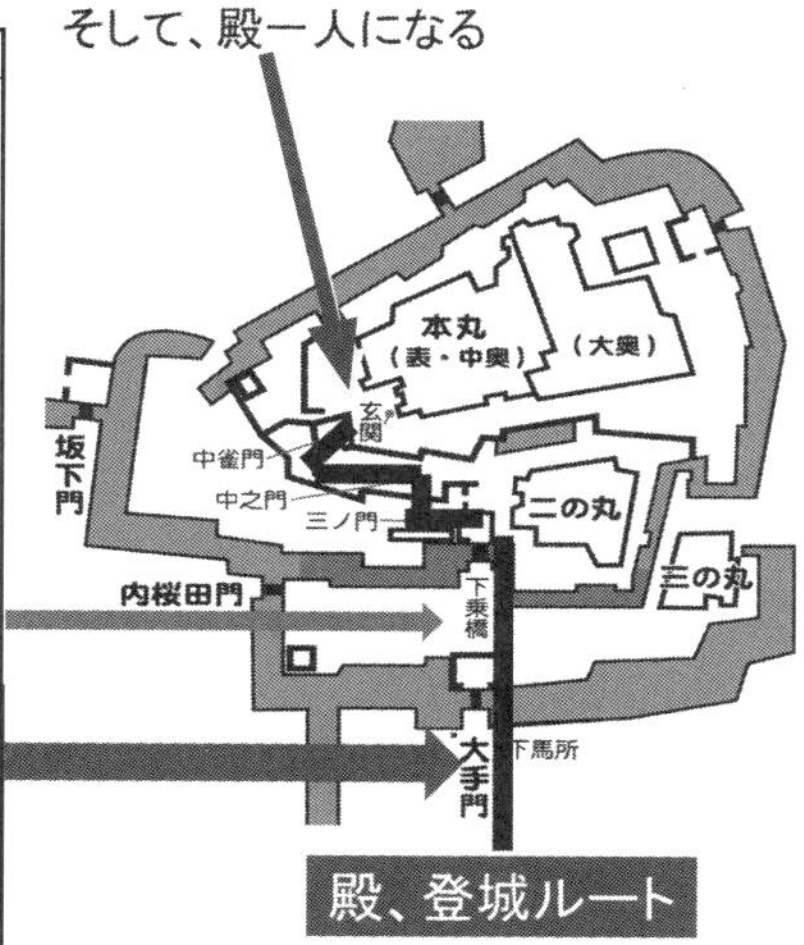

江戸城への登城ルートと、藩主に随行するお供の人数の変化（深井雅海『江戸城―本丸御殿と幕府政治』を参考に作成）

し、殿の帰りを待ちます。つまり、玄関からは殿一人なのです。

数百人、数千人の家来をもつ殿も、ここからは一人。一人ぼっちです。

巨大な松が描かれた廊下と言えば「松之廊下」。忠臣蔵で有名です。その景色を見ることができるのは、藩主らごく限られた者だけなのです。

「さすが、殿！」

「ばか言うな。松之廊下も、江戸城の中ではほんの一部じゃ。ワシらが立ち入りを許されている場所は、傍目にはとんでもなく広く見えるが、それと同じくらいの広さの大奥がある。江戸城は化け物じゃよ」

この空間に、殿ぽつんと一人。

「本当に一人ぼっちじゃよ、城に入れば。『オレってなんてちっぽけで無力な男なんだ』ってつくづく思うぞ」

もちろん殿は、家臣の前では口が裂けてもこんなことは言いません。

ただ、この「一人ぼっち感」・無力感が、徳川二六〇年の「泰平」を支えたのです。

＊本稿執筆にあたって深井雅海『江戸城―本丸御殿と幕府政治』を参考にしました。

格式別に決められた江戸城内の部屋

殿から江戸行きを勧められたとき、是非覗いてみたいと思ったのが、神田の書店街でした。入手したかったのは、『武鑑』。二六六ある大名家の藩主、家紋、官職、妻子、屋敷所在地、献上品などが掲載された「大名年鑑」のようなものです。江戸の町のベストセラー。毎年改訂版がでます。これがあれば、江戸中の大名屋敷を巡ることができます。行列に出会っても、『武鑑』を見れば、すぐ何家か判別できます。

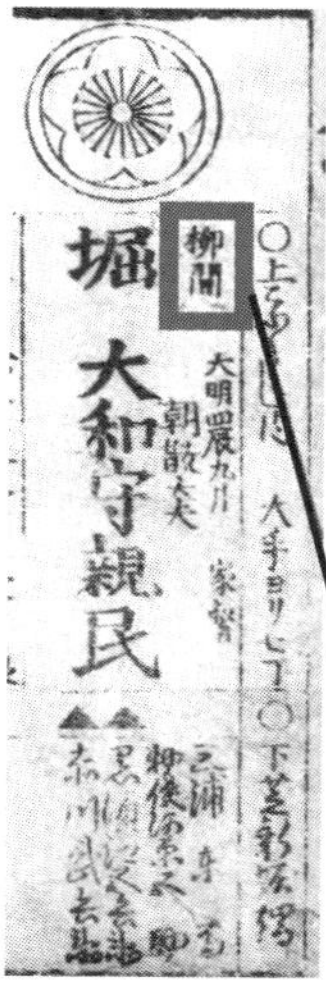

大名の殿席別家数と将軍家との関係

殿席	家数（天保６年）	将軍家との関係
溜之間	9	臣下に与えられる最高の座席 家門、譜代の大大名
雁之間	43	幕府成立後、取り立てられた譜代の城主大名
菊之間	33	幕府成立後、取り立てられた譜代の無城大名
帝鑑之間	63	老中格の譜代大名
大廊下	10	将軍ゆかりの大名家　特別待遇の控席
柳之間	79	五位、無官の外様大名、交代寄合など
大広間	29	家門　外様の国持あるいは準国持大名
合計	266	

『寛政武鑑』（国立国会図書館デジタルコレクション、前掲 P114）の堀親民の記述と，江戸城内の殿席の配置、殿席別家数（深井雅海『江戸城―本丸御殿と幕府政治』）

　というわけで、暑さも収まる頃、神田に足を伸ばしました。

　それにしても、江戸は広い……。

　藩邸に戻り、早速『武鑑』を開いてみたのですが、

「あれ?」

　手習い塾の歴史の授業では、江戸時代の大名は、大きく三つに分類しました。「親藩」「譜代」「外様」。「徳川の親戚か、関ヶ原以前か以後か」だと習いました。なのに、『武鑑』には、その言葉がないのです。

　ウチの殿（堀さま）は「外様」ですが、その記述もありません。

「幕府は、大名たちをこの三つに分類し、待遇に差をつけ、分断することで統治した。これ百発百中試験の問題!」と塾の師匠は得意げに言っていたの

に、その分類がないのです。「歴史の先生って、やっぱりいかがわしい人が多いよね……」

なら、どんな基準で大名たちを分けるのか？

「『柳間（柳之間）』じゃよ」

肩越しに、殿がぶっきらぼうに答えました。

どうやら、殿の名前の右横にある「柳（之）間」のことを指しているようです。

他の大名の頁を開くと、「帝鑑之間」「溜」「大広間」「雁之間」などの記載もあります。

「江戸城内で、わしらが座る控室の名が書いてあるのじゃ」

「柳之間」は、うちの殿が江戸城に出向いた際に与えられている控室なのです。四八畳の部屋が二つで、九六畳。

江戸城表御殿には、このような控室が七つ用意されていました。総称して「殿席」と呼びます。「柳之間」は大広間の奥、二六六家のうち約八〇家が利用しました。大広間で将軍に謁見する大名たちです。「大広間」・「大廊下」も同様の控室。

大広間のさらに奥が「白書院」。ここで将軍に謁見する大名の控室が、「帝鑑之間」。将軍の執務場所に近いので、「柳之間」より地位が高いことになります。六〇家ほど。

その奥が「黒書院」。近くに二つの控室（「菊之間」「雁之間」）。さらに地位の高い大名です。もっとも将軍居所に近い殿席が「溜之間」。家臣として最高の地位にあることを示します。

殿席を割り振るのに、親藩・譜代・外様などの、将軍家との親密度は考慮されたでしょうが、有力な外様と親戚筋の大名を「大廊下」に一緒に置くなど、大名統制に長けた徳川ならではの深謀遠慮があります。『武鑑』が、最初に殿席名を書くのは、だからとても重要なことなのです。

江戸時代二六〇年。泰平につぐ泰平のなかで、人々が打ち込んだのは武芸ではなく格式・儀礼の細分化・精緻化でした。異様なほど細かいしきたりを作り、それを熟知し、滞りなく勤めることが、武士に求められる資質となりました。「城に登ったら、どの部屋のどの畳のどの目のところに座るか、ワシは即座に判断できる。それができねば大名は務まらぬ」と殿はいいます。

私の肩越しに、殿が「柳之間じゃよ」とぶっきらぼうに答えた意味が、何となくわかりました。大名稼業、国元のように自由気ままにはいきません。

「柳之間の殿」の方が素顔に近い

「だがのお、柳之間も住めば都じゃ。みな出世狙いで疑心暗鬼じゃし、交際費も馬鹿にならぬが、なかには気の合うやつもおる」

そういえば、どの藩の上屋敷も、城に近い場所にありますから、隣近所に何人も殿さまはいるはず。犬でも連れて散歩でもすれば立ち話くらいはできそうなものですが、そんな光景には出会いません。何処に行くにも行列仕立て。殿には、仕事上の公的な交際相手は多いでしょうが、「ちょっと一杯」の気の置けない友人はいません。藩邸でも四六時中家来の目。孤独です。

「柳之間には似たような境遇の大名も多い。月三回ほども会っておれば、お互いの悩みも分かる。身内ネタも金欠ネタも気楽に話せるようになるというもの。寂しさも少しは和らぐのじゃよ。」

「飯田の殿」より「柳之間の殿」のほうが、ちょっとは素顔に近いのかもしれません。

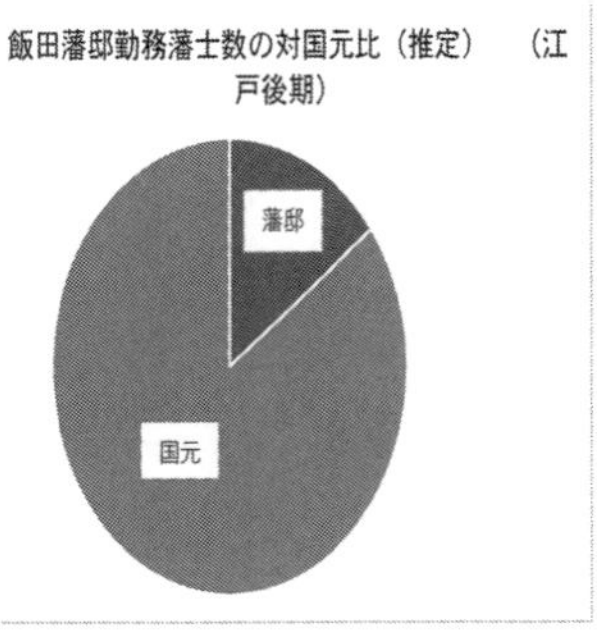

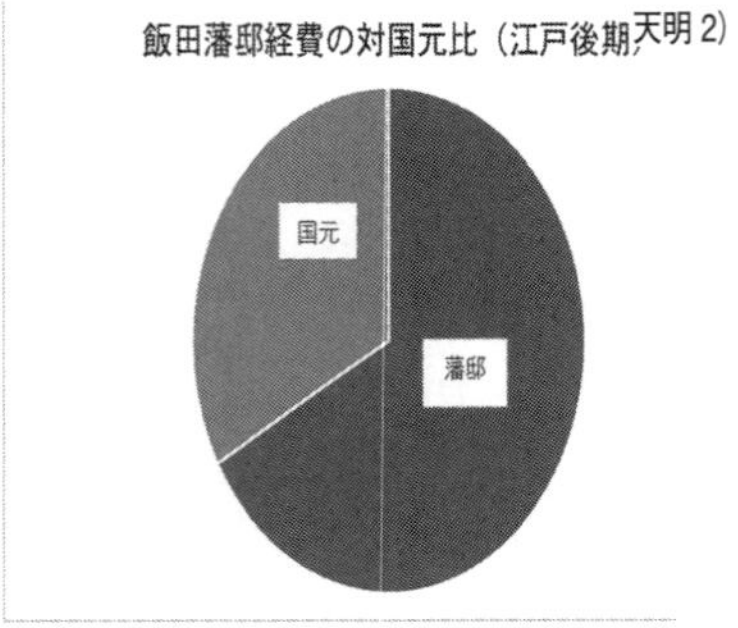

江戸藩邸と国元の藩士数・経費の比率
　藩士数の比率は松本藩を参考に推定した。総家臣数の 2 割弱で運営する藩邸が、藩の総経費の 7 割近くを消費している。飯田藩の実態を解明するには藩邸研究が欠かせない（「江戸飯田御入用中積帳」より）。

飯田藩の江戸常駐藩士は約四〇～五〇人

　国元と江戸藩邸との関係は、本社と支社のようなものです。出張所、公使館とも言えます。大名は江戸に藩邸を置くほか、京都などにも必要に応じて屋敷を置きました。飯田藩も安永二（一七七三）年頃、京都蛸薬師通油屋町に屋敷を構えています。ただ、規模は江戸藩邸の比ではありません。藩邸と言えば江戸です。

　「藩邸」は総称で、将軍から拝領する上・中・下屋敷の他、大名が私費で購入する抱屋敷がありました。飯田藩の藩邸で何人の職員が働いていたかは、よくわかりません。殿が江戸にいる、いないに関わらず藩邸に勤務する藩士を「定府（じょうふ）」、殿が江戸にいる期間、国元から出張してくる藩士を「江戸詰め」と言います。「定府」に世帯持ちが多く、「江戸詰め」に単身赴任が多いことは予想されますが、明確な記録がないのです。

　松本藩を参考にします（『松本市史』第二巻歴史編Ⅱ）。

　水野家時代（十八世紀前半）。「定府」は、家族を含め一三〇〇人ほど。当時の松本藩士は、家族を含め六〇〇〇人ほどでしたから、藩士全体の一八％が江戸常駐だったことになります。

　戸田家時代（十九世紀）。「定府」が一九〇人ほど（家族を含まず）。藩士総数が一三〇〇人ほどなので、一五％が江戸常駐です。これは他藩の研究でも同様の傾向です。飯田藩でも、同様の割合と考えてよいでしょう。飯田藩士の二割弱が江戸藩邸勤めと想定しておきます。

ただ、松本藩一〇万石、飯田藩二万石なので、単純に松本藩の五分の一の数字にすればよいかというとそうもいきません。規模が小さくても、省けない職員がいるからです。例えば家老。松本藩には江戸家老二名。「飯田藩は規模が五分の一だから、〇・四人」とはいかないわけです。最低一人は必要。

そう考えると、二万石の飯田藩の江戸常駐藩士は最低でも四〇人から五〇人、家族や従者を含めれば三〇〇人を超えていたのではないでしょうか。屋敷の敷地内に建てられた二階建て長屋が住まいです。

ただ、藩邸の住人はこれだけではありません。殿在府の場合は、飯田から江戸詰め藩士が来ます。彼らの宿舎が必要になりますが、従者（若党）や女中もつれてきますから、藩邸人口はさらに増えます。まったくの想像ですが、普段は個室として使用している長屋の部屋を相部屋に変えるなどの工夫をしたのでしょう。

藩邸の支出は国元の数倍かかる

藩邸を維持する費用は？

飯田藩の天明二（一七八二）年の史料（「江戸飯田御入用宇中積帳」『長野県史』近世史料編第4巻(二)）では、藩邸支出が二五三九両、国元が一二五六両でした。藩邸が藩全体の六七％を占めます。ただ、これでも節約を試みた数字で、前年は七四％。本社の数倍も支社が経費を使うわけです。普通ではちょっと考えられません。

なぜこれほどカネがかかるのか。

一つは将軍や大名、寺社との交際です。折々の付け届けはもちろん、昇進運動の資金やそのための口利き人へのコンサルタント料も多額です。江戸警備の費用や、幕府がおこなう土木工事の負担金(「お手伝い普請」)も容赦なくかかってきます。

ただでさえ物価が高い江戸。藩邸が無計画に無駄遣いしているわけではないのです。

さらに、殿や家族の面倒をみる女中や、駕籠かき、職人や小間使いなどを雇わなければなりません。「武家奉公人」とよばれる人々ですが、その多くは飯田で採用するのではなく、江戸や周辺の村々で雇います。江戸後期になると奉公人の賃金水準が上がり、高給を払わなければ人が集まらない状況になりました。待遇が悪ければ他藩に移る者も増えます。殿も藩士も奉公人のご機嫌取りに必死。奉公人を斡旋する業者が藩邸に出入りする様子は、「定府」藩士の記録(『曲廬日記』)にも見えます。業者にも高額の斡旋料。ますます藩邸の出費がかさみます。

「ワシがそなたを江戸に招いた理由がわかったであろう。『江戸のなかの飯田藩』をちゃんと書いてほしいのじゃ。飯田あっての江戸だが、江戸あっての飯田なのだ。飯田のことばかり書きたてても、何もわかりはせぬ」

いつにない殿の真剣な眼差し。私にも、少しずつ「江戸の光と闇」が見えてきました。

出世で藩財政は救えない

「それにしても殿、藩邸がこのままでは飯田藩は遠からず倒産です。経営コンサルタントに相談してみませぬか」

　無礼を承知で、進言してみました。

「気持ちはありがたいが、遠慮する。あちらこちらの藩が儒教かぶれの経世家を雇ったが、上手くいったところは僅かじゃった。長い年月かかる藩政改革なぞには付き合えぬ。それよりもっと手っ取り早い解決法がある」

「……」

「出世じゃよ。出世すれば給料は上がるし、役職手当もつく。借金も一瞬で帳消しじゃ」

　殿には失礼ですが、危険すぎる発想。

　二六六ある大名家の中で、幕府の要職に就ける家がいくつあるかは、殿自身が一番よく知っているはずです。老中、若年寄、三奉行、奏者番、大坂城代など、大名が就くポストは九つ。いずれも複数の大名の当番制で運営しますが、それでも同時期に就任できる家は四〇家ほどに過ぎません。大名は二六六家ほど。就職率一五％の狭き門。二万石の殿には簡単なことではないはずです。二万石クラスの大名だけでも三八家あります。

　ここは一度、諫言せねば。

「殿、私の先輩に笹間良彦という記者がおります。この者の報告書（＊）はたいそう優れものでございますゆえ、ご一読下さい」

　実は、この報告書は、ズバリ飯田藩を取り上げたものです。殿にはどの藩ともわからぬよう所々黒塗りにして渡しましたが、皆さんにはありのまま紹介します。例によって一両を一〇万円に読みかえ

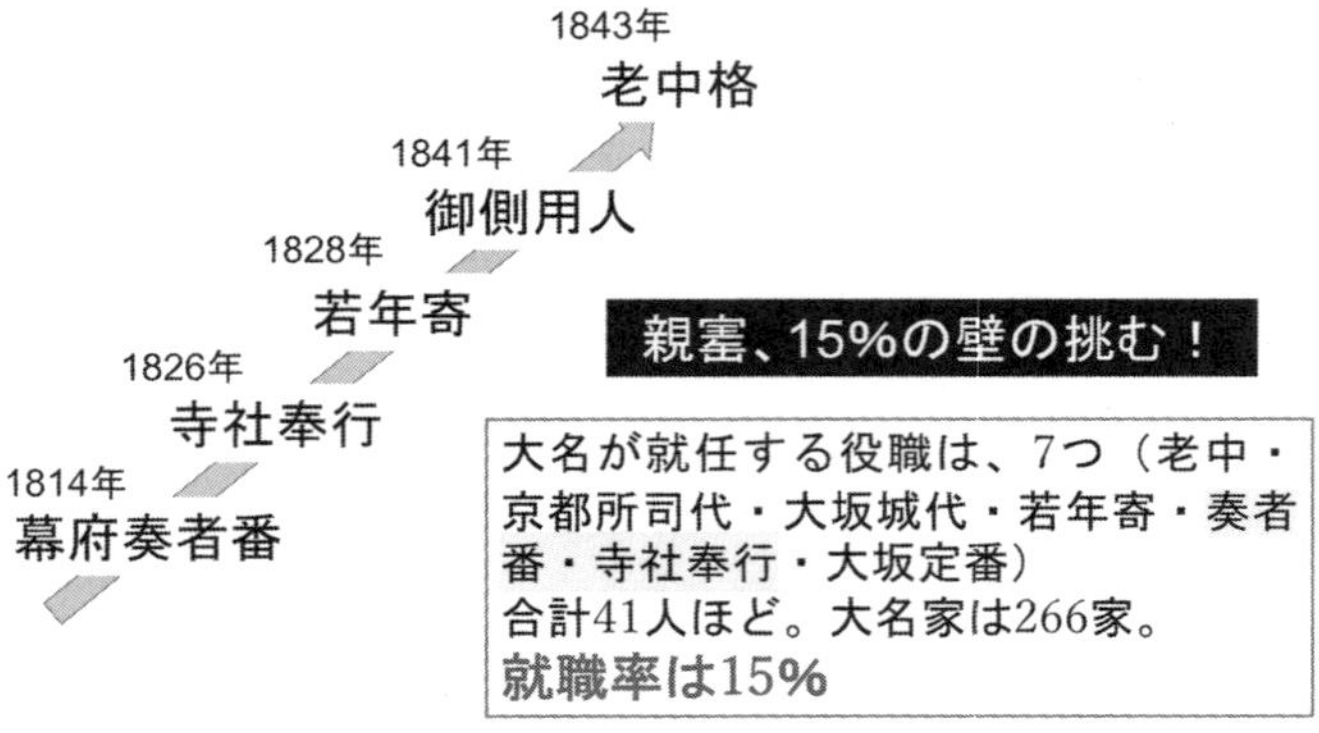
1843年
老中格
1841年
御側用人
1828年
若年寄
1826年
寺社奉行
1814年
幕府奏者番
親寚、15%の壁の挑む！
大名が就任する役職は、7つ（老中・京都所司代・大坂城代・若年寄・奏者番・寺社奉行・大坂定番）
合計41人ほど。大名家は266家。
就職率は15%
飯田藩堀家堀親寚の昇進

てみましょう。

「飯田の藩主堀大和守親寚（ちかしげ）は、奏者番から寺社奉行になり、文政十一年には希望通り若年寄に進んだ。夫人は阿波徳島二五万七〇〇〇石の娘で、化粧料として毎年二〇〇両送られてくるから、他の二万石級よりはいくらか楽だが、役職についたために交際費に追われ、寺社奉行になった時には、あちらこちらから借金したり、藩士の給料のピンはねもした。七〇〇〇石加増されて二万七〇〇〇石で若年寄に昇進し、これで楽になったかというと、なお出費が多くなる。金座の後藤三右衛門から一万両も借りて、藩の赤字に輪をかけて老中に弾劾され、一万石を没収された。おとなしくしていれば二万石だったのに、逆に一万七〇〇〇石の大名に落ちてしまった。

藩主というものはだいたい名誉欲と大ざっぱな財政面しかないから、借金して出費しても、昇進して加増されればよいと思っている。堀家の場合、若年寄をつとめていると半年に一二〇〇両も諸大名から付届けがある。年間二四〇〇両の収入は藩にとって助けであると思っているが、この役をつとめるのに、交際費付届けに年一万両もかかっているから、その差の七六〇〇両も欠損しているという計算ができない。

老中にでもなれば欠損くらい一朝に精算できると思っている。だから、いくら家臣が窮乏に苦しもうが、借金が山のようになろうが、猟官運動に猛進するのだ。経済家を雇って藩を立直したり、殖産興業して節約すればよいのだが、たいていは猟官運動して加増をうける機会をねらっているものだ」

（＊）『江戸幕府役職集成』

辛辣ですが、正鵠（せいこく）を射た言葉です。出世して収入を増やそうとすれば、少ないポストを手に入れるために付届けをしなければならない。こうして昇進すれば、さらに交際費がかさむ。雪だるま式に増える藩の借金は、御用金の名で領民に負担してもらうしかありません。報告書にも出てきましたが、親害の寺社奉行昇進はまさにそれでした。文政九（一八二六）年十二月のことです。『耳目抄』を要約すると、

昇進決まる→城に町村役人呼び出し→一〇日以内に一〇〇〇〇両、五月までに四五〇〇〇両の御用金上納を依頼。

現在の金額で四億五〇〇〇万円です。「御家にこれなき大役、江戸の様子によりては繰り上げ徴収もありうる」との文言まで付け加えられています。

実はこの時、飯田藩の国元での借金は、未返済分を加えると一万二五四〇両（一〇億二〇〇〇万円余）にも達していました。その他、江戸の商人からも借金をしていますが、この額は不明。昇進のために費やした御用金は「其数不知」（『耳目抄』）という状態でした。

藩士には、給料カットと微に入り細に入りの節約要請。

その一方、若年寄就任の祝儀には、「御城坊主三一人」「諸家様押合衆二五人」を招待しています。

これって何者?

断言できませんが、猟官運動の口利き役でしょう。どの藩にも、殿の出世を請け負うこうした怪しげな者たちが出入りしていたようです。論功行賞としての招待なのでしょう。相当の報酬も支払われたはずですが、ウラ金ですから帳簿には記載されません。ホント、世の中今も昔も変わりません。

元旦の江戸城（『江戸名所図会』より）

大混乱の江戸城元旦の風景

飯田藩江戸詰め藩士が残した『曲廬日記』（柳田家文書　飯田市美術博物館蔵）を参考に、藩邸の新年を覗いてみましょう。

文化二（一八〇五）年元日、藩邸の朝は早い。六時頃には江戸城に登らなければならないからです。殿が将軍に新年のご機嫌伺いをします。藩邸職員は四時には正装で出勤。起床は二時というところでしょう。定府（じょうふ）（江戸常駐の藩士）柳田勘兵衛の朝はもっと早い。二時出勤。登城前の殿に大福茶を差し上げます。

二六六の大名家は、殿か家老がこの日に登城します。

二万石の飯田藩ですら、少なく見積もって五〇人の御供揃え。仮に各藩平均一五〇人として四万人。令和二年の年始一般参賀が約七万人。ただしこの年の一般参賀はこれを五回に分けましたから、一回は一万四〇〇〇人ほど。江戸時代、元旦の大手門前は想像を超える大渋滞でした。

駕籠かきの多くは江戸で雇われた奉公人で、彼らはやたら目立ちたがりでした。大手門に近づくと、家格の同じくらいの大名の行列同士が競争を始めます。「駕籠レース」です。勢い余って駕籠と一緒に地面に投げ出される殿もいます。これが「珍しくもなんともない一般的な光景だった」ようです（氏家幹人『江戸藩邸物語　戦場から街角へ』）。

「殿も投げ出されましたか？」

さすがにこれは訊けませんでした。

登城する殿に随行しない柳田勘兵衛は、帰宅して家族で大福茶。両親に「喰積（くいつみ）」を差し上げます。喰積は、おせちを詰めた重箱の原型です。

掃除初めを終え、新年の祝い膳。しるこ餅、田作り、大根の漬物。屠蘇の取り肴には数の子、酢牛蒡、煮大豆。「えっ」と驚くのが吸い物の中味。鶴です。鶴の油を吸い物に差すという記事もあります。鶴は「めでたい鳥」というよりも、食材だったわけです。

柳田家では、体が弱かった息子に、近江牛を食べさせています。

正午、殿帰邸。

二時頃から、藩邸勤務の面々が殿に新年の挨拶をします。

挨拶済んで帰宅。ようやく昼飯です。田作・なます・つぼつぼ煮・塩鯵（あるいは鰹）・味噌汁。「つぼつぼ煮」は新年には毎日食べています。根菜類の煮物でしょう。
昼食を終えれば、新年の挨拶廻りです。

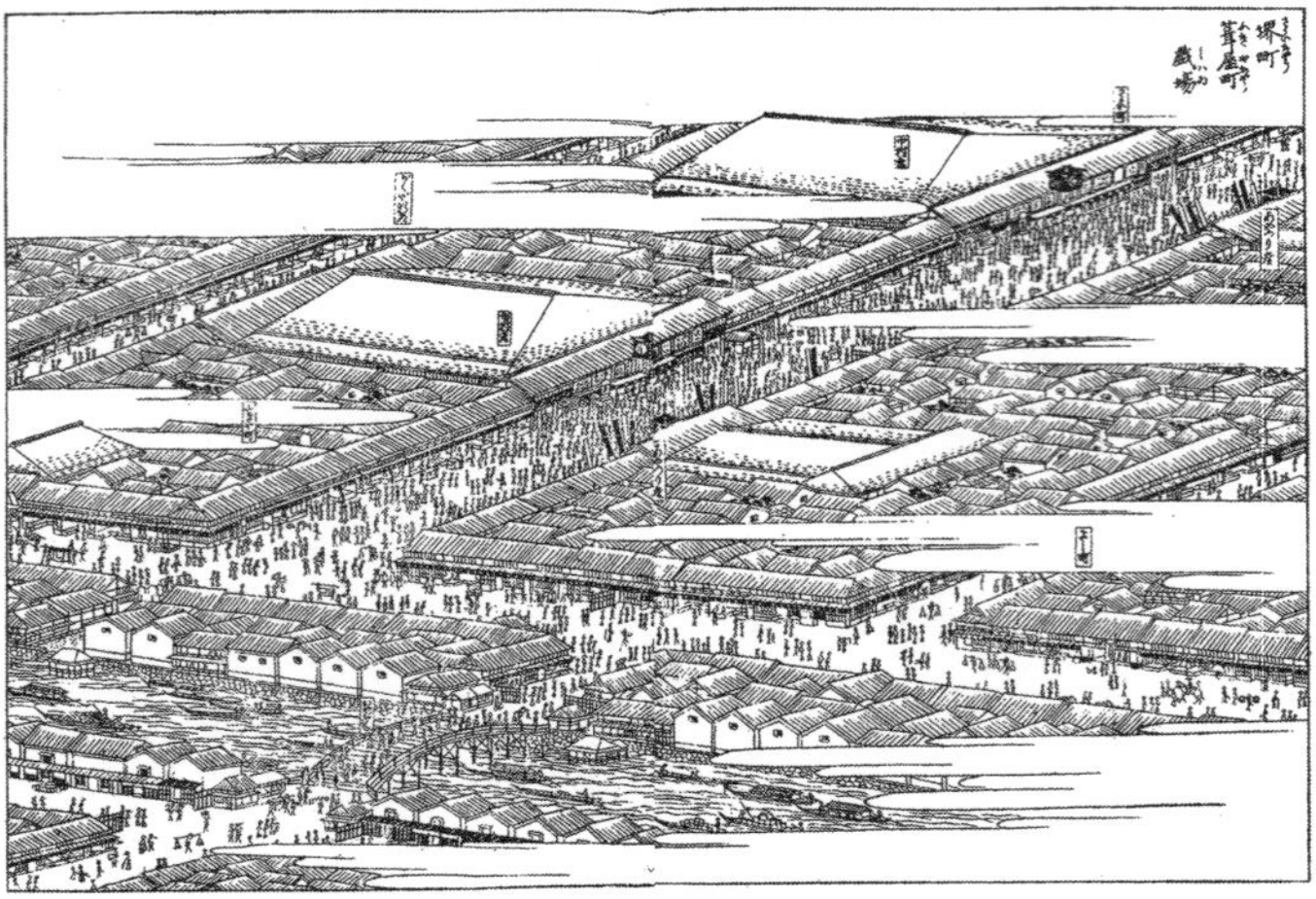
堺町の賑わい（『江戸名所図会』より）

定府武士たちのお正月はリッチ

正月二日は殿の「御乗初め」。それが済むと、藩士たちは江戸の街に買初めにでかけます。柳田家は堺町の「丸つる屋」へ。堺町は日本橋です。中央区日本橋人形町三丁目あたり。歓楽街で、人形芝居茶屋が多く並んでいました。

丸つる屋は行きつけの小料理屋。元日早朝から慌ただしかったので、ようやく新春気分です。酒・吸い物で江戸の新年を満喫。店からは息子に蒸しかれいのプレゼント。柳田家は、店自慢の菜漬を知り合いに贈りました。

さて、ほろ酔い気分で「銀ブラ」。茶店で茶を購入。宝船と蛤は毎年初売りで購入したようです。

帰宅すると、菜漬を贈った知り合いから、早速、石見浜田の塩小鯛が届いています。年始の挨拶に来た知り合いからは、珍味「このわた」をもらいました。当然、もう一杯です。

三日、両国橋へ。

四日。柳田家では奥さんが知人にプレゼントしたいというので、永井町（日本橋付近？）駿河屋新兵衛方で地金の扇子四本を購入。

五日が節分。柊にイワシの頭をさし、豆まき、そば切り。

ちなみに、藩士たちはそばを頻繁に食べています。粉は飯田産です。年末、飯田からそば粉と串柿がどっさり送られているからです。

十一日、御鏡開き。昼時上屋敷に勢揃いし、祝儀。これをもって藩邸の正月もおわりです。

正月に続く藩士たちの楽しみは梅見。葛飾が名所だったようです。一月半ばの藩士たちの会話は、「まだ咲かぬ」、「そろそろ見頃か」ばかり。永井荷風も散策を好んだ場所です。

財政逼迫から手放した白金抱え屋敷

寺山修司には『書を捨てよ町へ出よう』という名著がありますが、私の場合は「『武鑑』をリュックに、江戸の地図を手に町へ出よう」です。江戸滞在も終盤、毎日江戸巡り。疲れたら茶屋で団子（一本八〇円）、昼は蕎麦（三二〇円）。

自然豊かな時代ですから、江戸前の天ぷらも格安、川じゃウナギ取り放題、と期待していましたが、大外れ。うな重四〇〇〇円。寿司も天ぷらも今とたいして変わらない値段。居酒屋で熱燗一本七〇〇円、ゆで卵一個四〇〇円。初鰹にいたっては一尾二四万円。江戸生活、なかなかに大変です。

ここまで藩邸探しをしてきましたが、『武鑑』に頼りすぎた気がします。『武鑑』には、原則、拝領屋敷しか記載されません。つまり上屋敷・中屋敷・下屋敷です。しかし、大名たちが江戸で所持していた屋敷はそれだけではありません。例えば「抱え屋敷」がそれです。

「抱え屋敷」は大名が私費で農民などから土地を購入して建てた屋敷です。購入費・建築費だけでなく、農民に代わって年貢を幕府に払います。私的な屋敷なので、『武鑑』には載りません。絵図でも、記載がないか、せいぜい「抱えヤシキ」という文字程度です。所有者も規模もわかりません。『下伊那史』第八巻にも「抱え屋敷」の記述がありません。高田馬場付近にあったらしいと言われています。

実は、飯田藩の抱え屋敷は二つあり、初め白金村に、のち高田村に作られました。

飯田藩の抱え屋敷だった白金屋敷の所在地、港区白金４丁目付近。古川を隔てて下屋敷からそれほど遠くない丘陵である。現在は聖心女子学院付近（著者撮影）。

「白金の抱え屋敷」（以下、「白金屋敷」と略）から考えてみましょう。

白金屋敷は、堀氏が飯田に入府した時、すでに購入しています。二町二反余（六八〇〇坪）。麻布の下屋敷より広い。学校のグラウンド二枚強。購入代金は約三二一両。年貢は五両ほどです。一両一〇万円で計算してみましょう。元禄の頃の飯田藩の分限帳（武士の身分・役職・給料などを記した帳面）では「白金御屋敷守」が配置されていることもわかります。

寛延元（一七四八）年、長屋建立願いを幕府に提

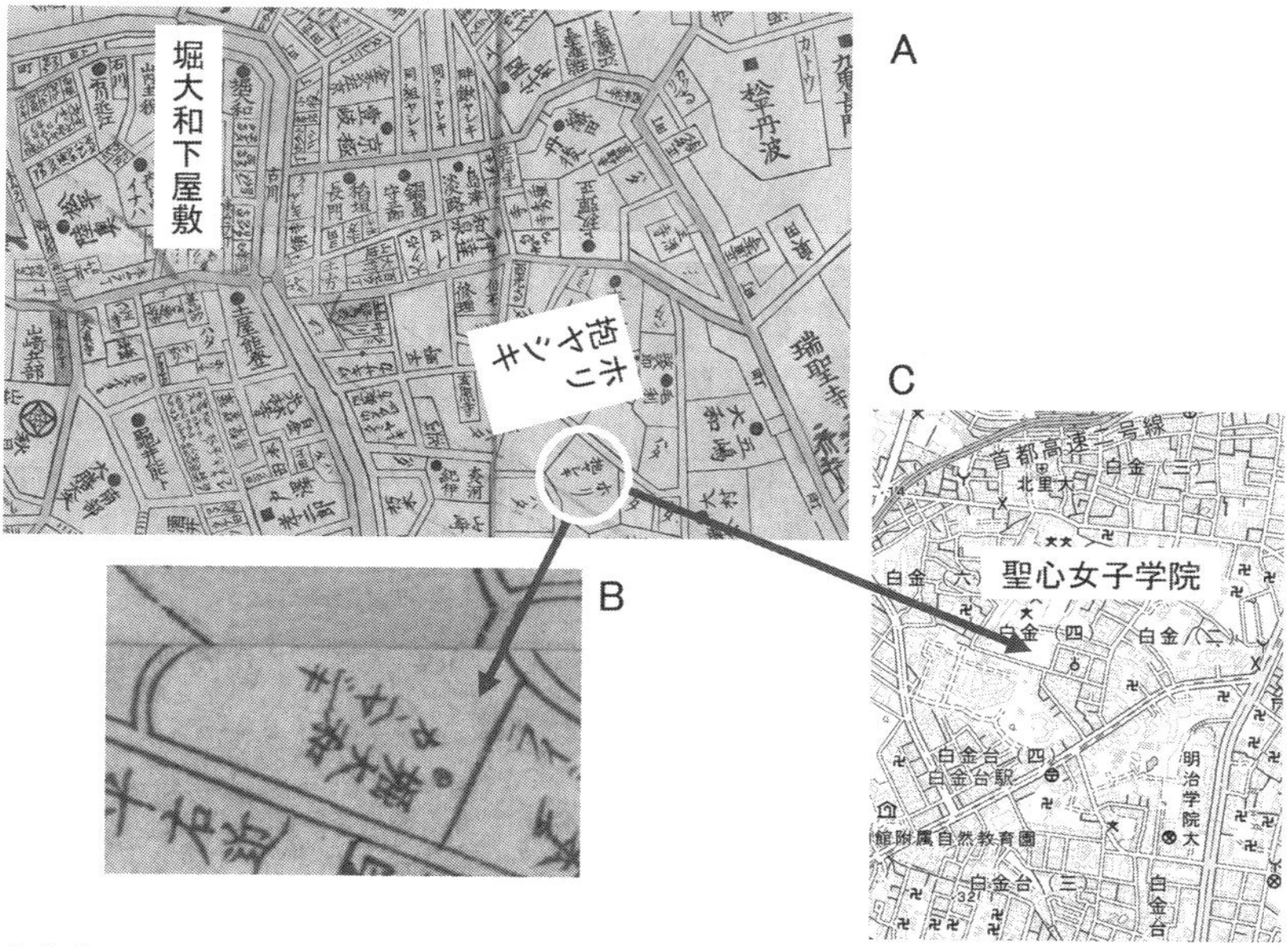

白金抱え屋敷の所在地　A「分間江戸大絵図」（明和９年）部分（国立国会図書館デジタルコレクション）に描かれている「ホリ抱ヤシキ」。Bは「江戸絵図」（慶応３年）部分（国立国会図書館デジタルコレクション）に描かれた「堀カカヘヤシキ」。この時点では、堀家は白金抱え屋敷を売却しているはずだが、図には記載されている。Cは国土地理院電子地図web（https://maps.gsi.go.jp/#16/35.641865/139.726127/&base=std&ls=std&disp=1&vs=c1g1j0h0k0l0u0t0z0r0s0m0f1）に加筆。

出、許可されました。本格的に整備がはじまったのでしょう。七代藩主親長時代の初めです。

ところが、安永二（一七七三）年、白金村の隣村の今里村の農民に、二二〇両で売却しました。一七五六年に下屋敷が類焼、七二年には上屋敷が類焼し（四一年ぶり）、飯田領内では大な再建資金が、御用金として賦課されていました。新たな役職就任の出費もかさみ、仕方なく手放したのでしょう。

問題は「白金抱え屋敷」の場所です。白金村は現港区白金。下屋敷がある芝新堀端（南麻布二丁目付近）とは古川を挟んだ南側。さほど離れてはいませんが、白金に抱え屋敷があったという伝承がなかったので、所在地を調べた人はひとりもいません。今回は、「屋敷は絶対にある」という信念で調べました。見つけました。明和九（一七七二）年の大絵図です。「ホリ　抱ヤシキ」と記入してあります。港区白金四丁目、聖心女子学院構内付近です。北は北里大学、南は東大医科学研究所。文教地区ですが、当時は超閑村。明和期の絵図に屋敷が掲載されたのは、親長によって整備が進んだ結果でしょう。「白金屋敷」は存在したのです。

消滅後も絵図に描かれた「白金屋敷」

と、ここで終われば「歴史的大発見、めでたしめでたし」ですが、不可解なことを見つけました。「白金屋敷」は明和九年の地図に登場した翌年売却されたので、これで消滅したことになります。ところがその後に作られる絵図に、しばしばこの屋敷が登場するのです。もちろん同じ場所。消滅して一〇〇年近く経った十九世紀半ばの絵図（「天保改正御江戸大絵図」）にも描かれています。

存在していた頃の絵図には描かれず、売却した後にいつまでも描かれる屋敷とは……。

理由はわかりません。白金は市街地ではないので、出版社がデータの更新を怠ったとも考えられますが、絵図も『武鑑』も、毎月に近い頻度で改訂を行っていたようです。一世紀近く放置というのは絶対にありえません。そもそも、私的な屋敷ですから、無理に掲載しなくてもよいもの。なぜしつこく載せ続けたのかも疑問です。

飯田藩のお荷物になった「高田屋敷」

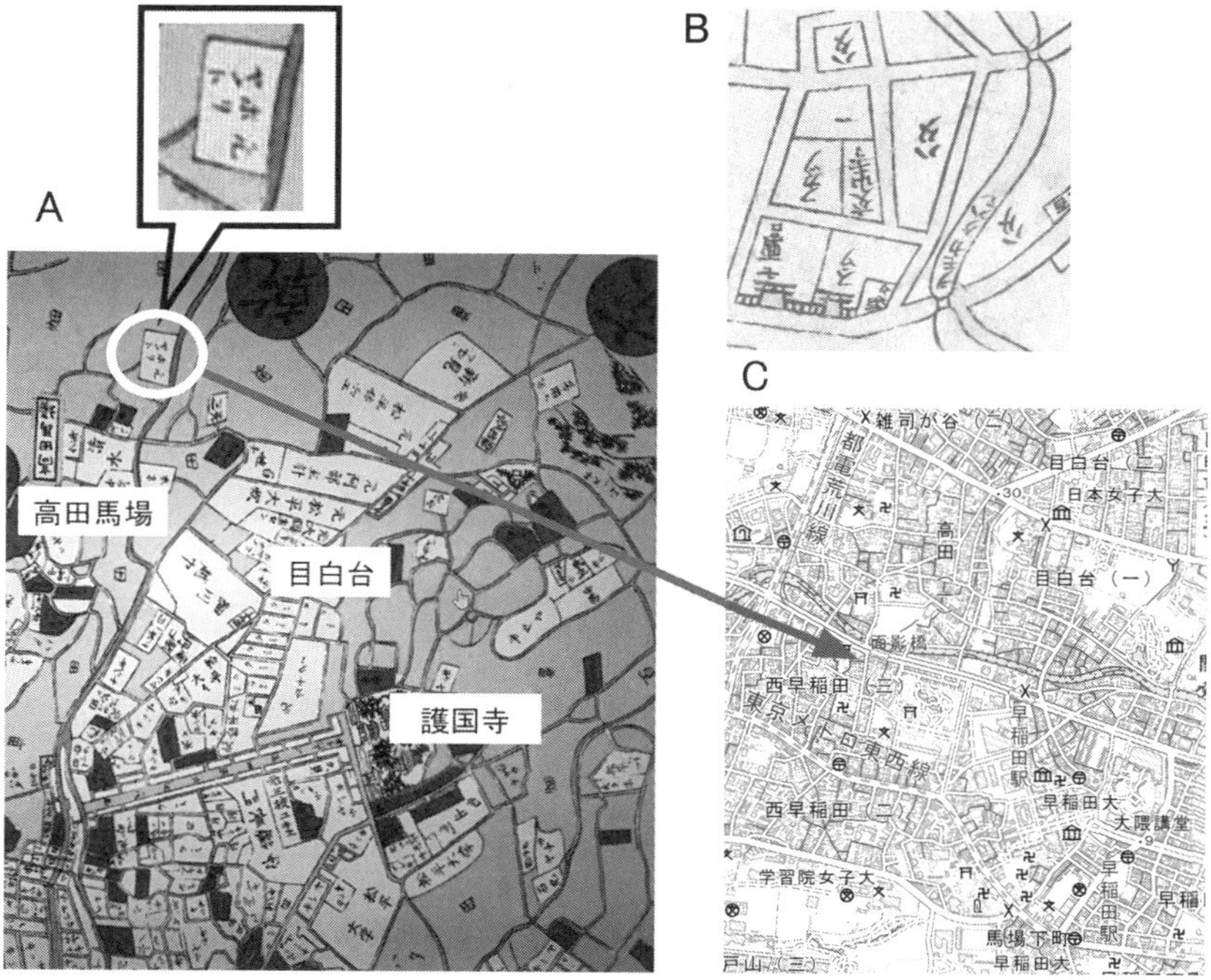

高田抱え屋敷の所在地
A「明治二年東京全図」（国際文化研究センター蔵）に描かれた「元ホリヤシキ」。高田馬場北西、面影橋西側。Bは「天保四年　分間江戸大絵図」（国立国会図書館デジタルコレクション、前掲 P187）の同所。高田屋敷は描かれていない。Cは国土地理院電子国土 web（https://maps.gsi.go.jp/#15/35.712702/139.716032/&base=std&ls=std&disp=1&vs=c1g1j0h0k0l0u0t0z0r0s0m0f1&d=m）Ａ，B, C それぞれ著者が加工して作成。

白金御殿を手放したあと、飯田藩は抱え屋敷を所持しなかったのでしょうか。

そうではありません。『耳目抄』には、高田で抱え屋敷（以下、「高田屋敷」と略）を購入したことが記されています。文政九（一八二六）年春です。藩主は十代親寚。隠居後の住まいにするためでした。

二万坪、東京ドームの一・五倍。荒れ地でした。金額は不明ですが、二月下旬に親寚が家臣を連れて訪れ、その後、「高田御屋敷守」も配置されました。

殿に随行して屋敷地を「拝見」した家臣の感想に思わず

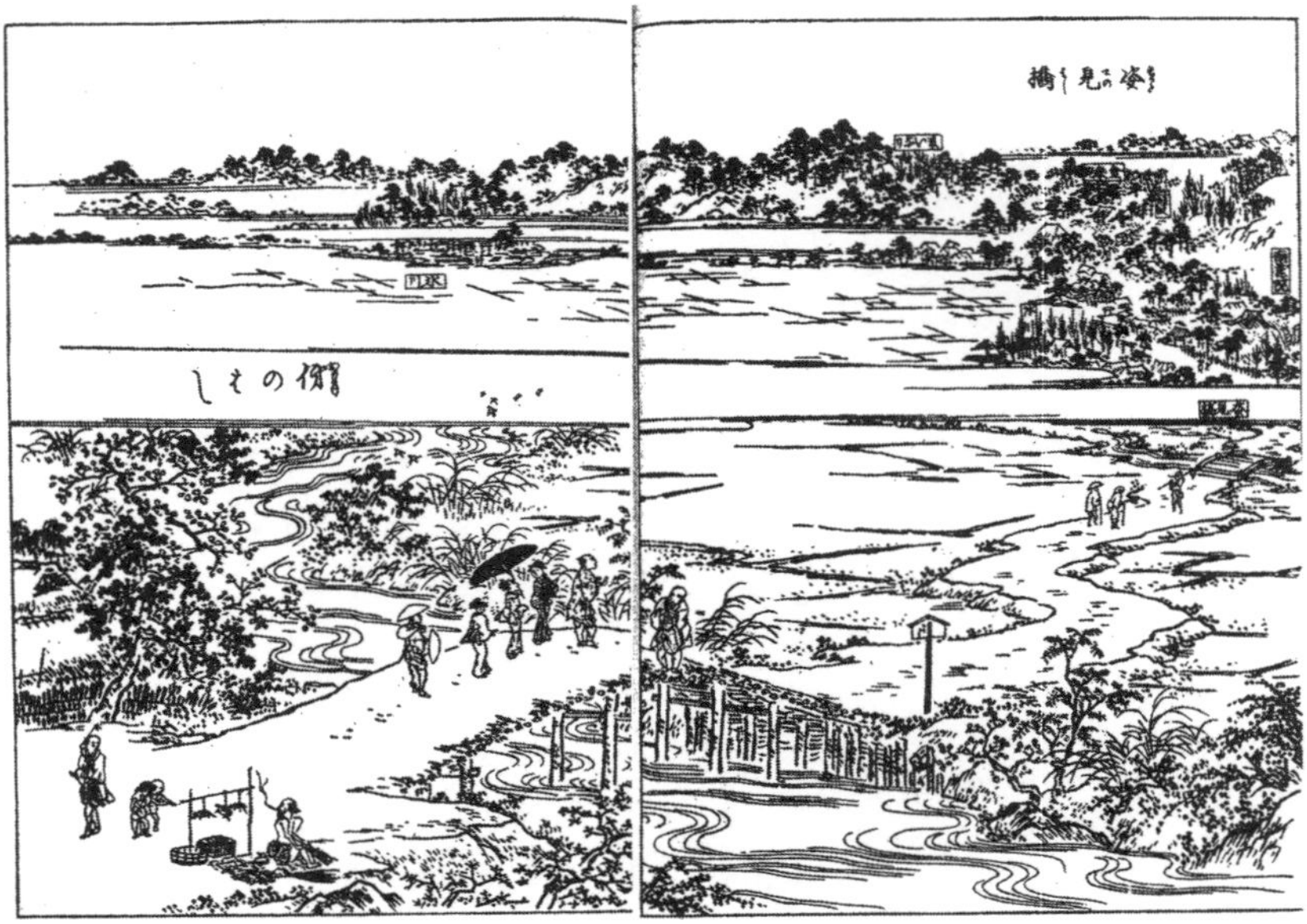

『江戸名所図会』に描かれた姿見橋
面影橋は、別名姿見橋とも言われていた（諸説あり）。悲恋の物語の舞台であり、また蛍の名所だった。飯田藩はこの付近の荒れ地２万坪を抱え屋敷として購入した。

大爆笑。

「昔舌切り雀の妖怪が出たという旧跡が藪の中にある。しばらく放置されていた庭なので、何となくものすごく恐い」

後述するように、飯田藩は資金難から、幕末、高田屋敷の敷地の半分を売却しようと試みますが、購入希望者は現れませんでした。「さもありなん」の場所だったのです。

伊東弥平太という人物から購入しました。身分は「大目付御勤役」。武家勤めの者だったのでしょう。次の文言が気になります。

「屋敷は春に購入したが、表向きは幕府に届け出ず、弥平太の名義にしておく」

ここにも、中屋敷同様の「投機」の匂いがします。

親害の引退に備えて、屋敷の普請を進めたようです。弘化三（一八四六）年、上屋敷が焼失すると、親害が高田屋敷に移ってい

高田屋敷面影橋付近（著者撮影）
　飯田藩の抱え屋敷だった高田屋敷の所在地は不明とされていたが、新宿区西早稲田の面影橋付近である。

ます（正式には四年十二月引越し）。親寯夫人は嘉永元（一八四八）年七月に移りました。

ただ、親寯が亡くなる直前の飯田藩は、親寯失脚に伴う七〇〇〇石の収入減に加え、上屋敷の焼失などで出費がかさみ、人減らしか給料カットしか選択肢がない状態でした。親寯は高田屋敷を売却して資金を調達してほしいと述べたようですが、子の親義は決断ができず、親寯死去後、売却に踏み切った時には買い手なし。藩のお荷物的存在になりました。その後の記録はありませんが、明治に入り農地に戻りました。

　高田屋敷はどこにあったのか。これまで不明とされてきました。当時の絵図に記載がないからです。私も徹底的に探しました。ヒントは広大な荒れ地。可能性があるのは高田馬場の北西、面影橋付近かと考えましたが、確証なく「ギブアップ宣言」発出三秒前。

問題は思い込みにありました。「江戸時代の屋敷だから江戸時代の絵図にあるはず」の思い込みです。明治二年の「東京全図」を眺めてびっくり。ありました。「元ホリヤシキ」。私が想定した場所とピッタリ一致。明治三年の地図（「分間　懐宝東京絵図」）も探したら、同じ場所に「イヽダ堀」の書き込み。広い意味では高田ですが、新宿区西早稲田三丁目付近です。江戸時代の高田付近の絵図には、「抱ヤシキ」がたくさん記入されていますが、堀家高田屋敷は、「抱ヤシキ」とすら書かれていなかったのです。これは一体なぜなのか。購入時に名義変更をしなかったことも含め、謎です。

失脚、引っ越し、減封、火事。ズタボロの飯田藩

弘化四（一八四七）年、飯田藩は重苦しい雰囲気の中で新年を迎えていました。前年十一月、江戸向柳原（浅草橋五丁目付近）の上屋敷が焼失、下屋敷で越年しました。失火お詫びの意を表すために幕府に申し出た謹慎願いは、一週間ほどで解除されましたが、年末年始恒例の儀式は自粛でした。

飯田表の家臣たちも閉門し、不要な外出を控えました。正月十一日は藩邸では具足開き、飯田も仕事始めですが、祝儀も見物人もない寂しい一日でした。

火災は弘化三年十一月二十二日夕刻発生しました。火元は長局（ながつぼね）。西からの強風で御殿、内長屋、裏門へ瞬く間に火が移りました。親害夫人は実家へ、親義夫人は下屋敷へ。親害・親義父子は、屋敷が焼け落ちるのを見届け、下屋敷に避難しました。表門、外屋敷のみを残し、午前零時頃鎮火。江戸詰め有力家臣三四名も焼け出されました。

藩邸は頻繁に火災に遭います。けれど、多くは類焼。さすがに火元になるケースは稀。今回、近隣への類焼はさほどではなかったのですが、大きなダメージでした。

ただ、痛手は、対外的というより藩自体に対して甚大でした。何しろ向柳原に引っ越したのが弘化二年六月。以前いた西の丸下の役宅に比べ手狭なため、引っ越しの際は深川に倉庫を借り、下屋敷内には急遽、長屋三棟・厩・仮小屋などを増築しています。上屋敷にも土蔵や台所、内長屋を新築。随分金のかかった引っ越しだったのです。

ところが、ここで飯田藩をさらなる不運が襲います。元々この引っ越しは、親害失脚に伴うものですが、屋敷普請にお金をつぎ込んだところで一万石減封（給料削減）が言い渡されたからです。二万七〇〇〇石が一万七〇〇〇石へ、大幅給料ダウン。こうなるとわかっていれば、新規普請は控えたはず。「泣きっ面に蜂」です。

元々、親害は昇進のために莫大な金を使い、それを領民からの御用金（臨時の借金）で賄っていました。積もりに積もった借金の返済で火の車のところに、失脚、引っ越し、減封、火事。「弱り目に祟り目」「痛む上に塩を塗る」。要するにズタボロです。

出世のために金をばらまき、借金まみれの藩にした主因は殿にあります。それは確か。ただ、藩邸の記録を読んでいると、江戸に屋敷をもつことの大変さ、江戸という政治の舞台で生き抜くことの大変さがひしひし伝わってきます。参勤交代や藩邸維持の経費はもちろんですが、江戸城の修繕や将軍家がらみの経費、大坂や京都の警護役など、金のかかる話は何でも大名に丸投げする幕府の身勝手さ。「ゆすりたかり」

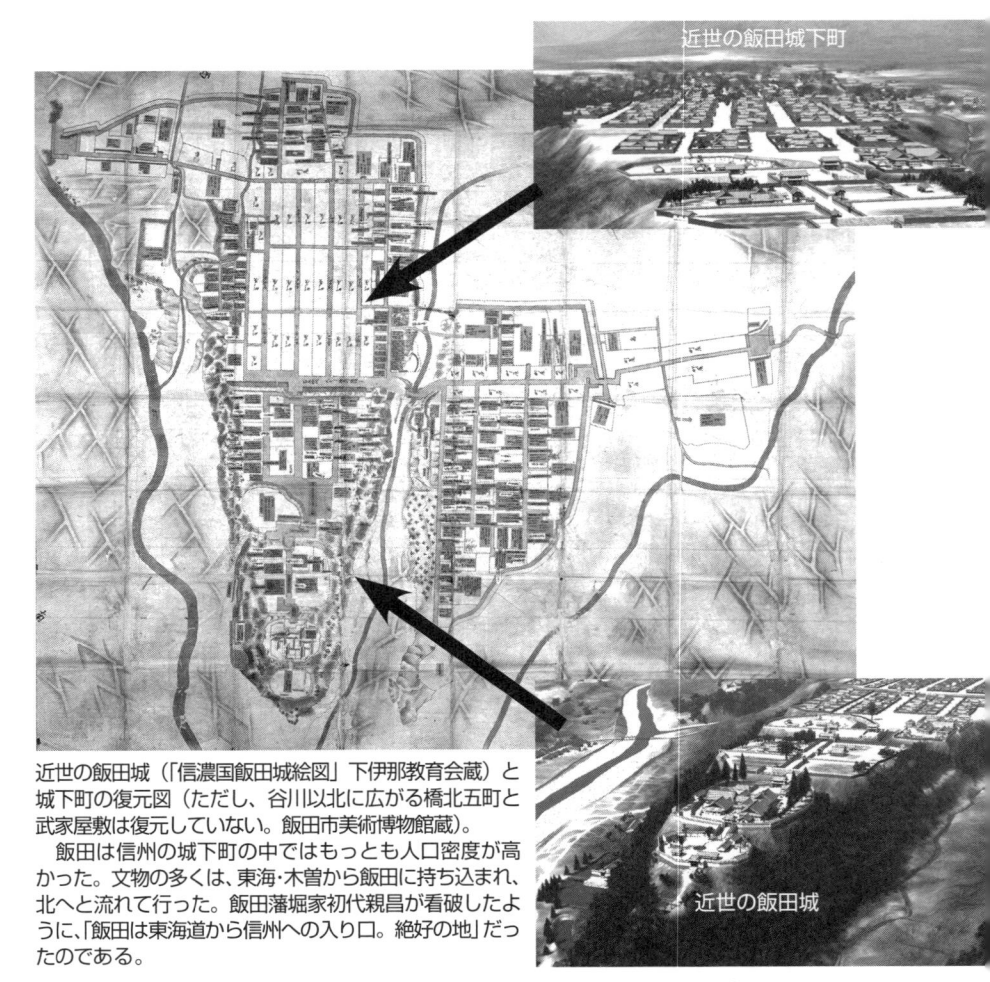

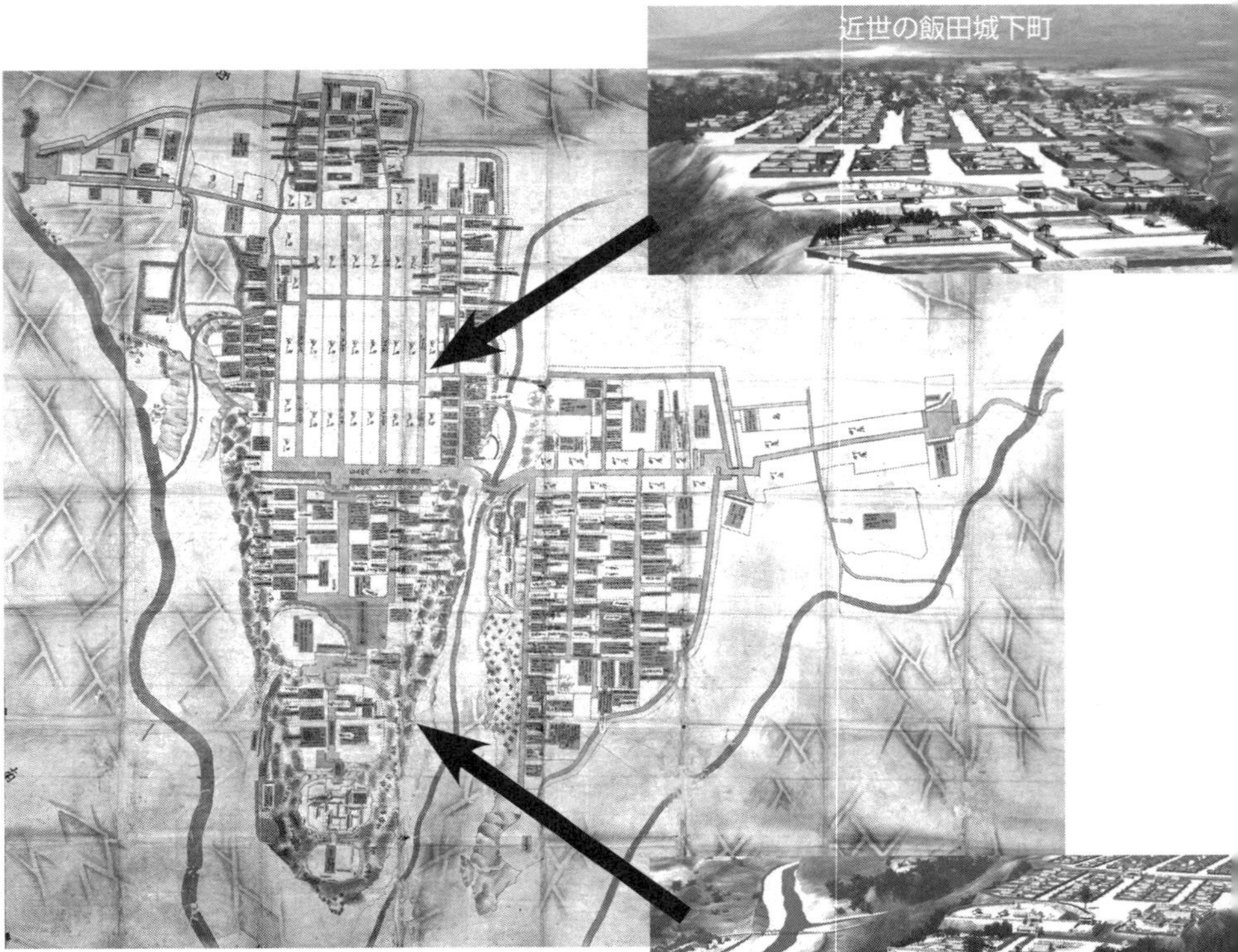

近世の飯田城（「信濃国飯田城絵図」下伊那教育会蔵）と城下町の復元図（ただし、谷川以北に広がる橋北五町と武家屋敷は復元していない。飯田市美術博物館蔵）。

飯田は信州の城下町の中ではもっとも人口密度が高かった。文物の多くは、東海・木曽から飯田に持ち込まれ、北へと流れて行った。飯田藩堀家初代親昌が看破したように、「飯田は東海道から信州への入り口。絶好の地」だったのである。

です。

　そもそも武士は、田畑を耕したり商売をして富を生み出す人たちではないので、丸投げされた金額を、自分の働きで支払うことはできません。藩を潰したくなければ、領民に丸投げするしかない。飯田藩という家の年収の七割以上が江戸がらみの出費です。藩の法令は一にも二にも倹約の励行。冠婚葬祭の簡素化など、微に入り細に入り実に細かい。しかし、その程度の倹約で立ち直れるレベルではないのです。

結局、昇進で加増を狙うしかないのですが、博打のようなもの。多くの場合取り返しのつかない結末になります。

町人たちのしたたかさ

上屋敷焼失は、弘化五年に開催される筈のお練り祭りにも影響を与えました。町から「今年は祭りを実施しないでほしい」との申請が出され、延期が決定したのです（**本書五七頁**）。「上屋敷が焼失し、再建のための御用金が幾度も賦課されている。祭礼などできる状態ではない。」が理由でした。

では、申し入れ通り祭りは実施されなかったのか。

いや、いつも通りの日程で盛大に行われました（詳細は『城下町飯田と飯田藩』飯田市美術博物館刊）。町人たちは、「祭り中止」を匂わせつつ藩を揺さぶったのです。商売上の規制の見直しを迫る目論見でした。

二四〇年続いた幕府が消滅するのはこの二〇年後。「飯田城その日その日」が描いてきた時代も、そろそろ終焉を迎えようとしています。

気の遠くなるような「徳川の泰平」

地元紙に連載中、「「飯田城　その日その日」って面白い題名だね」とよく聞かれました。堅苦しい題は避けたいと考えていた時に、ふっと浮かんだものです。大森貝塚の発見で有名なモースの著書（『日本その日その日』）のパクリですが、城と城下町のありふれた日常を描くには、「その日その日」という言葉の響きがピッタリだと思いました。

歴史学は史料を使って過去を明らかにする学問ですが、人はありふれた毎日のことはちゃんと記録しません。事件やお金など、生活に切実に関わる事柄を記録するのです。ですから、残っている史料だけで歴史を書けば、毎日毎日事件や騒動が起こっているような錯覚に陥ります。とんでもありません。

江戸後期の俳人・画家与謝蕪村に、こんな作品があります。

春の海　ひねもすのたり　のたりかな

「ひねもす」は一日中の意。いつまで続くかわからない、気の遠くなるような「徳川の泰平」を、彼らしい表現で歌っています。

考えてみれば、二六〇年、一つの家が支配を続けているのです。一世代三〇年として九世代。皆さん、九世代前のご祖先のことを具体的にイメージできますか？

しかも、外国の脅威もなく、国内に戦乱もない毎日が続くわけです。技術革新に明け暮れ、タイパ・コスパを追求する私たちの感性や歴史学の手法では、近世人の生き様には到底迫れません。

名もなき一人ひとりが歴史をつくる

この本では、具体的な名前を持つ人物は、殿のほかはごくわずかしか登場しません。年号もほんの

本丸櫓跡の石積み（著者撮影）
明治初め、城郭の維持が困難になった飯田藩は、本丸御殿や御門、伝来品や城内の樹木まで払い下げた。この結果、盛時の城姿を偲ぶ施設は赤門だけになったが、本丸東北角（長姫神社奥）に櫓の石積みがわずかに残されている。素朴な野面積みだが、これは「飯田城その日その日」を見続けてきた確かな証人である。

少し。私なりの脱歴史学の挑戦です。「歴史＝暗記」の授業で苦しみ、歴史ぎらいになった皆さんには、楽しんでいただけたかもしれません。

世の中には、やたら細かな歴史の知識を自慢する自称「歴史好き」がいますが、それは勘違いだと思います。十八世紀ドイツの文学者ゲーテは、天才でした。一度聞いたことはたちどころに記憶し、忘れない頭脳明晰な人物でした。そんな彼が大好きだったのがローマ。けれど、念願のイタリア旅行が実現すると、彼はこれまで蓄えた歴史の知識などすべて捨てて、ローマ時代の石畳の道に佇み、じっと目を閉じたそうです。二〇〇〇年前の、ヨーロッパ各地から凱旋してくる兵士たちの、絶対に聞こえないはずの声に耳を傾けようとしました。

「いざ語れ、石たちよ！」

このエピソードが私は大好きです。

私もそんな〈声〉を聴こうと、飯田城跡に佇み、耳をすましてみました。

たびたび引用した『勤向書上帳』は、無味乾燥な職務規程集ですが、その行間から浮かび上がる面々の貌と声を、できるだけ丁寧に書き留めてみようとしました。御側御用人、御料理人、御膳番、会所方のOne for All な面々、御作事方のプライド高い職人たち、そして孤独な殿を支える江戸藩邸の方々。みんないい顔していました。忘れられません。ひたすら感謝です。

「この本は私でも殿でもなく、そういう名もない一人ひとりのために書いたもの」と、今言い切れる自分を、ちょっと褒めてあげたい気持ちです。

第二編　城下町飯田と飯田藩

一、女たちの大平街道

はじめに

私はかつて、中山道馬籠宿本陣島崎正樹を中心点として結びつく伊那谷と東濃の国学者たちが、本学霊社建立など、全国区プロジェクトを次々に成し遂げたことを指摘したことがあります（**本書第二編「六、平田国学と飯田下伊那」**）。交流の舞台として、伊那谷と木曽谷を結ぶ大平街道が大きな役割を果たしています。ただ、取り上げた人々が、竹村多勢子を除けば、男ばかりでした。さながら、「男たちの大平街道」でした。となれば、「女たちの大平街道」も考えてみたい気持ちになります。

ところで皆さんは、江戸時代の庶民の旅について、どのようなイメージを持っていますか。高校の教科書には次のように書かれています。

「（江戸時代の）主な関所は、東海道の箱根・新居、中山道の碓氷・木曽福島……などにある。関所では手形の提示を求められ、とくに関東の関所では『入鉄砲に出女』をきびしく取り締まった」（山川出版社『詳説日本史Ｂ』）

檀那寺や名主が発行する手形を持参しなければ、関所・番所は通過できない。その上、女性は容姿や旅の目的などを記した「女手形」の持参も求められました。

行く先々の関所・番所で手形や所持品、運が悪ければ身体まで改められる（「女改め」）となれば、好んで旅に出たいと思う女性は少ないでしょう。戦火を逃れたり、家族の転勤といったやむを得ない理由がなければ、女性たちは生涯大きな旅はしなかった、というイメージを多くの方が抱いているのではないでしょうか。

善光寺門前の賑わい。旅する女性の姿が描かれている。（『善光寺道名所図会』より）

関所の抜け道「女人道」

ほんとうにそうでしょうか。

『善光寺道名所図会』という江戸後期の旅行案内本があります。塩尻から松本を抜け、猿ヶ馬場峠を越えて善光寺にいたる「善光寺道」を中心に紹介した、挿画入りガイドブックです。旅姿の女たちが随所に描かれていることに驚きます。『木曽海道六十九次』も同様です。艶やかな旅装束の女たちが、中山道を行き交う姿があちらこちらに登場します。こうしてみると、江戸時代（すくなくとも後期は）、女性たちの旅は、けっして珍しいものではなかったと考えるのが自然です。

もちろん、幕府が存続しているかぎり、関所・番所は続いていました。往来者のチェック、治安維持の役割を果たしています。女改めも継続しています。制度の上では、女性の旅が容易になったわけではありません。では、なにが変わったのでしょう。ヒントは大平街道にあります。

まず、一人の京女を紹介しましょう。江戸時代後期の一八三〇年頃のことです。

志村筇花（きょうか）。善光寺参詣を思い立った老母の付き添いとして旅にでた彼女は、中山道をまっすぐに北進せず、馬籠・妻籠を過ぎると、険しい山道に入りました。大平街道です。

ようやくの思いで太平峠・飯田峠を越えて飯田に出ると、旅の疲れをとり、翌日、善光寺をめざし伊那街道を北上していきました。

彼女の旅日記（『信濃のみちの紀』）をひもといてみましょう

四月十三日
ここより大だひらをゆくに　いましもさむきところにて　やうやうさくら　山なしなど　まだしきほどのさかりなり
十四日
なほわけゆくほとに　又をとこをミなのゆくみちかたかたにふたすちあり　をミなのいるべきみちハいとくらうふ笹しける山のかけみちなり　さかをゆくにミちいとふかく谷の木間にうくひす・こまとりなとの　そこはかとなくおとつるるさへところけりものかなし

険しい山道を、懸命に歩く姿が目に見えるようです。

彼女は何を思って大平街道を利用したのでしょう。中山道をそのまま北上すれば、険しい山道を上り下りする苦労もなく、距離も短いのです。飯田に知人がいたわけでもありません。

答えは簡単です。関所改めが厳しいといわれた、木曽福島関所を通りたくなかったのです。中山道を西から歩む旅人は、妻籠から右折し大平街道を利用すれば、木曽福島関所を回避できたのです。関所を回避するこういう抜け道は、女性が多く利用したことから「女人道」と呼ばれますが、西国からの善光寺参詣者が増加する近世後期には、大平街道は、実はよく知られた「女人道」の一つだったのです。

意図的な関所不通過は「関所抜け」といいます。幕府の規定では重罪です。ですが、「女人道」を巧みに利用することによって、図会や浮世絵にあるように、女性たちは物見遊山の旅を楽しむことができるようになったわけです。

巧みに「抜け道」を利用した女性の旅人

もちろん、大平街道がまったくのフリー通行だったわけではありません。飯田側には飯田藩管轄の市瀬番所（**本書六三頁**）が置かれ、ここでも関所同様に通行人のチェックが行われることになっていました。木曽福島を回避しても、市瀬番所が立ちはだかる。これでは険しい山道を越えた意味がありません。

と思いきや、ここで思いがけない証言が飛び出します。近江八幡から善光寺参詣の旅をしてきた女性、森祐清です。六十七歳。

一、五月三日御天気よし　かご　山道　かわら　木曽峠ま事に道あしく　大たいら休み　小たいら昼飯…同所より女人海道八丁斗ぬけ道　御関所此辺桃桜すもも山吹さかり（『善光寺道之日記』）

「女人道」利用のセオリー通り、中山道から大平街道に入り、険しい峠を越えて大平宿で休み、飯田をめざしました。文中の「御関所」は市瀬番所のことです。

思いがけない証言というのは、「女人海道八丁斗ぬけ道」の部分です。市瀬番所を通らずに飯田に出る「ぬけ道」を利用したという意味です。八丁は約一㌔。大平街道の途中、番所の前後に、「女人海道」という「ぬけ道」があったということです。

「桃・桜・すもも・山吹」を愛でながらの「関所抜け」。結局、彼女は、木曽福島関所も市瀬番所も通過せず、善光寺へ向かったことになります。

彼女は、善光寺からの帰路も伊那街道を南下しました。飯田から平谷・根羽を経て熱田神宮に向かっています。

三州街道です。「中馬」と呼ばれる民間運送業者が活躍したことから、「中馬街道」とも呼ばれました。街道には、飯田から平谷の間に浪合番所があります。この関所はどうしたのでしょう。再び彼女の証言を聞きましょう。

一、五月十五日御天気吉　飯田出立　同所より中間海道へ出申候　うし馬沢山出合申候　松川はし　夫より立場昼飯　昼後、山道御番所御さ候て　ぬけ道十弐丁案内頼申候　少々ひまとり遅く相成申候　山道に水つき候所も有候

一、平谷宿清水屋とまり、暮時分着此所芝居後座候

「中間海道」は中馬街道（三州街道）です。「立場」で昼食後、「山道御番所」（浪合番所）があるので、「ぬけ道十弐丁案内」を依頼したと記しています。番所の手前には、市瀬番所同様、番所をスルーするための「ぬけ道」（一キロメートル強）があったことだけでも驚きますが、そこには（おそらく報酬を得て）案内をする人物がいたというのです。教科書で身につけた歴史の知識が、覆されます。

袖の下を使っても行きたかった善光寺参詣

もう一つ、驚くべき証言があります。筑前国（現福岡県）の商家の主婦の旅日記です。小田宅子（いえこ）。天保十二（一八四一）年、五か月にわたる長い全国旅の途中、彼女もセオリー通り中山道から大平を抜け、飯田から善光寺をめざしました。

一里ばかりゆきて妻ごめ村に到る　ここなる橋のもとより　女の旅する人の福島の番所をよくるぬけ道有り　奥ふかき山にてさかしき処なり　先に峠を登る人のかしらをふむ様にしてのぼる心ちす　くるしい事いはんかたな

し　…山を一里半下れば裏番所といふもの有り　ここを関守る人にこひてこころやすくすぎて　一ノ瀬村藤屋何某の家にやどる（『東路日記』）

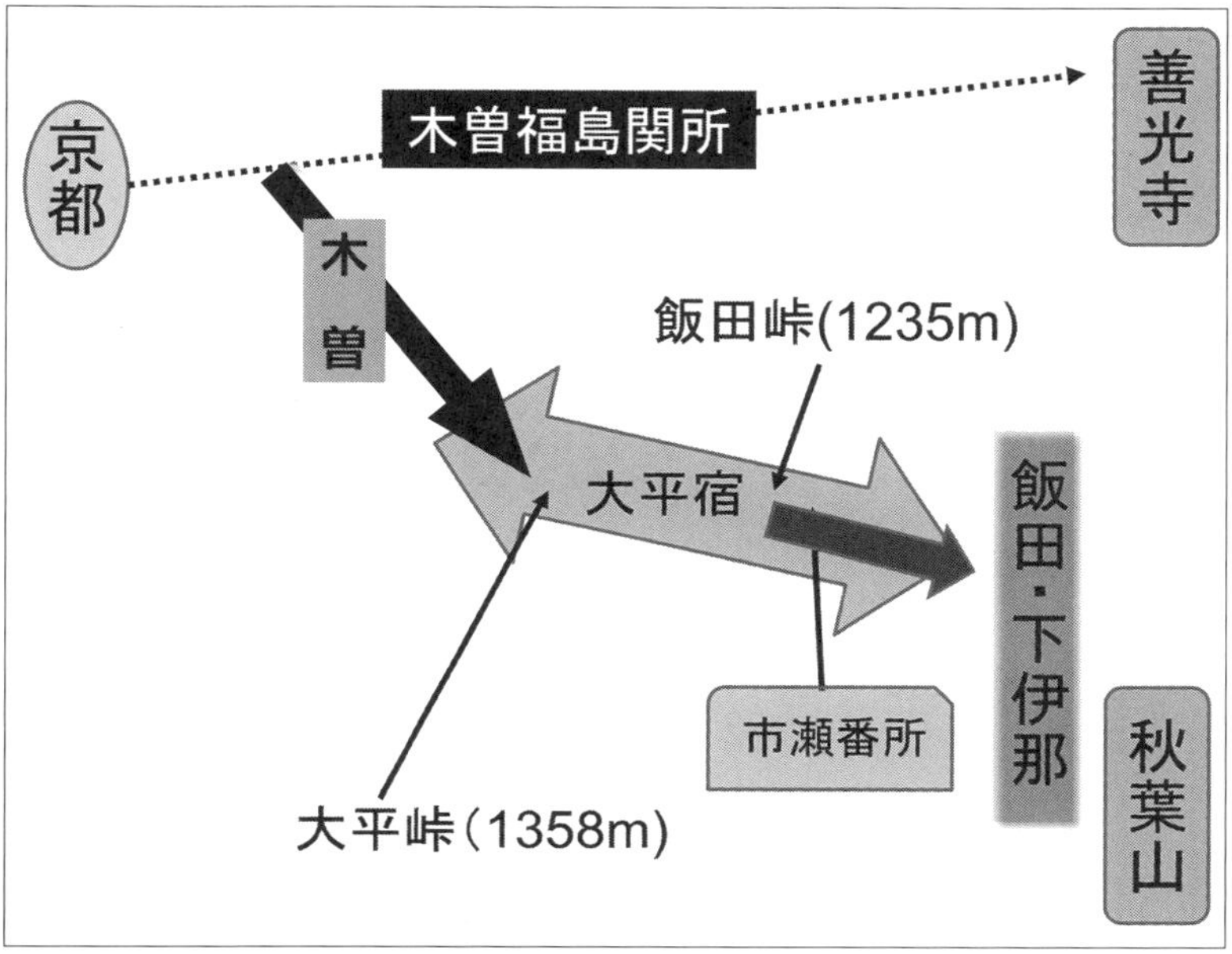

図１　大平街道がつなぐ世界

裏番所が市瀬番所です。福島関所が表、市瀬番所が裏という意味かもしれません。

「こひてこころやすくすぎ」は「乞いて心易く（市瀬番所を）通過させてもらった」という意味でしょう。関守が文字取りの親切な人物だったかもしれませんが、「関所抜け」を黙認すれば関守自身が処罰されます。ただ人が良いだけではできないサービスです。

多分、「袖の下」が威力を発揮したと想像します。近世女性史研究者で女旅日記に詳しい柴桂子氏は、「ありがたや　とをれんところも銭次第　関守さんも心五十か」という諺を紹介しています（『近世おんな旅日記』）。本来通れない関所も、五〇文（約一三〇〇円ほど）「袖の下」を渡せば通れたという意味です。こうした「不正」が横行していたということでしょう。市瀬番所の「乞いて心易く」にもその匂いが感じられます。

「入鉄砲出女を厳しく取り締まる」という建前やよし。けれど、善光寺をめざす女たちはそんなに簡単には諦めないのです。

「蛇の道は蛇」。ニーズがあれば、それに答える職業や裏技が生まれくるのが、人の世というもの。二百数十年続く「泰平の世」。いつまでも戦国の緊張感が続くはずはありません。

こう見ると、歴史は俄然面白くなります。

もちろん大平街道を、すべての女たちが利用したわけではありません。皇女和宮は当然通りません。公式の旅だからです。

だが、和宮は近世を生きたあまたの女性たちとはほとんど無縁な、例外中の例外です。商家や農家の普通の女たちが、なぜ善光寺をめざしたのかの説明は、長くなりますから省略しますが、「女人禁制」を掲げる寺社が多かった江戸時代、善光寺は女性の参拝を積極的に受け入れていました。女性が内陣深くに詣で、夜通し仏の御名を唱える勤行が許された寺だったのです。物見遊山から始まった志村箏花さんの善光寺詣でですが、内陣での勤行の感動を、

ぬかずけば　身にしむばかりかしこくて　なみだの他に　ことの葉もなし

と読みました。隣に仏の気配を感じながら、来し方行く末に静かに想いを馳せる。長く険しい旅が終わる時、女性たちは思い思いに「内面に向かう旅」を旅し始めるのです。女性たちにとり、善光寺は、そんな魅力的な寺でした。

異郷の女たちが往来した飯田

大平街道を、「女人道」の視点で考えてみました。

ただ、私が一番述べたいことはそれではありません。大平街道の東の終着点は飯田だということです。西国から

善光寺をめざす女たちは、必然的に飯田をもめざしたということになります。

大平街道を下った志村箣花は、飯田に宿をとりました。旅を急ぎたい彼女は翌朝早くの出立を予定したのですが、雨。思わず、午後までゆっくり滞在しました。結構、気に入ったのかもしれません、この町が。

森祐清は、飯田に宿泊すると、翌朝、飯田城見物にいきましたが、そこで驚くべき出会い。

一、飯田宿本町宜敷所、端午ののぼり沢山に出申候　御城見物申候　だんだんに参　此所にて、八幡より御参詣之女中方に御めにかかり申候　手紙御頼申候

端午の節句で賑わう本町の旅籠に満足。飯田城見物を楽しんだところで故郷の近江八幡の女性たちにばったり会い、手紙を託したというのです。故郷から遠く離れた異郷で、故郷の知り合いに会う。奇跡のようにも見えますが、それが飯田では案外普通のことだったのかもしれません。この町に、いかにたくさんの異郷の女たちが往来していたか、想像できます。

祐清は、帰路も飯田に宿しました。

一、飯田、岩くらや泊り　八ツ半着　今夕暮　早々に夕立らいめい三ツなりよほど大きく節分まめいただき申候　ほととぎす聞申候

小田宅子は、九州からの大旅行の途次、市瀬から飯田にでると、しばし休息。灸で足の疲れをとると飯島に向かいました。

伊那ノ郡飯田といふ城のあるにつく…ここに灸をする人有りと聞て　みな人行て足なんどを焼く　いと長き町家みなたてり

おわりに

近世、女たちは善光寺をめざしました。そして、旅の想い出のなかに、大平街道と飯田町の姿を刻んだ女たちが、たくさんいたのです。飯田の町で旅の疲れを癒やし、歩んできた道〈越し方〉を振り返り、まだまだ続く巡礼の長い旅路〈行く末〉を想い浮かべたはずです。この町が、彼女たちの〈明日の一歩〉のための力を与える存在になったと思います。

飯田町はこうした女性たちをどのように迎えたのだろうか。もてなしたのだろうか。

きっと、こうした女性たちのための、さまざまな設えを工夫して創り出していたに違いありません。

そして、この問いはそのまま、この町が旅する女性たちをターゲットに生み出してきた設え、もてなしの伝統を、リニア時代に向けてどう活かすかという問題提起ともなるはずです。

「女たちのいる大平街道」とは「女たちのいる飯田町」に他なりません。

大変失礼な言い方ですが、「歴史はじいちゃんたちの趣味」と見られがちです。歴史を学ぶ女性は、けっして多いとは言えません。それは、女性を主人公にした歴史がほとんど語られていないからです。

ただ、ここからは女性の皆さんの出番だと思います。女旅日記の蒐集や講読から始めたらどうでしょうか。こう言えばジェンダーの観点で批判を受けるでしょうが、女性の日記は女性の感性で読み解くに限ります。近世という、旅に制約が多かった時代に、なぜ女性たちは旅にでようとしたのか。なぜ善光寺を目指したのか。それは、この時代が女性に課したさまざまな悩み・喜びに共鳴しなければ、なかなか解明できない問いだからです。

二、新しい松尾多勢子像を求めて

はじめに

松尾多勢子が暮らした下伊那郡豊丘村で、彼女を語る機会をいただきました。改めて多勢子研究の見直しを提案します。

多勢子は一八九四年に死去し、一〇年後、明治維新に功績あったとして、正五位を授与されましたが（一九〇三年）、それまでは、全国はもちろん、郷里でもそれほど知られた存在ではありませんでした。受勲を契機に伝記が世に出、注目されるようになったのです。

ここから一〇年ほどが、第一次多勢子ブームです。品川弥二郎、三輪田真佐子、井上頼圀ら、多勢子に実際に関わりのあった人たちの回顧談が多いのが特徴なので、第一次ブームは、「多勢子を見た世代」が演出したといえます。

「スパイとして岩倉具視邸に潜入した」とか「長州藩邸でスパイを容赦なく処刑した」など、根拠のない逸話も創作されましたが、その一方、作り話をきっぱり否定し、等身大の彼女を語ろうとするものもありました。

第二次ブームは、一九三〇年代以降に訪れました。「多勢子を知らない世代」の多勢子論ですが、婦女子向けの雑誌への連載も始まります。多勢子がどう語られたかは、書名（『勤王物語松尾多勢子』『愛国の女性絵物語』『維新の女流勤王家』など）を見れば一目瞭然です。郷土史家市村咸人（みなと）が、精力的に伝記を発表したのもこの時期です（主な論考は下伊那教育会『市村咸人全集』第五巻に収録）。年譜を信じれば、市村は、終戦とともに多勢子を論じるペンを折りました。氏の本心がいずこにあったかはわかりませんが、自著が「戦争へと人々を駆り立てる役割を果たした」という自覚があったのでしょう。第二次ブームは、軍靴とともに歩み、消えたのです。

ちなみに島崎藤村の『夜明け前』が描く多勢子は、市村の仕事に全面的に依存しています。

戦後、多勢子研究は長い停滞期に入ります。一九六〇年代後半、高度経済成長期に第三次ブーム（第二次に比べればブームと呼べるようなものではなかったのですが）が訪れています。『信州のおんな』（もろさわようこ）などが皮切りです。女性・娘・母といった、いわゆるジェンダー論の立場からの多勢子像が、主に、女性の研究者・作家から提起されることになりました。二〇〇五年の『たをやめと明治維新　松尾多勢子の反伝記的生涯』（アン・ウォルソール）が多勢子研究の到達点といえるでしょう。

多勢子の故郷である飯伊では多勢子はどう語られているのでしょうか。当地は第二次ブームを牽引した市村の故郷でもあるため、話は複雑です。

アンも何度か当地を訪れており、「多勢子像見直し」の動きはあるのですが、一九九四年に刊行された多勢子没後百年記念冊子の題名が『南信濃の山河が生んだ幕末の女流勤王家』であるように、あるいは二〇一八年、生誕二〇〇年記念イベントのなかでいくつかの郷土誌に発表された論考の多くが、立論の根幹の部分が市村説のそのままの引用であるように、当地は多勢子研究深化の流れから、随分遅れていると感じざるをえません。市村の著書が、一世紀近い年月を経てもなお、オーソリティ（権威）として、語弊を恐れずいえば、「聖典」のようにそびえ立っているという感が強いのです。アンはそうした状況をつぎのように指摘します。


市村が多勢子に関心を抱いたのは、一人の女性としてではなく、伊那谷の誇りとなるような名声をもたらした愛国者としてなのである。市村の研究は、足場となると同時に、障壁となる（前掲書　二五頁）。

市村咸人の多勢子上洛記述の間違い

文久二（一八六二）年の多勢子上洛に関する市村の記述には疑問があります。

「八月晦日に実家山本を出立、土砂降りの雨の中をその日のうちに娘の嫁ぎ先中津川に到着、ここに十数日滞在を余儀なくされた後、九月十日京都に旅立ち、十四日到着した」という記述です（「松尾多勢子一」『市村咸人全集』第五巻所収　六九頁）。

この年は八月の後に閏八月（二九日間）があり、もし多勢子が八月晦日に中津川に到着し、九月十日中津川を出立したのであれば、「十数日滞在」ではなく、四〇日近く滞在したことになります。市村が閏八月の存在を見落とすことはなく、事実、多勢子の上洛日記（『旅のなくさ』『都のつと』）の校訂作業の際には、「八月晦日」という記述の横に（閏八月）と彼自身がルビをふっています。市村は閏八月の存在を知りながら、伝記執筆の際には「八月」にしたということです。

なぜ？

「尊攘派が結集し、倒幕運動の修羅場と化している京都に、勤王の熱い思いを抱く女丈夫が駆けつけた」という多勢子像を描きたかったからでしょう。このシナリオには、中津川での長期の滞在は似合わないのです。

「いや、市村が八月と書いているのは、本当は閏八月のことで、そこまで彼は厳密に書かなかっただけ」という反論もあるでしょう。

しかし、「閏八月晦日山本出立」説が絶対にあり得ない資料を見つけました。江戸時代の日々の全国の気象を記録したデータベースです。これによれば、文久二年閏八月晦日（新暦十月二十二日）の当地は、終日晴天でした。全国的にも晴れでした。「土砂降りの中を中津川へ」は考えられません。多勢子の長期に及ぶ中津川滞在は疑いありません。

「多勢子上洛」は多勢子伝説の根幹をなす出来事です。この部分に問題があるとすれば、これまでの多勢子論は大きく狂うことになります。

市村は、九月十日（新暦文久二年十一月一日）中津川を出立した多勢子は、十四日に京都に到着したとします（同書　七一頁）。ここにも問題があります。多勢子の上洛日記（『旅のなくさ』）を普通に読めば、十日中津川出立、十五日京都着です。毎日の宿泊地が正確に書かれているので、これも疑う余地がありません。一日三〇キロほどの旅程。これは当時の人たちにとっては、けっして急ぎ旅ではありません。事実、日記の記述を信じれば、彼女は中山道の各地の名所（特に和歌や国学関係の）を詣で、見頃の紅葉を詠み、ゆったりと京を目指しています。そこには、

多勢子の出京するや。直に長州を中心とせるこの急進的尊王攘夷論者の渦中に赴き、その平生信奉する所の赤誠を大君に捧げて、斡旋奔走するに至れり。（同書　七七頁）

の切迫感は感じられません。

京都滞在の六か月間の様子を、詳しく述べることは省きます。上洛に関する市村の描写の一点だけにこだわってみたいと思います。「多勢子の上洛は和歌修行のためだった」という説を市村が強く否定する箇所です。

いかに思い詰めたればとて、女性の身として閑人の一技功に過ぎざる歌修行のために、浪士横行して社会組織混乱し何時戦塵のちまたとなるやも図られぬ形勢を現ぜる皇城の地に乗り込まんこと、あまりに無鉄砲なりといわざるべからず。彼女をして猛然決起の決意をなさしめたるゆえんは、より多くまじめにかつ有力なるものたらざるべからず。（同書　七三頁）

多勢子上洛は「閑人の一技巧に過ぎぬ歌修行」ではなく、「より多くまじめ」な動機だったと力説しています。揚げ足をとるような発言はひかえなければなりませんが、なぜ和歌を嗜むことは「閑人の一技巧にすぎず」、政治活動に身を投じることは「まじめ」なのでしょうか。

江戸時代も後期になれば、豪商や豪農たちは、社会的にも経済的にも名士であるために、また人間関係を円滑にするために、和歌の嗜みを必須のスキルとしていました。まして、「復古」を理想とする国学的な教養を胚胎した尊攘運動が、世の中全体を覆いつつある幕末です。国学がさかんな当地だけでなく、京都はもちろん、全国でも和歌の技量に優れた人物は評価されていました。男とか女とかの問題ではなく、それは人としての力量を測るバロメータの一つだったのです。けっして「閑人の一技巧」ではありません。

政治運動に身を投じることが「まじめ」だという評価もどうでしょうか。この言葉には、暗に、「家事や文芸よりも天下国家を論じることは高尚で立派だ」という価値観が込められています。これは市村のみのことではありません。多勢子を取り上げたほとんどの書物に通奏低音のように流れている「常識」です。

松尾多勢子晩年画像（自賛）（『市村咸人全集』第５巻所収　下伊那教育会蔵）

もっと言えば、「天下国家を憂い、行動するのは男に似つかわしく、だから女の身で革命運動に身を投じた多勢子は『女傑』『女丈夫』『男勝り』なのだ」という価値観です。

「政治」という言葉には、たくさんの汚れがこびりついています。金権、権力争い、パワハラ、暴力、戦争……。

人間が共同体を形成し、集団で生活を営む以上、

〈政治〉という作業とそれを担う人々は必要ですが、だが、それが何か特別立派な行為であり、それを行う人が「偉い人」であるわけではありません。第二次ブーム以来の一〇〇年、彼女はこの枠組みの中に押し込められてきました。

聖地を楽しむしなやかさ、したたかさ

今回のこの文章の発端は「閏八月」の発見です。「多勢子上洛の『大きな物語』を疑ってみる必要あり」と気づきました。この作業は、長いこと語り継がれてきた「勤王討幕派のヒロイン多勢子」像の再検討に繋がるはずです。

難問ですが、私論はあります。

彼女が、和歌と平田国学に親しむ中で、京都を日本と自己の「聖地」と考えるようになったことは確かです。同時に、文久二年夏、彼女が松尾家の家事などから解放され、経済的にも自由に行動できる立場だったことも確かです（アン・ウォルソール　前掲書第3章）。中津川に出れば、京都に繋がる平田国学者のネットワークがあります。本陣出入りの京都商人池村氏を頼れば、門人を介して、彼女が心酔する京都の古典文芸に接することができるという確信が、中津川滞在中に芽生えたと思います。

「討幕実践の決死の旅」ではなく、「あこがれの聖地京都を目一杯楽しんじゃおう旅」。

誤解を招く表現ですが、発端はこれだと思います。女一人で上洛すること自身は、大変な決断ですが、「見たいと思うものは全部見たいの。今を逃したらチャンスはないかも！」と、迷わず行動できるのが彼女の魅力です。当初は「聖地巡礼」に近い旅を思い描いていたと考えます。

ところが、京都での人脈は彼女もびっくりするほどのスピードで拡大します。政局も想像以上の速さで京都にフォーカス化されていきます。会えるはずのない立場の人々に会い、出入りすることのない場所（例えば御所）

に招かれる。これらは、上洛時に予定調和的に組み込まれていた体験ではありません。

では、多勢子の魅力は何か。

こういう変化を、怖れたり、戸惑ったりしながらも、前向きに受け止めてどんどん関わっていくところです。「何でも見ちゃえ、楽しんじゃえ」です。室町時代の流行歌「何してるんだよグズグズして。一期は夢さ、ただ狂え」(『閑吟集』)を地で行くように、どんどんネットワークを広げていきます。

木像梟首事件に彼女が関与したかは不明ですが、匿われた長州藩邸の半月で、長州の志士たちとしっかり人脈をつくります。この人脈が多勢子晩年まで活きます。災難をプラスに変えるアグレッシブな思考。

ただ、そんなに気楽なことではありません。京都での毎日は、農家出身の「ばあさま」としては、いままで誰一人味わったことのない人・モノとの遭遇体験の連続です。どう振る舞えばよいのか。参考になるロールモデルは一切ない。行動の基準も決断も、それにともなう責任も、結局は自分で引き受けるしかない。信ずるにたるものは自分だけ。多勢子は、そんな日々を、ときに「手弱女」と弱気になりながらも、エンジョイしています。京から中津川に宛てた手紙には、「いつまでも京都にいたい」「京都をふらついている自分を『物好き』と世間は笑うかもしれないが、自分でも『わが心しれぬ』ような不思議な感情に突き動かされ楽しんでいる」とあります(宮地正人「幕末中津川をめぐる三人の女性達」)。

彼女は、迷いながら、けれど説明できないワクワク感に突き動かされて、見たことのない世界に向かおうとしているのです。予定調和的であるべきだった旅と人生が、恐ろしい速さで壊れていく、それが心地よくすら感じられる。〈疾走感にどっぷり浸る〉という表現がいいかな？　手紙からはそんな表情まで浮かびます。楽しんでいるのです。彼女を賞するに「女丈夫(男勝り)」「女傑」はまったく的外れ。人間として、とてもしなやかで、したたかなのです。

松尾多勢子上洛関係年表

年	月	多勢子の動き	江戸などの動き	京都の動き
1862（文久2）	1		老中安藤信正襲撃される（坂下門外の変）	
	2		将軍家茂・皇女和宮婚儀	
	4		吉田東洋暗殺	寺田屋騒動
	5		尊攘派、イギリス仮公邸襲撃（第2次東禅寺事件）	朝廷、大原重徳を勅使として江戸へ
	7		徳川慶喜、将軍後見職就任	尊攘派、島田左近を暗殺
	8	伴野出発→山本→中津川へ	生麦事件	
	⑧	中津川滞在		松平容保を京都守護職に任命
	9	10日、京都へ出発 3月まで京都滞在		京都町奉行与力渡辺金三郎暗殺
	12		高杉晋作ら、イギリス公使館焼き討ち	
1863（文久3）	1	宮中節会拝観		将軍後見職慶喜入京
	2	等持院木像事件で潜伏		等持院木像事件 浪士隊上京→8月新撰組へ
	3	帰郷の途に→大坂・奈良・伊勢へ		将軍家茂上洛　229年ぶり
	5	帰郷	萩藩、下関で攘夷決行（下関戦争）	
	6		高杉ら奇兵隊結成	
	7		薩英戦争	
	8		天誅組の乱	8月18日の政変→七卿落ち
	10		生野の変	「天誅」横行

おわりに

京都を舞台に広がった多勢子のネットワークは、彼女が必死で作り出そうとしたわけではないところが重要です。持ち前の明るさ、教養、素朴な風体。おおらかで、しかも細かな気配りができ、かつ多くの人を束ねる統率力。そうした資質が、その時の京都ではもっとも求められる資質だったのです。彼女の出現を一番待ち焦がれていた場所に、彼女は着地したのです。「女丈夫」でも「女だてら」でも「勤王家」でも「狂信的国粋主義者」でもなく、一人の魅力的な人間として、彼女は受け入れられたのです。

唐突ですが、多勢子の姿に、NHKの朝ドラ「らんまん」に登場したタキ（松坂慶子）が重なります。

万太郎の祖母で峰屋を切り盛りするタキは、子や孫を育てあげ、家と親戚筋をまとめ、商売を切り回し、次々に起こる事態を堂々と仕切っていく実に賢い女性です。タキの立ち振る舞い、言動に惚れ惚れします。江戸時代の村や町には、そのような人間力豊かな女性たちがいました。彼女たちの姿は、明治国家が推進した家父長制教育の中で消えていくのです。

松尾多勢子は、タキのように度量の大きな賢い女性だったと思います。彼女の場合、自立できる経済的条件や家族の理解があったということももちろん大切な要素ですが、何より、人間的な魅力に溢れ、「一度きりの人生をちゃんと楽しもう」とする人だったからこそ、多くの人に頼られ、彼らを勇気づけたと思います。

彼女が松尾家に嫁いだのは一八二八（文政十一）年、十七歳でしたが、義母は三七年、義父は三八年に死去しました。彼女は、二十八歳で、豪農松尾家を切り盛りする「家刀自（いえとじ）」の立場についたわけです。『たをやめと明治維新　松尾多勢子の反伝記的生涯』に載せる松尾家の系図では、けっして健康だったとはいえない夫元珍を支え、七人の子、六人の孫、三人のひ孫の成長を見守っています。

松尾家に養蚕をもたらし、家をもり立て、たくさんの奉公人をまとめ、そして、和歌を通じて、豪農・豪商との付き合いを巧みにこなしていく。これこそが、本当の意味での「政治（まつりごと）」です。男とか女という尺度ではなく、一人の人間として見た時、多勢子は実に魅力的な人物です。

アン・ウォルソールがこんな指摘をしています。

「彼女が（京都で）出会うのは、みな『丈夫』になりたいと思う連中だった。三十前にたいがい落命している。ただ『男になりたい』のではなく、『丈夫』になりたいと願う『冒険の中にいる連中』が彼女を待っていた」（前掲書　一九〇頁）

例えば、多勢子没後、彼女の顕彰運動に尽力する品川弥二郎もその一人です。「日本の明日はいくらでも語るが、自分の明日はさっぱり考えない」無鉄砲な連中の、荒ぶる心を穏やかに包み込み鎮めてくれる大きな人間力。「勤王の女丈夫」にそれは、出来ようはずがありません。

アンは次のようにも指摘します。

「彼女は国事や時局を嘆いたことは事実だが、個人の将来には楽天的な見通しを描き陽気だった」（同書三六九頁）

それが、ロールモデルのない人生を、時に躊躇（とまど）いつつも、迷わず疾走する多勢子です。「勤王の女丈夫の予定調和的な人生」という市村咸人以来の多勢子像から、一度離れてみませんか。私はこう考えるようになって、ようやく身近に彼女の生き様を感じられるようになりました。人生を歩く傍らに立っていてほしいと感じるようになりました。

一〇〇年の沈黙を経て、今、新しい多勢子像が、生まれようとしています。

三、飯田町のなかの〈異国〉—千村陣屋飯田役所市岡家資料の魅力

はじめに

近世半ば、飯田町には約五〇〇〇人の庶民が居住していました。領民の四人に一人が町に住んでいたことになり、この比率は信濃国内の城下町の中で突出しています。

また、同時期の飯田町の中馬（民間輸送業者）の年間商取引総量は七万駄余。一〇万石の城下町松本の四万駄余を大きく上回ります。主要街道が交差し、中馬に代表される経済活動が活発化したことが主因ですが、繁栄の要因はそれだけだったのでしょうか。

江戸時代、豊富な森林資源を有する伊那谷の多くは幕府の預所とされました。私は、その管理を任された旗本千村氏の存在を評価すべきだと考えます。千村氏重臣市岡家に残された資料を手がかりに、このことを考えてみたいと思います。

一　旗本千村氏

美濃国久々利（現岐阜県可児市）を拠点とした千村氏は、預所支配の陣屋を飯田荒町（中央通り二丁目）に設置しました（飯田役所）。約二〇〇〇坪。預所を治める役所を他藩の城下に置くのは異例です。巨大都市江戸の建設など、全国で建築ブームが起き、伊那谷は重要な資源供給地になったからです。

森林の管理、伐採、運搬、加工、経理などに従事する多数の職人が町村に居住しました。飯田は、藩の城下町だけでなく、千村陣屋関係者が必要とする物資の供給地として重要だったのです。村から飯田役所に出向く者たち用の郷宿も用意されていました。飯田城下町は千村陣屋町でもあったのです。

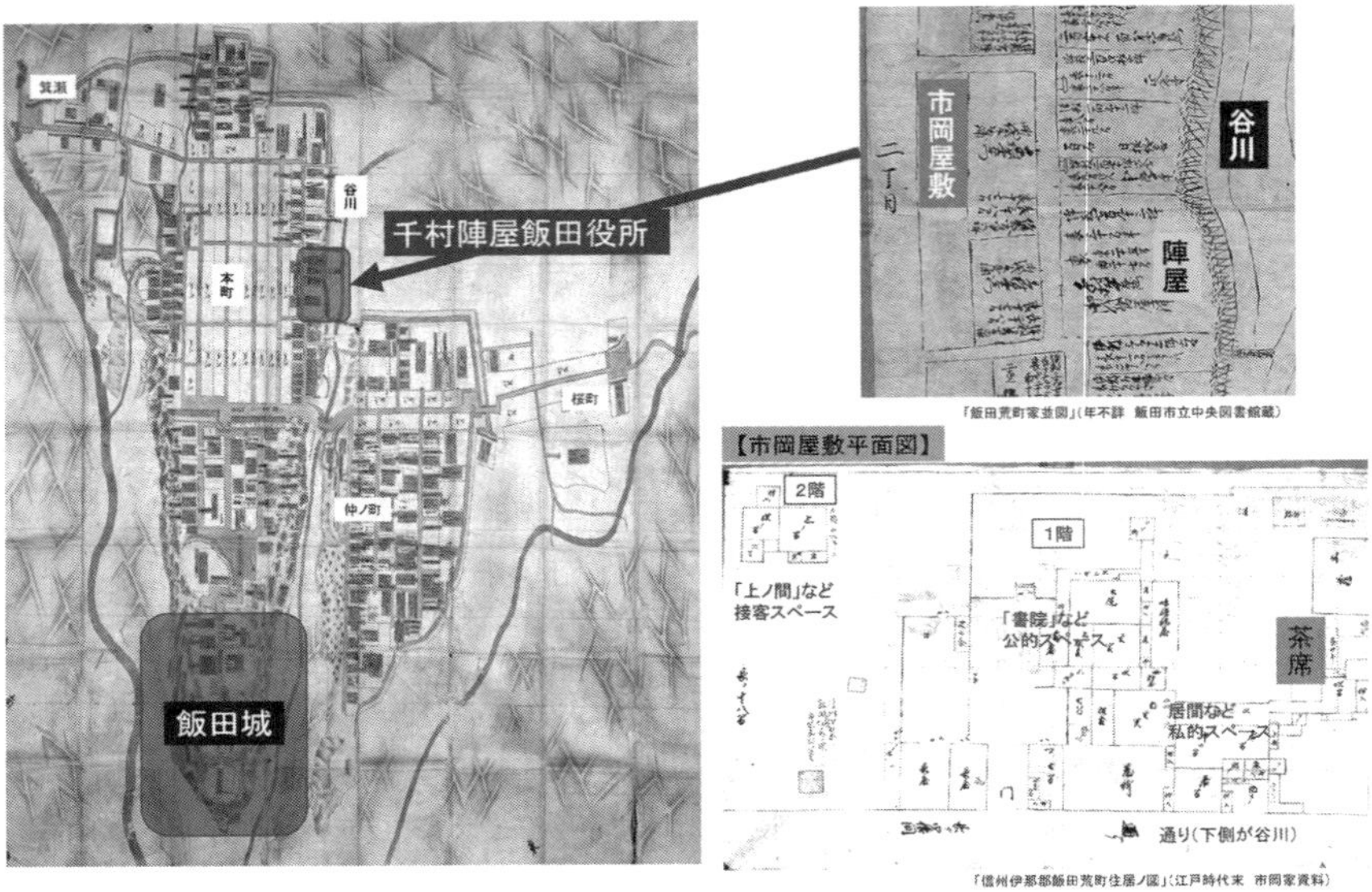

千村陣屋飯田役所と飯田城（著者作成）
市岡屋敷平面図は「信州伊那郡飯田荒町住居ノ図」（市岡家資料　飯田市立中央図書館蔵）に加筆

旗本千村氏のネットワークにも注目します。千村氏は江戸芝に拝領屋敷をもち、天龍川下流に伊那谷から切り出す木材を管理する舟明番所（現浜松市）を設けました。飯田役所は、江戸、舟明、久々利を結ぶネットワークの結節点でした。

二　尾張藩家臣千村氏

旗本千村氏は、元和八（一六一九）年尾張藩家臣となりました。旗本でありつつ尾張藩家臣でもあるという二つの〈顔〉を持つことになり、その結果、久々利を拠点として名古屋、飯田、江戸との強いつながりがうまれました。これは飯田藩がもつネットワークとは異質なものです。飯田役所は、飯田町の中の〈異国〉〈異文化地域〉というべき性格を有することになりました。現代の大使館をイメージすればわかりやすいでしょう。

「日本の博物館の父」田中芳男は飯田役所で育ちましたが、若き日の芳男が打ち込んだのが翻訳であり、外国文物の導入・改良・紹介でした。彼が異文化理解に優れた感性・資質を発揮したのは、役所のもつこうした性格に由来すると考えます。そして、この大変魅力的な役所

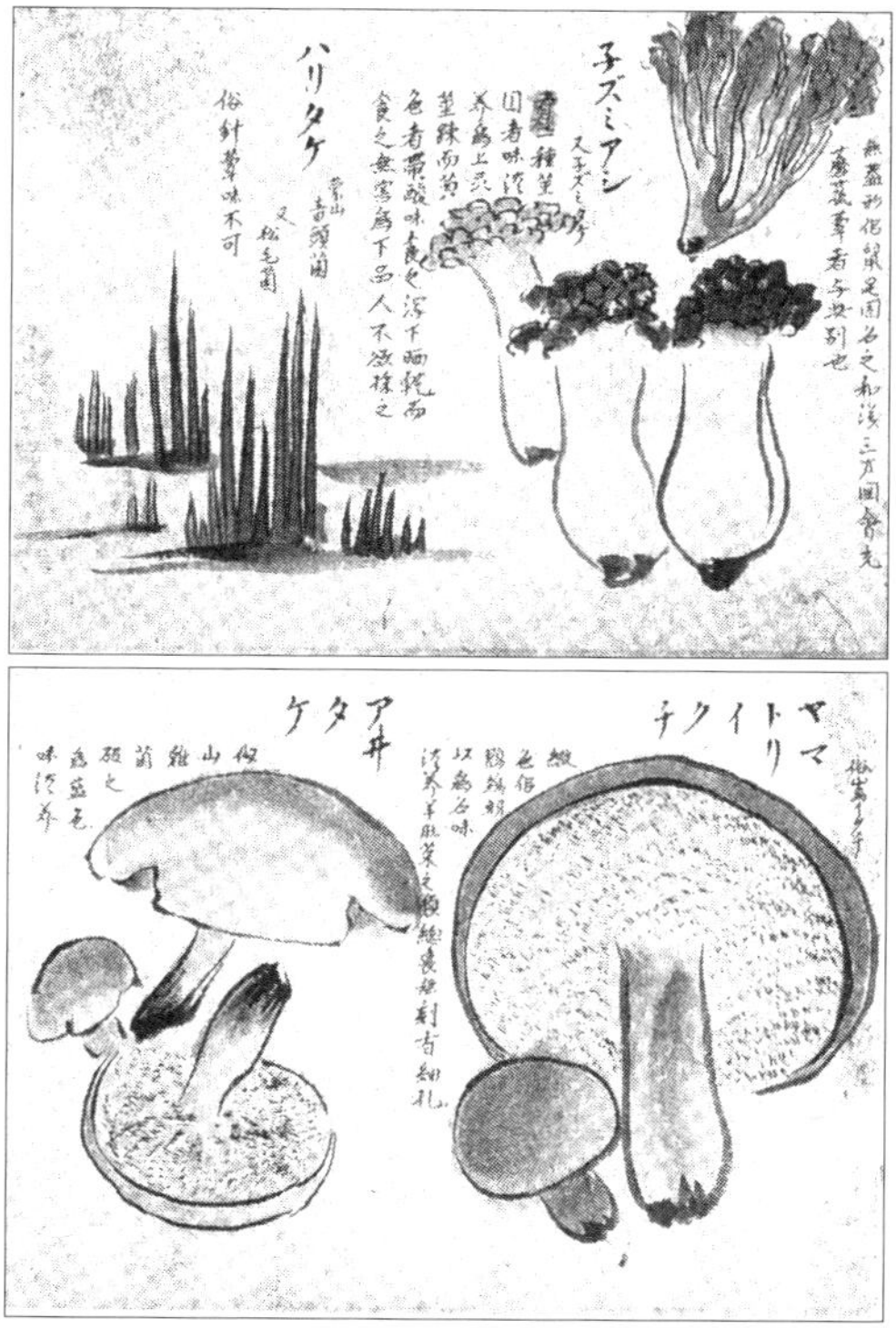

市岡智寛著『伊那郡菌部』（1799 年）（飯田市美術博物館蔵）
伊那谷に生息する 76 種類のキノコを収録した直筆の彩色図鑑。和名と漢名を記し、簡単な解説を付す。日本で初めて食用キノコと毒性キノコを区別し、後世に大きな影響を与えた。

の管理を任されたのが、美濃出身の市岡家です。

三　市岡家資料

市岡家五代智寛は、日本初の彩色キノコ図鑑を著しました。また、全国から鉱物・貝類を収集し、見事な標本を作製したほか、茶道・絵画など芸道にも精通しました。七代嶢智（たかとも）も一〇〇〇種近い植物を掲載する色彩図譜を著しました。和歌や漢学にも造詣が深く、多くの文人が市岡家を訪れました（詳しくは飯田市美術博物館編『江戸時代の好奇心　信州飯田・市岡家の本草学と多彩な教養』二〇〇四年）。

智寛と嶢智。二人が幅広い教養を身につけられたきっかけは、「久々利詰家老」として、長期にわたり久々利に居住する役職に任じられたことだと考えます。智寛が本格的に本草学に打ち込むのは久々利詰めを命じられて以後です。飯田と久々利を頻繁に往来し、久々利に集まる様々な地域の文物に直接触れることで、幅広い教養を開花させたのです。

飯田役所で市岡家に仕えた田中芳男は、名古屋留学で本草学の泰斗伊藤圭介に師事し、そのつてでシーボルトを知り、さらに勝海舟に仕え、一八六七年のパリ万博に出向くのですが、圭介の父は久々利の千村陣屋関係者でした。

おわりに

先日久々利の陣屋跡を訪ねてみました。往事の繁栄を偲ぶものはほとんど残されていませんが、陣屋跡に建つ可児市歴史資料館の職員の方にお聴きすると、この地で発見されながら、長く外部に流出していた銅鐸を、住民が力を合わせて買い取り、保存しているとのこと。菱田春草の代表作「菊慈童」を飯田の住民が力を合わせて購入したエピソードを彷彿させます。地域にしっかりした文化的な土壌、文化をはぐくむ「底ぢから」が潜んでいることを痛感しました。

城下町飯田のなかに息づく〈異国〉。そんな視点も面白いと思います。

四、水戸浪士通行と飯田藩

はじめに―水戸浪士通行事件の大きな〈物語〉を見直す

元治元（一八六四）年三月、水戸藩尊攘激派[1]を中心とする浪士の一群が筑波山に挙兵した。彼らは江戸周辺の各地で軍事行動を仕掛け、呼応する志士たちを糾合しつつ、陣容を整え、十月末、常陸国北部の大子村に着した。総大将武田耕雲斎、総勢千余人。彼らを一般に、「天狗党」あるいは「水戸浪士」と呼ぶ。本稿は、特に断らない限り、「水戸浪士」あるいは「浪士」と記す。

十一月一日。浪士たちは、尊攘のかたい心情を京都滞在中の徳川慶喜と朝廷に直接訴えるべく、西上を開始した。列島中央部を大胆に横断する旅に出たのである。

すでに幕府は、六月、浪士追討を決定。彼らを「浮浪の徒[2]」と呼び鎮圧に乗り出していたが、政情は攘夷と開国の間を激しく揺れ動いており、人々は幕府の鎮圧命令のみに従順であることはできなかった。鎮圧か、通行黙認か。浪士の通行は、列島中央部に位置する諸藩に異常な緊張をうみ出した。

浪士一行が、和田峠に布陣した松本藩・高島藩連合軍を撃破して伊那路に進路を定めたのは、十一月二十日。当地（飯田・下伊那）通過は、二十四日から二十五日にかけてであった。飯田城下は、戦火から逃れようとする住民の家財道具運び出しでパニック状態となった。幕末の飯田を震撼させた二日間として、今日まで長く語り伝えられている。

また当地では、浪士の通行に際して、平田篤胤没後門人が大きな役割を果したと言われている。[3]その点でもこの事件は、当地の幕末史を語る上で欠かせない出来事である。幕末維新史を、馬籠宿本陣の国学者青山半蔵の視点で叙述した『夜明け前』は、浪士の心情に強いシンパシーを寄せる立場から、この事件に多くの頁を宛てている。[4]

近年では、宮地正人が、飯伊から木曽・東濃地域に広がる国学者のネットワークが浪士通行に際して大きな力を発揮したこと。また、そのことが国学者たちに地域改革運動に向かう意欲と自信を芽生えさせたと指摘している。[5]ただ、『夜明け前』の場合はほぼ全面的に、また宮地の場合も浪士通行に関する基本的な事実認識において、市村咸人『伊那尊王思想史』に依拠していることを指摘したい。このことは十分に注意する必要があると思う。なぜなら、同書の浪士通行に関する記述を支える情報源が、今村豊三郎の記録「元治元甲子年十一月　水戸浪士伊那路通行　今村豊三郎記録」（以下、「今村記録」と略す）一本にほぼ限られているからだ。

今村豊三郎は、浪士の間道通過を画策した首謀者と考えられている。首謀者でなければ知り得ない情報が、この記録に盛り込まれているというメリットは当然あろう。だが、事件に精通し、全体像が見えているからこそ、適切な表現ではないが、史実を容易に〈改ざん〉できる立場にもあった。どこまでが〈史実〉で、どこまでが〈物語〉なのか。その境界線は限りなく不透明だ。

その意味で、本稿は、「今村記録」の情報を鵜呑みにすることはできない、という立場をとる。

もう一つ。かりに、豊三郎が浪士通行事件に深くコミットする立場にあったとしても、彼は飯田藩士ではない。飯田藩の内情、戦術決定のプロセスを逐一知りうる立場にはなかった。「今村記録」からは、浪士通行に対する飯田藩の意志決定過程は見えてこないのである。

とりわけ、浪士通行時、飯田藩主堀親義が飯田にいなかったということは、もっと注意されてよいと思う。親義は甲府警備のために出兵しており、飯田城内で家臣を直接指導することはできなかった。帰飯は、浪士通行後一〇日ほど経った十二月初旬である。飯田藩は、藩主を欠いた状況で、浪士通行という難しい局面を乗り切らなければならなかったのである。

したがって、「浪士通行に対する飯田藩の対応」という課題設定は、厳密に言えば成り立たない。藩主と家臣の合議によって「飯田藩としての政策」が決定するプロセスが、この時には存在しなかったからだ。藩主の意向、家臣の思惑などを厳密に腑分けして検証する必要があり、そのためには「今村記録」以外の、飯田藩関係史料の掘り起こしが求められる。

安易に「飯田藩の対応」という言葉を使うべきではない。

本稿は、浪士通行に関し、地域の国学者が果たした役割を否定するものではない。ただ、ひとたびは、この事件を今村豊三郎あるいは市村咸人の〈語り〉から解放すべきだとの立場をとる。

註1 以下、水戸浪士通行事件の経過および「水戸藩尊攘激派」の名称は、『水戸市史』中巻（五）第二三章による。
註2 同右　三〇〇頁
註3 市村咸人『伊那尊王思想史』（『市村咸人全集』第四巻　下伊那教育会）
註4 第一部第十章
註5 宮地正人「下伊那の国学」（『歴史のなかの『夜明け前』平田国学の幕末維新』所収　吉川弘文館）

一「今村記録」を読む

（一）元治元年十一月―飯田城下を震撼させた二日間

あらかじめ水戸浪士通行の経緯を、『水戸市史』・『長野県史』[6]などをもとに、時系列で整理しておく。ゴシック体は藩主の動きである。

十一月
十九日　和田宿（現長和町）泊
二十日　和田峠で松本藩・高島藩と交戦
これを撃破して下諏訪宿泊

二十一日　平出（現辰野町）昼食
　　　　　松島宿（現箕輪町）泊
　　　　　幕府は、飯田藩主堀親義（講武所奉行）・奥州泉藩主本多忠紀（若年寄）に甲府出陣を命じる
二十二日　伊奈部（現伊那市）昼食
　　　　　上穂宿（現駒ヶ根市）泊　総人数八八四名（7）
二十三日　飯島（現飯島町）昼食
　　　　　片桐・大島両宿（現松川町）に分泊
　　　　　親義、甲府警備のため江戸出立
二十四日　飯田城下迂回　間道通過
　　　　　今宮（現飯田市）昼食
　　　　　駒場宿（現阿智村）泊
　　　　　八王子に着した親義に帰飯の命が下る
二十五日　早朝　飯田方面へ引き返す
　　　　　飯田藩管理清内路関所通過（飯田藩は通過黙認）
　　　　　上清内路宿（現阿智村）泊
二十六日　清内路峠通過　馬籠宿（現岐阜県中津川市）泊
　　　　　夜　浪士追討軍（幕府目付江原桂助ら）飯田着
二十七日　追討軍出立
十二月
五日　　　**夜　親義、飯田着**

十日　　親義、飯田出立
二十一日　親義、江戸着　謹慎を命じられる
二十四日　親義、水戸浪士追討不首尾により講武所奉行罷免　領地二千石召し上げ

（二）「今村記録」―内容と成立時期

次に、「今村記録」（「元治元甲子年十一月　水戸浪士伊那路通行　今村豊三郎記録」）について述べる。

本稿は翻刻文を『新編信濃史料叢書』[8]から採ったが、同書の史料解題によれば、これは飯田市座光寺の今村緑（禄？）七郎氏が所蔵する今村豊三郎自筆原本に拠ったという。豊三郎がこの記録をいつ執筆したかについては、言及していない。

「今村記録」は大正五（一九一六）年に刊行された『伊那史料叢書』[9]にも収録されている。同書「例言」によれば、「（本記録の）大部分は大正四年十二月十七日以後の『信濃時事誌』上へ八回に亘りて掲載された」[10]ものであり、これが「今村記録」の初出である。この年が水戸浪士通行五十年に当り、記念行事が企画されたことを契機に世に出たわけである。掲載の経過とその意義は、同書収録の中原謹司の一文[11]に詳しい。

しかし、「例言」でも、「今村記録」成立の時期については言及されていない。

執筆年代を推定するために、まず、本記録の構成を示す。大きくは六つのパートで構成されている。

①水戸浪士通行の記録（元治元年十一月二十日～十二月七日）
②「十月廿四日武田伊賀守西上ニ就く事の理由」及び慶応元年一月捕縛に到る経緯
③慶応元年二月浪士処刑記録
④敦賀町松原神社関係記事
⑤附録　書翰類

⑥水戸浪士名面表

①には、「旧幕圧政の極度に達したる折柄」、「御維新の大典ニ移り」、「茲（飯田藩が処罰を受けたこと―青木）ニ立到りたる深き原因は当時ニ於而は」、あるいは、「此事情当時に有つてハ」など、通行当時を回顧する文言がある。①の部分が、浪士通行直後に成立したものでないことがわかる。備忘録的な文書が作られていたことは十分に考えられ、それが記述の主要な情報源となったであろうことを否定しないが、記録の基本的な部分は、明治以降の作成である。

さらに①の部分では、「原町陣屋」、「角田忠行」、「伊谷順之助・野原助三郎」、「御会所」「問屋五右衛門」など、いくつかの言葉に割註が付されている。これは、こうした文言の意味が直ちに了解できない人たちのための配慮だろう。当地に関する知識に乏しい遠隔地の読者を想定したとも考えられるが、浪士通行から時間的に遠ざかった人びとを念頭に置いていたとも考えられ、この想定が妥当とすれば、「今村記録」の成立は明治以降の、浪士通行からある程度時間が経過した後ということになろう。

③では、浪士大量処刑の記事の末尾に、明治二十四（一八九一）年十二月十七日、浪士たちに「特旨位階」が追贈されたことが記されている。これは、成立年代に関する上記の推定を補強する材料となろう。

さらに、④の部分である。「敦賀町松原神社武田塚写」・「松原神社建札写シ」など。これは今村豊三郎が敦賀を行脚し、松原神社の社主行寿俊三に面会した時に書写したものである。明治三十三（一九〇〇）年、豊三郎（当時真幸）七十一歳だった。この旅で彼は、浪士の最期を詳しく知る。鎮魂の思いを深くし、帰飯後直ちに飯田町の新聞『伊那公報』上で、浪士顕彰を目的とする「甲子記念碑」建立運動を提起した。[12]

豊三郎が「今村記録」を執筆した時期を特定する史料は、管見の限り見当たらない。①が早く執筆され、②以下が追記され、明治三十三年以降に完成したという見方もできるだろう。

しかし私は、明治三十三年の敦賀旅行を契機に、記録が一挙にまとめられたと考える方がよいように思う。浪士顕彰の記念碑建立事業を立ち上げようと企図したとき、豊三郎は、水戸浪士通行事件を、当地が体験した元治元年十一月二十四・二十五日の二日間の出来事としてのみ描くことをよしとしなかったのではなかろうか。「そもそも水戸浪士とは何だったのか、彼らは何を魁け、何を成し遂げ、何をなせなかったのか」水戸浪士事件の、その発端から終焉までを総括しつつ、あの二日間を捉える視点を豊三郎は求め、「今村記録」を書き上げたように思える。

備忘録的な原記録（「プロト　水戸浪士伊那路通行」）があったことは当然と思う。ただ、「今村記録」執筆に向かう強い意志は、敦賀の旅以降、具体的な切実感をともなって豊三郎を訪れたのではないか。

したがって、「今村記録」を読むに際しては、いくつか留意すべき点があると思う。例えば、

ア 時の経過によって、記憶違いが生じる可能性
イ 通行当時は知らなかったことでも、後日知ったことで、当時も知っていたような錯覚に陥る可能性
ウ 水戸浪士に対する後世の評価が、記述に影響を与える可能性

などである。

（三）「今村記録」―「十一月二十三日」の記述を中心に

まず、十一月二十五日までの「今村記録」を掲載する。

なお、後段での検証作業の便を考え、日付や時刻、宿場名の部分は字体を変えてある。また、日付が変ると思われる場所で改行した。あくまで筆者の判断である。

元治元甲子年**十一月二十日**小県郡**和田駅**泊り、和田嶺豊橋に於て諏訪・松本・高遠の三藩出兵戦争有、**廿一日下諏訪駅**筑波浪士泊り込、弥々伊那路江向フ風聞ニ由り、飯田藩ニ於而は大動揺弓矢沢ヲ堰切防禦す、**廿二日松島**泊り、**廿三日上穂**泊りと正ニ相分り候処、当日迄は弓矢沢坂頭へ土俵を積立、右人足及縄俵等を実兄北原稲雄倶ニ郷蔵江詰切に而触当多忙ニ有之候処、今朝より原町陣屋（奥州白川藩阿部豊後守出張也、）より差当故障ニ付、村内防禦は見合セニ相成、篭城と相決したるニ由り、村役之者安堵之場合より愚案する処、浪士の実況更ニ不明ニ付、兎も角夜を掛ケ上穂迄出向之積り実兄ニ内談致し候処、同家ニ角田忠行（平田門人ニ而先年先生家同塾之者ニ而、）申ニハ、松尾宅に精義家勢州人都賀孝之助ナル旅人者、喰客中武田軍勢引卒上京之噂を聞、右武田の随行致し度趣ニより、幸同行可致と言事ニ決し、両人**夜中上穂駅**迄出向、道中奉行田村宇之助、旅宿を叩キ人馬継立伺を名として陳述致候処、大ヒニ悦ひ取次を以て満足之段口達し、且宿払及膳部等の模様等聞合セ、宿中予メ情況問合セ、最初南棒鼻ニ於而三段ニ篝火を炊き、若武者連ニ於而改所役居候ニ付、角田氏ハ知己も此同勢中ニ加ハり居候事ハ聞及と難も、何れも変名ニして問合セハ無功に属し候間、**明朝**浪士行列之時を待って面談遂げ帰宅の事ニ約し、拙者ハ事情ヲ御仕送り御用達之向ニ候、必間道案内致し可申積りニ由り、敢而驚愕致サゞル様注意旁奔り帰飯、地方係り官ニ付、伊谷順之助・野原助三郎（上郷八ヶ村手代役也、）及御代官中山安太郎江事情陳述及候処、同人案内を以て御会所（往古下総桜之百姓一揆ニ付、同藩堀田公飯田へ御預ケ中ノ建物）ニ於而総家中軍議中の真中江召被出、目撃の様子逸々申述候処、郡奉行物頭役小林仁蔵殿衆人を避け拙者へ対し親ニと子ニも内密ノ件有之趣申述、右ハ他ニ非す**今夕**浪士小野斌雄と申者より書翰到来披見する処、間道有之候ハヽ是非案内を頼むとの旨意ニ候得共、右様の儀ハ幕府へ対し難成儀ニ付、断然**明朝**態使を立て断可申評議決し候へ共、其方共間道案内致度趣ハ誠に幸之儀ニ付、折角尽力致し呉可申との事ニ由り大案心し、直様樋口を始め林代治郎・小林源兵衛江事情通じ候処、幸小西利右衛門宅江御用達之者及役人中集会により、該所江出頭致し呉候様依頼有之、罷越而**上穂町**迄罷越て、道中方田村卯之助旅館に於而、継立用意之事情伺置候事柄、及宿料一名廿五銭と上四名ハ五十銭つヽ御払に及、膳部向等之事物逸々申述候処一同大悦ビ也、市中は七日程已前ニ、上州玉村問屋より為知状到来、朽木町は浪士の為め日中焼払に出会したる趣、且ハ木曽路ハ狭合ニ付、多分伊那路を経て上京可致等の報知ニ接し、殊ニ**本日**の和田嶺一戦ニ、諏訪藩・松本藩及高藤藩坏の戦破れて東西の餅屋及豊橋三ヶ所ハ焼払戦争之状況追々通達有之、加フルニ飯田藩ニ於而ハ市中江浪士四五名も人込候ハヽ、夫ヲ機として市中焼払篭城致し、幕府江の申立すべき計画ニより、一般の市家ニ於而ハ近在江荷物運搬し、本町壱丁目番匠町辺ハ板敷を放したる程の実況故、万一飯田表昼食とも言事ニ到れバ、其入費は十三ヶ町より悉皆送り可申に由り、五丁町ニ於而昼喰丈ハ引請、壱人も浪士ハ十三ヶ町江入込ざる様注意示し合セ候趣を以て、三千円を拠金致し始尾克無難ニ案内致し呉候様熟々依頼ニ付、

心中大悦びニ而原町問屋ニ稲雄出張之約束ニより、同人同道ニ而**片桐問屋**武田本陣江出頭及候処、小野斌雄・藤田藤三郎の両士面会三州路江越し可申様子ニ付、飯田領内幸之儀ニ候得ハ、献金之一条申込候処、夫は亦格別之御尽力、右係りハ他家ニ宿陣致し居候間、其趣江案内と申事ニ而、小野氏案内ニ而同宿所へ罷越、春日秀太郎・園田甚之丞之両士にて示合、**今晩駒場**泊り迄ニ金子調達可致候得共、若不参の時ハ飯田桜町一丁目山村屋五右衛門方迄商人ノ姿ニ而両三名御出張可有旨約束致し置き候事、右ハ金策之事故調金之時刻間ニ合兼候時ノ用意ニ如此述置候也、右金ノ件ニ就而ハ頻ニ満足を顕ハし、飯田領内ハ屹度壱人も止宿ハ勿論、是迄軍例を布キ通行候得共、**本日**御領内ニ入候ハヽ火縄の火も湿し鑓もサヤニ包ミて穏便ニ通行可致ハ勿論、素より諸侯ニ恨ミ有ニ非ざれバ、宜敷継立之儀を頼ムとの口上ニ而別れ直様飯田へ引返す、兄稲雄ハ嚮導職と言処より陣羽織壱枚宛行はれ、宿駕篭にて上飯田水割江越す、上黒田山道江入、御太子前通り今宮江出るの間道ニ、俄カニ藩の建策ニより変更相成、桜町大木戸を〆切り居候故案外致し候得共、先以て浪士通行拝見之積り大宮向フ田保ニ而見物致居る処、幸小野氏烏帽子直垂ニ而馬乗の仕度候得共、作場道故馬ハヒカセ、歩行ニ而面会**今朝**の答礼有、別れ夫より握り飯及馬草飼料等ハ今宮原江持出し、先方も此日ハ散々ニ通行相成、**夕七ツ時**（四時也）通り仕舞の期を計り、域内より

軍勢繰出し、羽場坂頭ニ於而大砲打出し引揚ニなる、浪士ハ今宮より松川桜瀬を切石江渉り通行致したり、冬分ハ切石の山道仮橋有是を渡りたる也、然る処市中の各戸ハ一周間程已前より昼夜の動きニより安堵致したる為め、**日没**より一同表戸を〆而寝込たるニより、折角の金員引合の場所も定め無之、唯匆卒ニ考へ候故、問屋五右衛門（此問屋ニ而可渡積リハ金策之事故疑惑無之様の心得也、）方迄は先方より催促として出張可致歟と推量致し、案事候て帰宅し、寝ながらも眼も合せず考へ居る内、問屋より人足両人を以て水戸浪士呼出状到来ニ付（**廿五日朝**の事也、）直様仕度、最早今朝限り宅の見納めと決心し握り飯を腰に致し、金策の行違より早朝ニ至り浪士引返しと言事ニ相成、市中城内の騒動夥敷事に変事たり、故ニ先飯田町会所江出頭致し候処、兼而昨日引合の金策一条ハ銘々役人中ニ於而承知之件ニ付出合頭ニ断り有之、唯今調達可致ニ付何分宜敷頼の口上ニ任セ、待合セ居候処、遠見の者浪士ハ清内路江登り候事無相違趣注進ニして、又々町役人衆中銘々自宅江引取、会所ニハ福住善九郎壱名ニ而申訳口上のことニ付、拙者ハ村名及役名共先方へ明し示し合セ置、殊に領内を口約之通り義を立て軍例を布かず日を暮し、**駒場**迄通行致したる暁ニ到り、違此俣に捨置候ハヽ、後日如何なる当町ニ困難出来候とも、自亡の事ニ可有之旨申残し置帰宅す、

（四）「今村記録」の問題点――存在しない「十一月二十三日」

一読して明らかなように、「今村記録」は日時の記憶が間違っている。「二十日和田宿泊」は正しくは十九日であり、その結果、下諏訪宿↓松島宿↓上穂宿の行程は、実際の浪士の通行日程とは一日ズレている。「今村記録」の、

廿一日下諏訪駅筑波浪士泊り…廿二日松島泊り、廿三日上穂泊り

は、正しくは二十日下諏訪、二十一日松島、二十二日上穂だった。ただ、これだけのことならば、記事全体を一

日早めて読めばよいことになる。しかし、それはできない。

なぜなら、浪士が飯田を通過し、駒場宿泊後もう一度飯田方面に引き返す日は、「廿五日」と記されており、これは実際の日にちと合っているからだ。浪士の飯田通行は、その前日の二十四日だったと豊三郎は正確に記憶していたわけである。

浪士が、飯田城下を迂回しながら通過する二十四日より前は、実際の日付より一日遅れており、二十四日からは正しい日付になる。そのようなことがありうるのか。

もう一度、「今村記録」上での浪士の動きを確認してみよう。次のようになる。

下諏訪宿泊（二十一日）→松島宿泊（二十二日）→上穂宿泊（二十三日）→片桐宿→飯田城下回避→駒場宿泊（二十四日）→一旦引き返して清内路関所を越える（二十五日）

二十四日朝、上穂宿を出立した浪士たちは、片桐宿から飯田を抜け、同日中に駒場に到着したことになる。一〇〇〇人近い兵士が武器などを携えてこの距離を一日で移動することは到底できない。しかも、「今村記録」では、二十四日朝、浪士はすでに片桐宿におり、そこで豊三郎と稲雄が浪士幹部と面会したことになっている。両者がやりとりする部分はすべて、「今晩」・「本日」・「今朝」、つまり二十四日当日のこととして描かれているからだ。

同人（北原稲雄のこと—青木）同道ニ而片桐問屋武田本陣江出頭及候処、小野斌雄・藤田藤三郎の両士面会…今晩駒場泊り迄ニ…本日御領内ニ入候ハヽ…今朝の答礼有、

浪士たちは、二十三日深夜には上穂宿にいた。そして二十四日朝には片桐宿にいる。豊三郎の記憶がすべて正

しいとすれば、浪士たちは真夜中に上穂宿から片桐宿に移動したことになる。

しかし、そのような事実はない。つまり、「今村記録」では、上穂宿から片桐宿に移動する「十一月二十三日」がそっくり欠落しているのである。

本稿が「今村記録」の宿泊日時、とくに上穂と片桐にこだわるのは、間道通過や献金といった極めて重要な課題について、浪士幹部と協議したとする豊三郎の証言が、真夜中の行軍という実際にはありえないファクターを前提にしなければ成り立たないということを明らかにしたかったからだ。

『伊那尊王思想史』は、これらの問題を巧みに回避し、国学者たちがごく自然に浪士通行に対処したかのような〈物語〉を編み出した。そして、冒頭に記したように、『夜明け前』も、その後の浪士研究も、日時の問題を取り上げてこなかった。筆者は、「今村記録」の「二十三日」の記述の信憑性を、問い直したいと考える。

註6『長野県史通史編』第六巻
註7 同右　八三二頁
註8 第二十巻　信濃史料刊行会
註9『新編伊那史料叢書』(三)　伊那史料刊行会
註10 同右　三五一頁
註11「伊那通行記の後に」
註12 註(9)　三五四頁

二 「今村記録」を検証する

(一)『北原家年代記』[13]―「上穂」記事の真偽

豊三郎は本当に上穂宿に出向いたのだろうか。また、兄稲雄とともに片桐宿に出向き、間道通過などの交渉を行ったのだろうか。

この点では、情報が錯綜している「今村記録」よりも、『北原家年代記』の記事の方が信頼できる。

十一月
廿二日　水戸浪士八百人余伊奈街道通行之由、追々風聞有大騒動、豊三郎角田忠行殿共、当夜上穂止宿ニ付、
　泊迄探索ニ行、
廿三日　当役人　御地頭所江、無滞御通可被遊候様歎願書為差出、直様当夜片桐泊ニ付、豊三郎共ニ正議士
　小野斌男（別名藤田小四郎）と云人ニ手寄、歎願書出、間道案内致候様申候処、聞届呉則、

二十二日、今村豊三郎が上穂宿に浪士を訪ね、その時、角田忠行が同行したという。(14) 筆者が『北原家年代記』が信憑性の高い史料と考えるのは、この時の訪問目的が宿場内の「探索」だったという点である。一〇〇〇人近い浪士が多くの宿に分宿しているのである。しかも警備は厳しい。宿場を訪ね、ただちに面会を希望する人物と出会うことは不可能だろう。(15) 上穂行きが、「風聞」の確認、つまり浪士と宿泊状況の「探索」だったという記述は、極めて自然で納得できる。(16)

この夜、すなわち二十二日深夜、浪士隊幹部と豊三郎の間で、間道案内・献金などの具体的交渉が行われた可能性はないだろう。交渉は、『北原家年代記』が記すように、二十三日夜、片桐宿で行われたと考える。

「浪士通行と当地の国学者の尽力」という市村が語る〈物語〉は、豊三郎と浪士隊幹部とが上穂宿で出会うところから始まる。そして、浪士通行という難局は、北原兄弟（稲雄・豊三郎）の活躍で、劇的ともいえる展開をみせ、戦闘なしの解決にいたる。「今村記録」が語り、市村咸人・島崎藤村らが広めたこの大きな〈物語〉は、上穂宿での〈出会い〉が大前提なのであり、〈出会い〉がなければ、〈物語〉そのものが崩壊する。

本稿は、長く語り継がれてきた上穂宿のエピソードは、存在しなかったとの立場をとる。

（二）『心覚』[17]――「総家中軍議」を検証する

「今村記録」の上穂宿の記述を検討してきた。ここで視点を変え、さらに問題を掘り下げていきたい。上穂宿での〈出会い〉に続き、急遽飯田に引きかえした豊三郎が、飯田藩の「軍議」の席に呼び出される場面を取り上げよう。

奔り帰飯、地方係り官ニ付、伊谷順之助・野原助三郎（上郷八ケ村手代俊也、）及御代官中山安太郎江事情陳述及候処、同人案内を以て御会所（往古下総桜之百姓一揆ニ付、同藩堀田公飯田へ御預ケ中ノ建物）ニ於而総家中軍議中の真中江召被出、目撃の様子逸々申述候処、[18]

上穂宿から急ぎ帰飯した豊三郎は、折から「御会所」で開催されていた飯田藩の「総家中軍議」に召し出されたという。「総家中軍議」とは、飯田藩の主な家臣が全員参加した軍事会議という意味だろう。議題は当然、浪士通行対策である。

「今村記録」によれば、浪士たちが上穂に宿泊した日の深夜、飯田藩では軍事会議が開かれていたことになる。そこで、当日この時刻に、飯田藩で軍事会議が開催されていたかどうか、確認してみよう。

浪士通行前後の飯田藩の動きをトレースする上で、飯田藩士柳田東助為善の日記『心覚』は貴重な史料である。浪士通行時、東助は隠居し、安政六（一八五九）年に家督を継いだ息子の東次郎が本丸御番として出仕していたが、この日記は「東次郎の勤務を時刻や内容などまで克明に記して[19]」いるからである。東次郎の勤務の様子を確認すれば、軍議の日時・内容をある程度復元できるはずである。

まず、十一月十八日から二十二日までの『心覚』の記事を、浪士通行に関する限りで抜粋する。

十一月十八日　晴　寒　夜中雨

一　夜四ツ時過、常州辺　屯集賊徒共之内、脱走之者有之、甲州路又は中山道之方へ、多人数落行候哉ニ相聞候、速ニ手筈致、見懸次第不洩討取候様、万一打洩し候ハヽ他領迄も付入、討取候様可被致、若等閑ニおいてハ　急度御沙汰可有之旨、公儀御触ニ付、兼而達有之候通り、早鐘打候ハヽ、陣羽織・甲冑持参腰弁当用意、早々会所へ罷出可申、尤御配陣御人数ニ而出張之帳面出来次第披見之上、承知可被致、右ニ付、外出不相成旨、大目付ゟ御達、刻限廻状荒井ゟ到来、高原氏へ即刻相送候事、

十一月廿一日　晴天　夕刻ゟ小雨

（東次郎不調につき欠勤届をだす―青木）

一　右ニ付御本丸江案内書差出候事、右御家老中始メ御届書、御城内へ差出候処、御家老中御役人会所へ出席被致、兼而御触有之候浪人多人数諏訪ゟ信州路へ懸り、高遠を通り当表へ参り候段、注進有之候趣ニ而、甚混雑致候段及承、全当番ニ当り候間、引込候儀ニ候得ハ、右浪人参候ニ付引込候様ニ相聞へ候而ハ如何ニ付、今夕岡沢氏へ参り、内々可相咄と存じ参候処、未引無之旨ニ付、同人家内江委敷申述、帰宅之上委敷咄被呉候様頼置候事、夫ゟ田中亮太夫一昨日江戸表ゟ立帰りニ被帰候趣ニ付、乍延引断旁悦ニ罷越候処、帰り途中ニ而早鐘つき候間、驚き直ニ帰宅致ス、

一　東次郎引込御届は差出候得共、非常之儀ニ付、罷出候方本意ニ付、立付・陣笠・陣羽織着用、即刻罷出、大目付中山藤左衛門・鏑木堅蔵殿へ、病気引込中ニ候得共、非常之儀ニ付押而罷出候段相届、御家老中へ宜御断被下様申達候、大砲術士之内江入、相詰居候事、

一　不容易非常之儀ニ付、隠居之身分ニ而も罷出候方当然之事と存候間、直可罷出と存候処、又並も可有之候

間、東次郎罷出候後、藤枝へ罷越承候処、只今罷出候段、家内被申聞候間、帰り道ニ火事羽織・陣笠・立付着用致し、桃灯持会所へ罷越候而、大目付へ出会致度申込候処、御用多之よし故、太田郡治殿江出会致候而其段相断、

非常之儀ニ付、罷出候、御用には相立申間敷候得共、相応之儀相務度候間、御家老中江宜達被呉候様申達候処、桜の丸ニ扣居候様、大目付差図ニ付、同所へ罷越可申と存候処、御家老安富采男方・御年寄月番岡沢要殿へ会所廻り口ニ而出会致候間、前文之趣両人江も申述候而、桜の御丸へ参り、諸士一同ニ扣居候事、

右深夜ニも相成候処、明後日ニ無之而は御領分は通行不致、今晩上穂泊、明廿二日は片桐か原町泊之由ニ付、一旦相引藤枝へ寄申談候処、同人も先刻ニ帰宅ニ而休息被致候趣ニ付、自分儀も宅ニ居候事、東次郎儀ハ相引不申、詰切居候事、

十一月廿二日　晴

一今朝東次郎一寸罷帰、申聞候は、軍用奉行堀三左衛門ゟ達有之候は、自分事二番組之甲士ニ可罷出旨御達之段、東次郎へ達候旨被申聞、然ル処御達之趣奉畏候得共、暫相慎居漸御免罷出候而間も無之、殊ニ足痛ニ付、何分外之邪魔ニ相成、御備も相立兼候事ニ候間、甲士之儀は御断申上、御本丸御留守居成とも何成とも被仰付被下候様ニ、三左衛門殿へ申達候様ニ東次郎江申含可差遣候事、

一昼九ツ時前、御家老中ゟ呼ニ参候間、会所へ出候処、中山氏被申聞候ニは御家老中ゟ御達之儀有之候間、御用部屋江罷出候様ニ被申聞、則罷出候処月番岡沢要殿左ニ達有之、

非常ニ付お重様、福島金左衛門方へ御立退被遊候間、御守護申上、御立退御付添申上候様、尤　御役人は不罷出候間、万事引受取計、模様ニ寄リ候而は開善寺其外見計御立退ニ取計候様、猶夫迄は、西御部

屋へ相詰居、万事心付御用達も不案内之事故、差図致御都合宜敷様可取計旨被申聞候間、奉畏候旨、御受申上候、

（中略）

一　今日浪人参候様子無之候間、東次郎ニ申聞不快中之事故、一先引取致養生通行前にて其模様も有之候ハヽ、早々罷出候段、大目付鏑木氏へ相断候而夕刻宅へ為引平臥為致候事、

一　自分藤枝一同、西御部屋ニ詰居候処、今晩は参り不申、廿四日朝通行之趣ニ付、御用達江申達御立退御意も相調候間、今晩両人とも相引候、

一　今夜七ツ時過、潮田・川手西御部屋へ被参、大目付方へ御届之儀ニ承候間、委曲申談書付被致候、御届之方宜かるべく旨申達、御届相済候よし、誠ニ遅参ニ有之如何致候事、

但　御届被致、宅へ被引取候よし也、

一　永蟄居被仰付有之候辻元鋼次郎・熊谷重吉其外も、伺之上罷出候段承之候、[20]

以上の記事から、浪士接近時の飯田藩と柳田東助の動きを整理してみよう。

十八日

幕府からの浪士追討命令とともに、緊急事態に備え外出をとどめ待機するべき旨の廻状が、大目付から出された。

二十一日

数日間発熱・頭痛が続いていた倅の東次郎は、大目付宛てに欠勤届を提出、自宅で療養することとなった。

東助が東次郎の欠勤届を提出するために登城すると、「御家老中御役人会所へ出席被致、兼而御触有之候浪人多人数諏訪ゟ信州路へ懸り、高遠を通り当表へ参り候段、注進有之候趣ニ而」大混乱（「甚混雑」）の状態だった。このような状況の中で、当番に当っている東次郎が欠勤していれば、まるで浪士襲来に怖じ気づいたかのように見られかねないと思った東助は、夕刻、月番岡沢要宅に寄り事情を話そうとしたが、岡沢は帰宅していなかった。帰宅途中、早鐘が鳴った。

東次郎は、一旦は欠勤届を提出したものの、「立付・陣笠・陣羽織着用、即刻罷出、大目付中山藤左衛門・鏑木堅蔵殿へ、病気引込中ニ候得共、非常之儀ニ付押而」出勤した旨報告し、大砲術士の部署に詰めることとなった。

隠居の身の東助も、容易ならざる非常事態なので、登城することとした。同僚の藤枝（孫左衛門）も登城したと聞き、会所に出向き大目付に面会を申し出たが、多忙のため断られ、出仕したき旨を太田郡治に伝えた。時刻は深夜だった。

浪士は「今夜(21)」上穂、明日片桐か原町、飯田通行は明後日と判明。そこで、一旦帰宅することにする。帰途、藤枝に寄ると、藤枝も今し方帰宅し休んだとのこと。

自分は帰宅したが、東次郎は帰宅せず、城に詰切だった。

二十二日

朝、東次郎が一旦帰宅した。自分（東助）が二番組甲士に配属される予定だと伝えられたが、老体で足痛などもあるため、甲士ではなく「御本丸留守居」にでも任命してほしい旨、申し出た。

昼九ツ時、家老たちに呼び出され御用部屋に出向くと、お重様警備の役を命じられた。藤枝たちと共に西御部屋に詰めることになった。

本日は浪士通行がないため、体調の悪い東次郎を一足先に早退させた。異変があればただちに出仕する旨を、大目付鏑木氏に伝えさせた。

自分と藤枝は西御部屋に詰めていたが、浪士通行は二十四日朝とのことで、帰宅した。

城内の動きが、二十一日と二十二日とでは、まるで違っている。

二十一日は、「浪人多人数諏訪ゟ信州路へ懸り、高遠を通り当表へ参り候」の情報が入り、城内は大混乱になっている。大目付らは「御多用」だった。藩士たちは深夜まで城に詰め、東次郎のように帰宅できないものもいた。

一方、二十二日。

浪人が明日飯田に来ることはないと判明すると、東助は東次郎に早退を勧め、自らも早めに帰宅している。深夜まで藩士たちで「甚混雑」した前日とは対照的に、比較的落ち着いた城内の様子がみてとれる。

この違いはどこから来るのだろうか。二点注目したい。

一つは二十二日朝、一旦帰宅した東次郎が、東助のなすべき任務を伝えたことである。つまり、二十一日深夜の城内「混雑」の中で、東次郎や東助を含む藩士たちの警備場所が決定した、ということだろう。

つぎは「非常ニ付お重様、福島金左衛門方へ御立退被遊」の記事である。親害側室で親義の母お重様を、島田村福島金左衛門宅まで護衛して避難させる任務である。二番組甲士勤務を辞退した東助は、二十二日昼頃、大目付の呼び出しを受け、この役に任ぜられた。同行する医師らもその時点で決まっていた。おそらく「お重様避難」の方法と人選は前日（二十一日）に決定しており、東助の申し出で担当者の若干の差し替えが行われたのだろう。

二十一日、城内で長時間にわたって会議が行われたのである。これこそ「今村記録」が言う「軍議」にふさわしい。二十二日の記事からは、このような長時間の議論が、この日城内で行われたようには見られない。二十一日深夜までの軍議で対応策の骨格は固まった、だからこそ二十二日は藩士たちは早く帰宅したのである。(22)

以上、「今村記録」と『心覚』の記述を、十一月二十一日前後に絞って検証してきた。三点を確認したい。

①豊三郎が上穂宿に出向いたのは「今村記録」の「二十三日」ではなく、『北原家年代記』の二十二日が正しい。
②角田や都賀らを同行していたことは確かだと思われるが、この日の訪問は浪士の様子を「探索」することであり、間道案内や献金の交渉は行われなかった。
③二十二日、飯田藩は深夜に及ぶ軍議を行っていない。したがって、「上穂での浪士との交渉結果を持ち帰った豊三郎が、軍議の場に召し出された」というエピソードは、信じがたい。(23)

上穂宿段階では、間道案内策は、門人たちの間でも浪士との間でも具体化していなかったのである。筆者は『北原家年代記』が言うように、浪士隊幹部と平田門人との交渉は二十三日夜、片桐宿で実現したと考える。

（三）豊三郎はなぜ上穂に赴いたのか――依頼人を探す

「今村記録」検証の最後に、二十二日、豊三郎がなぜ上穂宿に出向いたのか、試論を述べたい。「探索」の具体的内容である。

筆者は、間道案内の申し出が目的の一つだったことを完全には否定しないが、まったく別の用件のために出向いた可能性があると考える。そう考える理由は、上穂に急行した豊三郎が、道中奉行田村宇之助を訪ね、「人馬継立伺」を名乗り、「宿払及膳部等の模様等聞合セ、宿中予メ情況問合セ」たというくだりである。

なぜ豊三郎は、間道案内という本題ではなく、宿賃や膳部（食事向き）の事を聞いたのか。

簡潔に言えば、それが本来の目的だったからである。「今村記録」によれば、上穂から急ぎ帰飯し軍議に参加した豊三郎は、その足で飯田藩御用商人・町役人が開いていた集会に駆けつけた。

幸小西利右衛門宅江御用達之者及役人中集会により、該所江出頭致し呉候様依頼有之、集会の場で豊三郎は次のように切り出した。

（上穂で）道中方田村卯之助旅館に於而、継立用意之事情伺置候事柄、及宿料一名廿五銭と上四名ハ五十銭つゝ、御払に及、膳部向等之事物逸々申述候、

である。豊三郎は宿泊料一名二五銭、耕雲斎らリーダー格四名五〇銭、その他、食事関係の情報などを（御用町人たちに）詳しくつたえたのである。

そして、この情報が商人たちのほしがっていたものだったから、「一同大悦ビ也」だったわけである。

「今村記録」の上穂部分（「宿払及膳部等の模様等聞合セ、宿中予メ情況聞合セ」）と、集会での豊三郎の右の発言は対をなすと考えるのが自然だ。上穂行き以前に、豊三郎が、こうした情報を「探索」してほしいとの依頼を飯田町の御用商人・町役人から受けていたとすれば、上穂での彼の行動は理解できるのである。

では、なぜ飯田町の御用商人・町役人は、豊三郎に浪士隊偵察を依頼したのか。理由は、商人たちの次の発言である。

市中（飯田町のこと―青木）は七日程已前ニ、上州玉村問屋より為知状到来、朽木町は浪士の為め日中焼払に出会したる趣、且ハ木曽路ハ狭合ニ付、多分伊那路を経て上京可致等の報知ニ接し、殊ニ本日の和田嶺一戦ニ、諏訪藩・松本藩及高藤藩杯の戦破れて東西の餅屋及豊橋三ヶ所ハ焼払戦争之状況追々通達有之、

「一週間ほど前に上州の朽木町が浪士によって焼き払われたことと、木曽路は狭隘なので伊那路を南下するだろうという情報が上州の問屋から飯田町にもたらされている。その上、本日、和田峠合戦で諸藩が敗北したとの

知らせもきた」という意味である。

　焼き払いや戦闘を恐れた御用商人や町役人が、浪士たちに宿泊や食事などを給し平和裏に通過させる方策を立て、豊三郎に偵察を依頼したのである。

　だとすれば、上記のような依頼を、豊三郎が受けたのはいつか。文中の「本日」に注目する。この「本日」は、豊三郎が上穂から引き返してきた「二十三日」深夜のことではない。和田合戦が行われた十九日から二十日をさす。豊三郎の脳裏に、依頼を受けた場面の記憶がはっきり残っており、その時、御用商人たちが、「今日の和田峠合戦の敗北で事態は益々深刻になった」と述べたのだろう。その記憶に引きずられ、本来の話の文脈とはずれる「本日」という言葉が飛び出したのである。

　したがって、豊三郎が、御用商人・町役人から、浪士探索を依頼されたのは、和田峠合戦直後、浪士が伊那路を南下することがほぼ確定した十一月二十日あたりだったと考えるのが妥当だ。町人たちは、藩を頼まず、自主的・主体的に動き始めたのである。

　しかし、そもそもなぜ豊三郎は、このような役割を依頼されたのか。逆に言えば、なぜ、豊三郎ならこうした役割を果たせると町人たちが考えたのか。

　それは、彼が平田篤胤没後門人であり、江戸の気吹舎に逗留し、関東を中心とした平田門人と交流したキャリアを有していたからだろう。(24)これが、大きな理由だと思う。水戸浪士の中に、尊攘派の平田門人で豊三郎と接点を有するものが含まれている可能性があると考えたのではないか。

　事実、上穂行に同行した尊攘志士角田忠行の目的は、旧友（「知己」）を探すことだった。

　角田氏ハ知己も此同勢中ニ加ハり居候事ハ聞及と雖も、何れも変名ニして問合セハ無功に属し候間、明朝浪士行列之時を待って面談遂げ帰宅の事ニ約し、(25)

小括

「今村記録」十一月二十三日条（上穂宿から飯田藩に跨がる記述）の信憑性を吟味してきた。それはそのまま、「今村記録」をベースに組み立てられてきた市村咸人以来の定説の検討作業でもあった。

「今村記録」が描く浪士通行と国学者の物語は、史実とは見なせない、それが本稿の結論である。

豊三郎の脳裏には、今私たちが読むかたちでの「今村記録」ではない、「もう一つの今村記録」があったと思う。「もう一つの今村記録」を求めて、ここでしばらく飯田藩史料に目を転じてみたい。

註13 飯田市美術博物館撮影史料

註14 さらに、「今村記録」は、上穂宿訪問の際、松尾家に寄寓していた都賀孝之助（伊勢出身）も同行したという。都賀は「今村記録」巻末に収録されている元治二年二月十九日の浪士処刑者名簿に名がある。当地から浪士に合流し、越前に赴いたのだろう。『筑波蜂起一件顛末記』（牛久古文書の会）には、「（都賀は）中津川宿で名前が初めて出る。天狗勢西上組に参加したのはこの頃と思われる」（二一三頁）とある。

註15 市村註（3）によれば、豊三郎が浪士幹部との面会を許される場面は次のようである。「彼等（浪士たちのこと—青木）は（豊三郎に同行した角田忠行に）問うて曰く、「伊那の平田門は古史伝の上木を企てつつありと聞く、目下何巻まで発刊せられたか」と、角田は言下に第十六章まで上木の旨を答へたので、彼等の疑は茲に始めて、解けたと言ふことである。そこで豊三郎は道中奉行田村宇之助に会するを得」（二九四頁）である。出典は明記されていないが、このエピソードは、本書以降、様々な書物に引用されている。

註16 この点は、「今村記録」でも裏付けられる。「浪士の実況更ニ不明ニ付、兎も角夜を掛ケ上穂迄出向」とある。「浪士たちの実態がよくわからないので、とにかくも様子を見てくる」という言い回しは、「探索」という言葉に近い。

註17『旧飯田藩士柳田家日記『心覚』—飯田町と藩士の暮らしぶり—』（二）（飯田市美術博物館・柳田國男館）。以下、『心覚』からの引用は、とくに断らない限り、すべて本書による。

註18「今村記録」

註19『心覚』（二）二一二頁

註20『心覚』では、十一月十九日と二十日には浪士通行関連の記事がない。この二日間は、浪士通行に関し目立った動きがなかったということだろう。

註21 ここで言われている「今夜」は、二十一日ではなく二十二日である。評議は二十一日夜に始まったが、深夜に及び日付が変

わったので、二十二日の予定が「今夜」と記されている。
註22 二十一日が飯田藩の軍議の日だったことは、後述する『耳目抄』でも裏付けられる。
註23 豊三郎が軍議に参加しなかったという本稿の推論が妥当だとすれば、「今村記録」の中の郡奉行物頭小林仁蔵の発言も疑われる。

総家中軍議中の真中江召被出、目撃の様子逸々申述候処、郡奉行物頭役小林仁蔵殿衆人を避け拙者へ対し親ニと子ニも内密ノ件有之趣申述、右ハ他ニ非す今夕浪士小野斌雄と申者より書翰到来披見する処、間道有之候ハヽ是非案内を頼むとの旨意ニ候得共、右様の儀ハ幕府へ対し難成儀ニ付、断然明朝態使を立て断可申評議決し候へ共、其方共間道案内致度趣ハ誠に幸之儀ニ付、折角尽力致し呉可申との事ニ由り大案心、

豊三郎と、軍議中の小林が、二十一日に面会する可能性がない以上、上記の「衆人を避け拙者へ対し親ニと子ニも内密ノ件有之趣申述」こともありえない。実は、「今村記録」中もっとも印象的な場面がここである。一国学者の勇気ある行動で藩論が一転する瞬間だ。だが、それは史実とは見なせない。
註24 市村註3　五五五頁
註25「今村記録」

三　飯田藩史料から見た水戸浪士通行事件

（一）『耳目抄』[26]――十一月二十一日、城内で何があったのか

水戸浪士通行に関する飯田藩の対応は、前述したように、藩主の不在が念頭に置かれず、「飯田藩の対応」という言葉で安易に括られてきた。藩主は何を考えていたのか。在飯家臣は何を考えたのか。個々に検証する必要がある。

水戸浪士通行が、沿道諸藩に異様な緊張感をうみ出したことは、冒頭に述べた。この緊張感をよく伝える史料が残されている。飯田藩士熊谷家に伝わる『耳目抄』である。一年ごとに綴られた飯田藩の日録的な史料であり、その二五冊目が元治元年にあたる。その巻末に水戸浪士通行関係記事が、日付順に一括収録されている。まず、十一月十八日から二十二日までの記事を示す。

（十一月十八日）

公儀御触御家御達書順達

去ル十三日常州屯集賊徒共之内脱走之者在之、甲州路又者中仙道之方与多人数落行候哉ニ相聞候間、速ニ手筈致し、見掛次第洩らす討取可申、万一討洩候ハヽ他領迄も附入討取候様可致候、若閑等ニおいて者、急度御沙汰可在之候、

右公儀御触

一 右ニ付、兼而御達有之候通り、早鐘打候ハヽ、腰兵糧持参、割羽織着、小袴立附之内着用、会所江相揃可申候、

一 御操練御人数御差出候ニ付、二男三男迄御差出可有之事、

一 御家中之面々、他出留之事、

十一月十八日

十一月廿一日

一 今晩飯嶋表より注進在之候者、兼而御達在之候賊徒共、和田峠打越松本・諏訪・高遠之御堅メ悉く打破り、一両日之内此方へ罷越可申旨、申越候、

同日

一 右注進ニ付、御作事ニ而早鐘搗出し、此刻限夜五ツ半過ニ茂可有、会所へ御家老安富采男方・嶋地恵助方・同隠居野村勝弥・羽生徹・御年寄岡沢要・御用人太田郡治・堀三左衛門・大目付中山藤左衛門・鏑木堅蔵・郡方羽生孫九郎・勅使河原三六・小林左兵衛・御勘定奉行田中亮太夫、不残甲冑陣羽織着用、御操練壱番手・弐番手・三番手・御小役人之向、惣出仕、

同日

一　為物見、早馬ニ而斎藤詮五郎・三浦只次郎、飯嶋宿迄罷越、翌廿二日夜五半頃立帰り、

同日

一　甲府御城代ゟ、為加勢人馬差出可申、両度夫罷越候、

一　座光寺原弓矢之沢ニ而打留可申評義相聞、手代野原助三郎へ歩人足百八拾人御附、同所へ被遣、大砲台場築立、且又前後左右之樹木伐林伐、右沢つゝき牛牧山へ小旗六拾本を立、右沢ニ而砲発致し候ハゝ、耕雲寺平より下黒田村へよけ可越間、黒田村浅間与申所江台場築立、

一　右同所へ屯小屋掛為差図、田中亮太夫罷越候、

一　町々火をかけ焼払与申義申立、騒立家財最寄在方江持出、板敷と致し、家内女子共老人等悉く逃去り、花火町時　しの筒有丈町頭へ並て、石を入レ打候様、且者御城中へ持出、馬場丁矢場へ持出、水之手之道を堅メ、在方ハ竹鑓を拵持出、

一　御家中外側住居之向、老人女子供砲声承候ハゝ、御城中江逃込可申旨、一町一町申継ニ而在之、右之分、賄者御台所より可被下旨、達有之、

一　会所御手狭間ニ付、外向之分　御本丸江罷出扣、

一　弐番組之向、桜之丸御殿ニ扣、

一　三番組者、御本丸　御殿ニ扣、

一　三組之者、心影流稽古場ニ扣、

一　両郷組之者、下荒町稽古場ニ扣、

一　三組野組、出丸御蔵前ニ扣、

一　上郷夫人、

一　下郷夫人、

一　御力添人足惣町、
一　向上郷より、
一　同下郷より、
一　同箕瀬より百人、
一　同羽場より、
一　同愛宕坂より、
一　御咎慎中塾居之内、辻元鋼次郎・熊谷六郎兵衛・熊谷伝治・佐野孫左衛門・大沢所平御咎番代市瀬喜蔵・御預人岩沢太郎・番代久保田護平、一同会所へ罷出、銘々倅又ハ近親を以、支配御時節柄恐奉察、何卒御人数江差加被下置候様相願候所、鋼次郎大砲術士江、六郎兵衛三番組甲士江、伝治孫左衛門・所平者兵糧方江、太郎五兵衛・喜蔵者出仕後御殿并会所見廻り被仰附候、
一　水之手御門・谷河口御門、代ル代ル固被　仰付、泉惣右衛門・野々口弥一左衛門・久保田喜六江被　仰付、
一　西御部屋於志け様、嶋田村福嶋金左衛門亭江御立退被遊候ニ付、御供柳田東助・藤枝孫右衛門・松井正意・北原丈助・御園生猪之助・女中三人・御留守御部屋固潮田喜内・川手小太郎、
一　御家中二男・三男・前髪無之分、御雇甲士歩士ニ御用、
一　御台所兵糧仕出方御賄山下宗一郎・会所方清水紋右衛門・御蔵方星小七郎・飯井九郎右衛門介・熊谷伝治・佐野孫左衛門・大沢所平・下役関嶋熊太郎・元嶋善蔵介・丸山佐兵衛・木下総蔵・御小人弐人・椀屋弐人・日雇廿人、昼夜飯焼詰仕出し方、焼飯ニ味曽梅漬二ツ付、昼三度夜中壱度被下、追々人数増、廿四日・五日者千四百人余焼出し、
一　物見之向束原束飯嶋ゟ被帰、先方之様子承り候ニ、浪士弐千人余とも相見へ、和田峠江当国諏方之竪メ出張在之、我々通懸りしを無二無さんニ打かけ候間、無止事及戦候、元ゟ先方より手出し無之を、此方より

打出すと申義一切無之、戦に向へ者手馴し故、容易に敗北者不致、諏方家中一戦に敗北致し、敗軍ニ付捨置候武器分取致し候言ニ而、家中と申事ニ而不戦して敗走致し候なと丶馬方人足共ニ咄しニ而、実々之処不分候、

一　上市田陣屋御代官　　　与申仁、当所御代官衆ニ応度趣ニ而罷越候得共、何レ茂出仕中、殊ニ可対場所無之、中山安太郎荒町吟味所ニ而対面、此人被申候、今般之一儀従公儀厳重御達有之候得共、上市田陣屋扱人数者無之、何分鑓方も無之付キ而者、御当方様ニ而者御打止之御用意、御折角之義御止申ニ而ハ無之承り候得者、御近領高崎・松本・諏方・高遠何レ茂速ニ通し候趣、厳重御達者在之候得共、御並も在之義得与御勘考被成候様致度、且又弓矢之沢ニ而御打留之思召候ハ丶市田配下牛牧村へ矢先不参様、百姓共達而願出申候、御含可被下、

一　甲府御城代江、為御使者福嶋幾三郎被遣候、

一　座光寺原・下黒田宮崎原出張之御評議相替り、御城堅固ニ致し候様相成、御塀端之枳穀御伐払、御城中土手御太鼓楼共ニ大砲御台場出来、野村氏塀之内へも大砲台場出来、山上氏藪伐払、是又台場出来、是者新道之堅、是ゟ術士之向夫々手分ニ相成、附添町在御力添人足共、御城中御馬場ゟ広庭、又者水ノ手御塀端ゟ弥七塀脇、北者谷河通新道口迄ニ相成、右之通り　　御手筈厳重ニ相極、

前述したように、『耳目抄』一二五巻は、巻末に水戸浪士通行関係の記事を日付順にまとめている。したがって、この部分に記載のない日は目立った動きがなかったとみてよいだろう。

記録は十一月十八日から始まる。この日が飯田藩における水戸浪士通行事件のスタートと見なされていたということである。この日、浪士追討の公儀触書が到着し、これを受けて飯田藩独自の回状が発せられた。

一　右ニ付、兼而御達有之候通り、早鐘打候ハ、腰兵糧持参割羽織着、小袴立附之内着用、会所江相揃可申候、
一　御操練御人数御差出候ニ付、二男・三男迄御差出可有之事、
一　御家中之面々、他出留之事、

この文面は、『心覚』十一月十八日条と一致する。

続いて飯田藩が動くのは二十一日である。十九・二十日は記載がない。この点も、『心覚』と同じである。予め述べておけば、『耳目抄』には、二十二日・二十三日の記事もない。このことは、『心覚』を検証した際述べたように、飯田藩における浪士通行対策が、二十一日の一日の間に決定したことを示していると思う。『耳目抄』は、二十一日夜の城内の緊迫した様子を、次のように描いている。

一　右注進ニ付、御作事ニ而早鐘搗出し、此刻限夜五ツ半過ニ茂可有、会所へ御家老安富采男方・嶋地恵助方・同隠居野村勝弥・羽生徹・御年寄岡沢要・御用人太田郡治・堀三左衛門・大目付中山藤左衛門・鏑木堅蔵・郡方羽生孫九郎・勅使河原三六・小林左兵衛・御勘定奉行田中亮太夫、不残甲冑陣羽織着用、御操練壱番手・弐番手・三番手・御小役人之向、惣出仕、

この頃、浪士は松島宿にいる。飯田城内には飯田藩在飯幹部が勢揃し、次々にもたらされる情報を精査しながら、水戸浪士通行という難題をどう切り抜けるか、戦術が立案されたのである。幕府の命に従い追討行動を仕掛けるか、沿道の多くの藩にならい黙認するか。

早鐘、そして「惣出仕」。夜十時(「夜五ツ半過」)。騒然とした城内の状態が、手に取るように伝わる。「今村記録」中の深夜に及ぶ「総家中軍議」は、まさにこの状態を指している。

二十一日、体調不良を押して出仕した柳田東次郎が徹夜勤務になったのは、この軍議ゆえである。『耳目抄』によって、飯田藩が採ろうとした戦略を確認する。ただ、評決が深夜に及んだのは、一旦決定された事項が覆されるような場面が、しばしばあったからだろう。時間の経過と議論の展開に留意しつつ、史料を確認していきたい。

なお、記録の中に散見する甲府関連記事は、一旦は検討のテーブルから除いておく。

①飯嶋宿へ偵察を送る（彼らは翌日夕刻、飯田に戻った）
②座光寺原弓矢沢で浪士を迎え撃つ
③そのため、当地に大砲台場を築く。同時に浪士の迂回路を想定し、黒田村浅間にも台場を築く
④城内・馬場丁矢場、水之手之道などを堅める
⑤外郭に住む家中の老人女子供は、砲声あれば城内に避難
⑥各組の藩士の配属場所決定
⑦謹慎中の主な藩士の蟄居を解く
⑧水の手門・谷河口門の警備強化
⑨おしけ様、嶋田村福嶋金左衛門宅へ避難
⑩炊き出し計画立案

『耳目抄』は、議論されたことを箇条書きで列挙しているが、①〜⑩の項目が、すべて同時に決定されたとは思えない。根拠は、十一月二十二日条の最後の部分（「一　座光寺原下黒田宮崎原出張之御評議相替り　御城堅固ニ致し候様相成」）の「相替り」の文言である。一旦決まった評議が、議論を続ける中で変っていったということだろう。後述するように、それは具体的には、交戦から避戦・籠城への変化である。

例えば、偵察に赴いていた東原束が持ち帰った和田峠合戦に関する下記の情報が、大勢を占めていた交戦論に

見直しを迫るきっかけになったように見える。

一　物見之向束原束飯嶋ゟ被帰、先方之様子承り候ニ、浪士弐千人余とも相見へ、和田峠江当国諏方之堅メ出張在之、我々通懸りしを無二無さんニ打かけ候間、無止事及戦候、元より先方ゟ手出し無之を、此方より打出すと申義一切無之、戦に向へ者手馴し故、容易に敗北者不致、諏方家中一戦に敗北致し、敗軍ニ付捨置候武器分取致し候言ニ而、家中と申事ニ而不戦して敗走致し候なと、馬方人足共ニ咄しニ而、実々之処不分候、

束原は、水戸浪士について二つの重要な情報をもたらしている。
①手出ししなければ、浪士側から攻撃することはない
②浪士は戦に手慣れており、簡単には負けない
この二つの情報が、「座光寺原弓矢沢で浪士を迎え撃つ」当初の作戦の、見直しのきっかけとなる。
さらに、作戦見直しを決定づける出来事が起こった。「上市田陣屋代官」（白川藩阿部領）の使者某が、飯田藩に戦闘回避を願い出たことだ。次の記事である。

上市田陣屋御代官　　　　与申仁、当所御代官衆ニ応度趣ニ市罷越候得共、何レ茂出仕中、殊ニ可対場所無之、中山安太郎荒町吟味所ニ而対面、此人被申候、今般之一儀従公儀厳重御達有之候得共、上市田陣屋扱人数者無之、何分鑓方も無之付キ而者、御当方様ニ而者御打止之御用意、御折角之義御止申ニ而ハ無之承り候得者、御近領高崎・松本・諏方・高遠何レ茂速ニ通し候趣、厳重御達者在之候得共、御並も在之義得与御勘考被成候様致度、且又弓矢之沢ニ而御打留之思召候ハ、市田配下牛牧村へ矢先不参様、百姓共達而願出申候、御含可被下、

「飯田藩は座光寺原で浪士を討ち止める決定と聞くが、他藩は「速やかに通し」ている。幕府の追討命令は大切だが、他藩に倣う方策もあろう。また、もし弓矢沢で戦闘するなら、当領牛牧村へ戦火が及ばぬよう、百姓たちが強く願い出ていることも伝える」という意味である。

東原がもたらした浪士の情報と、市田からの戦争回避の歎願を受け、評議は交戦か避戦かの間を揺れ動き、最後に避戦・籠城に決したと考えたい。十一月二十一日条の最後の部分、これが在飯家臣たちの、長い議論ののちの着地点だった。

一　座光寺原・下黒田宮崎原出張之御評議相替り、御城堅固ニ致し候様相成、御塀端之枳殻御伐払、御城中土手御太鼓楼共ニ大砲御台場出来、野村氏塀之内へも大砲台場出来、山上氏藪伐払、是又台場出来、是者新道之堅、是ゟ術士之向夫々手分ニ相成、附添町在御力添人足共、御城中御馬場ゟ広庭、又者水ノ手御塀端ゟ弥七塀脇、北者谷河通新道口迄ニ相成、右之通り　御手筈厳重ニ相極、

長時間に及ぶ評議は、交戦から籠城へ、つまり戦闘回避に「相替」ったのである。

以上、『心覚』・『耳目抄』の二つの史料から、水戸浪士通行に対する飯田藩の方針が、二十一日深夜から二十二日未明にかけて決定したことを明らかにした。評議に関与した主要な家臣は、以下の通り。

家老安富采男・嶋地恵助・同隠居野村勝弥・羽生徹・年寄岡沢要・用人太田郡治・堀三左衛門・大目付中山藤左衛門・鏑木堅蔵・郡方羽生孫九郎・勅使河原三六・小林左兵衛・勘定奉行田中亮太夫、

みな甲冑陣羽織の物々しい出立ちだった。御操練壱番手・弐番手・三番手・御小役人も、すべて出仕した。

二十二日朝、一旦帰宅した柳田東次郎は、隠居東助に浪士通行時の役割を伝えた。その時、戦術（人員配置・避難方法・兵糧確保など）は細部まで練り上げられていたのである。

（二）安富家文書[27]―堀親義は何を考えていたのか

ここで、本稿のもう一つの問い、水戸浪士通行事件に飯田藩主堀親義はどのようにかかわったのか、考えてみたい。

先に述べたように、浪士通行当時、親義は在飯していなかった。浪士通行は、沿道諸藩にとっては、かつて経験したことのない難しい事態であった。このなかで飯田藩は、今見たように籠城の決定をおこなったのだが、これは藩主の意向だったのか。あるいは、藩主の意向を考慮しない在飯家臣たちの独断専行だったのか。

そこで、藩主留守の飯田城で陣頭指揮に当った家老安富采男関係史料を検討したい。

まず、水戸浪士西上と親義の動きについて、通説を確認しよう[28]。

親義が水戸浪士事件と直接かかわるのは十一月二十一日である。

二十一日　在府中の親義は、浪士が甲府に赴く可能性に備え、甲府城警備役を命じられた

二十三日　若年寄本多忠紀とともに甲府に向け出陣する

二十四日　八王子に到着すると、「浪士が飯田領に向かう可能性がある」として、飯田「取締」に転じよとの命を受ける

二十五日　急遽飯田に向け出立

十二月五日　夜、飯田に到着。浪士通行対策に尽力した家臣たちを慰労

こうしてみると、親義の行動は、まことに理解に苦しむ。

十一月二十日、和田峠合戦を終えた浪士は、伊那路へと進路を取った。二十一日には伊那谷の入口（松島）に進軍している。この段階まできて、浪士たちが甲府に転進する可能性はあったのだろうか。

確かに、十八日付けの幕府触れには「去ル十三日、常州屯集賊徒共之内脱走之者在之、甲州路又者中仙道之方与多人数落行候哉ニ相聞候間」[29]とあり、この段階では浪士の甲府行きも想定されていた。耕雲斎が「武田」を名乗ったのは、信玄由来の甲府へのこだわりがあったからとも言われている[30]。松本藩・高島藩が、和田峠通過後の浪士隊を襲撃する戦術を立てたのも、「峠以北での戦闘となれば甲府方面への逃亡が容易」との見通しがあった[31]。十九日段階で、浪士甲府進攻の可能性はあった。

しかし、事態は刻々と変化する。二十一日、親義に出陣命令が出されたが、実際の出陣は二十三日であり、この間に、浪士が伊那谷を南下する状況は確認できたはずで、出陣を取りやめる判断はありえたと思う。

そもそも、本州中央部を西上するのである。ルートとしては、中山道だけでなく伊那街道も当然想定しなければならない。このような状況で、木曽・尾張に抜ける峠や関所を抱えた伊那街道の要地（飯田）を領する堀親義を、甲府に向けて出陣させるという判断は適切だったのだろうか。同行した本多忠紀は、奥州泉藩（現福島県いわき市）藩主である。

親義は軍事改革に熱心で、その功績を評価されて、この年九月「講武所奉行」に就任したという[32]。幕府の精鋭部隊を率いる立場である。甲府がもつ軍事上の重要性もわかるが、幕府が、なにがなんでも浪士の入京を阻みたいのなら、領地と家臣団をそこにもつ親義こそ、伊那街道に派遣すべき最適な人物だった気がする。

しかも、出陣翌日（二十四日）、にわかに親義の任務を飯田「取締」に改めたという点も理解に苦しむ。浪士が飯田を通過している、まさにその日である。講武所奉行堀親義は、浪士が去った飯田の何を「取締」まるのだろうか。

さらに、二十五日八王子から急遽飯田に向かったという親義の飯田着が十二月五日というのも不自然である。この程度の距離の移動に一〇日余を要するだろうか。

十二月三日、親義の帰飯を出迎えるため、次のような廻状が出されている。

殿様、去ル朔日甲府表御出立、明五日御着城被遊候ニ付、(33)

親義は、八王子から急遽飯田に向かったのではない。彼は甲府に着任し、さらに十一月いっぱい甲府に留まり、その上で飯田に出立したのである。

十一月末、浪士は飯田を通過するどころか、美濃西部に進軍している。(34)この時期まで親義が甲府に留まる理由は何だったのか。留まる必要が、本当にあったのか。

親義の甲府出兵は、緊急かつ不可避、かつ緻密な計画に基づく軍事行動だったとは、到底考えられないのである。甲府警備という任務が、西上する浪士の追討にまさる重要なミッションだという認識が存在していたとか、あるいは浪士の動向を伝える情報がよほど混乱していたとか考えない限り、親義が命じられて行った軍事行動は、でたらめとしかいいようがないものだ。親義を浪士の西上ルートから、しかも自領から意図的に引き離そうとしているかのようにすら見える。

そもそも、浪士追討の任務についた田沼意尊や江原桂助の行動もでたらめだった。後述するように、浪士を追って十一月二十六日に飯田に入った江原率いる追討部隊は、追討とは名ばかりで、町民に対する横暴な振る舞いが目立ち、さまざまなトラブルを起こしている。

こうして見ると、水戸浪士通行事件を、浪士のみにピントを合わせて論じるのは適当ではないことに気づく。

本稿は、事件の彼方に、講武所奉行に就任した堀親義をとりまく幕閣内の権力闘争、つまり政争の存在を想定する（後述）。

二十三日、飯田藩主堀親義が甲府に出陣し、そのまま月末まで甲府に滞在していたことは間違いない。在飯家臣たちが親義と連絡を取り合うとすれば、それは江戸とではなく飯田―甲府間でということになる。ここで『耳目抄』を読み直してみる。十一月二十一日の記事である。

一　甲府御城代ゟ、為加勢人馬差出可申、両度夫罷越候、

一　甲府御城代江為御使者、福嶋幾三郎被遣候、

この日、甲府から加勢を依頼する使者が着き、逆に甲府に向けて福嶋幾三郎が出立した。

記事の順番は、箇条書きで記述されている二十一日の三二項目のうち、「加勢依頼の使者到来」が四番目、使者派遣が三十番目である。箇条書きが時系列に沿って書かれていると断言はできないが、加勢依頼は二十一日の早い段階で飯田城に届き、深夜に及んだ評議の結果を伝えるために福嶋が派遣されたと読むのが自然だろう。ただ、冷静に考えれば、二十一日時点では親義は江戸におり、甲府出陣命令を受けたばかりである。「甲府御城代」は、親義とイコールではない。

しかし、重要な評議の場に「甲府」が登場するということは、二十一日以前の段階で親義が甲府警備に赴くことが、江戸でも飯田でも分かっていたからではないか。

あるいは、加勢依頼の使者が、親義甲府着陣予定を伝えたのかもしれない。使者が甲府を出立する段階、具体的には幕府の「賊徒追討命令」が出される十一月十八日あたりには、浪士の甲府入りを想定した親義出陣は内定していたと考えたい。

ただ、浪士通過という緊急事態である。沿道各藩が対応に苦慮している問題である。いくら緊急に甲府出陣を命じられたとしても、浪士対策について、藩主親義側から家臣に対して、なんらかの意向表明、インストラクション（指示）があったとみるのが自然だ。経緯をうかがう史料が、在飯家臣のトップ家老安富家に残っている。

まず、親義側近の石澤謹吾が、飯田にいる安富釆男・島地惣助・岡澤要に宛てた十一月二十六日の書状を見よう。

以別紙得御意候、然者賊徒共万一其表江相掛り候ハヽ、先方者精兵多人数之事故、此方ニ而も厳重ニ相備、其上通シ難き旨掛合、夫ニ而も押而相通り候ハヽ、追々ニ引上　御守城之上、行過候所ニ而追打、地嶮之所ニ而苦しめ候方、可然哉与被思召候旨、被　仰出候間、可然御取計可有之候、別紙ニも取計ひ之　御趣旨相認候得共、其段尚又右様被　仰出候間申入候、右之段為可申入如此御座候、以上、

十一月廿六日(35)

「浪士が『其表』（飯田のこと―青木）にかかれば、相手は精兵多人数ゆえ一旦は通行不可の意向を告げるが、なお通行しようとすれば『守城』に専念してほしい」との親義の意向が表明されている。さらに、「通行後、『地嶮のところ』まで追尾し、攻撃をしかけるのがよかろう」と述べている。

親義は、松本藩・高島藩のような浪士との交戦を、望んではいなかったのである。

文中の「別紙」は、親義自らこの意向を飯田表に伝えた書状が存在していたことをうかがわせる。安富家に残る年不詳の親義書状は、その可能性がある。

弥可為堅固満足ニ存候、脱賊模様其表江通り可申旨風聞可為心痛候、謹吾ゟ申入候条ニ而所置防御可致候、右之形勢ニゟ一先在所江之　御暇蒙まゝ追討可越申候、尤追討之任者不為免候、又々取締申付甲国表へ本能州殿ニも被待合う候へハ、即刻可出候まゝ先者所置之義申入度、

尚々不備

堀石見
花押
飯田城重役江
呉々も謹吾ゟ申入候条之通相差扱可申候様、(36)

「私が考える浪士防御の措置を石澤謹吾に言い渡したから、謹吾の指示に従って対応してほしい（「謹吾ゟ申入候条ニ而所置防御可致候」）」という意味である。藩主の意向は近臣石澤謹吾に託され、飯田に送られたのである。

では、親義書状が作成されたのはいつか。

「脱賊模様其表江通り可申旨風聞可為心痛候」の文言通りに読めば、書状は浪士通行以前の段階で書かれたことになる。しかし、実際の通行日より前だと断定することはできない。親義が、「通行前に認めている」と認識していただけで、それが十一月二十四日以降だった可能性も充分ありうる。

ただ、「尤追討之任者不為免候、又々取締申付甲国表へ本能州殿ニも被待合う候へハ、即刻可出候ま丶先者所置之義申入度」は、「浪士追討のため甲府出陣を命じられたが、同じく出陣する若年寄本多忠紀と待ち合わせることになっているので、即刻出立しなければならない。とりあえず、浪士の「所置」について、石澤を通じて私の意向を伝えておく」と読める。

親義が甲府出陣の命を拝するのは十一月二十一日、出立は二十三日だから、この時点あたりには、すでに親義は石澤書状に述べられているような方針（一旦は通行不可の意向を告げ、なお通行しようとすれば「守城」に専念し、通行後に攻撃をしかける）を決断していたということになろう。

浪士との交戦は、藩主自身まったく望んでいなかった。また、「弥可為堅固満足ニ存候」という書き出しは、「浪士通行に備える防備がしっかり堅まってきた（という報告を聞き、私親義は）満足している」という意味だろう。「二十一日深夜の城内の評議で、城固めの方策が決まったことを聞き、満足している」とも読める。

これは、二十一日深夜飯田を出立した福嶋がもたらした情報に対する感想なのかもしれない。親義のこの書状は、「十一月二十六日付け書状」（「安富家文書」一二八）と一緒に、石澤が飯田に持参したと考える。ただ、上記の二つの書状によって、在飯家臣の対浪士戦術が決定したわけではない。書状は二十六日に出されている。浪士はその二日前に当地を通過しているからだ。その意味では、藩主の意向は、浪士対策立案に際して、直接影響を与えることはなかったのである。

しかし、すでに見たように、飯田では二十一日の評議の中で、一旦は可決された座光寺原での交戦案が覆り、籠城・戦争回避案を決定した。この方針と、甲府出陣中の親義が望んだ戦闘回避案はほぼ同じ内容である。藩主の意向と家臣団の意向をすり合わせる作業は、まったく行われなかったのか。

結論から言えば、時間的にそれは無理だったと思う。結果的に、両者の意向が一致したと考えたい。次の史料は、そのことを示すのではないか。元治二年初、処罰を受けた藩主を思い、傷心の日々を送る側近石澤謹吾の様子を安富采男に伝えた著者不明の書状（断簡）である。

全体、旧冬御道中ニ而浪士御国江押入候義聞及候節、一同之御義論迚も野戦者勝利無御座、守城之論ニ相成、可申様ニ与祈入候処ニ御座候、然処一同存込候通守城之策ニ御処置有之、実ニ御府合仕候儀ニ而、一同万歳与歓候事ニ御座候、(37)

ポイントは「祈入」であり「御府合」である。つまり、藩士たちは、浪士との戦闘で勝利できるとは考えてもいなかった。そこで「守城」（籠城）策を採ろうとした。藩主も同様の方針をとってほしいと「祈入」っていたところ、「御府合」（同じ考えで一致）したので、「一同万歳与歓」んだという意味である。つまり、藩主および江戸藩邸詰めの藩主側近グループの意向と、在飯グループの意向は、期せずして一致したのである。

浪士との本格的な戦闘の回避、すなわち、形だけの追撃は含むとはいえ、浪士通過黙認が、藩主・家臣一致した考えだったのである。同時に、この考えがけっして突飛なものではなかったことは、親義とともに甲府警備に従事した若年寄本多忠紀の賛辞からも分かる[38]。

忠紀の賛辞を聞き、親義は「面目ニも相成満足不過之」と述べた。藩主「満足」の思いとともに、飯田藩は難問を一つクリアしたのである[39]。

親義の「満足」は、文面だけでなく、態度でもはっきり表された。十二月五日の飯田着城の様子である。『心覚』によれば、到着時間は大幅に遅れ、深夜だった。寒気が城下を包み、雪が降り続いていた。しかし、親義はきわめて上機嫌だった。

十二月五日　　今朝ゟ猶　雪雨　寒

一　今四ツ時過麻上下着陣羽織・小袴持参ニ而、桜の御丸へ罷出扣居候処、伊那へ御泊り故、夜中ニ無之而ハ御着ニ相成兼候趣ニ付、相頼中合一旦相引、猶又　今夕罷出、御広間ニ扣居候事、

一　夜四ツ時少々雨、原町御出立之注進有之、大手御門内八間蔵敷へお迎一同扣居、折あしく大雪・寒風ニ而凌兼候、四ツ時頃御機嫌宜御着被遊、土間江平伏致、大目付御家中非番之面々江披露、

一　右相済候而、桜丸へ罷出候処、御家中一同此度之浪士一条ニ付、御目見被仰付、御意有之候段達ニ付、表御書院御二之間へ、外向御物頭始メ御目見以上一同御三之間へ懸け、二男・三男之向迄並居御目見　御意左之通、

浮浪之徒通行之処、何レも骨折大儀ニ存候、
右之御趣意ニ付、御酒・御肴等被下候旨、月番采男方披露、筆頭ゟ御礼申上、
右相済御足軽も御目見被仰付候よし、
一　御広間御帳へ記恐悦申上、御家老安富・島地御宅へ罷出御帳江記、御酒・御肴頂戴之御礼ハ右御帳へ記候
のミニ而、別段申上ニ不及旨達有之、

「御機嫌宜御着」した親義は、家臣を城内に集めると、「浮浪之徒通行之処、何レも骨折大儀」とその労をねぎらった。酒・肴を振る舞う意向が、月番安富采男から披露された。

翌日には家中・町在役人にも酒と褒美金が振る舞われた（『耳目抄』）。

小括

水戸浪士通行に際しての、飯田藩の対応を検討してきた。

『耳目抄』からは、評決（軍議）は二十一日夕から深夜にかけて行われたことが確認できる。方針は交戦論から避戦論に転じた。「今村記録」の言う間道通過策などは、検討された痕跡がない。

飯田城内のこうした動きは、柳田東助の『心覚』でも確認できる。

在府中の藩主親義は、浪士追討のための甲府出陣を命じられたが、その行動には不可解な点が多い。しかし、親義の対浪士策は早くから避戦論であり、この意向は在飯家臣の決定と符合した。その意味で、水戸浪士通行に対する飯田藩の対応は、藩主・家臣の総意だったのである。

飯田藩にとっての水戸浪士通行事件は、殿にとっても家臣にとっても、領民にとっても、理想的なかたちで終わったのだった。

註26 飯田市美術博物館所蔵「熊谷家史料」
　仲ノ町（現飯田市仲ノ町）熊谷家は、江戸時代中期から飯田藩士だった。『耳目抄』は飯田藩を中心に当時の事件等を項目別に記し、目次をつけ和綴じ本として保存したものである。全三八冊。元治元年分は二十五冊目である。以下、『耳目抄』からの引用はすべてこれによる。

註27 飯田市美術博物館所蔵
　安冨家は堀氏代々の重臣。水戸浪士通行当時は、采男が家老を勤めていた。

註28 鈴川博『消された飯田藩と江戸幕府』七一四頁（二〇〇二年）による。
　基本データは、『維新史料綱領』第五巻である。

元治元年十一月二十一日
幕府、浪士武田正生等甲斐に入らんとするの聞あるを以て、講武所奉行堀親義「石見守・飯田藩主」・若年寄本多忠紀に命じ、甲斐に赴き、警備に当らしむ。尋で「二十四日」親義を止めて、其藩地の取締に従はしむ。

十一月二十九日
飯田藩主堀親義、浪士武田正生等の清内路通過の状を幕府に報ず。尋で「十二月二十四日」幕府、親義の清内路関門の警備を罷め、講武所奉行を免じ封二千石を削り、逼塞を命ず。

註29 同右
註30 註（1）四二四頁
註31「信濃国諏訪戸沢口樋橋合戦」　註（8）所収
註32 鈴川註（28）七一四頁
註33「元治元年御廻状請万書留帳」（飯田市美術博物館所蔵「南浜島家文書」一二四〇）
　南浜島家は南条村（現飯田市上郷飯沼）の庄屋役を勤めた。
註34 註（1）
註35「安冨家文書」一二八
註36「安冨家文書」三一一
註37「安冨家文書」一三八
註38 浪士通過の報を聞いた本多は、飯田藩の浪士対応（「賊徒共外間道へ取懸、城地内外無別条候段」）に感心し、「賞詞」を述べた。

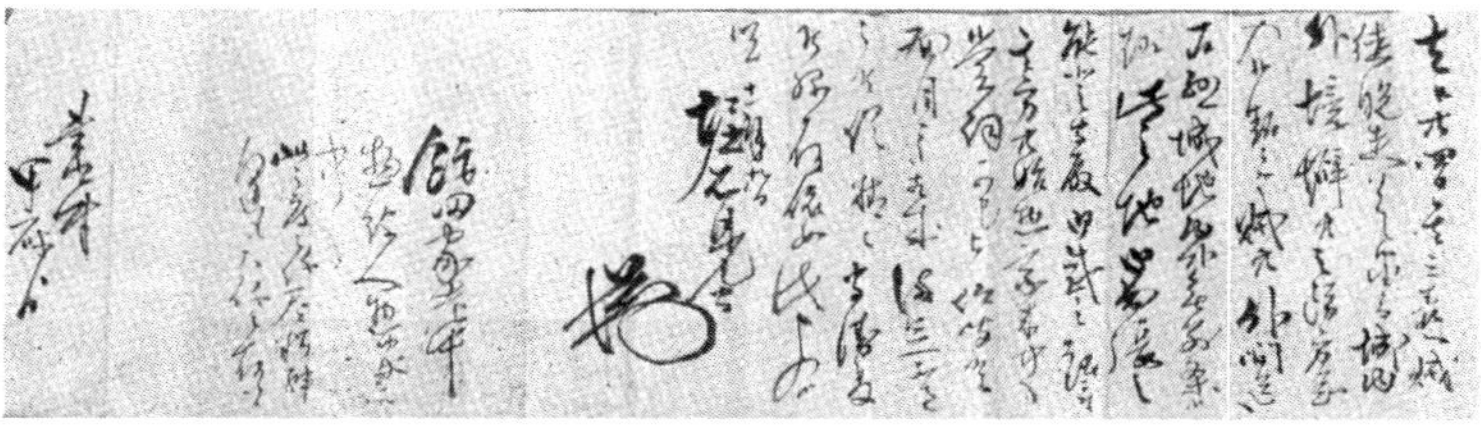

堀親義書簡（安冨家文書127　飯田市立美術博物館蔵）　親義とともに甲府に出陣していた本多忠紀は、飯田藩がとった避戦策を賞賛した。親義も在飯家臣のこの対応に満足の意を表明している。避戦は浪士対応としては一般的だったことがわかる。

去ル廿四日、其表へ賊徒脱走いたし候由ニ而、域内外境塀共之防方念入候段ニ而、賊徒共外間道へ取懸、城地内外無別条候段、此地御出張之能登守殿御感之段ニ付、其方共始惣家来中江賞詞可申被　仰聞候、面目ニも相成満足不過之候、猶精々守衛致候段存候、依如此申入候、以上、

十一月十八日（※）
堀　石見守
花押

飯田家老中
惣役人惣家来中へ

此度之儀尽精神何れも大義ニ存候　以上（「安富家文書」一二七）

（※）「十八」の日付は「廿八」の誤りだろう。

親義はここで、忠紀の言を引きながら、飯田表の浪士対応に極めて満足している旨を家臣に伝えている。

註39 しかし、籠城策に家臣全員が賛同していたとは言えない。藩主親義が家臣の浪士対応に満足の意を示した上記「安富家文書」一二七の包紙には、「私に一旦出張致し浪士不聞入とて戦争に不及引揚候抔と申義は外の策略無之ては不出来事に候」と書かれている。通過不可の意向を伝え、聞き入れなければ「引揚」げ、籠城する作戦に対し批判的な立場である。

「一旦出張致し浪士不聞入とて戦争に不及引揚候」の文面は、「安富家文書」一二八で示された親義の指示（「賊徒共万一其表江相掛り候ハヽ、先方者精兵多人数之事故、此方ニ而も厳重ニ相備、其上通シ難き旨掛合、夫ニ而も押而相通り候ハヽ、追々ニ引上御守城之上」）に対応している。おそらく「安富家文書一二七の包紙は、もとは一二八の包紙だったのだろう」とする池田勇太の指摘は正しいと思う（「幕末の飯田藩主—堀親義の隠居について—」『飯田市歴史研究所年報9』一二二頁）。

浪士対策についての批判を記すこの包紙は、藩内がけっして一枚岩ではなかったことを物語る。二十一日の軍議が深夜に及んだのも、藩内に多様な意見が存在していたからだろう。

四　もう一つの「今村記録」に向かって

（一）家臣たちの沈黙

筆者は、「今村記録」の「二十三日」部分、すなわち「上穂宿→飯田藩軍議参加」部分は、信憑性に乏しいと考える。しかし、となると、当地における水戸浪士通行事件のクライマックスである国学者による間道案内が、いつ、誰によって立案され実行されたのか、説明がつかない。この点については五で述べるが、ここで藩士たちの証言に耳を傾けてみたい。

北原稲雄・今村豊三郎が、浪士幹部に会い、間道通過の了解をとりつけたのは二十三日夜、片桐宿でのことだった。『北原家年代記』の、

（二十三日）当夜片桐泊ニ付、豊三郎共ニ正議士小野斌男（別名藤田小四郎）と云人ニ手寄、歎願書出、閑道案内致候様申候処、聞届呉則、

である。二十三日付歎願書の下書きが北原家に残されているという。(40)「堀石見守領分座光寺村庄屋森右衛門」から小野斌男・月岡民部に宛てたものである。

乍恐奉歎願候

一　堀石見守領分惣代当郡座光寺村庄屋八右衛門奉申上候、今般国事之儀に付当地御通行之由、追々御様子承知仕、小前末々迄深奉恐縮候、右者逸々御尤至極に奉存候得共、領主御城下御通行相成候而者公辺御沙汰も有之儀に付、無余儀御対戦にも相成候次第に付、配下之者共一同恐縮仕候間、頻に其筋歎願中に御座候得共、未聞届には不相成候、然処、私共両人当御役所江奉懇願候儀者、何卒石見守御領分中は間道御通行被成下、穏に御斡旋奉願上候、内々乍伺御機嫌奉歎願候、尤閑道御案内仕柳御差支無之様取斗可仕候間、格別之以御慈悲、此段御聞届被下置候様偏奉歎願候、已上、

堀石見守領分座光寺村庄屋
森　右衛門

元治元年十一月廿三日

小野斌男様
月岡民部様

ただ、嘆願書中の一文（「頻に其筋歎願中に御座候得共、未聞届には不相成候」）を信じれば、二人の歎願に対し、藩は国学者たちの間道案内提案を積極的に採用しようとはしていないのであり、「今村記録」の「其方共間道案内致度趣ハ誠に幸之儀ニ付、折角尽力致し呉可申との事ニ由り大案心し」とは、ニュアンスが随分異なる。ところで、国学者たちの動き・意図は、藩士たちに伝わっていたのだろうか。

例えば、藩士柳田東助の場合。十一月二十四日、つまり通行当日の記録である（『心覚』）。

今昼後浪士凡弐千人程、人数も区々千八百とも申候事、桜町江不相懸候而、長久寺脇より郊戸原通今宮八幡之方へ無滞通行致、無別条段、夕刻見歩使差遣置候もの、罷帰申聞、又金左衛門倅祐治も罷帰被申聞、安心致候事、

通行の様子は、「無滞通行致、無別条段…安心」だけである。ここには、陣羽織姿で浪士隊の先頭に立ったはずの北原稲雄の姿[41]は記録されていない。

次に、飯田藩士熊谷家の史料（『耳目抄』）。同じ十一月二十四日の記事である。

一　浪士之者追々着之趣桜町木戸相締在之処、追々着ニ而新町ニ溜り申聞候者、御城下白昼ニ罷通り、如何敷間道も在之候者案内頼度申出、夫より町下之者案内ニ而、長久寺大門より神明宮通り今宮江出、河原を下り鳥居前通り、きね塚桜ケ外大渡へ出、松川桜瀬橋を越北方へ出、駒場泊り与行、今夜御家老中御役人衆、御門内八軒蔵前江油紙幕左張詰物被致候、但浪士共存外早く通し切候与存、上より内沙汰有之、人足町々ゟ差出間道と申みち案内致し可申様被申候由、

ここでは、桜町木戸を閉めたことで新町付近にたむろした浪士たちから、「如何敷間道」もあろうから案内を頼みたい、との申し出があり、「町下の者」が案内したと記す。間道通過は、当日、浪士たちから切り出したことになっており、案内は町人が引き受けたという。

町々から出た「人足」に「間道と申すみち」を案内するよう「上より内沙汰」があったという記述は、飯田藩が内々に、「町下」と浪士の間道通過について打ち合わせていたとも読めるが、案内は「町々の人足」が勤めたことになっている。

筆者がなにより納得しかねるのは、『心覚』、『耳目抄』、「安富家文書」[42]など、藩士側の史料に浪士通行に際しての国学者たちの行動が残されていないことである。公文書に「間道通過」を堂々と記すことは、幕府の手前憚られることだろうが、『心覚』や書翰類は私的な文書である。そうした史料にさえも国学者たちの姿が記録されていないということは、彼らの行動を、藩士たちのほとんどが、そもそも知らなかったということを意味するのではないか。

十二月二日、柳田東助は、「所々へ見舞に罷越」し、林代二（治）郎宅で浪士の話を聞く。そこで東助は「今村八右衛門此度之儀ニ付、大儀致候よし也」（「八右衛門が、浪士通行にあたって、大役を果したとのことだ」）との情報を得る（『心覚』）。

「大儀致候よし也」の言い回しは、東助にとってこの情報が初耳だったことを示す。だから日記に書き留めたのである。東助は、「浪士通過事件（「此度の儀」）に八右衛門が関わっていた」ことを、この時、林から初めて聞いた。

今村豊三郎は八右衛門の養子である。浪士通行に際して豊三郎は「八右衛門」の名を騙ったという。[43]『心覚』十二月二日の記事は、正しくは、「（今村八右衛門の名を騙った豊三郎が）此度之儀ニ付、大儀致候よし也」である。ところが、東助は「今村八右衛門此度之儀ニ付」と言い切っている。彼は、豊三郎が八右衛門の名を騙っていたことも知らなかったということになる。

東助は八右衛門と親しくしていたという[44]。その間柄にありながら、浪士通行から一週間も経った時点で、初めて「大儀致候」を聞いたのである。国学者の動きに対し、藩士たちの関心はけっして高いとは言えない[45]。そもそも浪士が何人なのかも、正確に把握できていなかった[46]。二十四日は暮れた。だが、なぜ今日がこういう一日になったのかを説明できる者は、藩士の中にも領民の中にも、ほとんど誰もいなかった。

城下を囲繞する重苦しく不安な空気は、浪士の姿が見えなくなったからといって、払拭されはしなかった。今日が分からなければ、明日が分かろうはずがない。二十五日早朝、早鐘が鳴る。「浪士引き返し」の報が飛びこむ。恐怖の中で、街が目覚めた[47]。

（二）「幸福の結果ハ松尾・角田の為めに反対ニ変し」（今村豊三郎）とはなにか―中津川国学関係史料に耳を傾ける

（1）

平成十一（一九九九）年から十四年にかけ、宮地正人を研究代表者とするチームが中津川地域の国学関係史料を調査した。その成果は報告書『「夜明け前」の世界の歴史学的解明―幕末期中津川国学者史料の収集と公開―』[48]に結実し、さらに、二〇一九年には、宮地の監修のもと、牛久古文書の会が解読にあたった「市岡殷政風説留」が、『筑波蜂起一件顛末記』[49]として刊行された。

こうした努力によって、伊那谷から東濃に跨がる国学者の交流の様相が、飛躍的に明らかにされはじめてきている。市村咸人には欠落していた視点であり、今後の当地の国学研究は、中津川国学関係史料をいかに活用するかが課題となる[50]。

そこで、本稿は、水戸浪士通行事件に限ってではあるが、関連する中津川史料を検討したい。ただ、報告書に掲載された史料の多くは、閲覧体制が整っていない。また、筆者も現在、十分な史料調査を行えない状況にある。

ここでは、『筑波蜂起一件顛末記』収録史料及び、宮地の引用する史料のみで考察を行わなければならない。

しかし、これら僅かな史料によってしても、これまでの水戸浪士通行事件研究は大幅な書き直しを迫られているることがわかる。とくに、「今村記録」の中で、これまでまったく検討されてこなかった部分（今村豊三郎が水戸浪士通行事件を回顧する部分）が、中津川史料を参照することによって、ようやく解明できるようになった。とりわけ、次の二点である。

①豊三郎が、この事件は「偶然の出来事」に左右されたと述べる点。

②豊三郎が、事件全体に関して、強い後悔の念を抱いている点。

市村咸人は、水戸浪士通行事件を、伊那谷国学者の晴れ舞台として描き出した。宮地正人も、事件の解決に貢献した伊那谷・木曽・東濃地域の国学者のネットワークと、その力量を高く評価した。しかし、ならば事件解決の首謀者的立場にいた豊三郎が、後悔・無念の心情を吐露するはずはない。中津川史料の中から断片的に聞こえてくる関係者の声を拾いながら、豊三郎の胸中に迫りたいと思う。

まず、「今村記録」の当該部分を示す。

右は偶然の出来事ニ而不思議ニ飯田町の幸ひと相成候得共、旧幕圧政の極度に達したる折柄ニより、終ニ三千石召上られたるものから領主ニ対し恐縮之到也、茲ニ立到りたる深き原因は当時ニ於而は明白ニ風聴も難出来次第ニ而、実ハ角田忠行と上穂宿迄同道後再会ノ時機なく、為ニ同人ハ浪士の真情も知らず、亀山勇右衛門ニハ面会して委敷自分依頼されたる都賀孝之助随行ノ一条を第一の目違、且藤田小四郎同行中之由を松尾ニ而物語り、夫はという所より突然松尾誠氏同伴駒場駅本陣（山田美雄宅也）江土屋某という同所の医師と藤田ニ面会、平素勤王の熱心家なれバ、浪士中ニ於而も殊之外喜悦、清内路原武右衛門（平田門人）、馬篭駅島崎吉右衛門（平田門人）抔を始中津に到れバ市岡中心と相成、木曽其他有志を募り討幕論を唱へ居り候故を以て、何心なく同志達ニ満足を与へ度迄の精心ニ而美濃路へ教導なしたる為メ、飯田藩ニ於而ハ清内路の関所御預りといふ表面上重大なる名義の為ニ不慮の害ひ被り候もの也、実兄我等ニ於而も片桐駅問屋本陣ニ於て小野斌雄（藤田小四郎也）・横田藤四郎の両士ニ面謁意見尋候処、三州路をさして、尾州侯ニ当り、故ノ中納言卿に縋り降参可致内情も有之、旁以三州路を好居候事実有を以て、幸飯田藩の旧幕へ対する都合上ニも充なる処より、駒場駅迄ハ必着到なし呉候事を約し、実兄稲雄は教導として陣羽織を着込案内なしたるもの也、故に浪士江対し且藩に対し、市中は勿論幸福の結果ハ松尾・角田の為めに反対ニ変し遺憾至極ニハ候得共、此事情当時に有ってハ我々同志之者の為めに引返しの事ハ何等の理由なる歟と想像ニ任セ置のミの情況なり旯、然るを這回東京表ニ於而、先の村内学校長熊谷謹一なるもの松の与挙という多勢子逸事を編製するに当り、実家及我輩の許江有無の尋問もなく、多世子一人の忠告ニ依而浪士ハ飯田藩とも打合美濃路へ通過なさしめたるハ、藩市中の幸を得セしめる等の製文ニして、藩の杇（汚）名を醸し丶のみならず、浪士其人達ニとりても加州侯へ降参なすより御連子成尾州侯江縋り候はゞ、旧幕吏の手ニも引渡しを容易ニ行届く間敷乎、彼是経過する内御維新の大典ニ移り候ハヽ、可哀罪首の非名ハ遂げざるものなるべく、幾繰返し毛髪の行違より如此遺憾を到来仕出かしたるもの乎、此事に至ると思ひ新たニなり、胸塞り涙うるほすニなん、

豊三郎の悔恨（「遺憾」・「胸塞り涙うるほす」）は、まずなによりも、飯田藩が幕府から処罰されたことに対してだった。

終ニ三千石召上られたるものから領主ニ対し恐縮之到也、

飯田藩ニ於而ハ清内路の関所御預りといふ表面上重大なる名義の為ニ不慮の害ひ被り候もの也、

国学者たちが様々なかたちで関与した間道通過策が、浪士の通過は実現できたとはいえ、飯田藩に減地・関所取り上げの大きな痛手を与えたことを詫びるという意味だろう。

ただ、それ以上に、豊三郎は大きな悔恨を抱いていた。それは、浪士を美濃路に誘導したことである。

実兄我等ニ於而も片桐駅問屋本陣ニ於て小野斌雄（藤田小四郎也）・横田藤四郎の両士ニ面謁意見尋候処、三州路をさして、旁以三州路を好居候事実有を以て、幸飯田藩の旧幕へ対する都合上ニも充なる処より、実兄稲雄は教導として陣羽織を着込案内なしたるもの也、

浪士其人達ニとりても加州侯へ降参なすより御連子成尾州侯江縋り候は丶、旧幕吏の手ニも引渡しを容易ニ行届く間敷乎、

片桐宿での小野らとの面会時点では、浪士らは三州路（尾張領）を目指していた（「旁以三州路を好居候事実有を以て」）。尾張藩藩主に縋り、降伏する目論見（「尾州侯ニ当り、故ノ中納言卿に縋り降参可致内情も有之」）も打ち明けられたのだろう。[51]

この時、豊三郎は、浪士が三州路進軍の強い意向をもつことは飯田藩にとっても好都合なことと考えた。「飯田藩の旧幕へ対する都合上ニも充なる処」は、避戦・籠城しつつ、しかし浪士を「降参」も想定される尾張領に導くことで、幕府からの無用な譴責を招かなくてすむという目論見である。

浪士を、彼らも北原兄弟も望む三河路へ誘導するべく、稲雄は駒場までの案内役を引き受けたのである。だからこそ、二十五日早朝、浪士が駒場から引き返したとの報に接した豊三郎は驚愕したのである。[52] 浪士の引き返しと清内路関所通過は、北原兄弟が二十三日夜描いたシナリオには存在しなかった。片桐宿段階では想定さ

れていなかった出来事が次々に生起していったのであり、その様子が、「今村日記」では、次の表現なのである。

右は偶然の出来事ニ而不思議ニ飯田町の幸ひと相成候得共、

夫はという所より突然、

「偶然の出来事」・「不思議」・「突然」。しかも、当初のシナリオからのズレは「毛髪の行違より如此遺憾を到来仕出かしたるもの乎」の言葉のように、関係者たちの些細な思惑の行き違いから生じた。

（尾張藩に鎚り、しばらく処罰の決定が遅延しているうちに――青木）御維新の大典ニ移り候ハヽ、可哀罪首の非名ハ遂げざるものなるべく、幾繰返し毛髪の行違より如此遺憾を到来仕出かしたるもの乎、此事に至ると思ひ新たニなり、胸塞り涙うるほすニなん、

豊三郎の悲しみは、「浪士は加賀藩に捕縛され、厳罰に処せられた。もし彼らが水戸と姻戚関係にある尾張藩に降伏していれば、つまり飯田から三州路に抜けていれば、処罰は遙かに軽かったのではないか。可哀想なことをした」という気持ちから生まれている。歴史に「if」はありえない。だが、そんな当たり前のことを分かりつつなお、越前路に浪士の足取りを訪ねる豊三郎の胸に去来するものは、「なぜ彼らは三州路から木曽路へ転進したのか」「なぜ、我々はそれを止めることができなかったのか」ではなかったか。

ではなぜ、浪士は三州路でなく美濃路に向かったのか。シナリオが変更される経過の検証は後にしよう。確かなことは、豊三郎は後日ではあるが、ルートが変更された理由を知ったということである。ただ、「深き原因」を知っ

たが、当時（「旧幕圧政極度に達した」）では公にすることが出来なかった。

茲ニ立到りたる深き原因は当時ニ於而は明白ニ風廳も難出来次第ニ而、

何故公にすることができなかったのか。

此事情当時に有つてハ我々同志之者の為めに引返しの事ハ何等の理由なる歟と想像ニ任セ置のミの情況なり皃、

同志の者をかばうため（「同志之者の為め」）だった。そのため美濃路へのルート転換の経緯をあえて明示せず、「想像ニ任セ置のみ」としたというのである。

では、三州路へ誘導しようとする北原兄弟のシナリオを突然変更したのは誰か。手がかりはこの二つの文言である。

（三州路を採っていれば浪士も藩も市中も――青木）勿論幸福の結果ハ松尾・角田の為めに反対ニ変し遺憾至極ニハ候、

多勢子逸事を編製するに当り、実家及我輩の許江有無の尋問もなく、多世子一人の忠告ニ依而浪士ハ飯田藩とも打合美濃路へ通過なさしめたるハ、松尾〔誠〕〔松尾多勢子の子〕・角田〔忠行〕、そして多勢子がルート変更の首謀者ということになる。「松尾・角田の為に反対ニ変し遺憾至極」という文言には、北原兄弟のシナリオが、彼ら三人によって変更され、結果、飯田藩にも浪士にも大きな災厄を与えたということだろう。豊三郎の言葉には、このことに対する強い憤りが籠められている。

三州路から木曽路へ。松尾誠らが関わったルート変更の経緯を、キーマンの一人、角田忠行の動向・言動から、さらに探ってみよう。ここでも、中津川国学関係史料が有効である。

（2）

市岡殷政の風説留「筑波颪」に「〔元治元年〕十一月廿五日付角田忠行書状」が収録されている。宛所は中津川の庄屋肥田九郎兵衛通光であり、書状の内容は「市岡〔殷政〕君・間〔秀矩〕君にも伝えてほしい」とある。

内々申上候

其後は御無音御用捨可被下候、此度水土〔水戸浪士〕当地通行ニ付、存込之処承度飯島迄罷出藤田と面会、其刻小子極懇意之亀山幷横田ニ面会種々承り申候、定て其御地ニてハ猶更之事と奉存候、右人江直ニ上京ニも候ハヽ、道中丈ケ同行頼、上京之上ハ又々兼て心懸候儀を周旋致度、其外委細之儀共亀山江相談候処、先ハ因州江差候心得之由ニ付、談示之上引取申候、殊ニ大橋順蔵一列幷小子共相談致候人物ハ、直ニ　勤王之一途之者ニて、右水人之如く下心ニ佐幕を謀候儀ハきらひニ付同道不仕候、武田伊賀なとハ昨春京師之手際甚あしく、諸有志之誹謗を受候義ハ御承知之通ニ御座候間、迚も長〔長州〕と同意ハ仕間敷、殊ニ木像なと有之候てハ猶更之事と奉存候、とうそ彦城〔彦根城〕にても打破候よう致度祈居申候、是より諏訪江趣き候心得ニ御座候間、帰り次第又々可申上候、先ハ右申上度早々頓首、

忠行（角田忠行）

十一月廿五日

肥田君

尚市岡君間君江可然奉願上候[53]、

「今村記録」では、角田忠行は、当時北原家におり、豊三郎とともに「二十三日夜」上穂宿に急行した[54]。面会の内容を伝える上記の角田書状には、極めて重要な情報が三つ含まれている。

①浪士たちが京都を目指すなら、京都まで同行を許可してもらうつもりだったが、「因州を目指す」というので、同行せず引き返した。

②水戸浪士は、本心（「下心」）は佐幕であり、武田耕雲斎などは狼籍を働いている。長州と手を組むことは、とても出来ないだろう。まして我々の場合、木像事件があるので、手を組むのは無理だ。

③浪士たちが、彦根藩によって打ち破られるよう祈っている。

「因州」は鳥取藩。藩主池田慶徳は水戸藩主徳川斉昭の五男だった。「木像」は角田たちが実行した足利三代木像梟首事件のことである。

彦根藩は、大老井伊直弼が桜田門外の変で水戸浪士に暗殺され、彼らに強い遺恨を抱いていた[55]。

角田は浪士に同行して京都に赴く希望を持っていたが、浪士側に上京の意向がなく、かつ水戸浪士そのものに対する不信感もあり、同行しなかったということである。

角田にとって、水戸浪士は尊攘運動をともに戦う同志ではなかったのである。彼の関心は、浪士一行に含まれている「勤王一途之者」、すなわち藤田小五郎だった。

飯島宿で藤田・亀山・横田に面会した角田は、松尾家に急行したと思う。ここで松尾多勢子・誠と会談し、浪士一行の中に藤田小四郎がいることを告げている。

同人（角田忠行のこと―青木）は且藤田小四郎同行中之由を松尾ニ而物語り、（「今村記録」）

そして二十四日。

誠は浪士を追いかけ、藤田との面会を果たすべく、急遽駒場宿に赴いた（「夫はという所より突然松尾誠氏同伴駒場駅本陣〈山田美雄宅也〉江土屋某という同所の医師と藤田ニ面会」）。

それにしても、松尾誠あるいは多勢子は、藤田に会うためにだけ駒場を目指したのだろうか。

それは違う。浪士の三州路行きを阻止したかったからだ。同志（平田門人）の多い美濃路へ誘導するべく、浪士との交渉を行おうとするのが目的だった。松尾誠が中津川の同志（市岡・肥田・間）に当てた十一月廿五日の書状にそのことが記されている。

一翰呈上、然ば当国義軍大勢、昨二十三日片桐宿とまり、今二十四日駒場陣営屯申候、然処、小子義今夜藤田小四郎殿へ得拝晤、…駒場駅より平屋・岩村へ御出陣之模様之処、御地之時情追々申上、且尾卿等聊御懸念無之にもあらず、右ニ付、にわかに木曽路御通行之趣、併明朝右模様到候哉難計候、いつれにも廿六日ニ御地とまりと可相成候、右御動揺被成間敷、くれくれ此段申上候、(56)

とある。木曽路誘導の根拠は、「尾卿等柳御懸念無之にもあらず」だった。尾張藩は信用できないという意味だろう。そこで「にわかに木曽路御通行之趣」となったのである。

「この書状からわかることは、平田国学者として松尾誠は必死の努力をし、三州街道をとって尾張藩と衝突する危険性を回避させ、平田国学の同志がいる清内路・馬籠・中津川のコースを採らせようと」していると宮地は述べる。[57]

松尾誠が、駒場宿で浪士を木曽路に誘導しようとしたことは、「今村記録」からも裏付けられる。

清内路原武右衛門（平田門人）、馬篭駅島崎吉右衛門（平田門人）抔を始中津に到れバ市岡中心と相成、木曽其他有志を募り討幕論を唱へ居り候故を以て、何心なく同志達ニ満足を与へ度迄の精心ニ而美濃路へ教導なしたる為メ、

美濃路「教導」は、おそらく松尾誠の専断でなく、母多勢子の指示だろう。

多世子一人の忠告ニ依而立浪士ハ飯田藩とも打合美濃路へ通過なさしめたるハ、

中津川国学関係史料は、市村咸人が作り出した、水戸浪士通行の〈大きな物語〉を激しく揺さぶる。北原兄弟は、浪士を三州路へ誘導することをベストとし、一方、「同志」のはずの松尾多勢子・誠、そしておそらく角田忠行は、美濃路へ誘導することをベストとしたのである。結果、浪士は駒場から引き返し、清内路関所を通過し、飯田藩は処罰を被ると共に、浪士も無残な最期を遂げた。これが今村豊三郎回顧談の核にある。だから、豊三郎は、松尾誠が木曽路に「教導」したという記事のあとにつぎのように記したのだ。

美濃路へ教導なしたる為メ、飯田藩ニ於而ハ清内路の関所御預りといふ表面上重大なる名義の為ニ不慮の害ひ被り候もの也、故に浪士江対し且藩に対し、市中は勿論幸福の結果ハ松尾・角田の為めに反対ニ変し遺憾至極ニハ候得、

国学者たちの間で、浪士通行にどう臨むかの打ち合わせ、意向のすり合わせは行われていなかったのである。思惑の違い（「幾繰返し毛髪の行違」）が浪士と飯田藩にかかわる悲劇を生んだ。[58]

如此遺憾を到来仕出かしたるもの乎、此事に至ると思ひ新たニなり、胸塞り涙うるほすニなん、

そこに、今村豊三郎の悔恨の深淵がある。[59]

（3）

国学者間の「行違」について、中津川関係史料を用いて、もう少し考えてみたい。駒場宿泊後のルートの決定や、国学者たちの浪士受け入れ姿勢などについてである。

馬籠宿年寄役蜂谷栄七は、浪士の通過を目前に控えた十一月二十三日、飯田にいた。同日「辰上刻（午前七時頃）」、浪士の動向を知らせる書状を妻籠宿御役人御中に送っている。次のような文面である。

御書面拝見被仰越候通浮浪之者弥当筋（伊奈街道）江駈向候由ニて一昨廿一日伊那部泊廿二日上穂泊ニて人数弐千人余駈走候由ニて昨夜早飛ニて先触到来今夕ハ片桐泊明廿四日　当城下泊込ニ相成候様子ニて当町ハ殊之外大騒ニ御座候何れ当所江入込候事ハ無相違候間此段御安心可被成候併当表より一ノ瀬越ニて押出候も難計候間右御配意可被成候、[60]

この書状で注目するのは二点。一点目は、二十三日朝の段階で、浪士は「二十四日飯田城下泊込」の予定だっ

たこと、つまり、浪士は飯田に到達する前日まで、飯田城下に入り込み、宿泊すると考えられていたのである。そのため町中が「殊之外大騒」だった。

二十三日朝、「支度でき次第お重様疎開」の命が出たのも、城下入り込みが確実になったからだろう。[61]

つまり、飯田城下泊から駒場泊への変更は唐突に行われたのである。変更が緊急だったことは、浪士宿泊地を書き上げた「所々為知泊割綴」でも確認できる。

廿一日　伊那部宿　廿二日　上穂宿　廿三日　片桐宿　廿四日　飯田泊之所　駒場ニ成[62]

宿泊地の変更が、二十三日のいつの時点で決定されたのかは、わからない。ただ、最終決定は当然、片桐宿での北原兄弟と浪士幹部との交渉だろう。

余談だが、とすれば、「今村記録」には記されていないもう一つの交渉を想定しなければならない。駒場宿に対し、浪士宿泊を承諾させる交渉である。駒場宿の同意なく、片桐宿に出向くことはありえない。[63]

飯田通過前日まで、飯田城下宿泊がたかい確率で想定されていたことが、中津川国学史料によって明らかになった。駒場宿泊への変更を知る者は極めて少なかったのだ。

蜂谷書状に戻ろう。この文書にはもう一つ注目すべき記述がある。浪士は歓迎される存在ではなかったということである。

当所江入込候事ハ無相違候間、此段御安心可被成候、

「当所（飯田）に浪士が入り込むことは間違いないので、妻籠は安心してよい」という意味である。蜂谷が

二十三日朝、木曽の同志に向けて書状を送ったそもそもの目的は、木曽路行きがなくなったことを急ぎ伝えることだったと考えるべきである。(64) 蜂谷および木曽方面の宿場役人は、浪士受け入れを、積極的には望んではいなかった。

同様の意識は、木曽路に浪士を導こうとする松尾誠にもあった。

にわかに木曽路御通行之趣、併明朝右模様到候哉難計候、いつれにも廿六日ニ御地（木曽）とまりと可相成候、右御動揺被成間敷、くれくれ此段申上候、(65)

「右御動揺被成間敷、くれくれ此段申上候」は、国学者たちの間で、浪士通行を積極的にサポートする雰囲気がないことを言外に示している。「この時点では南信・木曽谷・東濃の平田国学者たちは、西上勢の戦死や刑死を避け、なんとか当初の目的を達成させようと、たがいに尽力していた」、あるいは「飯田藩がなんら主導的立場をとれずにいた時、北原兄弟や倉沢義随、松尾誠らを始めとする伊那谷国学者たちが、奔走してきちんと段取りをつけ、西上勢に対しても、飯田城下商人に対しても、そして伊那谷各村々の人々に対しても、戦火にまみれさせることなく、一軒の放火もなく、事態を解決し去った」(66) との指摘は再検討の余地がある。

確かに、無用な戦火や多数の犠牲者を出さなかったという点で、当地から木曽・東濃にかけての国学者たちの尽力は高く評価出来る。

だが、彼らを一つの統一した意思・構想のもとで運動する成熟した集団であったとみることは無理だろう。それは、「木曽其他有志を募り討幕論を唱へ居り候故を以て、何心なく同志達ニ満足を与へ度迄の精心ニ而美濃路へ教導なしたる」の言葉のように、「何心なく」「満足を与へ度迄の」レベルを、越えるものではなかった。

北原稲雄・今村豊三郎の動きは、松尾誠や角田忠行とは一線を画するものだった。豊三郎は「角田と上穂に同道したが、その後再会したことはなく、角田は浪士の真情を知らない男だ」と述べている（「今村記録」）。角田は飯島から同志に同行し、松尾家で藤田小四郎在陣を伝えると、諏訪へ向かったようである。あるいは、松尾誠とともに駒場に急行し、駒場駅本陣山田美雄宅で藤田と面会したかもしれないが、定かでない。諏訪探訪から帰飯した角田が、中津川門人に宛て、和田峠合戦の模様を報告した十二月十七日付の書状が残されている。[67]

（4）

「今村記録」の中の三〇〇〇円（両）献金[68]についても、中津川史料で若干検討してみたい。

市岡殷政は水戸浪士通行に関する各地の風聞を丁寧に収集している。その中に、飯田藩の対応を評したものがある。

一　飯田ゟも一旦領分境迄人数差出し置候処、城下領分村々ゟ追々歎願有之、人数引上城中を守り、間道を百姓共ニ案内為致、廿四日駒場村泊之通行ニ相成、飯田より浪人へ賄賂を以泊りを外し、間道を案内いたし候趣、[69]

「飯田藩では籠城の上、百姓に間道を案内させた。飯田城下での宿泊を回避し、駒場で宿泊させるため浪士に賄賂を送ったとのことだ」という意味の風説である。

主語は飯田藩と読める。「間道案内を百姓に命じた」確かな史料はなく、また藩が自ら「賄賂」を贈ったという証拠もないが、世間は、そう認識していたのである。浪士通行事件は、飯田藩のイメージを大きく損なう方向に作用したようにも見える。

「賄賂」に関しては、これを「今村記録」にいう「三千円（両）」だと考えることもできるが、飯田藩独自の資金提供があった可能性をまったく否定することもできない。「三千両」に関しての豊三郎の証言は、曖昧な部分が多く、その実相を把握することができないからだ。[70]資金の流れが具体的に見えてこないのである。

ただ、浪士の昼食代、あるいは駒場宿泊代として、藩あるいは町人から資金の提供があったことは確かだろう。「今村記録」にある「入費」である。[71]

『筑波蜂起一件顛末記』所収の「今村信敬書状」（なお註45参照）では、

扨一件も御存之始末ニて帰村仕候処領主（飯田藩主）ニも御満足の御様子ニて首尾克御立相成候、御道中ニて間道案内其外金子一条も御聞取相成、右一件骨折之者幷金子一条ニ拘り候者共江ハ御内々御満足之趣御達ニも有之候程之事御座候、[72]

藩主堀親義は「金子」の件に満足の意志を示し、調達に当たった者たちの「骨折り」の労をねぎらったとある。飯田城下宿泊をなんとしても回避したい町人たちの出金が「賄賂」とみなされたのかもしれない。ただ、「今村信敬書状」は、この「金子」について、次のようにも述べている。

…御承知之金子林代次郎殿被申候ハヽ、追て届ケ場相分り候ハヽ、何時ニても調達致呉候様、中居候へ共、

「金子は浪士に届けられておらず、『林代次郎』はどこに届ければよいか分かり次第、ただちに集金し、今村に預ける」という意味である。とすれば、「金子」は、ここではいわゆる「三〇〇〇両」を指すことになろう。

献金の経緯を解明することは、難しい。だが、「金子」「賄賂」問題に関しては、林代治郎が深く関わっていたことが想像できる。代治郎は「今村記録」に見える「若まつや　林代治郎」である。飯田城下大横町所在。

元治二年三月、大坂の岩崎長世は、中津川の市岡殷政宛書状中で浪士通行事件の感想を述べている。その中に、

飯田辺浪士通行に付…殊更金策違約等沙汰の限に御坐候、木下長四郎は兼て正義心少々有之、大横町此度は大出来に御坐候、[73]

とある。この「大横町」は林代次郎を指すのだろう。林が献金に何らかの役割を果たしたという評価である。ちなみに、木下長四郎は屋号「本一伊清」、豊三郎に拠金を申し出た人物の一人である。

巷間に広がった飯田「賄賂」話とは何だったのか。ここにその詳細をしめすことはできないが、画策した人物は、「大出来」と賞賛された林だったと思う。[74]

小　括

近年調査が進んだ中津川国学関係史料から、当地の水戸浪士通行事件に関係する史料を何点か検討した。史料群の全容が分からないなかで、僅かな史料から明らかにできることはきわめて少ない。

とくに、北原兄弟による間道案内は、飯田藩にいつ、どのような形で伝えられたのか。あるいは伝えられなかったのか。誰もが知りたい、浪士通行事件の核の部分が、ここまで考察しても、どうしても見えてこない。これは筆者の力不足だろう。後考を期すほかない。

ただ、市村咸人によって築かれた水戸浪士通行事件の大きな〈物語〉を根本から見直すべき状況にあることだけはたしかである。

同時に、近年研究が進む伊那谷―木曽谷―東濃地域の国学ネットワーク論にも再検討の余地があるだろう。[75]

当地の国学者たちの結びつきのあり方を、もう一度偏見なく検討する必要がある。

註40　註（3）二九六頁
註41　同右　二九七頁
註42　「安冨家文書」一二七は「書付　甲府より」の封に入る。飯田領地を、浪士が「城内外に別状なく通行」した旨の連絡を受けた藩主親義の返書である。

賊徒共外間道へ取懸、城地内外無別条候段、

『心覚』二十四日条同様、間道通行と「城地内外無別条」の事実が簡単に記されているだけである。
安冨家文書には、この他にも浪士関連の史料があるが（一二八・一三三・一三五・一三六・一三八・三一一）、この事件に関する国学者たちの関与を示唆するものはない。
註43　註（19）一四頁
註44　同右
註45　十二月五日帰飯した親義は、浪士通過一件に尽力した家臣を慰労するとともに、翌日、「町在役人」を招き、酒を振る舞った（『耳目抄』）

同六日

一　町在役人共　御目見被　仰付逃亡ニ付一統骨折依之御酒被下候
一　酒柳　九拾六本　惣町方江
一　同　六拾本　上郷中江
一　同　九拾六本　下郷中江

しかし、『北原家年代記』には、この日、稲雄らが藩主の招きを受けたとの記事はない。
市岡殷政が収集した水戸浪士関係史料の中に「今村信敬書状之中」がある（牛久古文書の会『筑波蜂起一件顛末記』七六頁）。「信敬」は豊三郎のこと。元治二年の早い時期に書かれたものである。彼は、浪士通行一件を次のように回顧している。

扨一件も御存之始末ニて帰村仕候処、領主（飯田藩主のこと―青木）ニも御満足の御様子ニて、首尾克御立相成候御道中ニて、間道案内其外金子一条も御聞取相成、右一件骨折之者幷金子一条ニ拘り候者共江ハ、御内々御満足之趣御達ニも有之候程之事御座候、

堀親義は、「首尾克御立相成御道中」で、浪士通行に際しての豊三郎等の働きに大変満足したという意味だろう。

注目したいのは「御立相成候御道中」の文言である。飯田を出立し、江戸に向かう途中ということだろう。とすれば、五日帰飯し、十日帰府の途につくまでの間、藩主は豊三郎たちの「骨折り」を、具体的には知らなかったことになる。

註46 伊那谷を南下する時期の浪士一行は、九百人前後だったが（註（7））『耳目抄』二一日条は「浪士二千人余とも相見え」と記す。おそらくこの数値が、浪士接近当初に飯田藩が把握した情報なのだろう。当然、浪士が飯田に近づくとともに、数値は正確なものに修正されていくはずである。

ところが、通行当日でも、飯田藩士は浪士の数を「凡弐千人程、人数も区々千八百とも申候事」（『心覚』）と認識していた。情報の修正がなされていない。

『心覚』の著者柳田東助や倅の東次郎は、飯田藩が入手する最新の浪士情報を知りうる立場にはあった。彼らの認識がこのように二一日以来更新されていないとすれば、それは、藩自体が、浪士情報を適切に更新していなかったということではないだろうか。新情報によって対策を見直す。具体的には二一日深夜の「軍議」を新しい情報によって見直す、いわゆる〈アップデートする作業〉が十分行われなかったということである。

註47『心覚』は、

十一月廿五日雪　寒雨も交

一　今早朝八幡坂を浪士下り候との注進ニ而驚き、御用意致候処、浪士にあらず、

一　四ツ時頃浪士共、阿島持御関所、山けんそニ而馬之通行難相成由ニ而、立戻候旨、飯田表へ引かへし候よし之注進ニ而、再驚き心配致し、

同様、『耳目抄』も、

十一月廿五日

一　夜明ケ五時頃、御家老御役人衆一同被引、依之砲台其外都而　御城外江見へ候分取払、甲士歩士術士何レ茂引所、四ヶ時頃与覚へ候頃、早鐘打出し、引取候面々周章仕度致し御城中へ駆付候処、浪人共駒場より引返し、既先鼻北方森江見へ候趣取次候、台場直ニ取立御家老中にや人足にや相混り惣体先々通り出来上り候得共、

早鐘がなり、家臣も町民たちもパニック状態に陥った。浪士たちが何故駒場から引き返してきたのか、理由が分からないから「再驚き」「心配し」「周章」しているのである。間道案内を画策した豊三郎自身もパニックに陥っている。

最早今朝限り宅の見納めと決心し握り飯を腰に致し、金策の行違より早朝ニ至り浪士引返しと言事ニ相成、市中城内の騒動夥敷事に変事たり（「今村記録」）

藩士にも、領民にも、浪士通行に関わったといわれる国学者たちにも、何が起こっているのか、本当のところはわからなかっ

たのである。

註48　二〇〇三年刊

註49　牛久古文書の会刊

註50　宮地正人は、当地の国学研究の状況を次のように述べている。

　戦前期、南信下伊那での幕末維新期の平田国学研究は、市村咸人の『伊那尊王思想史』が最高水準をつくりだした。しかし今日では、高森町歴史民俗資料館が片桐春一郎を中軸とする山吹藩関係平田国学の目録を完成させ、中津川でも中山道歴史資料館が中津川国学者史料の情報センターとなり、三河でも稲武町の古橋家史料の調査・整理事業が大きく進展する状況のもと、飯田市とその周辺は後進地帯に転落してしまっているようである。（註（5）七六頁）

『伊那尊王思想史』は、当地のみでなく全国レベルでも「最高水準」と評価される業績だった。だが、だからこそ、当地では本書は「聖典」のように扱われてきた。本書刊行から一世紀が経っている。学問とは、〈神〉を作り出す営みではない。そのような何かをたえず作り出し、安住しようとするものと戦い続ける営みである。市村国学をどう継承し、どう発展的に乗り越えて行くか、今そのことが問われている。

註51　史料中の「御連子」は「御連枝」だろう。貴人の兄弟姉妹を指す。当時の尾張藩主は連枝家高須藩の出身だったが、高須藩十代藩主松平義建は、次男が尾張藩十四代藩主徳川慶勝、五男が高須藩十一代藩主から尾張藩十五代藩主、さらに一橋家当主となっている。七男は会津藩主松平容保、九男は桑名藩主松平定敬である。幕末に活躍する大名を輩出した家である。北原兄弟は、尾張藩が「御連子（枝）」の立場で、浪士助命に尽力することを期待したのだろう。

註52「今村記録」

註53　註（49）一〇四頁

註54「今村記録」につぎのような記述がある。

　角田忠行（平田門人ニ而先年先生家同塾之者ニ而、）中ニハ、松尾宅に精義家勢州人都賀孝之助ナル旅人者、喰客中武田軍勢引卒上京之噂を聞、右武田の随行致し度趣ニより、幸同行可致と言事ニ決し、両人夜中上穂駅迄出向、…角田氏ハ知己も此同勢中ニ加ハり居候事ハ聞及と雖も、何れも変名ニして問合セハ無功に属し候間、明朝浪士行列之時を待って面談遂げ帰宅の事ニ約し

実ハ角田忠行と上穂宿迄同道後再会ノ時機なく、

ところが、角田本人は、上記書状の中で、「上穂宿から片桐宿に向かう途中の飯島宿に出向き、浪士と面会した」という。ただ、この点は大きな問題ではないと思う。上穂宿に出向いたが、目指す人物を見つけることができず翌朝まで滞在し、南下する道中で「藤田」「亀山」「横田」を見つけ、飯島宿で面会したと考えれば矛盾はない。

註55　彦根藩の浪士対応に関しては、角田の言のほか、浪士追討に赴いた目付江原桂助が、中津川で語った言葉も残されている。

廿八日、浪士追討御目付江原桂助様、自分（本陣）、御使番建部徳二郎様、森（脇本陣）歩兵頭弁上敬二郎様、肥田（肥田通光）其余属役歩兵四百人当宿泊なり、江原氏正蔵（市岡）御呼出し、当園地理御尋相成候付、大絵図を講釈いたし候処、殊之外御歓、御徒目付深谷幸蔵殿御呼出し、又々地理御探索丁寧之挨拶有之候、江原氏噺ニ、諏訪なと立派ノ届書被差出候へ共、甚見苦敷次第、持陣場焼跡も見分致し来候処、悉ク浪士ニ分捕被致、大砲数々焼捨、松本も散々之体ハ急度見聞致し来、其余信州大名不残傍観致し居、尾州公を頼ニ致来候処、是も御城中警衛のミ無力次第と被申候間、彦根（彦根藩）ハ桜田一条（桜田門外の変）之遺恨も有之、吃度支可申欤与申述候処、イヤ彦根ハ極弱柔ニて支候義思もよらすと被笑居候、（註（49）四三頁）

江原は、信州の諸大名の浪士対応を批判するとともに、彦根藩も「極弱柔」で浪士鎮圧を期待できないと述べている。

註56　註（5）六二頁

註57　同右六三頁

註58　三州路ルートと木曽路ルートの違いは、結局は尾張藩をどう評価するかの違いだったと思う。北原兄弟は、尾張藩を「縋る」に値する存在と見、松尾・角田らは「尾卿等聊御懸念無之にもあらず」と認識していた。

註59　ただし、このことは、北原兄弟と松尾誠らの間で、浪士通行をめぐって当初から激しい対立があったとか、豊三郎が、松尾らが木曽路ルートに誘導させたことを、当時から「遺憾至極」と考えていたということをただちには意味しないだろう。浪士処刑後、数年を経ずして幕府が倒壊した。「あの時、尾張藩に降伏していれば、もしかすれば歎願が通り、助命されたのかもしれない」という回顧の目線で豊三郎は、松尾たちの行為を、結果「遺憾至極」と述べているのである。生起しなかった歴史を、〈ifの目線〉で語っているのである。豊三郎は、浪士が、平田国学者の多い木曽路へとルートを変更したことを、驚愕しつつも、その場面では受け入れていたと考えたい。

清内路原武右衛門（平田門人）、馬篭駅島崎吉右衛門（平田門人）抔を始中津に到れバ市岡中心と相成、木曽其他有志を募り討幕論を唱へ居り候故を以て、何心なく同志達ニ満足を与へ度迄の精心ニ而（「今村記録」）

この一文は、豊三郎が、「木曽路ルートをとったことで国学者たちの連繫と満足が生まれて良かった」と通行当時は感じていたと読める。豊三郎の「悔恨」は、浪士大量処刑と幕府倒壊という歴史を受けて生まれたものである。

ただ、国学者たちの間で、浪士通行にどう臨むかの打ち合わせ、意向のすりあわせが行われていなかったことはたしかである。いわゆる伊那谷—木曽—東濃地域の国学者の結びつきは、この段階では、まだ十分に機能するレベルにまでは至っていなかったと思う。

註60　註（49）三八頁

註61　『心覚』

一　今早朝（二十三日─青木）西部屋へ、昨日之通陣羽織・小袴ニ而相詰居候処、昼後太田郡治罷来、浪士共弥明早朝は通行致、今晩参候やも難計候間、只今之内御立退之方可宣旨、御家老中被仰聞候間、宜敷取計候様ニ申聞候間、御供揃次第御立退可仕旨申達、夫々申付、

註62　註（49）三九頁
註63　駒場宿での宿泊の様子は、『阿智村誌』上巻及び原隆夫『愛郷探史録』に若干記述があるが、北原兄弟の関与、松尾誠の交渉などには言及されていない。予定外の宿泊に人々がどのように対応したかは、明らかでない。
註64　ただし、大平越えの可能性は示唆している（「併当表より一ノ瀬越ニて押出候も難計候間右御配意可被成候」）。
註65　註（56）
註66　註（5）六五頁
註67　註（49）一〇五頁
註68　浪士は西上にあたって、各地で多額の献金を募った（註（1））。しかし、飯田下伊那での献金の実態は分からない。いわゆる「三千両献金」は「今村記録」の中にある。市村（註（3））は、次のように述べる。
　町役人は合議の上、十三ヶ町の負担を以て、明日浪士軍に中食を供し、且三千両を拠出して浪士の軍資に充つべきことを申出でた。…（北原兄弟と浪士との会談で）…かくて間道通過の議は直ちに成立し、且軍資金三千両に対して、（小野・横田らは）大いに満足の意を表明した。（二九六頁）
註69　註（49）四〇頁
註70　長文だが、「今村記録」中の献金関係の記述を、時系列で抜粋する。

（御用商人から豊三郎に、浪士への三千円（両）献金の意向出る）
万一飯田表昼食とも言事ニ到れバ、其入費は十三ヶ町より悉皆送り可申に由り、五丁町ニ於而昼喰丈ハ引請、壱人も浪士ハ十三ヶ町江入込ざる様注意示し合せ候趣を以て、三千円を拠金致し始尾克無難ニ案内致し呉候様熟々依頼ニ付、
（二十四日浪士通行当日、豊三郎は、献金の意向を浪士に伝える）
飯田領内幸之儀ニ候得ハ、献金之一条（浪士に─青木）申込候処、夫は亦格別之御尽力、
（駒場宿泊までに、豊三郎が三千両を集め届ける約束をする）
今晩駒場泊り迄ニ金子調達可致候得共、若不参の時ハ飯田桜町一丁目山村屋五右衛門方迄商人ノ姿ニ而両三名御出張可有旨約束致し置き候事、右ハ金策之事故調金之時刻間ニ合兼候時ノ用意ニ如此述置候也、右金ノ件ニ就而ハ頻ニ満足を顕ハし、
（二十四日は日没になり、集金できず）
然る処市中の各戸ハ一周間程巳前より昼夜の動きニより安堵致したる為め、日没より一同表戸を〆而寝込たるニより、折角の金員引合の場所も定め無之、唯匆卒ニ考へ候故、問屋五右衛門（此問屋ニ而可渡積リハ金策之事故疑惑無之様の心得也）方迄は先方より催促として出張可致歟と推量致し、案事候て帰宅し、寝ながらも眼も合せず考へ居る内、

（二十五日、浪士が引き返してくる報に接し、金策の不手際ゆえと覚悟する）

問屋より人足両人を以て水戸浪士呼出状到来ニ付（廿五日朝の事也、）直様仕度、最早今朝限り宅の見納めと決心し握り飯を腰に致し、金策の行違より早朝ニ至り浪士引返、

（二十六日、御用商人たちが金策不履行を豊三郎に詫び、千両調達）

且ハ貴殿（豊三郎のこと—青木）方の尽力ニ対し時日延行候ても初約ニ基き約束金調達可致ニより相届呉候趣ニ付、拙者（豊三郎のこと—青木）ニとり満足之到りを答置候処、俄カノ事故漸ク出会ノ人々ニテ七百円集金、残三百円ハ長門屋弥三殿の京都より受取べき為替手形三百円ニ而、都合壱千円残弐千円ハ不日御用達、連及村方同上市中ハ間口割等甲乙丙丁確定し取集メ次第、浪士落付場所へ宛貴殿江向け可相届旨約束ニ而、

（千両を浪士に届けるため出立）

七ツ半頃（四時）出立大平村泊りニなる、正金ニ付茄子川の者二名ニ分配し為持たり、

（浪士に追いつけなかったため、金をもったまま飯田に戻り、返金した）

十二月一日…浪士ニハ追付事不叶、正金ハ為持居ながら甚心痛ニ付、一先帰国の途ニ就可申積りに決したり、

（中略）

七日往返十日間ニ及無事帰宅、金ハ其侭返済なしたり、

三千両献金は城下の商人たちから出されたことになる。豊三郎はそれを浪士に伝えた。二十四日、豊三郎は駒場宿泊までに金を届ける約束をしたが、商家は早々に戸を閉め集金できなかったため、約束が反故になった。浪士の仕返しを恐れ、豊三郎は眠れない夜を過ごした。

その後、町人たちから謝りがあり、千両の金ができたので、二名の者を雇い、担がせ、浪士を追って出立した。しかし、豊三郎は追討使の目を逃れることに精一杯で、ついに浪士に追いつけず、十二月に帰飯する。持ち帰った金は「そのまま返金した」。

豊三郎の動きを辿ると、いくつかつじつまの合わない点が見つかる。例えば、「今村記録」では、献金の意向は二十四日朝、片桐宿で浪士に伝えたことになっている。ただ、豊三郎と稲雄が片桐宿を訪ねたのは、前述したように二十三日夜なので、献金の申し出は二十三日夜行われたと考えなければならない。

だが、この夜の会談では、「歎願書出閑道案内致候様申候処、聞届呉則」（『北原家年代記』）だけで、献金話が出されたようにはみえない。献金は浪士支援のための重要な方策だと思う。二十三日夜の会談で献金話が出ていれば、当然、『北原家年代記』にも記述があるはずだ。

記述がないということは、この夜の会談で、献金話が出なかった可能性も考えられる。

「今村記録」によれば、豊三郎は二十四日朝、献金話を浪士に示し了解を得、その日の夜、駒場宿に持参すると言っている。三千両という大金である。当然この日、彼は金策（具体的には集金）に奔走しなければならなかったはずだ。だが、豊三郎は一日中浪士通行の様子を見物し、通過後、ようやく集金に出向く。多くの家が戸を閉めていたために、金が集まらなかっ

たことは、すでに述べた。豊三郎の挙動には、不可解な点が多い。

註71「万一飯田表昼食とも言事ニ到れバ、其入費は十三ヶ町より悉皆送り可申に由り、五丁町ニ於而昼喰丈ハ引請」

註72 註(49) 七六頁

註73 註(5) 六四頁

註74 当地での水戸浪士通行事件は、市村咸人以来、北原稲雄ら国学者の活躍がクローズアップされてきたが、御用達などの、飯田町の有力町人に注目する必要があろう。彼らは、浪士が伊那街道を南下しはじめる早い段階で今村豊三郎に浪士情報探査を依頼している（「今村記録」）。戦闘回避のために主体的・自主的に動きはじめたのは、飯田藩ではなく、飯田町の有力商人たちではなかったのか。

有力商人たちは、御用金調達などを通じて藩政に深く関わり、飯田藩の厳しい財政状況をサポートしている（『下伊那史』第八巻第四章）。また、その一方、岩崎長世らを通して国学的素養を育み、藩士も含めた文化サロン的な世界を形成していた（飯田市教育委員会『飯田・上飯田の歴史』上　第八章）。

北原兄弟などの豪農と、飯田藩士を繋ぐ接点に飯田町の有力町人を置くことで、浪士通行事件研究は新しい局面を切り開くことができるように思う。

註75 筆者はかつて、明治十年代、当地で闘われた地価軽減運動に対し、地域の国学者たちが連繋しつつ大きな役割を果たしたことをのべたことがある（「明治初期飯田下伊那地価軽減運動史序論」『飯田市美術博物館研究紀要』第三〇号所収）。

この運動は、全国でも三本の指に数えられるものだったが、長く「自由民権運動家森多平の活躍の物語」として語られてきた。

「（森多平は）『政府在て人民なり、人民在て政府在り、圧政ハ政府の本務ならず』と、政府の係官に堂々と主張した」（芝原拓自『世界史のなかの明治維新』二二六頁）

「森多平は、地価の軽減を要求する運動の中核として、リーダー的位置を終始貫き、地主としての利益擁護に止まらず、当時の基本的対抗関係にある国家権力を、直接に相手として、地道な、ねばりづよい歎願運動を展開しついに地租改正事務局＝国家権力をして、再丈量を約束させるに到るのである…地価修正＝軽減のための歎願運動を長野県のみを相手とするに終始することなく、背後の巨大な明治政府に対する歎願運動へと止揚して、…革命的意義」を付与した（梅村和代「下伊那の民権運動家森多平論（四）」『伊那』六一三）。

しかし、実際には、多平は運動の早い時期に離脱しており、また、彼の志向した中央政府への直訴行動は、地域からの切実な要求を代弁するものではなかった。長期にわたり、地道に軽減運動を担っていったのは、国学思想の洗礼を受け、明治維新後は、「自力更生」の理念を携えて地域改革運動へと進出しはじめた者たちだった。彼らは、村吏・戸長・惣代・区長、あるいは郡役人などの立場に就きつつ、村を越えて連繋し、歎願運動を組織した。

筆者は、この視点を宮地正人の「平田国学の「復古・一新」路線と中津川民権」（註（5）所収）から学んでいる。平田門人の明治維新を、『夜明け前』に象徴される〈敗北の歴史〉としてのみ語らない。自由民権運動を、福沢諭吉に代表される西洋的民権思想のチャンネルでのみ語らない。平田門人、あるいは没後門人第二世代の〈明治〉を、挫折を経つつ地域改革運動へと向かう主体として評価する。宮地のこの視点を筆者は強く支持する。

水戸浪士通行段階での国学者たちの連繫は、市村あるいは宮地が語るような質・力量を持つものではなかった。それは確かである。おそらくは、維新変革、あるいは地方行政機構のラディカルな再編成が進む中で、国学者たちのネットワークが育っていったということだと思う。明治初期の町村合併が、人々の生活世界を劇的に組み替え、そこに自由民権運動（『戊辰デモクラシー』）の出現をみる松澤裕作の視点（『町村合併から生まれた日本　近代明治の経験』、『自由民権運動―〈デモクラシー〉の夢と挫折―』）も示唆に富む。

筑摩県の場合、大区小区制から大規模町村合併、そして再分離への過程が、全国でも特筆に値する激しさで進んだ。この激動を、在地で受け止めたのが当地の平田門人だった。彼らがこのような立ち位置をしっかりと保ち得たのは、幕末からの、挫折をも含んだ豊富な政治経験があったからであろう。

その点で筆者が以前から気になっているのは、家老片桐春一郎を中心に、山吹藩を舞台として深化した国学の〈学び〉が、岩崎長世を核に結成されていた飯田町の国学の〈学び〉と、目と鼻の先の場所にありながら、長くコンタクトをとらなかったということである（**本書第二編「六、平田国学と飯田下伊那」**）。

平田没後門人ネットワークは、当初は、地域社会内での〈学び〉の連携を目指してヨコに広がるというものではなく、個々の〈学び〉が気吹舎とダイレクトに繋がる、いわばタテ方向の力学が強く働く性質のものだったということなのかもしれない。気吹舎への求心力（タテ方向のベクトル）の低下が、ヨコ方向のベクトル、すなわち、地域内での〈学び〉や実践の共有、あるいは連繫の模索へと門人達を動かしていったのではないだろうか。それが、〈中央〉を生きる平田門人とは異なる、地方国学者たちの「御一新」の乗り越え方だったのである。

さらに言えば、伊那県を舞台に、贋二分金問題を発端として起こった「伊那県商社事件」も重要だろう。全国各地から、かつての尊攘過激派志士が集結したような様相を呈していた伊那県が、贋二分金回収にあたって明治政府の方針に公然と反旗を翻した事件である。明治三年七月、こうした創成期の官員が大量に県政から追放され、同時に伊那県北部が中野県として強引に切り離された。中野県では、官主導・上意下達の政策が「北信大一揆」を誘起し、結果、長野県を産み落としていく（拙稿「伊那県商社事件顛末記」『信濃』六五―五・六）。

幕末から明治にかけ、平田没後門人たちの運動は、気吹舎との繋がりに象徴される〈全国区的な眼差し〉から離脱し、個別具体的な在地世界の課題、つまり〈目の前に広がる地域と人々の生活を見つめる眼差し〉へと下降しつつ、成熟していく。それは、敗北でも衰退でも没落でもない。「自力更生」の志を掲げて歩み出した平田国学が、ようやく、語る者それぞれの体躯と肌合いによく似合う〈衣〉を見出したということに他ならない。

五　水戸浪士通行事件が残したもの―「なぜ飯田藩だけなのか」が解けない

最後に、水戸浪士通行事件の背後にある幕閣内の〈政局〉について述べたい。先行研究は皆無で、筆者も現時点で提示できる情報をまったくもっていない。以下に述べることは、すべて想像の域をでない。
まず、親義処罰の経緯をまとめる。『耳目抄』を基本とし、『心覚』で補う。ちなみに、親義が清内路関所の一件（無抵抗で浪士を通過させたこと）を幕府に報告したのは十一月二十九日である。[76]
『耳目抄』の記述を見よう。

十二月十日
一　今暁八ツ時、御供揃ニ而被遊御発駕候、
十二月十四日
一　神合周蔵今般御帰　城、申思召ニ不相叶、罷在奉公人依之差控被　仰付候、
同十六日
一　清内路御関所勤番之向者、交代被　仰付候
　　先頃脱走之賊徒共、任中　　斎藤長左衛門
　　御関所相通候段、不埒至極ニ付　　合田　肇
勤向被召上押込被仰付候、尚又追而御沙汰可有之候間、慎可在罷在候、
　　　　　　　　　　　　　羽生善大夫
　　右同断押込被仰付候　　杉本録之進
　　　　　　　　　　　　　高野熊次郎
　　　　　　　　　　　　　松井林右衛門
同廿七日
一　江戸表ゟ御便在之

殿様当月廿一日御機嫌能被遊　御着府、即日御差扣被遊、御伺候得共、廿二日御沙汰無御座、

つづいて『心覚』の記述。

十二月十日　晴　風寒
一　今晩八ツ時御供揃之処、少々　御疝積気被為入候間、朝五ツ時前頃御並　御機嫌克御発駕被遊候、
十二月十四日　晴　寒
一　江戸表へ十五日立御荷便り、十七日ニ相延候様承リ、書状も可差出処色々取込居候問、不差出候事、
十二月十七日　晴　寒
杉本六之進清内路関所浪人通行ニ付、押込被仰付候ニ付、為見舞今晩自分行、「窓の月」百文持参差遣候事、
松井林右衛門・高野熊二郎同断、
一　斉藤長左衛門・羽生善太夫・合田肇へ極席御取上ケ押込被仰付、急度慎被仰付、猶　被仰出候品も可有之旨被仰出候よし、

十二月十日、予定時間をやや遅れたが、親義は「御機嫌克」く江戸に向けて出立した。途中、甲府に寄り[77]、江戸には二十一日、これまた「御機嫌能」く到着した。そして、即日、「差扣」、即ち謹慎処分を言い渡されたのである。十四日の記事に注目する。『耳目抄』は、この日神合周蔵が江戸から帰飯し、「思召ニ不相叶、罷在奉公人依之差控被　仰付」と伝えた。つまり、飯田藩が採った水戸浪士通行策が幕府に受け入れられず、「奉公人差控」の処罰を受けたということだろう。藩主親義の知らないところで、早くも飯田藩への処罰が始まっていたのである[78]。
『心覚』十四日条（「江戸表への荷物・書状の発送は延期」）も、江戸藩邸の混乱ぶりが飯田に伝えられた故と読

むことができる。

十二月十四日。飯田城内は、水戸浪士通行事件が、藩全体に関わる重大事件に発展していることを知った。十六日、飯田藩は処罰を行った（「十六日、清内路御関所勤番之向者交代」）。藩主は飯田藩に処罰が及んでいることを知らず、機嫌よく江戸に向かっていたわけだから、関所役人の処罰・交代は、十四日の神合帰飯を受けた在飯家臣たちが、藩主の意向を確かめず、独断で決定したことだろう。親義に対する処分は、二十四日言い渡された。清内路関門の警備を罷め、講武所奉行を免じ、封二〇〇〇石を削り、逼塞を命じる厳しい処分だった。

飯田城下は新年の準備を急遽中止、藩あげて処分に服することになった。安富采男も謹慎に入った[79]。ところで、浪士通行に際し飯田藩がとった対応は、他藩の対応に比して正しく厳罰に値するものだったのだろうか。実は、藩主も家臣もそうは考えていなかった。和田峠合戦のような武力衝突があったにせよ、大方の藩は間道通過を黙認し、戦闘を回避している。飯田藩のみが日和見姿勢を示したわけではないからだ。この処罰について、家臣側では次のような思いが吐露されている。


此度之御災難、御誠残念至極、可申上様茂無御座候、此段含悲歎ニ沈候次第、御前御心事之御程恐入奉察上候、何ト存上候而茂今更仕方茂無御座候得共、公辺御所当も余り無御情事与残念至極奉存候[80]、

藩主への処分は「御災難」であり、幕府の処置は「余り無御情」と受け取られている。藩内には、浪士への藩の対応は妥当なものであり、藩主を処罰する幕府の考え方への不満が募っていたのである。

同様、

浪士一件之御処置之処、後々相成彼是申候物御座候様、是者全大体を不弁候小人之申事与奉存候、実ニ浪士御処置者守城ゟ外無御座儀、此之処後世ニ相成候而も、更ニ恥辱者無御座、…此之一条、呉々恥候義微塵も無御座候与奉存候、[81]

「守城」以外に選択肢はなく、そのことを「恥候義微塵も無御座」（恥じるべき落ち度は一切ない）という認識である。

清内路関所通行を容認した責任をとって、自ら謹慎を申し出た家老安富采男に対しても、「謹慎必要なし」との意見が寄せられた。

御恥辱之儀無御座候得…私共ニ於而者余り御不当之御罰与奉存歎息仕候[82]

清内路関御通行之段、一向ニ謹一茂不仕、申侭ニ通行為致候段者、公辺江対し恐入候義ニ御座候得共、御領分通行者諸方之儀ニも有之候処、厳重之御咎呉候ハ残念ニ不絶奉存候、[83]

公儀の裁断に対し、家臣たちは「御恥辱之儀無御座候」・「御不当之御罰」との強い不満を抱いた。それは「御領分通行者諸方之儀ニも有之候処」、つまり飯田藩以外でも同様の対応がされていたからである。それが、「厳重之御咎呉候ハ残念ニ不絶奉存候」に繋がる。

「なぜ飯田藩だけなのか」[84]

飯田藩家臣・領民にとって、藩主の謹慎は、藩を狙い撃ちした不当な処置と受け止められたのである。

十二月二十一日、帰府とともに申しつけられた親義の謹慎は、年改まっても続いていた。藩邸詰め近臣石澤謹吾は、藩主の様子を飯田の安富采男に知らせている。

扨当春ハ春とも不存候次第、乍憚御同様日々歎悲ニ而已相暮候事ニ御座候、其表は別而御心配の御事而巳、嘸々と遠察仕居候事ニ御座候、当方も何か不行届の事之而巳ニ而、日々の　御小言恐入、其外　御趣意何共認兼、言語ニ絶江候次第御推察可被下候、此後如何相成候事哉、愚昧者ニハ見留一向付キ不申浩歎之至ニ奉存候、何卒此後者祈心之落付候所第一与存候所、兎角　御恥辱御雪キ之御気込甚敷、夫には種々外より之入知恵等も有之、如何共致し方無御座当惑之至り申様も無之事ニ御座候、柳田氏江極密御含め之義も委曲承知仕候、同人も漸々昨今初而御屋敷江出候様之義、夫ニハ種々　御疑念も有之事与被奉存候、何れニも臨機愚意を尽し候事ニハ御座候得共、追々小生ニも　御隔意御甚敷、建言も搓通り兼、只々　御手荒減禄御人減し等之御考ニハ困入事ニ御座候而、実ニ進退相窮り如何可仕哉と胸塞り候計り、御賢察可被下候[85]

「歎悲」に暮れる日々を過ごしながら、親義は「恥辱をそそぐ」気概のみ激しく、各方面に謹慎解除の働きかけを続けていたのである。

文中の「柳田氏」は、元江戸藩邸詰めで、今は飯田に隠居している柳田東助のことである。東助は長い藩邸勤めで幕臣との人脈をもつ。「極密御含め」とは、東助にその人脈を活かし、没収された二〇〇〇石の領地の回復運動を秘密裏に行わせようとしていたことを指す。

この点を、東助の日記『心覚』元治二年一月〜二月の記事で補足してみよう。

元治二年一月十四日、藩主から東助へ江戸出府依頼が届いた。東助は、一旦は辞退したものの、藩存亡の危機と考え出府に応じた。徹底した隠密行動が求められ、東助は「伊豆木様御家来」に扮して出府した。

二月朔日、藩主と面会した東助は、親義から没収領地返還のため「達而」「骨折取扱呉」との懇願を受けた。

交渉成就の目算はなく、「乍去とても御成就之処ハ無覚束候間、御成就ニ不相成事と思召被下候様ニと（親義に）申上」げたが、再度「何分ニも乍大儀骨折呉候様ニと」の命を受け、「無余儀」引き受けることになった。

東助は、藩主から、会うべき人物を次々に指名されている。

前田春野
勘定奉行松平対馬守
勘定組頭山富勘太郎ほか、勘定数人
越前守様公用人千田弥一郎
市川熊雄
越前守様手続、ふか川宇野
老中
和泉守　　　　など

逆に、会うべきでないと指示される人物もいる。

荒木渚三郎
石河清之進
備前守手続権八郎　　など

勘定組頭宮田菅右からは「兼而懇意之向松野（三平二）」を紹介されている。宮田は東助に、「松野に話をしなければ差し支えがあり」と指示した。（二月五日）

東助を使った親義の懸命な歎願活動には、批判も出ている。前田春野は東助に対し、「御慎中は何事も先御見合被成、御慎専一ニ被遊候方宜敷旨、是非と被仰付候」・「謹慎中は何分御家来外宅之ものニ而も、罷出候而ハ不宜、和泉守様之方へ響候而ハ猶更ニ付」と述べ、行動自粛を強く進言している。

実際、この歎願活動は不評だった。松野三平二は、屋敷を訪ねた東助に対し、

何分当節之人気ハ甚不宜、御勘定組頭並御勘定等へ御頼候而も何分受込申間敷、銘々一己之存意ニ而働居候事ニ御座候間、甚以人気不宜候間、人伝等ニ而御頼込、直談も出来候位之懇意ニ候ハヽ可然候得共、左無之而ハとても六ヶ敷、又引受候もの有之候而も、とても御入用相懸候のミニ而御用事ニは相立申間敷旨被仰聞、（二月六日）

懇意でない者にまで働きかける、親義のなりふりかまわぬ歎願活動は、逆に、多方面から顰蹙（「人気ハ甚不宜」）をかう事態にいたっていたのである。これが、近臣石澤謹吾が安富釆男に語った藩主「御手荒」[86]の姿だった。

柳田東助が帰飯の途につくのは二月十九日。『心覚』は、親義の命を受けた隠密交渉の最終盤、すなわち二月十四日から十八日までの五日分の記載を欠く。四丁分の白紙が挿入されている[87]。意図的な沈黙だろう。

五月二十三日、清内路関所番役人斉藤長左衛門が斬首され、同二十七日、藩主親義の謹慎が解かれた[88]。「家臣の首を差し出すことで一件落着」ということではなかろうが、この間の経緯を今明らかにすることはできない。ただ、親義の謹慎と「御手荒」を理解するには、浪士通行事件を、従来よりもっと大きな視野、つまり幕末期の幕府政治の問題として捉える必要がある。

そもそも、幕府にとって、浪士追討作戦とは何だったのか。追討軍総督田沼意尊は、浪士が西上を開始する十一月初め、各藩に「賊徒追討は首尾よく成功しているので、藩地に帰還するよう」の命令を出している[89]。

さらに、浪士が美濃から近江、越前へと抜けつつある十一月末頃、「天狗党はもはや散乱して行方がしれない」という情報が入ると、田沼は上信国境付近にいた軍隊を引き上げ、江戸に帰府するべく、大宮宿に入った。「田沼が江戸に凱旋しようとした頃、天狗党は越前国境を越えようとしていたのだから、故意でなければ探査能力が

極度に欠如していた」[90]といわざるを得ない。

幕府は別に、十一月十二日、目付江原桂助を頭とする追討軍を派遣している。洋式の歩兵部隊（約六〇〇人）だった。しかし、江原は浪士との距離を保ち、ほぼ二日遅れで追尾している。公儀触書（「速ニ手筈致、見懸次第不洩討取候様、万一打洩し候ハヽ、他領迄も付入、討取候様可被致、若等閑ニおいてハ急度御沙汰可有之旨」[91]）とは、ほど遠い緩慢な軍事行動だった。

十一月二十六日、水戸浪士を追って江原桂助が率いる幕府の追討軍が飯田に入った。二十四日の通過からほぼ二日経ている。滞在中の彼らの行動は、家臣にも町民にも、目に余るものだった。

江原桂助様御帰府之上、公辺江如何様ニ被御立候哉、一隊之御人数差出し可申旨最初ハ御受申候得共、其内御前甲府表江御出張ニ付、同所へ御人数差出し候様御下知ニ付而ハ、可成甲府之方江御人数御手厚ニ差上不申候而者不相成儀ニ付、江原様江最初申上候様ニ者御人数不行届候間、右之訳ヲ以御断申上、夫迚も一向ニ被御断申候儀ニハ無之、精々出来候丈ケハ御差上候様ニ申上候儀、其度御小言も厳敷御座候間、一隊之御人数差出し候儀ニ而、　御帰城之砌ニも此義ハ奉申上候通之義ニ御座候、人足出方遅刻之段ハ恐入候事ニ御座候へ共、大平越し御通行之儀ハ夜半ニ被仰出、右御通行ト相成候得者、人足倍増ニ相成候ハ而者持通し不出来次第、深夜殊ニ俄之義ニ付早々触候得共、前後混雑之中故、人足出方何分遅刻仕、其内御出立ニ相成候様之事ニ而、不都合之事相成、誠ニ残念至極仕候、江原様ニ茂右等之処少しハ御勘弁も可被下之処、余り之儀ト奉存候、全御帰府之上御讒言御届候事と心外至極ニ奉存候、江原様始御召連之向　御城下止宿中之始末、甚不正至極之所業も有之候様、相聞申候[92]、

十一月廿六日　晴

一　浪人之追打として御目付・歩兵千人、今晩伝馬町江御止宿之由、右をうたがひ候而、飯田表大騒動致候、人足出方遅、其外いろいろ間違有之、六ツケ敷事とも有之候よし也、[93]

同廿六日　浪士討手歩兵組八百人飯田泊り、人足伝馬村内江馬六疋六拾八人当る、歩兵共異人姿之筒袖也、可笑可笑、

むくつけき　えミしのまねそ何事そ　神の御国の其人にして[94]

浪士通行直後の混乱の中で、追討使からは、人馬の供出や突然の大平越えなどの命が容赦なく発せられた。対応の遅れに江原は「御小言も厳敷」「少しの御勘弁もない」「余りの儀」という状態だった。「江原様始御召連之向御城下止宿中之始末、甚不正至極之所業も有之候様、相聞申候」とも記されている。「不正至極之所業」という表現に、藩士たちの強い憤りが滲む。

そして、帰府後の江原が、飯田藩の対応の不手際を「御讒言」[95]したことで、親義が処罰されたと、飯田の人々は考えたのである。

田沼意尊、あるいは江原桂助の緊張感を欠くこうした軍事行動は、浪士追討任務が、幕府内で真剣に議論され、立案されたものではなかったことを感じさせる。[96]

講武所奉行飯田藩主堀親義の軍事行動も、これまでみたように、あまりにもちぐはぐだ。

浪士が伊那谷を南下、飯田を経由して西上することがほぼ確実な段階で、なぜ自領通過の可能性の高い親義が甲府出兵を命じられたのか。しかも、浪士通過後もなお月末まで甲府に留まったのか。[97]

親義にせよ、追討軍にせよ、彼らの軍事行動は、当然、その都度その都度発せられる「幕命」によって実行されるわけだが、それらに整合性・一貫性がまったく感じられない。

そもそも、飯田藩以外にも浪士通過を黙認した藩は多い。なぜ飯田藩のみが罰せられるのか。もちろん、厳密に言えば、水戸浪士通行事件で処罰を受けたのが飯田藩だけだったわけではなかろう。ただ、当事者たち（藩主・家臣・領民）がそう受け取ったのは事実である。

「この処分はうちの藩主をターゲットにしたのではないか」

水戸浪士事件の発端から展開、終焉までを幕府内の権力闘争の視点で包括的に考察した研究は少ない。[98]しかも、長州などの攘夷勢力対幕府、あるいは水戸藩内の抗争といった枠組みで論じられており、幕閣内での権力闘争、いわゆる〈政局〉という観点はこれまで皆無だった。

筆者は、元治元年の早い時期から水戸浪士問題で揺れる幕府の中で、栄達の道を順調にかけ上り、九月「講武所奉行」に就任した堀親義の動向に強い関心をいだいている。

つまり、俗な表現を使えば、「足をすくいたい」勢力は少なくなかったはずである。

十二月、浪士事件に登場する人物たちの中の数人が、そのポストからはずれている。[99]事件との関係はまったく分からないが、政権内部の権力バランスが、浪士事件の終息をきっかけに大きく動いていくのではないか。[100]

日和見姿勢を貫きながら処罰を免れた藩がある一方で、「なぜ当藩だけが」という強い違和感、疑問、戸惑いを抱きつつ、藩と生活の再興を図ろうとする当地の人々はけっして少なくはなかったはずだ。今もし、彼らが私たちの面前にいるなら、彼らが抱いたそうした疑念、戸惑いを晴らすような明確な解答を示さなければなるまい。しかし、筆者にはその力がない。答えられないのだ。

答えられない限り、それは筆者にとって、問い続けるに値するテーマである。

親義の出陣から謹慎、講武所奉行罷免までを、幕府中枢部の〈政局〉の中で読み解く、これが筆者に課せられた次の課題である。

小括

水戸浪士通行にともなう親義の謹慎と飯田藩への処分について、不可解な点を検証した。具体的な証拠・史料はなく、すべては今後の検討ということになる。

十二月二十一日、上機嫌の帰府から謹慎へ。筆者はそこに、幕閣内の〈政争〉を想起する。

そもそも、堀親義という人物は、飯田藩主である以上に、徳川幕閣の一員としての足場を築くことに懸命であり、またそのため、江戸在府期間が長かった[101]。親義の生きる世界の中心は、それは多くの藩主たちにとっても同じことなのだろうが、江戸城であり江戸藩邸[102]なのである。そのことを念頭に置いて、彼の行動や価値観を吟味する必要がある。

註76 鈴川註（28）

註77 同右七一五頁

註78 十二月十四日付で堀親義処罰の達が出されている（註（49）一一八頁）。

野州脱走之賊徒共之儀ニ付てハ兼て相達置候趣も有之処賊徒共信州江入込其方御預り清内路関所為致通行候段兼て追討被仰付置候詮も無之勤番家来共心懸不宜等閑之段畢竟申付方不行届故之儀と相聞不束之事ニ候依之清内路関所御預被成御免候

内藤若狭守

信州清内路関所堀石見守ニ御預被仰付置候処今度被成御免其方江御預被仰付候間取締向厳重行届候様可被致候右十二月

十四日御月番美濃守様ゟ御達

処罰に関わる事前情報が十四日以前に江戸域内で流れていたとすれば、十四日到着の使者によって飯田藩にその情報がもたらされたとしても、納得できる。

註79 池田註（39）一一三頁

註80 「安富家文書」一三三

註81 「安富家文書」一三八

註82 「安富家文書」一三六

註83 「安富家文書」一二三

註84　註（1）「飯田藩だけが清内路関所通過の責任をとらされて減封処分を受けている」（四二四頁）
註85「安冨家文書」一三五
註86　同右
註87『心覚』〔二〕二一七頁
註88　同右一八頁
註89　註（1）四二二頁
註90　同右
註91『耳目抄』
註92「安冨家文書」一三三
註93『心覚』
註94『北原家年代記』
註95「安冨家文書」一三三
註96　註（49）には、江原軍の追討の有様が次のように風刺されている。

江原付之歩兵組ハ追々跡を追相越候義士御嵩泊之夜三十人斗細久手泊ニ相成居候処へ追討使先手細久手ニ相越浪人ハ不残出立ニ相成候歟と宿役人江尋候処本陣ハ御嵩ニ被相越候へ共三十人斗行残当宿泊と申答候処追討使大キ驚き直ニ大鍬江引帰し泊ニ相成候可笑可笑（四五頁）

追討とは名ばかりの立ち振る舞いである。こうした姿が、飯田城下でも目立ち、反発を買ったのである。

註97　本論からはなれるが、甲府からの援軍要請について一言述べておきたい。

『耳目抄』十一月二十一日条には、甲府より援軍の依頼が来たことが記されている。ただ、この依頼に対して在飯家臣がどう応えたかは不明である。

「安冨家文書」一三三では、追討使江原桂助は飯田に入った二十六日、「一隊之御人数差出し」を飯田藩に要求している。飯田藩は「最初ハ御受」したが、その後、藩主親義より「同所（甲府のこと—青木）へ御人数差出し候様御下知ニ付」、江原の人員差し出し要求にそのまま応じる訳にはいかないと回答した。これが、江原の怒りを買った。

『耳目抄』と「安冨家文書」から推理すれば、甲府より飯田表に、藩士派遣依頼が複数回あったということになろう。浪士、あるいはそれを追う追討軍が自領を通行しようとしている状況で、浪士の直接の通行路にならない甲府滞在中の藩主が家臣に対して、甲府への人員派遣を命じているわけである。前述したように、水戸浪士通行事件に関わる親義の軍事行動には不可解な点が多いが、追討軍、あるいは江原桂助との関係も分かりにくいのである。

ただし、幕府の全国支配にとって〈甲府〉がもつ地勢的・軍事的ポジションについては、筆者はまったく知識をもたない。江戸を中核とした関八州の治安維持の西の要地が甲州である。浪士通行に対する直接的な防御というに止まらず、浪士通行によって生じるであろう全国的な治安悪化状況に備えるという意味で、堀親義・本多忠紀の甲府派遣を考える視点も当然あろう。政局を過度に意識することは慎むべきかもしれない。ただ、としても、親義の行動には不可解な点が多すぎる。

註98　例えば佐藤隆一『幕末期の老中と情報―水野忠精による風聞探索活動を中心に―』第七章「長州藩・天狗党・外交問題に直面する幕閣と情報」

註99　目付江原桂助は、十二月江戸に戻ると、二十二日「病気」につき辞職願いを提出、受理され、寄合となった。堀親義とともに甲府に出陣した若年寄本多忠紀は十二月十二日免職となった。講武所奉行堀親義は十二月二十四日、罷免、領地一部没収のうえ蟄居。

　こうした人事異動に殊更深い意味、関連はないのかもしれないが、幕末期の幕閣内の政局の中で飯田藩を捉える視点は必要だと思う。

註100　追討軍総督田沼意尊は、緊張感を欠いた軍事行動で浪士軍の西上を許したが、加賀藩に投降した浪士勢の身柄引き渡しを受けると、三五〇人余を死罪とするなど、常軌を逸するほどの厳罰をもって事件処理に臨んだ。田沼はなぜこのような行動をとったのか。追討軍総督としての田沼の行動は、前述したように、杜撰なものだった。その行動には、何が何でも浪士を捕縛しようとする執念が欠落していたと言わざるを得ない。そのような人物が、一転、苛烈な処罰を実行したのである。田沼をこうした行動に駆り立てた背景に、政局が彼に強いた「プレッシャー」、あるいはそれらを巧みに利用しようとする目論見があったのではないか。水戸浪士通行事件は、こうした観点からもまた、問われる必要があろう。

註101『飯田・上飯田の歴史』上　終章

鈴川註(28)　第五章「信州飯田堀家の幕政参与と没落」など

註102　藩政に占める江戸藩邸の役割は、近年ようやく研究が進んできた分野である。藩邸は、幕府はもちろん、他藩との交渉、つまり〈外交〉〈社交〉の窓口、今日言うところの「大使館」に相当する。藩財政に占める藩邸支出は莫多である。堀家も、藩主が官位を獲得し昇進するための様々な交渉事は藩邸が担い、そのための費用が御用金として国元に賦課されてきた（『下伊那史』第八巻あるいは『飯田・上飯田の歴史』上）。藩邸が隣接する藩同士での情報交換も重要である。藩邸で出生し、藩邸で死去する藩主も少なくない。極端な言い方をすれば、江戸藩邸が〈本社・本宅〉、国元が〈支社・別宅〉という状況だった。その傾向は、当然、近世後期に一層顕著化していく。

　その意味で、藩邸研究の進展が望まれる。詳細は拙稿「飯田藩堀家江戸藩邸の基礎研究」（『飯田市美術博物館研究紀要』第34号　二〇二三年所収）

おわりに――〈物語〉〈史実〉の狭間で

当地における水戸浪士通行事件は、今村豊三郎・北原稲雄ら平田篤胤没後門人のエピソードとして語られてきた。「今村記録」に始まり、市村咸人・島崎藤村へと流れるこの〈物語〉の検証が本稿の目的だった。

飯田藩関係史料、あるいは中津川国学関係史料からは、これまで知られていなかった情報を得ることができた。

筆者がなしえたことはわずかだが、それらは各章の中に「小括」として組み込んである。〈物語〉の彼方にある〈史実〉とは、これらの「小括」をメタレベルで統合できる大きな見取り図なのだが、今、それを提示する準備は出来ていない。[103]

浪士通行を担った地域住民の辛苦も問わなければならない。[104]　地域にとっては、そのような個別具体的な体験こそが語り継ぐべき〈遺産〉なのだろう。

ただ、そうした歴史への立ち位置は十分に分かりつつ、筆者はなおしばらくは大きな〈物語〉の吟味の場に留まりたい気がする。

そもそも、水戸浪士事件（あるいは「天狗党の乱」）と呼ばれる出来事は、何だったのだろうか。彼らは何を先駆け、何を残していったのだろうか。

人生そのものを賭けて、何かしらの思想や価値観にのめり込む者がいる。一方、傍観者の立場を貫き通す者もいる。はたまた、それを巧みに利用しながら駆け上がってゆくものもいる。いつの世にも、それは変わらない人間の営みだ。そして、願いが悲劇に終わった時、「if」を紡ぎ出そうとする者もいる。「こうであったらよかった」、「こうでなければよかった」と。

だが、厳密な意味では歴史は繰り返さない。死者は戻っては来ない。歴史の狭間に潰え去っていったたくさんの〈未完の夢〉は、掘り起こそうとする者の心の中でだけ、〈成就した夢〉の像を結ぶ。

「今村記録」は、一人の人物が、若き日の体験を、半世紀ちかい、その後の人生の〈重み〉というフィルターを通して語った、〈作品〉なのだと思う。

市村咸人から一〇〇年。この〈作品〉を、もう一度読み解く時期にきている。

註103 当地の国学運動は、山吹藩とともに、北原稲雄・今村豊三郎がその中核に位置し、周辺に松尾多勢子、大河原村の前島正弼、あるいは飯田町の豪商たちが集う構図をなしている。

したがって、こうした平田門人関係史料の整備と公開が喫緊の課題である。

山吹藩史料は高森町歴史民俗資料館で整理と公開が進んだが、座光寺村北原家史料の整理・公開作業は大きく遅れている。本稿が取り上げた水戸浪士通行事件に関しても、研究の鍵を握る史料はまだ北原家に残されていると思う。地域の貴重な史料として、早急に整理・公開の取り組みが進むことを望む。宮地正人を中心として取り組まれた中津川国学史料の整理・公開に学ぶ点は多い。

註104 浪士通行に際し、当地の人々がどのような負担を強いられたかは、これまでほとんど研究されてこなかったが、近年、史料の掘り起こしが進みつつある。伊坪達郎「水戸の浪士通行と人々の負担」(『伊那』一〇八九)、手塚勝昭「水戸浪士天狗党の高森近辺通行―伊那谷を震撼させた水戸浪士の伊那街道通行―」(『伊那』一一二一)など。しかし、こうした在地史料の掘り起こしのためにも、浪士通行事件の全体像を把握する作業が必要だと思う。

五、敗北として語らない国学

はじめに

還暦をはるかに超えましたが、振り返ると、島崎藤村の『夜明け前』に魅了し続けられてきた気がします。この作品の魅力は、深い谷間を貫く「一筋の道」から、壮大な歴史物語を紡ぎ出していく構想力と、みずみずしい文体です。

ただ、幕末維新史を学ぶにつれて、主人公の狂死、つまり〈敗北〉によって閉じられるこの物語に、違和感を抱くようになりました。主人公にとっての国学が、かりにそのようなものであったとしても、国学運動が目指した世界観や実践の遺産（レガシー）は、近現代の歴史の中に、枯れない水脈として存在し続けているのではないか、そう考えるようになりました。

とくに国学運動が掲げた「自力更生」の理念が、伊那谷の自由民権運動を牽引したとみる宮地正人さんの研究に啓発されました。

伊那谷は、日本でもっとも多くの満洲移民を送り出した地です。国策に身命を賭し、たくさんの命を満洲の荒野に散らした地です。誰がみても、敗北です。

しかし、大正後期から昭和初期、次々に襲いかかる恐慌の嵐を乗り越えるべく村々が取り組んだ村再生プロジェクトは、いずれも見事なものです。歴史学では「農村更生運動」とひとくくりにされてしまいますが、村々が、それぞれの個性と可能性を見極め、各地の実践に広く学びながら処方箋を立案してゆく姿は感動的です。そこに、国学運動が当地にもたらした「自力更生」の伝統が確実に根付いていたと感じました。

上條宏之さんが、木曽を舞台に、社会改革運動に尽力した国学者の群像を描いた魅力的な著書を発表されています。『もうひとつの『夜明け前』』といいます。伊那谷にも「もう一つの夜明け前」を。そんな気持ちで史料に向かっています。

一

国学は、十九世紀初め、平田篤胤が大成しました。篤胤は、西洋諸国のアジア進出を危機と捉え、西洋文明の排除と天皇中心の国づくり（尊皇攘夷）、それを支える民衆の主体性の確立を主張しました。討幕運動の支柱の一つとなった思想です。

篤胤の考えは死後に広まりました。死後に門弟となった者を「篤胤没後門人」と呼びます。飯伊の没後門人は約四〇〇人。全国の没後門人の一割が当地にいたことになります。松尾多勢子はよく知られていますが、伊那谷は倒幕運動と深く関わる地域でした。

『夜明け前』は木曽の物語のように思えますが、飯田の国学者のことが、随所に描かれています。

二

藤村が、作中で飯田の国学者を描くにあたって参考にしたのが、飯田の郷土史家市村咸人の研究でした。なかでも、昭和四（一九二九）年刊行された市村の『伊那尊王思想史』は、当地の門人の活躍を詳細に論じた名著です。国学研究史の中でも高く評価されています。平田門人のプロフィールも詳細に調べられており、市村が描いた人物像が『夜明け前』のベースになっています。

しかし、本書刊行から一世紀がたち、当地は「国学研究の後進地域」（宮地正人）になったとさえ言われています。その理由の一つが、本書が聖典視されてしまったことです。「伊那谷の国学運動は、すべてここに書いてある。それ以上研究する必要はない」という雰囲気です。残念ながら今も、市村説の孫引きばかりが目に付きます。

三

市村史観を超えるために、どうすればよいか。

私は、「担う・発信する」、「招く・祈る」、「繋がる・導く」、「守る・伝える」の四つのキーワードを立て、伊那谷国学運動の意義と可能性を積極的に評価しようと考えました。

例えば「繋がる・導く」では、水戸浪士通行事件を取り上げてみました。

門人たちが、自主的に藩・浪士・住民と交渉し、町を戦火から守った出来事です。浪士の進む先々の門人たちが、浪士たちの目的を達成させるために連携しあいます。伊那谷から馬籠、中津川へ。門人の想いが繋がり、浪士たちが導かれていく姿が印象的です。

近年、藩政史料の見直しにより、市村が取り上げなかった飯田藩の対応が明らかになりつつあります（**本書第二編「四、水戸浪士通行と飯田藩」**）。門人たちの功績としてのみ、この事件を語ることは見直される時期にきています。また、北原稲雄や松尾多勢子ら門人たち同士が、市村の言うように一枚岩で事件に対応したわけではないことも明らかになりました（同右）。

しかし、伊那谷から木曽・東濃に広がる門人のネットワークが、自らの問題としてこの事件に関わり、解決に尽力したことは確かです。自力更生の精神が、この地に根付きはじめた証だと考えます。

四

「守る・伝える」では篤胤稿本疎開を取り上げてみました。

江戸に保管されていた篤胤の貴重な原稿類（稿本）を伊那谷に疎開させる計画を立て、成し遂げたのが当地の門人たちでした。今日の文化財保護運動の精神に繋がります。

幕末の戦火が収まり、稿本を平田家に戻したとき、虫食い一つなかったといいます（宮地正人）。厳重に保管されていたのです。

「日本を洗濯する」ヒーローもよいでしょうが、私は門人たちのこの地味な活動を誇りに思います。文化財保護といえば「国や県、市町村がしっかりしろ」というのが私たちの口癖なのですが、「本当に大切なものは身銭を切ってでも守る」。当地にはそんな腹の据わった門人たちがいたのです。

五

私が飯田下伊那の国学者に惹かれるのは、「誰もやらない、誰もできないなら、俺たちでやろう」という発想が常にあるからです。しかも、その「誰も」を全国区で考えていることに驚きます。

例えば、国学の四人の先学を一堂に祀る本学霊社を取り上げてみましょう。

こうした施設は、全国のいくつかの場所で構想されたのですが、実現させたのは当地だけでした。京都・伊勢・浜松・江戸へ、先学たちの遺愛品（御霊代）を集めるべく門人たちが走る。地道な交渉の結果、全国でただ一つ、四人の御霊代が揃う神社が山吹條山に誕生したのです。「招く・祈る」がこのキーワードです。

六

篤胤の主著『古史伝』（三十一巻）出版の資金助成計画に賛同した門人は、関東から九州に広がっています。このプロジェクトは、間違いなく全国区でした。そして、その口火をきったのも当地の門人たちです。そしてその内、十一巻は、彼らの助成で刊行されています。「担う・発信する」です。

つまり、全国区で物事を構想し、行動できる門人がここにはいたということです。そして、藩や国を超えたネットワークがここにはあったのです。

七

当地の幕末国学の体験と自信（「誰もやらないなら俺たちでやる」）は、明治以後の地域作り活動に流れ込んでいったと思います。明治十年代、全国で地価軽減運動が起こったのですが、飯伊の運動は全国で三指に数えられる質の高いものでした。民衆生活を守る闘いを闘い抜いたのは西洋思想にかぶれた「民権家」たちではなく、国学者だったことが見落とされてきました（拙稿「明治初期飯田下伊那地価軽減運動史序論」『飯田市美術博物館研究紀要』第30号）。幕末期の飯田下伊那の国学運動は、明治とともに敗北したのではないのです。

八

「ご一新」の夢に裏切られた青山半蔵（モデルは藤村の父島崎正樹）が狂死する場面で終わる『夜明け前』の歴史の見方に私は与しません。

これは市村史観にもいえます。

市村は松尾多勢子の伝記を、明治の初めで擱筆しました（『松尾多勢子伝』）。新政府への彼女の失望の声とともに。だが、彼女は明治二十七年まで生きました。厳しい言い方をすれば、「国学者松尾多勢子」にとって晩年の四半世紀は不要だと市村が考えていたということにならないでしょうか。私は、それは違うと思います。

国学運動の多くが敗北に終わったことは事実でしょう。歴史書の多くも、そう書いています。また、文学には「敗北の物語」は似合うかもしれません。

だが、歴史学は違います。歴史家ジョン・ダワーは、太平洋戦争の徹底的な敗北から立ち上がろうとする日本人のたくましい姿を、『敗北を抱きしめて』という作品で見事に描きました。私は、その視点を支持したいと考えています。

当地の幕末国学を敗北として語らない。当地の近現代史を貫く鉱脈の形成として語る。国学体験から目をそらしたままでは当地の近現代史（民権運動、自由主義教育、農村更生運動、満洲移民など）は語れないと思うからです。新しい歴史叙述の始まりの〈夜明け前〉が、そこにあるはずです。

おわりに

当地は傑出した郷土史家市村咸人を生んだ地です。「国学研究の後進地域」との厳しい指摘に立ち向かって行かなければならないと思います。

ただ、その動きは、もうはじまっています。高森町歴史民俗資料館では、山吹藩国学関係史料が整理されました。当館では、当地の国学運動の歴史がわかりやすく展示されています。一世紀の停滞した空気を揺り動かす、そんな〈風〉が吹き始めました。

六、平田国学と飯田下伊那

はじめに

歴史はときに、その時代の矛盾・課題・希望といったものを一つの地域に集中的に顕すことがある。飛鳥や鎌倉、長崎、沖縄などはそうした地域としてよく語られる場所だが、幕末・維新期の飯田下伊那や木曽、東濃地域も同様な場所の一つということができる。平田篤胤没後門人数全国一。松尾多勢子らは尊攘・倒幕運動に深く関わり、篤胤の主著『古史伝』の上木、本居宣長ら国学四大人をまつる全国唯一の神社の建立も成し遂げた。維新の動乱のなか、篤胤著書の稿本を預かり、戦火から無事守り抜いたのもこの地域であった。開国から「ご一新の崩壊」までの三〇年ほどの時間を、壮大なスケールで描きあげた『夜明け前』は、藤村の文才はいうまでもないとしても、そうした地域を舞台としたからこそ傑出した作品に仕上がったのだった。

私は『伊那』誌上で、贋二分金の流入に端を発する伊那県商社事件の顛末を検証しつつ、この地域が体験した幕末維新の質について考えてみたことがある(1)。明治政府の直轄県であった伊那県は、贋二分金回収にあたって正金と贋金との等価での交換にこだわったが、これは贋金一〇を正金三と交換する政府の方針に真っ向から対立するものだった。全国でもまれな政策だった。贋金と正金との等価での交換は、民衆の生活基盤の崩壊を食い止める役割を果たしたが、県の立場からすれば莫大な負債を抱え込むことを意味する。舵取りを一つ誤れば、県の財政そのものが破綻しかねないリスクの高い政策だった。明治二(一八六九)年十二月、伊那県商社札の発行が禁止されたとき、リスクは現実のものとなった。

明治初年に誕生した伊那県は、明治三年七月、伊那県商社事件の責任をとるかたちで創県当初からの官吏の多くを失う。県域は南北に分裂、今日いうところの東北信地域は中野県、長野県と移り、最終的には中南信を統括した筑摩県を長野県が吸収合併することで今日の長野県が成立する。短絡的な言い方かもしれないが、長野県誕生の発端は、つきつめれば伊那県を運営する官吏たちの「贋金と正金を等価で交換する」というこだわりにあったと言ってよい。この「こだわり」を読み解くことなくしては長野県の近現代史、民衆にとっての「ご維新」体験の意義は解明できない。

本稿は、明治という国家、明治維新という出来事を、飯田下伊那という地域からとらえ直す準備作業として、伊那県政を担った官吏やこの地域の多くの人々が傾倒した平田国学を取り上げるものである。平田国学と飯田下伊那の関係をめぐるいくつかの課題をあらい出す作業を通じて、伊那県の「こだわり」を読み解く手がかりを見つけたいと思う。

一　研究の停滞

伊那谷における国学の受容と志士の活躍については、市村咸人の『伊那尊王思想史』にほぼ書き尽くされている感がある。まさにバイブル的存在である。

しかし、本書の刊行は昭和四（一九二九）年、すでに一世紀近い歳月が流れている。この間、平田国学の評価は大きく変わったし、[2]気吹舎資料の総合的調査と詳細な目録の作成が進み、[3]それにともなって篤胤著書の書誌的研究も飛躍的に進展した。[4]中津川での国学史料調査からは飯田下伊那、木曽、東濃を一つの地域として論じる視点も提起されるようになった。[5]高森町でも片桐家文書の調査と目録作成が完了し、飯田下伊那における最初の平田没後門人片桐春一郎の動向がつかめるようになった。[6]『伊那尊王思想史』を踏まえながら、新しい知見を取り入れた研究が必要な時期にきていると思う。

宮地は飯田市とその周辺は国学研究の後進地域に転落してしまったと指摘する。[7]南信の研究はあの卓越した地域史研究者市村咸人氏の業績をいまだ乗り越えてはいないのである。[8]

本稿は、たとえば「本学神社の建立」とか「『古史伝』上木運動」といった具体的な研究テーマを設定し、それを論証しようとするものではない。平田国学研究の新しい所見に学びながら、高森町歴史民俗資料館に収蔵されている片桐家文書を読み、通説に対していくつかの疑問を呈しようとするものである。

二　片桐春一郎の気吹舎入門

従来、山吹藩家老片桐春一郎が平田門人となるいきさつは不明とされていたが、安政四（一八五七）年二月江戸の気吹舎を訪ね、諏訪の平田門人松沢四郎右衛門の知人と自己紹介して教示を得、その上で五月に入門の手続きをとったことが、宮地によって明らかにされた[9]。また、春一郎は嘉永二（一八四九）年には平田家に書籍の注文も行っており、松沢の働きかけを受けて、はやくから平田国学に関心を持っていたことも明らかになった[10]。平田家に残されている安政四年三月六日付の春一郎差出気吹舎宛の書簡に注目する。


（二月七日に鉄胤から御教示を受けたこと。是非門人に加えてほしい旨を述べたのち）

尤不学にて御国学文は勿論、異国之学文も不仕候て、御門人に相願候得とも、官務之いとまには、御先考様之御著書拝見仕、少成共実之道を心得度存候、先年たまの真はしらを拝読仕候より、此後少々ツツ御蔵書拝見仕、実に不及義には御座候へ共、感状仕候て、毎朝御先考様之御魂を奉拝候、何卒御返書に御門人帳へ御加入之義御聞済可被下候様奉待上候[11]

「たまの真はしら」は、篤胤の主著『霊之真柱』である。春一郎の篤胤体験は『霊之真柱』に始まり、その後何冊かの著書に接し、感動して門人になることを決意したということなのであろう。

『霊之真柱』は文化十（一八一三）年四月に刊行され、文久三（一八六三）年までに約四〇〇〇部発行されている[12]。

篤胤の著書の中では非常に多く刊行されたものの一つだったが、とはいえ、それほど簡単に手に取ることができたわけではなかろう。春一郎がどのようなルートで本書に出会ったかは不明である。平田門人だった松沢を通じてというのが自然であろう。

ちなみに安政三年九月の片桐家の「蔵書籍目録」に『霊之真柱』はない[13]。

ところで、本書が、ロシア接近という対外危機を踏まえ、「このような対外危機に対決しうる主体側の国家・国土意識のあり方と主体側の魂の行方への確信を形づくるためのものであった」とする宮地の見解[14]は重要である。地動説に象徴される西洋諸科学の正確さは、篤胤らが慣れ親しんできた儒学的世界観に対する信頼を大きく揺るがしていた。篤胤はキリスト教的世界創造神話を記紀の国生み神話にかさね、天御中主神を創造主とする神話を創成することで、記紀神話を十九世紀の世界のまっただ中に復権させた。国生み神話は世界の始原を語っているのであり、その信憑性は、神代から連綿と続く天皇の存在によって担保される。

かくして、篤胤においては、天皇を推戴する日本は天にもっとも近い世界の中心（「万の国の本つ国、中つ国」）であり、諸外国は神が創成したのではなく、潮の沫が集まって生まれた卑しい国と位置づけられる。日本人は神の御末・御国の御民、世界でもっともすぐれた民であり、さまざまな国が日本を慕い訪れるのは当然なのである。『霊之真柱』をもって篤胤は、中国の学によらず、激動する世界の中心に日本を据えることに成功したといえる。本書は平田国学の世界観を披瀝した優れたテキストだった。

春一郎の学びが『霊之真柱』から始まったらしいことは先に述べたが、春一郎が山吹藩家老として力を注いだのは藩の軍事改革だった[15]。嘉永二年平田家に注文した書籍は『武学本論』である[16]。春一郎にとって平田国学の学びは、歌道や能楽に類する教養人の嗜みの一つではなく、対外危機をともなった社会状況の変化に対する具体的な行動指針の獲得のためであった。春一郎がいかに『霊之真柱』から強く影響を受けていたかは彼が起草した「拝平田篤胤大人詞」（篤胤を信奉する同志たちの会席の場で篤胤を祭る時に用いる祝詞）からも知られる。

此乃大御國波之毛。皇我親神魯岐。神魯美命能産坐留。尊伎本都祖國秀國爾之弖。諸戎夷乃千萬國波毛。潮沫能凝成留。卑伎末國奴國爾之在婆。……皇大御國波之母。祖國秀國止志天。比類無九尊九。諸戎夷廼國波毛。奴國末國止斯弖。賎幾國奈流事廼本乃由縁乎志。……[17]

ここには『霊之真柱』の核をなす世界像がそのまま語られている。同書のダイナミックでグローバルな視野が春一郎を魅了（安政四年三月六日付気吹舎宛書簡中の「感状」）したといえるだろう。

三　山吹藩士の動き

（一）義雄集

安政四年春一郎は気吹舎に入門したが、多くの山吹藩士の入門は慶応元（一八六五）年を待たなければならなかった[18]。この間七年。飯田下伊那では安政五～六年ころに入門者が多い。山吹藩はこれに遅れる。この事情は明らかでないし、このタイムラグについてはこれまでさほど注目されていない。しかし、春一郎につづく山吹藩の入門者が飯田下伊那の他の地域に比して遅れ、慶応元年以降に集中するのはやはり何らかの理由があったとみるべきではないか。

春一郎は気吹舎への入門を許可されると、藩内の志ある者を集め勉強会を開いたと言われている。これが「義雄集」である[19]。篤胤の命日である十一月十一日を初日として、月ごとに十一日を御祭日として同志が集まるというものだった。出原村宝泉寺賢亮、田島村前沢万重らが提唱、春一郎らの賛成によって創設された平田国学の研究会だった。春一郎の手になる「義雄集　忠言記序」には、この他石神政昌ら一三名ほどが発足時に名をつらねている。

しかし、義雄集が何年に始まったのかは必ずしも明らかでない。市村は慶応元年を始まりとする。[20] 義雄集設立の経緯をたどることは難しいが、片桐家文書の中に手がかりがないわけではない。会合の場に掛ける篤胤の肖像画である。

前掲「義雄集　忠言記序」にはこの会合の席に篤胤の肖像画を掛けることが記されている。「大人命の御像の御前にうごなはりて謝(よろこび)を申し」である。したがって、この肖像画を春一郎らがいつ、どのようなルートで入手したのかがわかれば、会の設立の経緯はある程度明らかにできるはずである。

気吹舎（あるいは平田鉄胤）と春一郎との間で交わされた書状を見ると、文久二（一八六三）年、肖像のことが話題にのぼっていることがわかる。

①八月二十四日付平田鉄胤差出春一郎宛書簡

一、先人之肖像二部御入用之由、承知いたし候、出来合無御座候間、后便迄ニ出来、差上可申候[21]

②十二月十四日平田延太郎差出春一郎宛書簡

一、先人肖像之儀相承仕候[22]

①は文久二年八月六日差出しの春一郎の書簡に対する返書である。肖像に言及した最初の文書である。四月、あるいは六月の春一郎宛書簡には肖像の件は見えない。したがって、春一郎が気吹舎に篤胤の肖像の提供を依頼したのは文久二年八月六日の書簡だったと考えることができる。この文書でいうところの「肖像」が義雄集で掲げられた肖像であったという確証があるわけではないが、これ以外に篤胤の肖像を必要とする場面は考えがたく、したがって、春一郎の脳裏に義雄集の具体的なイメージができあがったのは文久二年夏だったと推定してよいのではなかろうか。ただ、①のように、平田家にはできあいの肖像画がなく、後日送ることになった。②は十一月晦日差出しの春一郎の書簡に対する返書である。上京した鉄胤にかわって子の延太郎（延胤）がしたためている。十二月にいたっても肖像は片桐家に送られていなかったことになる。

文久三年四月、江戸に戻った鉄胤が春一郎に宛てた書簡がある。次のように記されている。

肖像之御謝儀等是又相済、御入念之御事ニ奉存候(23)

この時期には肖像画が春一郎の手元に届けられていたという意味であろうか。とすれば、文久三年前半には学習会を催す態勢が、一応整ったということになる。集会は篤胤の命日である十一月十一日を期してスタートしたから、文久三年の秋から発足した可能性もまったく排除することはできないことになる。

ただ、慶応元年九月十四日付の平田大角（鉄胤）差出春一郎宛書簡（同年八月九日の春一郎差出鉄胤宛書簡への返書）には山吹領内の有志が集まり勉強会を開き、そこでだされた疑問を春一郎が鉄胤に問い合わせたと読める記述がある。

一、此程、御領中有志之人々へ神拝之事被仰付、夫ニ付御問合之趣承知仕候、拝見仕候所、大概右ニ付宜しかるへく奉存候、ケ様ノ事折々諸所より尋られ候へとも、明白ニ分り難キも御座候、困り申し候、但し此中　日本連命之御事者、御尤ニ御座候共、人ノ世となり候以後の御神ハ此御方様斗り故、是ハ不被為入候方可然哉ニ奉存候、且外御両神との前後御次第も少々六ヶ敷も御座候ハんか、今一度御考へ可被下候、其外ハ愚存無御座候、扨右ハ宜敷事御始メさせ被成候て、難有く大慶ニ奉存候(24)

学習会が開かれことを鉄胤が「よいことを始められた」と賞賛している。このことばが義雄集発足を指すとみなし、初回が十一月十一日だったという春一郎の言を信じるならば、義雄集第一回は元治元（一八六四）年十一月ということになる。

慶応元年は正月十五日に宝泉寺賢亮、片桐栄久、高橋半蔵らが気吹舎に入門しており、年間では一〇人を超える入門者がこの地域から出ている。三月、五月に多い。したがって、義雄集、あるいはそれに近い会合が元治元年冬にもたれ、その結果入門者が急増したと考えることもできる。

しかし、義雄集が、かりに市村のいう慶応元年ではなく文久三（一八六三）年か元治元年に始まったとしても、片桐の入門から随分年月が経っていることはたしかである。

幕末の弘前では、安政四年町人鶴屋有節が津軽最初の門人になると、その年のうちに町人・神職中心に「鶴舎党」と呼ばれる学習グループが結成された。定期的な歌会のほか、学習会、篤胤の霊祭が主な活動であった[25]。飯田城下でも岩崎長世を核とした学習グループ的なものは、この時期にできあがりつつある[26]。義雄集のスタートが元治、あるいは慶応期だとすれば山吹藩およびその周辺での平田国学の学びの輪は、一般に考えられているほど速やかには広がってはいかなかったということではないだろうか。

(二) 書籍調集

春一郎を中心とした山吹グループの、義雄集とならぶもう一つの主要な活動が書籍調集であった。書籍がとぼしく、入手も困難な地域で、同志を募り、一種の無尽法による共同出資で良書を購入し回覧するというシステムである。いわば書籍購読会であった。慶応元年八月十九日に発足した[27]。

期間を当初一〇年としたが、翌年には六年に改定、会日も年一回秋実施を翌年に年二回春秋実施に改定している。慶応元年は一七人が五両二分を出資し、『六国史』の中から『日本文徳天皇実録』『日本後紀』の二冊を購入している。翌年は『古事記伝』を購入した。

ところで、春一郎は書籍調集のような組織をいつ頃構想したのだろうか。万延元（一八六〇）年の平田篤胤差出春一郎宛書簡には春一郎がすでにこの時期に「書物講」構想を抱いていたことが述べられている。

一、御別楮拝見、追々御地辺学事相開ケ候て、著書共被望候面々多分に付、書物講御首趣意も可被成、右に付ては廉直之取計方も可有哉之旨、御尤に奉存候[28]、

「書物講」を立ち上げるにあたって、出来るだけ安価に書籍を購入できる方策はないか春一郎が気吹舎に問い合わせたのだろう。

文久元（一八六一）年一月十六日平田内蔵介（鉄胤）差出春一郎宛書簡でも「書籍講」の構想が進んでいることがわかる。

一、書籍講事、弥御慥しかの趣大慶ニ御座候[29]、

同時に同書には

扨又蔵板価用之事、承知いたし一葉差上候、

とある。春一郎の求めに応じて気吹舎が販売する書籍の価格表を送付したということを意味するだろう。のちの書籍調集につながる書籍講構想は万延から文久の初めに相当具体化していたのではなかろうか。

でありながら、発足は慶応元年なのである。義雄集同様、書籍調集の立ち上げもけっして速やかに進んだわけではなかったということになろう。

だが、片桐春一郎と平田国学との関わりをいったん問題の外に置き、山吹藩と平田国学という観点で眺めれば、

山吹藩は慶応元年前後を大きな転換点として、急速に平田国学との距離を縮めていったようにみえる。本学神社造営以降の山吹藩の「勤王」指向とその実践に関しては『伊那尊王思想史』に詳しい。結果としてはこの「転換」が明治維新後の山吹藩にプラスに作用した。慶応期における山吹藩内部のダイナミックな動きは、春一郎、あるいは国学関係の史料のみでなく、藩政史料を精査することによって明らかにしていくことが必要であろう。

四　岩崎長世の動き

（一）岩崎長世の活動

飯田下伊那地域での国学普及にあたり、岩崎長世の果たした役割を高く評価する市村咸人[30]に対して、宮地正人は疑義を唱えている[31]。嘉永の末年に来飯し、文久三（一八六三）年京都に移る間の長世の基本的な活動は、一年のある時期を飯田に住み、飯田の豪商たちに能楽・和歌の師匠として振る舞う中で、見込みのある人物をピックアップして、門人に勧誘するという形であったとする。

たとえば清内路の原信好の場合がそれである。

原武右衛門と申者、飯田より五里程在方、かの伏屋のさと近き清内路と申所の庄屋に有之、其地上下両村有之、一円東本願寺門流ニて、神の御名等夢にもしらぬ地に有之所、右武右衛門、正文と申、兼て山里に珍しき歌人、漢字も少々有之候へ共、所がらにてかの信心者、既に一昨年冬出張旅亭へ参り候節は、最早隠遁の志決定致、いまた子供も幼年に候へ共、剃髪染衣可致、さて歌よみふけらんのあらましにて、既にわすれ申候へ共、世をのかれんとする時によめるなどとはしがきにて、歌をもよみ参り、小生へ見せ申候節、乍不可及大に叱申候折節、先師御著書出定笑語会読仕候砌、右はじめて同人承り、氷炭反対之説に有之物と、深く驚き帰申、則其檀那寺飯田伝馬丁善性寺と（申す）寺にて、活板出定笑話借受写取、一年之間熟読致、旧年所謂御取こしに出候節、旧見なごりなく洗すて、御著述拝見仕候由申参り候、つづいて有合せ少々為見申、したりよりも引寄為見申、今にてはひたふるの皇国魂ニ相成申候、[32]

仏門を志す信好を平田国学の世界へと誘引する長世の働きかけは巧みであるが、長世はもともと訥弁で、文書は上手かったが講義はさっぱりだめだったという。[33]不特定多数の人々をオルグするタイプの人物ではなく、意欲のある者を定めて声がけをしていったのであろう。結果として多くの入門者を輩出したとしても、長世が表だって平田国学の宣伝活動を広く展開したとはいえない。市村が描く長世像（「平田篤胤の直門であった長世は、宣長が大成した復古神道の上に、宗教的動的の生命を与へられた師翁の説をこの渓谷に宣伝鼓吹した」[34]）はその点でやや実像と乖離しているのではなかろうか。

(二) 長世と片桐春一郎

飯田での長世のこうした行動を考える上で次の史料を検討したい。万延元（一八六〇）年十二月二十一日平田内蔵介（鉄胤）差出春一郎宛書簡である。同年十一月二十九日の春一郎の書簡に対する返書である。この中に春一郎が長世と面会したことが記されている。

一、先達而岩崎ニ御面会之由、同氏よりも申来り候、奇人ニ而御坐候も、扨其筋之御贈答感吟仕候、[35]

宮地はこれをもって「（これまで別ルートで活動してきた）片桐グループと飯田の岩崎長世グループが初めて接触した」[36]とする。この一文を「初対面」と断定するのはやや強引ではあるが、長世と春一郎の間で交わされた書簡は文久二（一八六二）年から始まる『古史伝』上木関連のものが多く、それより古い時期のものは見受けられないように思える。両者は万延元年に初めて対面した可能性がやはり高い。だが、両者の初対面が万延元年というのは、素朴な感覚からすればにわかには信じがたい気がする。以下、その理由を述べる。

春一郎は安政四（一八五七）年気吹舎に入門しているが、嘉永二（一八四九）年には気吹舎に書籍を注文している。[37]篤胤直門の松沢四郎右衛門を介して気吹舎を知ることになったのであろう。一方、松沢と同じ篤胤直門の長世は嘉永の末に来飯し、安政三年ころからは飯田城下の豪商たち向けの活動を活発化させている。原信好が長世と初めて面会したのもこの時期である。篤胤直門の松沢・岩崎の間には当然なんらかの情報交換はあったのではないだろうか。直接でなくとも、気吹舎を介しての情報の共有はなされていたと考えるのが自然である。その中で、門人で山吹藩家老でもある片桐春一郎のことは話題に上らなかったのだろうか。

あるいは、長世のもとから安政六～七年にかけて気吹舎への入門者が相次ぐが、このことは、同門の春一郎にはまったく伝えられなかったのだろうか。

飯田城下町と山吹藩はいわば「目と鼻の先」である。しかも長世の塾には座光寺村の北原稲雄らも通っていた。日常的に多くの人々が交流する地域である。春一郎は安政四年二月気吹舎を訪ね、鉄胤に直接面会し、種々の教えを受けたのち、入門を決断した。面会した鉄胤は春一郎の出身を聞いたであろうし、とすればその場で「飯田には直門の岩崎長世がいる」と紹介しないはずはない。気吹舎の活動の特色は門人の広範な人脈、ネットワーク、情報網にあった。[38]事実、飯田の岩崎グループは東濃、とりわけ中津川の国学者と稠密な人脈を形成し、情報を共有していた。しかも長世の手元には『出定笑語』『古道大意』『西籍概論』など、気吹舎では流布させることに慎重であった篤胤の貴重な著書が備わっていたようである。[39]飯田下伊那最初の気吹舎門人であり、精力的に国学を藩政運営に活かそうしていた春一郎は、これらの書籍に強い関心を抱いていたのではないだろうか。

安政六（一八五九）年、気吹舎は、北原稲雄が長世を通じて申し出た『弘仁歴運記考』上木助成を承諾し、同書は翌万延元年四月刊行された。[40] この動きに春一郎がなんらかのアクションをおこした痕跡はないが、同じ時期、春一郎は篤胤関係書籍の収集などを目的とした「書籍講」構想を具体化しつつあった。稲雄や長世の動きは当然耳に入っていたはずである。

春一郎と長世は、少なくとも安政四年以降は、飯田と山吹という至近距離で「気吹舎門人」という共通項をもって生きていた。春一郎は山吹藩家老、長世は和歌・能楽の師匠を勤める傍ら平田国学に精通し、すぐれた門人を育成する活動を続けている。ともにその言動は自ずから多くの人々の知るところとなる存在である。両者が初めて対面したのが万延元年秋から冬の時期であったとすれば、その間二年半。両者はもっとはやく対面していてもよかったのではないだろうか。

逆の考え方もありうる。両者は何らかの理由で、あえて接触を避けていたという見方である。万延元年末頃、会談しなくてはならないなんらかの重要案件が発生し、初めて面会したのではないかという見方である。春一郎は山吹藩家老として藩政を担い、長世は表だっては文芸の師匠としてふるまい、一年のある時期を飯田に居住する生活をしていた。それぞれに立場があり、公然と接触の機会をもつことは容易なことではなかった、あるいは憚られる状況だったとは考えられないか。以下、若干検討してみたい。

万延元年、片桐春一郎は書籍調集のような組織を構想しており、そのために安価に書籍を入手できるルートを気吹舎に問い合わせていたことはすでに述べた。おそらく問い合わせは十一月二十九日付の春一郎の書簡でおこなわれ、鉄胤の回答は春一郎と長世が面会したことに言及した前述の十二月二十一日書簡に記されている。

一、御別楮拝見、追々御地辺学事相開ケ候て、著書共被望候面々多分に付、書物講御首趣意も可被成、右に付ては廉直之取計方も可有哉之旨、御尤に奉存候、外ニ右様之例も有之、猶又書肆等之取次も所々御座候而、夫々定マリも御座候、既ニ此節飯田ニ而も取次所出来致いたし候、何レニモ取次世話などいたし候へバ、失費等有

之事ニ候間、其口々迷惑無之候様定価之内壱割か壱割半も引方御勘定為致可申候、[41]

気吹舎では、各地に書籍取次所を設立し篤胤の著書等を定価より割り引いて販売しており、飯田にも取次所があったことがわかる。誰が飯田取次所であったのかは記されていないが、長世は文久三（一八六三）年京都に居を移す際、「これまで担ってきた取次所の役割は飯田の平田門人久保田清兵衛（春木屋）に任せた」と鉄胤に連絡している。[42]したがって、万延元年当時、飯田の書籍取次所は長世が担当していたと見るのが妥当だ。

十二月二十一日付鉄胤差出春一郎宛書簡から十一月二十九日付春一郎差出鉄胤宛書簡の文面を復元すれば、そこには

①岩崎長世と面会したこと。

②書物講の準備を行っているので気吹舎刊行物が安価に入手できる方策はないか。

の二点が記されていたことになる。

それにしても、長世は春一郎と面会した際、自分が取次所を開いていることを話さなかったのだろうか。その話が出ていれば②の問い合わせはなかったように思える。長世が自分から取次所の件を持ち出さなくとも、当時、春一郎は「書物講」の構想を具体化しようとしており、書物の入手に悩んでいたわけだから、その話は春一郎から出されたのではないだろうか。いずれにせよ、この会談の中で長世が飯田における取次所であることははっきり表明されなかったと考えざるを得ない。

さらに踏み込めば、鉄胤も、春一郎への回答の中で、「飯田にも取次所ができ、それは岩崎が担当している」と一言記せばよかったのではないか。

これ以上の憶測は避けるべきだが、春一郎と長世が直接対面したのは万延元年末に近い時期であったことは確かだと思う。平田国学門人としては互いに共鳴しあうものがあったとしても、両者の間には、それぞれの置かれ

た立場が作り出す〈距離〉があったのではないだろうか。

(三)『古史伝』上木問題

では、万延元年、両者を初めて出あわせた案件は何か。根拠も傍証となる史料もないが、おそらく篤胤の主著『古史伝』上木助成問題がその一つだったと思う。『古史伝』は万延元(一八六〇)年北原稲雄が単独で上木助成した『弘仁暦運記考』と違い、膨大な分量にのぼる。一帙四冊で六～七帙に及ぶとみられ、一帙は一〇〇両かかった[43]。上木には莫大な費用が必要だった。

『古史伝』上木助成運動が飯田下伊那を中心とした平田門人のなかで具体化するのは、文久二年春と言われているが[44]、『弘仁歴運記考』が万延元年四月に刊行されたことで、時を置かず次の上木助成運動が話題にのぼったのではないだろうか。それが当初から『古史伝』だったのかもしれないし、あるいはこの時点ではまだ具体的な書名まではリストアップされなかったかもしれないが、『弘仁暦運記考』よりも多額の費用がかかるであろう上木の可能性も視野にいれて、長世は春一郎と正式に面会することにしたのではないだろうか。この面会がかなり重要であったから、長世も春一郎も、ともに気吹舎に面会の事を報告したのだろう。いわば飯田下伊那地域の平田門人のトップ会談とも呼べる性格の会談だった。

とすれば、この会談の実現に尽力した人物も自ずと明らかになる。『弘仁歴運記考』上木助成者北原稲雄である。上木助成運動の意義を十分に理解するこの人物が両者に強く働きかけることによって、万延元年末、会談が実現したのではないか。

同時に稲雄は、のちに『古史伝』上木助成運動の主な担い手となる大河原村の前名主前島正弼に対しても働きかけをはじめたのだろう。このあたりは今後の史料調査で明らかになることを期待する。

『古史伝』上木助成運動は文久二(一八六二)年初頭に姿を現すが、万延年間の半ば以降、水面下ではその準備は始まっていたと考える。その一つのあらわれが春一郎・長世会談だったとみてよいのではなかろうか。

おわりに

近年の平田篤胤・気吹舎研究に触発されて、片桐春一郎関係の史料を多少読み直してみた。

まず、春一郎の動向と山吹藩の対応に関する従来の定説に若干の疑義を呈した。その上で、岩崎長世の動きにも言及した。本学神社などなじみのある史実にはまったく触れなかった。

まだ、勉強に着手して日が浅く、史料も断片的にしか読んでいない。随所に基本的な史実の誤認があると思う。この点はご指摘いただきたい。

飯田下伊那、木曽、東濃につながる国学者のネットワークの考察は今後の課題としたい。

ただ、平田国学研究に関して、飯田下伊那地域がすでに「後進地帯」になっているという宮地正人の指摘(45)は、門人たちの輝かしい活躍の舞台となった地に生きるものとしては真摯に受け止めなければならない言葉であろう。

ただ、今回こうしたかたちで平田国学にアプローチしてみて痛感したのは、一人ではまったく歯が立たないということである。飯田下伊那ばかりでなく、木曽、東濃、そして江戸の気吹舎史料まで、広い地域にわたる膨大な史料を調査することはとても一人でなしうることではないと感じた。

しかし、と言って、これまでのように大学や中央の研究機関に席を置く研究者たちにいつまでも依存していることはできないと思う。この地域から多くの研究者を作り出さなければならない。研究を牽引してきた宮地もつぎのように述べている。

（下伊那の国学研究は）、他の地域の研究者を投入するだけでは、あまり実を結ばないだろ「う。何故ならば、それは明白な郷土史研究のテーマであり、地元の人々が主体的にかかわっていかなければ、決して発展も定着もしない性格の研究だからである。中津川の場合は、地元の関心ある方々がＮＰＯ法人を組織して活動しようとしているし、高森町でも地域の国学を地元の歴史の大事な構成要素として位置づけているように見える。とすれば、飯田市とその周辺は、市村咸人氏の偉大な業績を、どのように継承しつつ発展させることが出来るのか、現在、客観的にはまさにこのことが問われているのではないだろうか(46)。

調査を進める傍ら、改めて『夜明け前』を通読してみた。戦前から戦後にかけ毀誉褒貶激しかった平田篤胤の思想を、藤村が冷静に評価し記述していることに驚いた。また、青山半蔵を要に、飯田下伊那、木曽、東濃を一つの歴史世界として描きだしていることにも感銘を受けた。この方法論は、近年ようやく提唱されるようになったものである。『夜明け前』が提示した世界はまだまだ解き明かされていない気がする。

本稿冒頭の一文に戻る。私のそもそもの疑問は贋二分金騒動で見せた伊那県の「こだわり」だった。本稿は、伊那県の官員や関係者に平田国学者が多かったことから、この「こだわり」を平田国学門人の行動から読みとこうとしたものである。着眼点として正しいかどうかはわからないが、しばらくはこのテーマを追求していきたい。同時に、飯田下伊那の平田国学の伝統は、自由民権運動、青年団運動に継承されたと考えている。そしてこの地域の満洲移民運動にまで影響を与えたと考えている。すべては緒に就いたばかりである。多くの方からご教授を賜りたい。

註1「伊那県と伊那県商社事件」（一〇二九）
註2 子安宣邦『平田篤胤の世界』（二〇〇一年　ぺりかん社）は、ともすると「狂信的」とされる篤胤の思想と丁寧に向かい合い、その革新性、体系性を明らかにしている。篤胤思想の再検討に先鞭をつけたものである。なお、その後の篤胤研究の成果は吉田麻子『平田篤胤　交響する死者・生者・神々』（二〇一六年　平凡社）にわかりやすくまとめられている。
註3 宮地正人編『平田家資料翻刻解題』（二〇〇五年　国立歴史民俗博物館研究報告）
註4 遠藤潤『平田国学と近世社会』（二〇〇八年　ぺりかん社）吉田麻子『知の共鳴　平田篤胤をめぐる書物の社会史』（二〇一二年　ぺりかん社）中川和明『平田国学の史的研究』（二〇一二年　名著刊行会）
註5 宮地正人『歴史のなかの『夜明け前』　平田国学の幕末維新』（二〇一五年　吉川弘文館）
註6『山吹・片桐家文書目録』（二〇〇一年　高森町教育委員会）
註7 宮地「下伊那の国学」（註5所収　七六頁）
註8 宮地註（5）五一三頁
註9 同右五三頁
註10 同右
註11 同右
註12 吉田註（4）四一〇頁
註13 松下新一「藩政担当者の国学受容㈠」（『伊那』六二七）
註14 宮地「気吹舎と四千の門弟たち」（註5　三五五頁）
註15 松下註13および『伊那』六二八
春一郎の軍制改革への強い関心は、慶応元年に著したと考えられている「天下無窮泰平基録」にも表明されている。「国家ヲ治ムルハ武ヲ以本トシ」とある（芳賀登『幕末国学の研究』七〇頁所収）
註16 宮地註（5）
註17 市村咸人『伊那尊王思想史』（『市村咸人全集』第四巻）二〇一頁
註18 市村咸人「信濃國及び其の周囲　平田先生授業門人姓名録」（復刻版『伊那尊王思想史』巻末収録）
註19 義雄集の概要は市村註（17）一九六頁～
註20 註18収録年表では慶応元年八月に「山吹の平田門人等義雄集及書籍調集を開設す」とある。
註21「片桐家文書」二一九
註22「片桐家文書」二〇八
註23「片桐家文書」二一〇
註24「片桐家文書」二〇八
註25 中川和明「平田国学塾と地方国学の展開―弘前国学を例に―」（註（4）所収）
註26 宮地註（7）

註27　市村註（17）　二〇五頁
註28　「片桐家文書」　二二〇
註29　「片桐家文書」　二一六
註30　市村註（17）
註31　宮地註（7）
註32　同右　四八頁
註33　市村註（17）　一五七頁
註34　同右　一五二頁
註35　「片桐家文書」　二二〇
註36　宮地註（7）　五四頁
註37　同右　五三頁
註38　宮地正人「幕末平田国学と政治情報」『幕末維新期の社会的政治史研究』所収　一九九九年　岩波書店
註39　宮地註5によれば、長世は篤胤の著書『出定笑語』をグループで会読していた。写本が手元にあったということだろう。『古道大意』『西籍概論』も同様だと思う。

なお、気吹舎は『出定笑語』や『西籍概論』は政治的な配慮から刊行を控えていた。大坂の門人佐久良東雄が『出定笑語』を気吹舎に断りなく板行した際は、直ちに木活字を江戸に送らせている。意識的に板行せず門人内のみで写本を流通させる慎重な姿勢だった（吉田麻子註（4））。したがって、これらの書籍は誰もが簡単に入手できるものではなかったのである。長世は篤胤直門だったゆえに、これらの書物を所持できたのであろう。

篤胤著書の流布をめぐっては、もう一点興味深い記述が見られる。原信好が活版の『出定笑語』を飯田の檀那寺善性寺から借用して読んだという記述である。この活版本は大坂の佐久良東雄が刊行した海賊版である。『出定笑語』を飯田の檀那寺善性寺からは仏教批判を主眼とする。気吹舎ですら刊行に慎重であったこうした性格の書籍を飯田の寺院が所持していたのである。『出定笑語』とした義雄集の提唱者は出原村の宝泉寺賢亮だった。平田国学と言えば廃仏毀釈を想起するが、幕末における平田国学の広がりと仏教界の関わりは、偏見を持たず改めて検証する必要があろう。

註40　宮地註（5）　五四頁
註41　「片桐家文書」　二二〇
註42　宮地註（5）
註43　同右　五六頁
註44　市村註（17）　一九〇頁
註45　宮地註（5）　七六頁
註46　同右

あとがき

本書に掲載した文章のほとんどは、私が飯田市美術博物館に勤務していた五年間に執筆したものであるが、執筆年順には配置していない。特に、第二編の国学研究は、ゼロからのスタートだったため、「仮説を立て、修正する」の繰り返しが続いている。文章により論旨に齟齬が生じている点があるのは、そうした理由による。参考までに、各文の初出と執筆年を示す。

第一編　飯田城　その日その日　「南信州新聞」　二〇二二年四月〜二〇二三年十一月
第二編　飯田城下町と飯田藩
一、女たちの大平街道　「南信州新聞」　二〇二一年八月
二、新しい松尾多勢子像を求めて「南信州新聞」　二〇二三年五月に大幅加筆
三、飯田町のなかの〈異国〉―千村陣屋飯田役所市岡家資料の魅力―　「南信州新聞」　二〇二二年十一月
四、水戸浪士通行と飯田藩　『飯田市美術博物館研究紀要　第32号』　二〇二二年
五、敗北として語らない国学　「南信州新聞」　二〇二〇年十月
六、平田国学と飯田下伊那　『伊那』　一〇八九・一〇九〇号　二〇一九年

高校三年生の頃だった。「将来何をしたいか」、友人たちと部室でダベったことがある。医者、エンジニア、弁護士、教師など。皆、はっきりした夢を抱いていたのだが、私にはそうしたものがなかった。何となく、「自分の本が作りたいな」と言った。学者や作家になりたかったわけではなく、ただ何となく、「本でも作れば自分の生きた証になるかな」と思いついたのだった。

あれから半世紀経った。古希目前でその夢を叶えることになった。呆れるほど怠惰な歩みだが、夕焼

け色に染まった部室に立つあの頃の自分との約束が、やっと果たせた。

飯田城二の丸跡は、かつて長野県飯田長姫高校があった。私の父は、理科の教師として二十数年、ここに勤務した。母と出会ったのもここである。跡地に飯田市美術博物館が建つ。父と同様に長野県の高校教師としてスタートした私の人生が、飯田市美術博物館で終わるとは、想像すらできなかったが、勤務の合間に城内を歩きながら、父や母と「対話」するひとときは得がたい時間だった。本書第一編が、対話形式で進むのは、その影響かもしれない。父も母もすでに旅立ったが、まずは父母にこの本を届けたい。

本書は、長い長い道草の果てに生まれた。この間、おおくの皆様のご指導をいただいた。口下手で世渡りの上手くない私は、気の利いたお礼の言葉が言えないのだが、この場を借りて、感謝申し上げます。また、第一編を連載中は、たくさんの方から励ましの言葉をいただいた。それなくしては、一年半書き続ける気力・勇気は生まれなかったと思う。本当にありがとうございました。忌憚のないご批判をいただければ幸いです。

最後に。昔の人たちの暮らしには関心を持ちながら、日々の生活とはちっとも向き合わない私に手を焼きつつ、いつも励まし続けてくれる家族に、ありがとう。

二〇二四年十月

青木隆幸

著者紹介

青木隆幸（あおき・たかゆき）
1957 年　長野県下伊那郡喬木村生まれ
1980 年　立命館大学文学部史学科日本史学専攻卒業
1982 年　立命館大学大学院文学研究科博士課程前期修了
1983 年　長野県に就職　以後、県内の高校に勤務
2010 年　長野県立歴史館文献史料課長
2015 年　同学芸部長
2019 年～ 2023 年　飯田市美術博物館専門研究員
現在は長野県立歴史館名誉学芸員

飯田城　その日その日　青木隆幸著作集1

二〇二四年十月七日　第一刷発行

定価　本体二四〇〇円＋税
著者　青木隆幸
発行者　酒井春人
発行所　有限会社龍鳳書房
〒388-8007
長野市篠ノ井布施高田九六〇―一
電話　〇二六（二四七）八二八八
印刷
製本　信毎書籍印刷株式会社

ISBN978-4-947697-85-1
C0021